한 권으로 끝내는

교육 & 사회과학 연구방법론

| 김석우 · 구경호 · 문영주 · 유희정 · 이승배 · 장재혁 공저 |

Mastering Research Methods for Educational & Social Science

학지사

머리말

    교육 및 사회현상에 대한 연구를 수행하는 과정에서 학문 분야에서 활용되고 있는 다양한 연구방법을 이해하고 적용하는 것은 매우 중요한 일이다. 연구방법은 연구자가 연구하려는 사회현상을 객관화하여 연구대상을 확정할 뿐만 아니라 연구의 내용을 분석하고 그 결과를 다른 학자들이 논의하여 검증 가능하게 한다. 사회현상을 부분적으로 이해하는 것을 넘어서 연구하려는 사회현상의 전체적인 모습을 통합적으로 고찰하는 데 있어서도 연구방법론은 연구자의 친절한 동반자이다. 이를 위해 연구방법에 대한 책은 연구자에게 현상에 대한 통찰력과 현상을 합리적이며 체계적인 방식으로 조직화하는 방법을 제공하고 효과적인 연구설계와 효율적 연구실행을 위한 방안을 제공해야 한다.

    이 책은 연구자가 연구의 기본논리를 이해하는 것에서부터 연구를 설계하고 실제 연구를 수행하기 위해서 다양한 연구방법을 선택하고 최종적인 연구보고서나 논문을 작성할 수 있도록 크게 1, 2, 3부로 나뉘어, 전체 17장으로 구성되어 있다.

    제1부에서는 '교육 & 사회과학 연구의 기본 논리'라는 제목으로 7개 장에 걸쳐 연구자가 연구를 수행할 때 필요한 일반적인 요소들을 소개하였다. 연구의 목적과 유형 등 연구의 논리, 연구주제와 연구문제 및 가설을 설정하고 진술하는 방법, 문헌을 고찰하는 절차, 연구대상의 선정과 자료수집 방법, 자료의 통계적 분석방법, 연구계획서와 보고서의 기본양식, 그리고 학술지 논문의 체제와 작성법을 제시하였다. 특히 연구의 시작을 위한 계획서 작성방법과 연구 완료 후 보고서를 작성하는 방법을 상호비교하여 소개한다.

    제2부에서는 현상연구에서 많이 채택되고 있는 양적 연구방법에 대해 통계적 분석을 기초로 기술연구, 실험연구, 내용분석, 델파이 방법으로 제시하였다. 기술연구에서는 어떠한 현상이나 변인에 대하여 탐색하여 설명하고 분석하는 방법을 소개하였고, 실험연구에서는 상관관계와 인과관계를 규명할 수 있는 실험설계의 절차와 방법을 소개함

으로써 연구자의 역량을 강화하도록 안내하였다. 그리고 개발연구에서 많이 사용되는 델파이 방법에서는 익명성을 보장한 반복 조사를 통해 전문가 집단의 견해를 중압감 없이 합의적 방법으로 도출해 내는 과정을 안내한다.

제3부에는 사회현상에 대한 참여적인 설명과 분석을 제공하는 질적 연구방법을 제시함으로써 연구자가 다양한 연구방법을 활용하여 균형 있는 연구를 가능하게 하였다. 여기서는 사례연구, 근거이론, Q 방법론, 현상학적 방법, 문화기술지연구를 소개한다. 문화기술지에서는 연구자가 어떤 집단이나 사람들의 행동 패턴에 대한 의미를 사회문화적인 맥락에서 이해하도록 안내하였고, 특히 내용분석, Q 방법론, 근거이론, 현상학적 방법에서는 각 연구방법론을 활용한 연구문제의 예시, 연구수행 시 유의할 점, 연구의 질에 대한 평가준거를 제시한다.

이러한 저자들의 의도에도 불구하고 막상 원고를 탈고하고 나니 좀 더 치밀했더라면 하는 아쉬움과 함께 많은 부분에서 미흡함이 눈에 띈다. 이 책의 부족한 점이나 오류에 대해서는 기회가 닿는 대로 적극 수정·보완할 생각이다. 보다 나은 책을 위하여 독자들의 많은 비평과 질책을 바란다.

끝으로 출판을 흔쾌히 허락해 준 학지사 김진환 사장님과 김은석 이사님, 그리고 부족한 원고를 깔끔한 책으로 출간하는 데 힘써 준 편집부의 박선규 님에게도 심심한 감사를 드린다.

2022년
저자 일동

차례

제3부 질적 연구방법

제1부 교육 & 사회과학 연구의 기본 논리

제1장 연구의 기초

　제1장 '연구의 기초'에서는 연구의 개념과 정의, 그리고 연구의 논리와 목적을 살펴보고 그에 따르는 연구의 과정과 유형을 탐구한다. 연구(research)는 어떤 현상이나 사물에 대해서 깊이 파고들어 이해하고 새로운 정보와 지식을 만드는 과정이다. 연구에서 새로운 이해와 지식에 도달하기 위해서는 연구결과를 도출하는 절차와 방법이 중요시된다. 연구방법은 연구의 논리로 표현되며 이는 연구의 목적과도 연계된다. 연구방법은 연구철학과 연구논리를 배경으로 하여 연구문제를 명확하게 정의하는 데 중요한 역할을 한다.

　연구논리에서는 지식에 대한 관점과 그에 따르는 방법론의 차이를 알 수 있다. 존재론적으로는 현상의 실제가 있다고 보는 유물론과 현상의 실제가 마음에서 형성된다는 관념론으로 구분되며, 인식론적으로는 인식대상이 관념론과 실재론으로 대립한다. 인간은 현상을 어떻게 인식하는가 하는 인식의 기원과 관련하여서는 이성론과 경험론으로 대별되고 Kant는 이를 종합하려 한다. 지식은 일반적으로 신념, 진리, 정당화의 형태를 띤다. 코페르니쿠스적 전환(Copernican revolution)이나 토마스 쿤의 패러다임(Thomas Kuhn pardigm)의 변화는 지식에 대한 인식과 신념의 변화이다.

　연구자가 자신의 연구문제를 해결하거나 연구가설을 증명하기 위해서는 연구방법이 필요하다. 일반적으로 철학과 같은 인문학에서는 정성적 연구방법이 주로 사용되고 자연과학은 정량적 연구방법을 사용하여 가설을 증명한다. 인간과 인간을 둘러싼 현상들을 연구하는 사회과학에서는 자연과학의 방법론을 차용하여 정량적 연구방법을 많은 연구에서 사용하는 한편 인간사회의 내밀한 사실들을 발견하기 위해서 정성적 연구방법을 동원하기도 한다. 연구자의 연구철학과 논리에 따라서 연구문제가 정의되고 이를 해결하기 위해서 정성적 연구방법을 선택할 것인지, 정량적 연구방법을 선택할 것인지가 결정될 것이다.

　　연구문제를 해결하기 위한 연구과정도 정성적 연구방법에 따르는 과정과 정량적 연구방법에 따르는 과정이 있다. 정성적 연구 유형에는 사례연구, 현상학적 연구, 근거이론, 문화기술지 등이 있고 정량적 연구 유형에는 기술적 연구, 상관연구, 인과연구, 실험연구 등이 있다.

 ## 1. 교육 & 사회과학 연구의 논리

　　연구자는 인간과 인간이 만들어 내는 현상을 객관적으로 연구하기도 하고 주관적으로 연구하기도 한다. 사물과 현상을 외적으로 보이는 그대로 연구하고자 하는 객관적인 연구는 실증주의의 논리를 따른다. 이에 반하여 사물과 현상을 연구자가 보는 주관적 관점에 따르는 연구는 포스트모던적 논리이다. 사전적으로 연구란 "문제를 명백히 하거나 또는 해결하기 위하여 여러 가지의 방법을 사용하는 조심성 있고 비판적인 학문적 탐색"(서울대학교연구소편, 1994), "지식의 양을 증가시키기 위해서 이루어지는 창의적이고 체계적인 작업"(Wikipedia, 2021), "학문적 조사와 고찰로, 특히 사실의 발견과 해석, 새로운 사실에 의한 이론이나 법칙의 개정, 또는 개정 이론과 법칙의 실제적 적용을 목표로 하는 탐구와 실험"(Webster Dictionary, 2021)으로 정의되지만, 이러한 연구의 정의는 연구의 관점이나 논리에 따라서 새롭게 정의된다.

1) 실증주의적 연구 논리

　　실증주의적 논리에서 연구는 실증적인 증거와 체계적이고 '과학적인 방법'을 사용한 탐구과정이라고 한다. 이때 '과학적'이란, 첫째, 개념을 정의하고 체계화되고 일관성 있는 이론을 사용하는 것을 의미한다. 둘째, 개인의 주관적 의사에 따르기보다는 실증적 증거와 통제적이고 실험적인 방식에 의해서 가설을 검증하고 이론을 채택함을 의미한다. 셋째, 사물과 현상, 그리고 그들 간의 관계를 설명함에 있어서 추상적이 아닌 구체적이고 많은 사람이 경험 가능한 방식에 따르는 것을 의미한다. 넷째, 실증적인 자료와 실행 가능한 방식이 재생 가능해야 하며 같은 결과를 산출하여 검증 가능함을 의미한다(Kerlinger, 1973). 다음으로, '체계적'이란, 첫째, 관찰과 서술이 정확하고 실증적인 자료에 기초해야 한다는 것을 의미한다. 둘째, 객관성을 유지하고 논리가 일관되어야 하며 지속 가능해야 한다는 것을 의미한다. 셋째, 문제지향적이어야 하며 문제해결과 연관되어야 한다는 것을 의미한다. 넷째, 원리와 이론의 정립으로 현상과 사실을 예측하고 연구결과가 반복 가능해야 한다는 것을 의미한다.

과학적 방법(scientific method)은 지식을 획득하는 경험주의적 방법이다. 과학적 방법은 주의 깊은 관찰, 관찰한 것에 대한 엄격한 의심, 그리고 인지적 가정이 관찰을 해석하는 데 왜곡을 야기할 수 있다는 가정을 포괄한다. 과학적 방법은 먼저 현상을 관찰하여 귀납적으로 가설을 세운다. 그리고 실험과 측정에 기초하여 가설에서 유래하는 실험적이고 연역적인 검증을 한다. 마지막으로, 실험결과에 기초하여 가설을 정교화한다. 즉, 현상을 관찰하고 가설을 수립하며 실험을 통해 가설을 검증하는 것이다.

현상(現象, phenomenon)은 관찰된 사실이나 사건, 즉 밖으로 보이는 것이다. '자연이나 사회의 현재적 상태'이며, 철학적으로는 '실재(reality)'와 대비된다. 국립국어원 표준국어대사전에는 "인간이 지각할 수 있는, 사물의 모양과 상태; 본질이나 객체의 외면에 나타나는 상"이라고 설명하고 있고, 고려대 한국어대사전에는 "사물이나 어떤 작용이 드러나는 바깥 모양새; 오관(五官) 또는 심리 작용의 매개에 의해 의식으로 발현되는 모든 것"이라고 설명하고 있다. 현상은 개념(concept)을 통해서 표상화된다. 즉, 현상에 대한 일반적인 지식이나 관념이 개념이다. 수많은 현상의 관계와 유사성을 추출하여 개념이 형성되기도 하고 기존의 개념들을 새롭게 결합함으로써 의미 있는 개념을 재구성하기도 하고 현상의 원인이나 유추를 통해 가설적 개념을 구성하기도 한다.

관찰(觀察, observation)은 감각을 사용하여 주요 원천, 즉 사물이나 현상에서 나타나는 변화나 정보를 능동적으로 파악하는 것이다. 관찰은 과학적 도구를 사용하여 데이터를 인지하고 기록하는 것을 의미하기도 하고 과학적 활동과정에서 수집된 데이터를 의미하기도 한다. 후자인 관찰 데이터를 의미하는 경우에는 어떤 속성의 존재와 부재만이 기록되는 질적 데이터가 되기도 하고 측정된 관찰 현상에 수적인 값을 부여함으로써 양적 데이터가 되기도 한다. 관찰 데이터는 변인 또는 변수(varible)라고도 한다. 전자의 질적 관찰 데이터는 질적 변인이며 후자의 양적 관찰 데이터는 양적 변인이다. 대체로 질적 변인은 비연속 변인이고 양적 변인은 연속 변인이다. 변인은 '여러 가지 다른 값을 갖는 속성'으로 학자들이 연구하는 개념이기도 하다. 과학적 방법에서 관찰은 그 대상과 관찰의 방법, 기준, 시간 등을 체계적으로 정리하여 관찰을 해야 한다. 그럴 때 관찰자마다 가지는 개인차에 의한 오차를 최소화할 수 있고 같은 조건과 상황에서는 같은 관찰 결과를 가질 수 있기 때문이다.

가설(hypothesis)은 어떤 현상에 대하여 검증계획을 가진 설명이거나 법칙을 연역하기 위해서 가정한 체계이다. 즉, 일련의 현상을 설명하기 위하여 어떤 학설을 논리적으로 구성하는 명제이다(정진일, 2003; 조용욱 외, 2001). 연구에서 주어진 연구문제에 대한 추론적 해결책으로 2개 이상의 변인들 사이의 관계에 대한 추정적 또는 가정적 서술문으로 표현된다. 가설이 관찰이나 실험에 의해서 검증되면, 가설의 위치를 벗어나 일정한 한계 안에서 타당한 법칙 또는 이론이 된다. 이와 마찬가지로 법칙(law)도 '두 가지 이상의 개념 또는 사실들 간의 규칙적 관계'를 나타낸다. 직접적인 관찰에 의한 개별적 사실들은 귀납적 추론과정을 통해 하나의 관계, 즉 경험적 법칙을 만들어 낸다. 그러나 이러한 경험적 법칙은 절대적인 진리이기보다는 상대적인 진리이며, 따라서 계속적인 검증을 필요로 한다. 이러한 의미에서 경험적 법칙은 검증된 가설이라 한다.

이론(theory)은 "일반적으로 사물에 관한 지식을 논리적인 연관에 의하여 하나의 체계로 이루어 놓은 것, 사물의 이치나 지식 따위를 해명하기 위하여 논리적으로 정연하게 일반화한 명제의 체계"(국립국어원 표준국어대사전), "사물이나 현상의 이치를 논리적으로 일반화한 체계"(고려대학교 한국어대사전) 등으로 정의된다. Kerlinger(1973)는 "이론은 현상을 설명하고 예언할 목적으로 변인 간의 관계를 진술함으로써 현상에 대한 체계적인 견해를 제시하는 일련의 상호관련된 구성개념, 정의, 명제"라고 표현하고 있다. 이 정의를 통해 우리는 이론이 한정되고 상호관련성이 있는 구성개념으로 이루어진 일련의 명제이며, 여러 변인 간의 상호관련성을 분명히 하여 현상에 대한 체계적인 관점을 제시하는 설명체계임을 알 수 있다. 이론의 구조는 설명의 논리적 구조와 비슷한 형식을 취한다. 즉, 하나의 법칙을 대전제로 하고 개별적 사실들을 소전제로 하여 논리적으로 결론을 도출해 내는 방식을 취하는 것이다. 이론 속에 포함되는 소전제나 대전제, 그리고 이들로부터 유도되는 결론은 개별적 진술이 아닌 일반적 진술, 즉 하나의 법칙들로 구성된다. 이러한 이론은 경험적 증거에 의해서 지지되거나 반박될 수 있어야 한다. 이론은 경험적으로 검증 가능한 개별적인 추측인 가설과 구별되며 어떠한 조건 아래에서 현상의 변화를 기술적으로 설명하는 법칙과도 구별된다. 현상에 대한 관찰과 관찰을 통하여 검증된 가설은 법칙이 되고 법칙들이 모여 이론을 형성한다.

2) 구성주의적 포스트모던 연구 논리

　구성주의적 포스트모던 논리에서 연구(조용기, 2001)는 사회적 현상을 그것이 놓여 있는 맥락 가운데에서 심층적으로 탐색하고 이해하는 것으로 무슨 일이 어떻게, 왜, 일어나고 있는지, 어떠한 요인들이 그러한 현상과 관련되어 있는지에 대해서 탐구하는 것이다. 포스트모더니즘에서 연구는, 첫째, 인간의 인식을 통해서 구성되는 지식은 상대적이고 주관적이며 상황과 맥락에 따라서 변화하는 것이라는 점을 강조한다. 둘째, 인간이 현실세계라는 한계 속에서 살고 있으며, 자신의 가치에 따라 현실을 다르게 인식하고 행동하는 다양성을 지닌 존재라는 점을 인정한다. 셋째, 실제 생활에 맞닿아 있는 개인이나 소집단의 작은 이야기에 큰 의미를 부여하고 개인과 소집단에 현실적으로 적용 가능한 소이론을 지향한다(Guba & Lincoln, 2000). 따라서 구성주의적 포스트모던 연구는 자연스러운 사회적 맥락 속에서 연구자가 관찰하는 연구대상인 현상을 귀납적이고 심층적인 방법으로 이해하는 활동이다.

　구성주의적 포스트모던 연구에서 연구자(researcher)는 제3자적 외부인으로 객관적 관점에서 연구에 임하는 실증주의적 연구에서와는 달리 주체적 입장에서 연구에 임함으로써 훨씬 더 중심적인 역할을 수행한다. 연구자는 관찰이나 인터뷰 과정에서 상황과 현장에 직접 참여하여 연구대상에 대하여 더 많은 접촉과 개입을 함으로써 연구의 내용을 상황과 맥락에 따라서 정확히 파악할 수 있다. 또한 상황과 맥락에 따라서 다른 모습을 보이는 현상을 연구자 스스로 연구도구가 되어서 일관성 있는 질적 데이터를 채집한다는 점에서 연구자로서의 높은 전문성이 요구된다.

　연구맥락(research context)은 특정한 연구 시점에서 연구자를 포함하여 연구대상이 놓여 있는 상황이다. 연구자는 그 시점에서의 연구맥락을 상세하고 체계적으로 기술하는 것이 필요하다. 연구의 타당성과 신뢰성을 담보하고 연구가 일관성 있게 해석되기 위한 기본적인 작업이다. 예를 들어, 교사의 학교생활상을 연구한다고 할 때, 연구자가 그 학교의 교사인지 아니면 외부 연구자인지, 연구자가 처한 상황과 연구대상인 교사들이 처한 상황, 교사들의 연령 분포가 어떠한지, 초등학교인지, 중학교인지, 고등학교인지와 같은 상황이다. 그리고 학교의 규모는 어떠한지, 학교가 어떤 지역에 위치하고 있는지 등 맥락적 요소에 대한 상세하고도 체계적인 분류와 기술이 필요하다.

　심층적 이해(in-depth understanding)는 구성주의적 포스트모던 관점을 바탕으로 자연스러운 일상의 현장에서 '연구자가 말, 글, 행동 등 현상의 구성요소와 현상 그 자체와 그들 사이의 관계를 분류하고 분석하여 그 현상 속에 깊숙이 자리 잡고 있는 의미를 추출하고 그 현장의 구성원들이 현상에 대하여 반응하는 이유, 의견 및 동기 등의 근원을 이해'하는 과정이다. 즉, 연구대상에 관련되는 참여자들이 자신의 상황이나 연구대상이 되는 현상에 대해서 어떻게 생각하고 이해하고 있는지를 연구자가 합리적으로 분석, 구성해 내는 시도이다(Bogdan & Biklen, 2006). 학생들이 집에서 하는 행동을 학교에서 꼭 같이 하지는 않는다. 이렇게 행위가 다른 것은 맥락에 대한 이해가 다르기 때문이다. 삶을 살아가는 사람들이 현상 속에 깊숙이 자리 잡고 있는 상황적 맥락을 어떻게 해석하고 있는가를 아는 것은 현상을 이해하는 핵심요소가 된다. 이와 같이 현상에 대한 심층적 이해란 연구대상으로서의 사회 현상에 대해서 현장의 구성인들이 어떻게 이해하고 있는가를 연구자가 근원적으로 이해하는 것이다.

귀납적 접근(inductive approach)은 관찰로부터 가설을 설정하는 방식이다. 구성주의적 포스트모던 연구에서는 연구대상인 현장에서 연구자가 관찰이나 면접 등 현장활동(fieldwork)을 통하여 현장의 구성인들로부터 정성적 데이터를 수집하고 이를 검토하고 분류하는 과정에서 연구자는 연구문제를 해결하는 실마리를 찾거나 연구대상인 현장의 구성인들에 대하여 깊이 있게 이해하게 되는 귀납적 과정을 경험하게 된다. 현장활동(fieldwork), 즉 일상적 삶을 살아가면서 경험하고, 상호작용하는 활동의 결과로 연구대상인 사회현상을 사실적으로 기술하고 그 의미를 해석하여 가설을 설정하는 귀납적 접근을 따른다. 데이터는 현장에서 수집되어 현장에서 논의된다. 이렇게 수집된 자료는 구체적인 것에서 일반적인 것으로 진행되는 귀납적 분석으로 이어진다. 개방적 자료수집의 과정과 귀납적 분석의 과정에서 새로운, 그리고 중요한 요인들이 출현하면 이전 단계의 연구로 돌아갈 수도 있고 연구설계가 변경될 수도 있다. 구성주의적 포스트모던 연구에서는 이러한 회귀성(recursivity)이 연구의 중요한 전략이다.

 ## 2. 교육 & 사회과학 연구의 목적

어떤 연구이든 기본적으로 넓은 의미에서 연구의 목적은 삶의 현장과 학문의 영역에서 새로운 지식을 생성하여 삶과 학문의 가치를 향상하는 것일 것이다. 그러나 좁은 의미의 연구목적은 연구자가 자신의 삶의 현장과 학문의 영역에서 설정한 연구문제를 해결하는 것이다. 좁은 의미의 연구목적이라 할지라도 연구자가 실증주의적인 정량적 논리를 따르는지, 구성주의적 포스트모던한 정성적 논리를 따르는지에 따라서 연구목적이 일치하는 부분이 있는가 하면 달리하는 부분도 있어서 다소 차이가 있다.

정량적 연구문제들의 예를 보면, 첫째, '놀이치료에서의 부모상담 실태조사 연구' '로컬 푸드에 대한 소비자 인식 조사연구'와 같은 연구는 기술(description)을 연구목적으로 한다. 정량적 연구에서 기술(description)은 데이터를 수집하고 수집한 데이터를 정리하여 데이터의 빈도와 범위, 평균과 편차 등 데이터의 분포를 숫자로 기록한다. 기록은 어떤 정보를 정리하여 특정 기호로 바꾼 후, 어떤 매체에 남기는 것을 의미한다. 특정 기호가 꼭 문자나 숫자일 필요는 없다. 정량적 연구는 데이터를 수집하고 수집한 데이터를 정리하여 데이터의 빈도와 범위, 평균과 편차 등 데이터의 분포를 숫자로 기록한다. 이에 반하여 정성적 연구는 어떤 사건이나 현상에 대하여 관찰한 사실들을 연구자가 서술적으로 기록한다. 한 마을에 대하여 기록하는 경우 정량적 연구는 마을의 인구수, 연령의 분포, 면적 등을 기록하는 반면 정성적 연구는 마을의 분위기, 마을 사람들의 인상, 거리의 나무의 종류, 문화 행사 등을 기록한다. 따라서 사실 기록은 무슨 사건이 언제, 어떻게 발생하였으며, 어떠한 사실이 있었는지 등에 관한 정보를 제공한다. 기술(description)의 방식으로는 분류와 순서배열, 상호관계 등이 있다. 분류는 개개의 사실이나 현상 간에 존재하는 어떤 공통의 특성을 찾아내어 그 특성에 따라 유목을 나누고 명명하는 것을 말한다. 분류의 방법이나 기준은 새로운 지식이 누적됨에 따라 달라진다. 순서배열은 관찰한 사실들을 대소, 장단, 상하 등과 같은 순서에 따라 기술하는 방식이다. 상호관계는 관찰된 현상들 사이에 존재하는 관계의 양상이 어떠하며, 그 관계가 어느 정도인지를 표현하는 것이다. 일반적으로 관찰한 내용을 기술하는 순서는 처음에 단순히 나열하는 식의 기록에서 유목화하여 분류하고, 서열을 따져 매기고, 마지막으로 관계를 파악하여 기술하는 방향을 취한다.

둘째, '중학교 학생들의 사교육 참여에 영향을 미치는 요인들에 대해 탐색' '정보화 마을공동체 활성화의 결정요인에 관한 설명적 연구'와 같은 연구는 설명(explanation)을 연구 목적으로 한다. 설명(explanation)이란 어떤 현상이나 사건에 대해서 사람들이 이해할 수 있도록 이유나 근거를 밝혀 말하는 것이다. '왜' 또는 '어떻게' 그러한지를 답하는 것이 설명이다. '실내 온도가 3도 올랐다.' '영어성적이 20점 올랐다.' '마을이 많이 밝아졌다.'

등은 현상에 대한 기술이다. 그러나 '히터가 켜져 있어서 실내 온도가 3도나 더 올랐다.' '영어 교과서를 10번 반복해서 보았더니 영어성적이 20점 올랐다.' '마을의 담장에 밝은 색의 그림을 그렸더니 마을이 많이 밝아졌다.' 등은 설명이다. 설명은 현상에 대한 이해가 주된 목적이다. 설명(explanation)의 방식으로는 비교, 대조, 예시, 비유, 분석, 서사 등이 있다. 비교(comparison)는 현상들 사이의 공통점을 찾아서 표현하는 방식이다(예: 진달래는 매화처럼 꽃이 먼저 피고 꽃이 진 후에야 잎이 나온다). 대조(contrast)는 현상들 사이의 차이점을 찾아서 표현하는 방식이다(예: 진달래는 열매는 없으나 꽃잎을 먹을 수 있고, 매화는 꽃잎을 먹을 수 없으나 열매가 있다). 예시(example)는 현상에 대하여 구체적인 내용을 제공함으로써 흥미를 제공하고 어려운 내용을 이해하기 쉽게 만들어 준다. 비유(metaphor)는 추상적인 내용을 구체적인 사물을 사용하여 설명하거나 익숙한 개념을 빌려서 익숙하지 않은 개념을 이해하기 쉽게 하려는 것이다. 분석(analysis)은 복잡하고 많은 내용을 지닌 사물과 현상을 작고 단순한 요소로 분리하여 정확하고 쉽게 이해하는 방식이다. 분석은 일관성 있는 관점에 따라야 하고 분석 후 분석요소의 재구성을 필요로 한다. 서사(narrative)는 현상과 연구대상을 시간적 흐름이나 대상의 움직임, 그리고 상황 등에 따라 이해하기 쉽게 하려는 방식이다.

셋째, '여고생이 지각한 교사-학생 관계와 교과성적 및 학교교육 만족도의 인과관계 분석' '학습자 중심 수업과 피드백 경험, 정의적 성취 및 수학교과역량 간의 구조적 관계'와 같은 연구는 예측(prediction)을 연구목적으로 한다. 예측은 설명과 그 논리적 구조에서는 유사하나, 실용적인 측면에서 차이가 난다. 설명의 경우에는 이미 일어난 현상을 놓고 그것의 원인을 밝히기 위하여 연구를 통해 법칙을 찾아낸다. 반면, 예측의 경우에는 일반적인 법칙과 사실을 통해 특정한 현상이 발생하기 전에 그 현상에 대한 예측을 하고자 한다. 과학자들은 발견된 법칙을 이용하여 미래에 있을 현상과 사건에 대해 예측할 수 있기를 원한다. 예측을 정확하게 하기 위해서는 잘 만들어진 법칙과 더불어 많은 자료가 수집되어야 한다. 예측의 정확도는 그러한 예측의 근거가 되는 법칙이 얼마나 타당하고 신뢰로우냐에 따라 좌우된다고 할 수 있다.

넷째, '교사의 형성평가 피드백 수행 척도 개발 및 타당화' '성취평가제에 관한 고등학교 교사의 관심도 및 실행도 분석'과 같은 연구는 통제를 연구목적으로 한다. 통제(control)란 어떤 현상의 원인 또는 필수적인 조건을 조작함으로써 인간의 힘으로 그 현상을 일어나게도 하고, 혹은 일어나지 않게도 하는 것을 말한다. 예를 들어, 교사들은 교사의 기대가 학생들의 성적에 중요한 영향을 미친다는 사실을 알고 있다. 그래서 교사는 학생들과의 상호작용에서 그 기대를 적절히 활용함으로써 학생들의 성적을 보다 향상시킬 수가 있다. 최근에 많이 활용되고 있는 MMPI나 MBTI와 같은 성격검사나 적성검사의 경우도 연구의 결과가 통제의 기능을 발휘하는 예가 될 것이다. 다양한 가설과 가정, 임상실험 등을 통해 만들어진 이러한 검사들은 어떤 사람이 직업을 선택하거나 어떤 판단을 내리고자 할 때 선택하기에 바람직한 것과 그렇지 못한 것을 통제하게 하는 역할을 한다. 이처럼 연구를 통해 얻어진 체계적 지식을 현실에 적용하는 것이 연구의 통제기능이라 할 수 있다. 이상의 정량적 연구의 목적은 다시 상관관계, 인간관계 및 영향, 집단 및 변인 간 차이로 분류할 수도 있다.

정성적 연구의 문제들의 예를 보면 ' 교실평가에서 이루어지는 과정중심평가의 특성과 의미 탐색' '진지한 여가활동으로서 댄스축제 참여경험 의미와 과정의 이해'와 같은 현상학적 연구는 '하나의 개념이나 현상에 대한 여러 개인들의 삶의 체험(lived experience)적 의미를 기술'하고 '모든 참여자가 현상을 경험하면서 공통적으로 갖게 된 보편적 본질을 탐구'하는 것으로 이는 의미의 발견과 추출을 연구목적으로 한다. 내적 연관성을 탐구하는 것이 목적인 '내러티브, 인성, 교육의 인간학적 전일성 연구'와 같은 내러티브 연구는 '서사적으로 또는 연대기적으로 연결된 하나의 사건과 행동 또는 일련의 사건들과 행동들에 대한 이야기들을 연구'하며 이는 심층적 이해와 공감을 연구목적으로 한다. 스포츠클럽 활동의 교육적 의미를 발견하려는 '중학교 농구 스포츠클럽 참여 학생들의 몰입에 대한 자문화기술지 연구'와 같은 문화기술지는 '특정한 문화를 공유하는 집단이 가지고 있는 가치, 행동, 신념, 언어에 대해서 공유되고 학습된 패턴을 기술하고 해석하는 연구 유형'으로, 이는 의미의 발견과 추출을 연구목적으로 한다. '협력적 수업컨설팅을 통한 수학과 협동학습 실행연구', 실제 문학 수업에 유용한 교수 학습 방향을 제시하기 위한 '초등학생의 이야기 수용에 관한 실행연구' 등과 같은 실행연구(action research)는 수업 계획과 실행을 분석하고 협력적 컨설팅을 실시하여 협동과 개선을 목적한다. 즉, 정성적 연구의 목적은 연구과정 안에서 연구를 이끌어 가는 연구자들의 경험과 그것의 의미를 탐구하고 이해하는 것을 중심으로 하며(Creswell, 2010) 이해와 공감, 의미 발견, 개선과 방향 제시로 분류된다.

3. 교육 & 사회과학 연구의 과정

1) 정량적 연구과정

사회과학 연구에서 정량적 연구방법의 일반적인 연구과정은 미국심리학회(American Psychological Association: APA)가 정한 문헌 작성 양식의 과정을 따르는 것이다. 먼저, ① 연구의 필요성과 연구의 목적을 밝힌다. 다음으로 ② 이론적 배경과 문헌 연구를 통해서 ③ 연구문제를 정교화하고 가설을 설정한다. 연구문제와 가설을 검증하기 위하여 연구일정, 표집대상, 연구도구, 연구방법 등을 포함한 ④ 연구설계를 한다. 연구설계에 따라서 연구도구를 사용하여 ⑤ 연구자료를 수집하고 수집된 자료에 대하여 연구방법에 따라서 연구를 실행한다. 연구를 실행한 후에는 ⑥ 연구평가를 하게 되는데 여기서는 연구결과를 해석하고 논의하여 연구문제에 대한 결론 및 한계를 정리하고 제언한다. 마지막으로, ⑦ 연구 보고서를 작성하면 연구의 과정은 끝이 난다.

(1) 연구의 필요성 및 목적

연구의 필요성과 목적은 연구자와 연구자를 에워싸고 있는 환경에서 일어난다. 작게는 연구자의 개인적 취미와 같은 소소한 일에서 크게는 국가적 문제나 세계적 환경, 학문 영역 전체의 새로운 학설이나 이론에 이르기까지 연구자의 관심 영역에서 발생한다. 학문적으로나 사회적으로 의미 있는 연구를 찾기 위해서 연구자는 자신이 속해 있는 사회와 학문 분야에 대한 다양한 관심과 깊이 있는 학문적 지식을 갖추고 있어야 한다.

(2) 문헌연구

연구의 필요성과 목적이 명확하다면 연구의 목적을 달성하는 것과 관련된 이론이나 선행연구를 고찰한다. 연구자는 문헌연구를 통하여 연구문제와 가설을 형성하는 근거를 마련하고, 연구문제와 관련된 다른 연구결과를 얻게 된다.

(3) 연구문제 및 가설설정

가설이란 변인과 변인 간의 관계를 알아보기 위하여 실증단계 이전에 연구자가 내린 잠정적인 결론을 말한다. 가설을 세울 때 연구자는 일반적으로 문헌고찰을 통하여 이미 밝혀진 사실이나 이론을 검토하고, 관련된 선행연구의 결과들을 자세히 분석한 다음에 이러한 과정에서 얻은 지식을 근거로 하여 가설을 설정한다. 또한 연구문제와 가설을 진술할 때 모든 용어는 명확하게 정의되어야 한다.

(4) 연구설계

연구설계란 연구문제의 해결방안과 가설을 검증할 수 있는 계획 및 절차를 의미한다. 연구설계를 작성하는 과정에서 적당한 연구방법이 없거나 실행성이 희박하다고 판단될 경우에는 부득이 이전 단계로 되돌아가서 연구문제나 가설을 수정하여야 한다. 연구설계를 작성할 때 연구자가 충분히 고려해야 할 사항은 연구도구의 선택과 제작, 연구대상의 표집, 자료의 수집과 분석방법, 연구의 제한점 등 연구의 실행에 관한 것이다.

(5) 연구실행

① 연구도구 선택 및 제작

연구도구를 선택하고 제작하는 것은 바람직한 연구결과를 얻는 데 매우 중요한 역할을 한다. 연구도구가 적절하지 못하면 연구목적과 일치하지 않는 연구결과를 얻을 가능성이 있기 때문이다. 따라서 연구자가 직접 측정도구를 제작하거나 기존의 것들 중에서 선택할 때는 그 도구의 타당도, 신뢰도, 객관도를 고려하여 최적의 도구를 제작하거나 선정해야 한다.

② 연구대상의 표집

인문학, 사회과학은 자연과학과 달리 현실적인 여러 제한점으로 인해 전체 모집단을 대상으로 연구를 수행할 수 없기 때문에 전체 모집단을 대표할 수 있는 표본을 선정하게 되는데, 이것을 표집이라 한다. 이때 연구자는 표본연구에서 얻은 결과로부터 일반화하려는 집단인 모집단을 명확히 해야 하는데, 연구의 범위가 명확히 규정되고 연구문제가 명료하게 진술되면 자연히 모집단도 명확해진다. 연구자는 주어진 연구목적과 여건을 최대한 충족시킬 수 있는 표집방법과 표본의 크기를 신중히 고려해서 결정하는 것이 중요하다.

③ 자료 수집

이 단계는 연구설계의 계획에 따라 다양한 방법으로 자료를 수집하는 단계이다. 이 단계에서 유의할 점은 조건 통제를 잘하여 연구의 타당성을 높이는 일이다. 그런데 현장교육연구에서는 조건을 엄격히 통제하기가 어렵다. 왜냐하면 많은 요인이 끊임없이 상호작용하고 있는 실제 교육상황에서 연구가 진행되기 때문이다. 아무튼 조건통제의 정도와 실험결과의 타당성 간에는 밀접한 관련이 있으므로 연구자는 연구과정에 작용하는 모든 변인을 잘 관리해야 한다. 한편, 미리 설계한 방법과 도구를 가지고 필요한 자료를 수집하게 되는데, 이때 연구자는 타당하고 신뢰로우며 객관적인 자료를 얻도록 노력해야 할 것이다. 관찰이나 면접을 통한 자료수집에서는 사전에 훈련을 받은 사람이 이를 담당해야 하며, 표준화검사를 사용할 때는 검사실시 요강에 충실히 따라야 할 것이다.

④ 자료 분석

대개 분석을 하기 전의 원자료는 갖가지 내용이 무질서하게 섞여 있어서 원자료 그 자체에서 곧바로 연구문제에 대한 해답을 얻기는 어렵다. 따라서 연구자는 수집된 자료를 체계적으로 정리하고 의미 있게 재조직하고 분석하는 작업을 하게 된다. 자료분석이란 한마디로 말해서 연구문제의 답을 구하기 위하여 자료를 유목화하고, 서열을 정하고, 조작 및 요약을 하는 일이라 할 수 있다.

(6) 연구평가

연구평가에서는 1차적으로 자료 분석의 결과를 연구문제에 따라서 해석함으로써 연구에서 발견한 사실들이 연구문제 및 가설을 지지하는지 부정하는지를 판단한다. 연구의 결과 원래 연구자가 기대했던 방향으로 나왔든, 그 반대로 기대에 어긋나는 부정적 결과가 나왔든 간에 그것은 그 나름의 가치를 갖는 것이다. 따라서 연구결과를 해석할 때 지나친 일반화를 피해야 한다. 논의 및 결론에서는 연구진행과정에서 있었던 도구 선택 및 개발, 연구방법의 적용, 연구문제 및 가설과 관련된 전반적 사항들을 검토하고 논의하여 연구의 결론을 도출한다. 논의에서는 같거나 비슷한 연구방법이나 연구주제를 다루었던 다른 연구자들의 생각과 결론을 연구자 자신의 연구결과 및 해석과 비교함으로써 연구의 결론을 강화하거나 다른 제안점을 도출할 수 있다.

(7) 연구보고

다른 사람들에게 자기가 수행한 연구의 전반적인 과정을 알리기 위해서 연구자는 연구를 끝마친 다음에 연구 보고서를 작성한다. 독자들에게 연구내용을 효과적으로 전달할 수 있도록 연구 보고서를 쓰는 일은 매우 중요하다. 연구 보고서에는 연구의 목적과 문제, 방법과 절차, 결과 및 해석 등이 포함되며 솔직하고 간결하게 오직 사실대로만 기술해야 한다. 정량적 연구에서는 미국심리학회(APA)가 정한 문헌 작성 양식을 참고하는 것이 좋을 것이다.

2) 정성적 연구과정

여기까지 살펴본 정량적 연구방법에 따르는 연구과정은 연구의 틀과 과정이 자연과학적인 수학적 모델을 중심으로 정확성을 강조하고 결정론적 입장에서 행동주의적 논리에 따라서 연구결과를 표현하는 경향이 있어서 연구자와 학문 영역의 유연성이 저하되고 자율성이 침해되는 문제가 있다. 그리고 언어적 표현에 있어서 은유적 표현 기법을 사용하는 것을 제한하고 수동태적 표현을 주로 사용함으로써 창의성이 배제되는 경향이 존재한다. 이러한 문제점에 대한 극복과 대안으로 정성적 연구방법을 따르는 연구과정은 현상과 사태가 발생하는 자연스러운 현장을 중요시한다. 정성적 연구과정에서는 현장에서 일어나는 문제에 대해서 1) 연구주제를 포괄적으로 선정하고 대표적인 연구대상이 먼저 설정된다. 연구문제와 대상이 선정되면 사전 연구로 2) 문헌 탐색과 이론 탐색이 이어진다. 그리고 연구의 패러다임에 따라서 3) 연구방법, 분석방법, 워크숍 등이 정해지고 연구현장에서 4) 자료 수집이 진행된다. 자료 수집이 끝나면 자료를 코딩하여 정리하고 5) 자료를 순환적으로 분석하고 6) 상황과 맥락 속에서 논의하고 결론을 내린다. 마지막으로, 글쓰기와 논문쓰기를 통해서 연구를 재현한다.

(1) 연구문제 및 주제 선정

정성적 연구에서는 연구자가 사회적 맥락 속에서 일어나는 현상에 대해서 관심과 흥미를 느끼거나, 더 많은 이해를 얻기 원할 때 연구문제가 설정된다. 실제적인 맥락 안에서 어떠한 현상이 일어나고 있는지 이러한 현상에 영향을 미치는 요인들은 어떠한 특성을 가지고 있는지에 대한 관심을 연구주제로 설정하는 것이다. 또 문헌 탐색과 이론 탐색을 통해서도 이론적 설명을 개선하고자 연구주제가 선정되기도 한다. 즉, 표면적으로 드러나 있지 않은 주관적 현상에 대한 심층적인 이해와 이론적 해결에 대하여 필요성을 느낄 때 연구문제가 설정된다. 정성적 연구에서는 가설을 설정하지 않는 경우가 대부분이지만 설정하는 경우에는 비교적 추상적인 형태로 하고 가설을 수정해 가면서 연구를 진행한다.

(2) 문헌 탐색 및 고찰

정성적 연구에서 주제를 선정하는 단계에서 관련된 문헌의 탐색이 이루어진다. 이때의 문헌탐색은 현장에서 문제나 주제를 구체화하는 역할을 한다. 또한 연구 초기에는 연구자의 연구의 주제와 대상에 대해서 다른 연구자들의 관심과 연구는 어떠한가를 검토하는 역할을 하기도 한다. 연구문제가 선정되고 어떠한 방법을 사용할 것인가와 관련되어서도 문헌연구는 필요하다. 따라서 정성적 연구에서 문헌연구는 연구의 전 과정에 걸쳐서 필요로 하며 순환의 과정을 거친다.

(3) 연구 설계 및 방법

연구의 패러다임에 따라서 연구대상과 자료수집 방법 및 연구방법이 계획되는 단계이다. 현상학적 패러다임, 비판이론적 패러다임, 포스트모던적 패러다임 등에 따라서 연구방법을 선택하는 단계이다. 연구기간, 연구비용, 연구의 윤리성 확보 방안 등 연구의 진행에 필요한 세부적인 계획을 설계하는 과정도 포함된다. 정성적 연구에서 연구방법은 주로 자료를 수집하여 경험적 일반화를 거쳐 이론으로 정립하는 귀납적 연구방법을 사용한다.

(4) 자료 수집

자료 수집은 연구자가 연구 주제 및 문제를 이해하는 데 필요한 경험적인 자료를 채집하는 단계이다. 채집과정에서 연구자의 개인적인 가치나 행위 동기 등 주관적 세계관이 반영된 자료가 채집된다. 자료의 채집 및 수집 단계는 연구자의 주관적 세계와 연구대상의 세계 간 상호작용을 통하여 자료를 재구성하는 단계이기도 하다. 오랜 기간에 걸쳐서 연구 현장의 문서와 문화적 유물을 검토하고 일상생활에 직간접적으로 참여하여 관찰하고 심층 면접 등을 활용하여 자료를 수집한다. 자료 수집 과정에서 연구자의 직관적 통찰이 활용되며, 현지인 등 연구참여자의 자기보고서 등 비공식적인 자료의 수집도 중시된다.

(5) 자료 분석

자료의 분석은 연구주제에 대하여 체험적 이해를 위하여 채집된 자료에 대하여 본질적인 것과 비본질적인 것을 구별하는 단계이다. 감정 이입적인 이해 기법 등을 통해 수집된 자료에서 행위자의 주관적 가치나 동기 등 주관적인 의미를 파악하는 순환적 과정이기도 하다. 이는 코딩을 통해서 정리된 자료를 개념화하고 개념화된 내용을 구조적이고 체계적으로 범주화하여 이론화하는 작업으로 채집된 자료를 언어적으로나 시각적으로 기술하고 묘사하여 연구자와 참여자들에게 결과를 보이게 하고 결과를 알리는 것이다.

(6) 논의 및 결론

논의는 연구의 필요성과 목적, 그리고 연구주제에 대하여 연구자가 스스로 평가하는 과정이고, 개별적인 자료들로부터 해석된 연구자와 참여자의 주관적 세계가 갖는 의미를 종합하여 연구주제에 대한 결론을 도출하는 단계이다. 이 과정에서는 내적 관점에서의 해석과 외적 관점에서의 해석이 필연적으로 수반되며 미시적 관점과 거시적 관점의 해석 등 종합적인 해석이 필요하다. 자료의 분석 결과에 대한 이해의 과정으로서 해석은 논의의 기저를 이룬다. 논의에서 연구자는 자신의 연구성과의 위상과 독자성을 확보해야 한다. 논의를 통해서 결론에 이르는 과정에서 연구자의 주관적 해석인 에틱적(etic) 의미가 내부자의 해석인 에믹적(emic) 의미를 손상하지 않도록 주의해야 한다. 이를 통해 연구자들은 연구의 의미와 방향에 대해 언제나 환기할 가능성이 높으며 해석과 논의에 따라서 연구의 결론과 함의를 재구성할 수 있다.

4. 교육 & 사회과학 연구의 유형

사회 현상을 연구하는 방법은 다양하다. 실제에 있어서는 분류자의 관점에 따라 연구방법만큼이나 다양한 분류기준이 사용되고 있다. 어떤 분류 체계는 연구의 목적을 기준으로 하고, 어떤 것은 사용되는 방법으로 구분하며, 또 어떤 것은 연구대상의 특성에 따라 나누기도 한다.

하지만 사회과학의 연구적 전통으로 볼 때, 일반적으로 연구자들이 채택하고 있는 방법론은 크게 정량적 연구와 정성적 연구로 구분될 수 있다. 정량적 연구는 물리학, 생물학에서 주도되고 발전된 연구방법으로 양적, 전통적, 실증주의적 연구방법으로 불리는 반면에 정성적 연구는 20세기 후반에 인류학자, 사회학자 등에 의하여 주도된 연구방법으로 질적, 민속학적, 포스트모던적 연구방법으로 불린다. 이 두 가지 방법론에 대한 논쟁은 학문적 탐구에 있어서 방법론적 패러다임 간에 생긴 근본적인 차이이기도 하지만, 두 가지 연구방법론을 상호보완적으로 활용하는 것이 중요하다고 본다.

1) 정량적 연구 유형

정량적 연구(quantitative research)는 사회과학 연구의 과학화 이래 이 분야의 발전을 견인해 온 자연과학적 패러다임에 근거하고 있다. 실증주의적 세계관을 따르는 자연과학에서는 이 세계가 모든 사람에 의해 동일하게 경험되고 인식되는 객관적 실재로 이루어져 있다고 본다. 따라서 이러한 실재는 기계적이고 수리적인 절차를 통해 경험적인 검증이 가능하다고 보기 때문에 자연과학이 추구하는 궁극적인 목적은 어떤 현상을 설명하고, 예측하고, 통제할 수 있는 정확한 법칙을 발견하는 것이다. 정량적 연구 유형에는 기술적 묘사적 연구, 상관연구, 인과연구, 실험연구 등이 있다.

(1) 기술적 연구

기술적 연구(descriptive research)는 있는 현상을 사실대로 기술하며 관계를 조사하는 연구로 단순한 관찰기법을 통해 많은 양의 자료를 수집하며, 흔히 비실험실 상황에서 이루어진다. 이 연구방법의 중요한 특징은 연구자가 연구할 때 단순히 관찰하고 기록할 뿐 자연 상황을 의도적으로 조작하지 않는다는 점이다. 따라서 기술적 연구는 변인들 간의 관계를 조사할 뿐이지 변인들 간의 명확한 인과관계를 규명하지 못한다. 기술적 연구에서는 인식 조사, 델파이 연구 등을 사용한다.

(2) 비교-차이연구

비교연구(comparative difference research)는 둘 이상의 사태나 현상, 예를 들면 둘 이상의 변인들이나 둘 이상의 집단을 비교하여 차이를 발견하는 연구이다. 정성적 연구에서보다 정량적 연구에서 훨씬 더 자주 수행되며 이는 정량적 데이터를 사용하는 대부분의 비교연구에서 볼 수 있다. 집단 간 차이 분석은 모집단에서 추출한 표본의 정보를 이용하여 모집단의 다양한 특성을 과학적으로 추론한다. 표본을 이용하여 모수를 검정하는 방법에는 기술 통계량으로 빈도수에 대한 비율을 검정하는 방법과 표본 평균을 검정하는 방법이 있다. 비교-차이연구에는 Z 검증, t 검증, 분산분석, 중다변량분석, 카이제곱(χ^2) 검증 등이 있다.

(3) 상관연구

상관연구(correlation research)는 독립된 하나의 연구방법으로 국한되기보다는 연구에서 수집한 자료들을 통계적으로 분석하고 해석하는 데 초점을 두는 연구이다. 즉, 상관연구는 어떤 사건이나 현상에 내재되어 있는 여러 변인들의 일반적인 관계를 규명하려는 데 더 역점을 둔다. 상관이란 어떤 사건과 사건 또는 현상과 현상 사이에 나타나는 여러 종류의 관계를 말한다. 두 변인이 서로 관련 있게 변화할 때 그들 간에는 상관이 있다고 본다.

어떤 상관연구는 실험연구와 비슷할 수도 있으나 대개는 자연적 상황에서 변인들의 통제나 조작이 어려운 문제를 다루게 된다. 사회과학 분야의 연구에서는 기술적인 문제나 혹은 윤리적인 이유로 인해 연구자가 변인이나 조건을 임의로 조작 또는 통제할 수 없는 경우가 많다. 상관연구는 이처럼 통제나 조작을 할 수 없는 상황에서 변인들 간의 관계를 파악하고자 할 때 흔히 사용한다. 예컨대, 연령, 성별, 지능수준과 같은 변인들은 인위적으로 조작할 수 없으며, 연구를 수행하는 과정에서 연구자는 자기가 특별히 관심 있는 변인 이외에 다른 여러 가지 변인을 통제하기가 매우 어렵다. 이처럼 연구자가 조건을 통제하거나 변인을 조작할 수는 없지만, 변인들 간에 어떤 관계가 존재하고 있는지 파악하고자 할 때 상관연구를 하게 된다. 상관연구에서는 상관분석, 정준상관분석, 요인분석, Q 방법론, 판별분석 등을 사용한다.

(4) 인과연구

인과연구(causal research)는 사회적 현상에서 행위자들의 행동유형이나 성격특성으로 인하여 발생하는 원인과 결과를 발견하기 위한 연구방법이다. 즉, 인과연구는 현상 속 다양한 변인 사이의 원인 및 결과 관계를 탐구한다. 예를 들면, 높은 학업성취도를 나타내는 원인을 연구하거나 또는 사회·경제적 배경에 따라서 학업성취도가 어떻게 다르게 나타나는가를 연구하는 것이다. 인과연구는 실험연구와 비실험연구 모두에서 활용이 가능하나 사회과학 연구에서는 비실험연구가 실험연구보다 더 많은 예를 보여 준다. 인과연구에서는 회귀분석, 로지스틱 회귀분석, 구조방정식 등을 사용한다.

(5) 실험연구

실험연구(experimental research)는 실험방법을 사용하며, 연구자는 변인을 의도적으로 조작함으로써 뒤이어 나타나는 행동의 변화를 관찰하는 연구이다. 이 경우에 실험자는 환경의 변화에 따라서 체계적이고 조직적인 방식으로 그 변화를 일으킨다. 다시 말해서 실험연구는 교육의 이론이나 법칙을 발견하거나 그 합리성을 검증하기 위하여 특정 집단에게 조건을 엄격하게 통제하고 변인을 조작하여 나타나는 변화를 관찰하여 분석하는 연구라고 할 수 있다. 예를 들어, 협동학습 프로그램이 학업성취도에 미치는 영향을 연구할 때, 같은 학년에서 성적이 비슷한 두 반을 골라 일정 기간 동안 한 반은 이 프로그램을 통해 수업을 실시하고 다른 한 반은 기존의 방식대로 수업을 실시한 후, 두 실험조건이 학업성취도에 어떤 영향을 주었는지 성취검사의 차이로 인과관계를 밝힐 수 있다.

2) 정성적 연구 유형

정성적 연구(qualitative research)는 인간 개개인의 존엄성을 강조하고 각 개인 특유의 경험 세계와 생활 세계를 있는 그대로 탐구하는 포스트모더니즘적 연구이다. 인간의 활동으로 구성되는 사회현상과 자연현상에 대한 현저한 차이가 지적되면서 사회현상의 독특한 영역에 적합한 정성적 연구방법들이 제안되어 시도되어 왔다. 특정한 이론가나 전문가가 설정한 가설이나 이론에 부합되는 영역만을 중요시하고 사회적으로 가치 있다고 보는 기존의 생각을 비판한다. 그리고 특정한 인간이나 현상이 나름대로 보유하고 있는 의미 세계를 그대로 인정하고 이해하고 탐구하는 자세를 강조한다. 그뿐만 아니라, 각 개인들의 풍부하고 다양한 경험 세계가 연구자에 의해 임의로 선정된 특정한 척도에 맞추어질 위험성과 오류에 대해 지적하고 있다. 이러한 입장에서 역사적으로 다양한 이름으로 특징지어진 개념체계와 연구방법들이 개발되어 왔다. 정성적 연구 유형에는 현상학적 패러다임(해석)을 기초로 하는 근거이론, 현상학적 연구, 문화기술지, 상징적 상호주의, 비판이론적 패러다임(해방)을 기초로 하는 내용분석, 비판이론, 실행연구, 포스트모던적 패러다임(해체)을 기초로 하는 포스트 구조주의, 담론이론, 내러티브연구, 퀴어이론, 포스트모던이론 등이 있다.

(1) 근거이론

근거이론(grounded theory)은 자료 내부에 자리 잡은 질적 핵심 현상에 대하여 이론을 생성하는 연구방법으로 기본적 사회과정인 인간 및 조직의 사회적, 심리적, 구조적 현상에 대하여 새로운 이해를 구한다. 즉, 실재적이고 본질적인 화두에 대하여 개념적 수준에서 과정과 행동, 상호작용을 설명하는 이론을 생성하는 체계적이고 정성적 접근법이다. 근거이론은 과정적 방식, 이론적 표집, 지속적 데이터 분석, 핵심 범주, 이론 생성, 그리고 비망록(memos)을 특징으로 한다(Creswell, 2012). 근거이론은 방법론적 관점과 강조점에 따라서 Glaser를 중심으로 하는 발견적 근거이론, Strauss를 중심으로 하는 체계적 근거이론, Charmaz를 중심으로 하는 구성주의적 근거이론, 그리고 Clarke를 중심으로 하는 변형적 근거이론으로 분류된다(이동성, 김영천, 2012).

(2) 내용분석

내용분석은 내용 관찰을 통해 결론을 도출하기 위한 어떤 정형화된 체계(Stempel, 2003)이며, 연구자료로부터 반복할 수 있고 타당한 추론을 할 수 있는 연구기법(Krippendorff, 2004)이다. 이때 연구자료는 문서, 그림, 상징, 잡지, 미디어, 커뮤니케이션 등을 포괄한다. 특히, 질적 내용분석은 비판이론에 근거하여 내용의 코딩을 통해 범주의 외연적 의미와 내재적 의미를 모두 파악하는 방법으로(Krippendorff, 2004) 주어진 자료에 대한 총체적인 이해를 바탕으로 체계적인 분류 기법인 코딩 과정을 통해 내용의 패턴과 주제를 밝히는 연구방법이라 할 수 있다(최성호, 정정훈, 정상원, 2016). 첫째, 전체적인 맥락을 파악하기 위해서 단어, 문장, 문단의 핵심 내용을 파악해야 한다. 둘째, 전체적인 맥락에 따라서 분석 내용에 순환적인 피드백을 적용한 유연한 내용분석이어야 한다. 셋째, 따라서 유연한 내용분석에 따른 열린 결론을 지향한다. 내용분석은 단위화(unitizing), 표본추출, 기록과 코딩, 축약, 귀추적 추론, 그리고 서사화(narrating)의 과정을 거친다(Krippendorff, 2004).

(3) 내러티브연구

내러티브연구(narrative research)는 사람들이 과거와 현재에서 살아가는 이야기를 탐구하는 것이다. 즉, 내러티브를 연구의 자료로 사용하여 인물과 관련된 현상을 심층적으로 이해한다. 전형적인 내러티브연구에서 연구자는 단 한 사람을 연구대상으로 한다. 내러티브는 말과 글이라는 언어로 표현되는 이야기를 통해서 인간의 삶과 행위 등 경험을 재현한다. 내러티브를 통해서 인간은 자신의 무질서한 경험들을 스스로 이해하게 된다. 즉, 내러티브는 인간의 삶을 해석하는 데 필요한 한 인물이 경험한 사건, 사건에 대응하는 인물의 행위, 그 행위에 숨겨져 있는 감정과 의도, 그 사건을 에워싼 상황 등을 총체적으로 통합하는 인식의 틀이다(강문숙, 김석우, 2012). 내러티브연구에는 생애사연구와 자문화기술지 등이 포함되며, 연구자와 참여자가 활동하는 심리적 시간, 사회적 상호작용, 그리고 환경적 공간의 중요성이 강조된다(Clandinin & Connelly, 2007).

(4) 현상학적 연구

현상학적 연구는 하나의 개념이나 현상에 대하여 여러 다양한 개인들이 체험한 삶의 의미를 기술 묘사하고 모든 참여자가 현상을 경험하면서 공통적으로 가지게 된 보편적 본질을 탐구하는 것이다(Creswell, 2010). 즉, 각 개인이 경험한 현상의 본질적 의미, 하나의 현상에 대하여 일련의 사람들이 구성하는 사회적 의미, 그리고 언어 혹은 대화에 존재하는 의미를 탐구하는 것이다. 사람들이 인지하는 현상을 있는 그대로 드러내는 것을 통해서 사물과 사태의 본질, 즉 사태가 사태이게 하는 것, 이것이 존재하지 않으면 이 사태가 될 수 없는 사태의 근본적인 성질을 탐구하는 것이다(van Manen, 1990). 현상학적 연구는 기존의 선입견과 경험에 대하여 '판단중지(epoché)'하고 체험, 사유된 것(Noema)과 체험의식의 지향성인 노에시스(Noesis)와의 관계를 되돌리는 환원(reduction)을 통해서 '본질직관'에 이르는 방법론적 여정을 사용하는데 이때 현상학적 글쓰기는 현상학적 탐구의 핵심적인 부분이다(정상원, 김영천, 2014).

(5) 문화기술지

문화기술지(ethnography)는 특정한 문화집단이 가지고 있는 공유된 가치, 행동, 신념, 그리고 언어를 공유하고 학습하는 과정과 유형을 기술하고 해석하는 연구방법(Creswell, 2010)이며, 연구자가 공개적 혹은 비공개적으로 연구의 대상이 되는 사람들의 삶에 일정한 시간 동안 참여하여 어떠한 일들이 일어나는지, 또 무엇을 이야기하는지를 알 수 있는 자료를 수집하는 연구방법이다(Hammersley & Atkinson, 1995). 일반적으로 문화기술지라고 하면 연구대상은 타인과 타 집단이 중심이 된다. 이와 달리 연구자 자신과 자신이 속한 집단에 대한 연구를 자문화기술지 연구라고 한다. 또한 문화기술지 연구는 참여관찰이 중심되는 활동이기 때문에 참여의 정도와 방식에 따라서 통합적 문화기술지, 기호학적 문화기술지, 행동주의적 문화기술지로 나누기도 한다.

(6) 실행연구

1989년 호주에서 열린 '실행연구를 위한 제1회 국제심포지엄'에서 제시한 실행연구의 요건을 기준으로 정의하면, 실행연구(action research)는 행위 당사자가 자신을 둘러싼 상황을 개선하기 위해서 실행과 성찰 활동을 밀접하게 연계하여 반복하면서 연구결과를 관심 있는 사람들과 공유하는 과정이다. 즉, 제안된 연구에서 연구자들은 해당 문제의 당사자들과 함께 문제해결을 위한 계획을 세우고 이를 실행한 뒤, 그 과정 및 결과를 성찰함으로써 이후의 또 다른 실천 계획을 수립하는 '계획-실행성찰-재계획'을 반복하는 연속적인 과정인 것이다. 이러한 실행연구는 현장연구와는 구별되어야 하여(조용환, 2015), 그 특징은 참여적 연구로서 실천과 동시에 새로운 이해와 실천적 지식을 창출하는 것을 목적으로 한다(Reason & Bradbury, 2001). 실행연구는 탐구 패러다임에 따라서 실증적 실행연구, 해석적 실행연구, 비판적 실행연구(McCutcheon & Jung, 1990)로 나누기도 하고 실험적 실행연구, 귀납적 실행연구, 참여적 실행연구, 해체적 실행연구로 분류하기도 한다.

(7) 사례연구

사례연구(case study research)는 특정한 개인이나 집단 또는 기관을 대상으로 하여 어떤 문제나 특성을 심층적으로 조사하고 분석하는 연구이다. 즉, 소수의 연구대상을 선정해서 필요한 각종 정보나 자료를 여러 가지 방법으로 조사, 수집하고, 이러한 자료들을 기초로 하여 연구대상이 가지고 있는 특성이나 문제점을 종합적으로 진단하고 기술하는 연구이다. 사례연구의 목적은 어떤 일반적인 원리나 보편적인 사실을 발견하는 데 있기보다는 특정한 사례에 관련된 구체적인 사실을 밝히고 그 사례의 모든 측면을 철저히 분석하는 데 있다. 사례연구에 있어서 어떤 자료는 정량화되기도 하지만 연구의 전체 흐름은 질적인 연구이다.

사례연구는 생활지도 전문가에 의해서 문제행동의 교정을 위하여 이루어져 왔으며, 문제행동 자체를 소상하게 관찰하고 그 원인을 찾기 위하여 가족상황, 사회적 환경, 문화적 수준, 신체적 조건, 습관, 적응, 일상생활의 만족도 등을 조사한다.

3) 정량적 연구와 정성적 연구의 특성

Borg 외(1996)는 양적 연구와 질적 연구의 특성을 〈표 1-1〉과 같이 비교, 기술하고 있다.

〈표 1-1〉 정량적 연구와 정성적 연구의 특성 비교

구분	정량적 연구	정성적 연구
철학	객관적 실재를 가정	주관적 구성
목적	가설 검증, 일반화, 예측	관계의 의미, 해석에 중점
관점	신뢰도, 결과 중시	타당도, 과정 중시
참여자 관계	연구대상과 원거리 유지	연구대상과 근거리 유지
연구 특성	연역적 논리 중시	귀납적 논리 중시
	외현적 행동 연구	내재적 현상 연구
	설명적 성격이 강함	탐색적 성격이 강함
	구성요소의 분석에 초점	총체적 분석 강조
	체계적, 통계적 측정 강조	자연적, 비통계적 관찰 강조
	표본연구(대표집)	단일사례연구(소표집)
자료 수집	개입, 실험, 구조화된 설문지	현장조사, (참여)관찰, 심층면접
연구 유형	조사연구, 비교연구, 상관연구, 인과연구, 실험연구	근거이론, 내용분석, 내러티브연구, 현상학, 문화기술지, 사례연구
장점	• 일반화할 수 있는 결과 산출 • 재정 지원과 출판에 용이	• 풍부하고 자세한 발견이 가능 • 문제에 대한 새로운 시각 제공

단점	• 조사 결과가 풍부하지 못한 경향 • 계량화로 인하여 연구결과가 제한적이고 피상적이기 쉬움	• 조사결과가 주관적이라는 인상을 줌 • 연구결과가 계량적이지 않아서 일반화하기 어려움

제2장 연구문제와 가설

이 장에서는 연구문제의 설정과 기준, 진술방법, 그리고 가설의 정의 및 유형, 진술방법, 평가기준을 설명한다. 연구주제의 핵심 내용은 연구에서 탐구하고자 하는 대상으로 연구문제로 구체화되며, 연구문제는 연구의 목적, 동기, 그리고 제기되는 쟁점 등이 무엇인가에 따라 결정된다. 연구자들은 대체적으로 어떤 문제를 선정해야 할지에 대해 오랜 시간의 탐색과정을 갖게 되는데, 이는 연구하려는 새로운 문제를 찾아내는 일이 연구의 첫 출발이며 계속되는 연구의 길잡이 구실을 하기 때문이다.

연구문제의 설정은 넓은 범위의 연구주제를 좁히고 일정한 초점에 맞추어 압축하는 문제진술 과정을 거친다. 이러한 연구문제의 진술과정을 통해 막연하던 문제가 좀 더 분명하게 드러나게 되고 문제의 성격이나 한계가 명료화되면서 연구문제는 변인들과 변인들 사이의 관계를 기술하고 경험적으로 검증할 수 있는 가설의 형태로 구성된다(김석우, 1997).

 ## 1. 정성적 연구문제의 설정과 기준

1) 정성적 연구문제의 설정

연구자가 연구주제를 설정하는 일은 쉽고도 어렵다. 연구자는 각자의 전공이 있을 것이고 연구주제는 그 전공과의 관련성에서 시작된다. 석사나 박사 과정 중인 연구생이라면 자신이 특별히 관심 있거나 준비한 것이 있지 않는 한 지도교수의 연구실에서 이루어지는 연구를 중심으로 큰 주제가 설정될 것이다. 큰 주제는 구체적인 연구논문을 쓰기에는 막연하다. 단순한 핵심어를 선택하고 결합하는 것을 넘어서 자신의 연구의 방향성이 구체화되어 있는 연구주제를 설정하기 위해서는 주제와 관련하여 다른 연구자들의 연구결과에 대한 조사가 필요하다. 이를 통해서 연구자는 자신의 연구주제를 더 세분화하고 구체화하여 연구자가 해결하고자 하는 연구문제를 설정할 수도 있고 문제의 구조와 논리에 대한 검증과 일반화를 위하여 가설을 설정할 수도 있다.

관련된 다른 연구자들의 연구결과를 읽을 때 '이 연구는 왜, 어떻게 시작되었는지, 이 연구는 어떤 문제를 해결하기 위한 것인지, 이 연구는 다른 연구들과 어떻게 관련이 되는지, 이 연구는 어떠한 방법으로 문제를 해결하는지 등'을 스스로에게 질문하면서 연구자 자신은 어떻게 문제를 제기할 것인지, 어떠한 모형과 가설을 구성할 수 있는지, 자신의 문제와 가설을 어떤 방법으로 해결할 것인지 생각하는 과정을 경험하게 된다. 즉, 연구자는 이러한 과정을 통해서 자신의 연구주제를 더 세분화하고 구체화하여 연구자가 해결하고자 하는 연구문제를 설정할 수도 있고, 문제의 구조와 논리에 대한 검증과 일반화를 위하여 가설을 설정할 수도 있다.

이와 같이 연구주제나 문제를 지도교수, 선행연구 등 관련 전공 분야를 통해서 설정할 수도 있지만, 연구자가 연구하고자 하는 대상은 학생과 학부모, 교사, 장애인 등 사람일 수도 있고, 특수학교, 교육청, 은행, 교도소, 지역사회 등의 공동체 또는 시설, 그리고 역사적 사료, 교과서, 학생생활기록부, 범죄기록 등의 문서일 수도 있다. 연구주제를 설정할 때 일반적으로 연구 데이터가 고려되어야 하지만, 연구대상을 중심으로부터 연구주제를 설정하는 경우, 특히 연구자는 연구 데이터의 수집을 신중하게 고려해야 한다. 연구대상은 연구 데이터를 수집해야 하는 대상이기 때문에 연구자가 접촉하기 어려운 연구대상은 연구주제로 적합하지 않을 수 있다. 만약 연구자가 석사과정의 대학원생이라면 다수의 교사를 대상으로 한 연구는 어려울 수 있고, 그렇게 되면 연구대상의 문제로 인해서 연구주제나 변인, 그리고 연구방법이 바뀔 수가 있다. 역으로 연구대상이 특정되고 그 범위가 구체화되면 될수록 연구변인과 연구방법이 구체화되는 장점이 있다.

연구방법과 범위를 중심으로 연구 주제 및 문제를 설정할 수 있다. 첫째, 거시적 현상에 대해서 연구할 것인지, 또는 미시적 현상에 대해서 연구할 것인지에 따라서 연구문제를 설정한다. 초보 연구자는 가능하면 연구문제를 미시적인 방향에서 잡는 것이 좋다. 왜냐하면 거시적 연구는 연구의 범위가 넓고 그 한계를 명확히 하기가 어려워서 연구에 많은 시간과 노력이 필요하기 때문이다. 둘째, 질적 연구방법을 사용할 것인지, 또는 양적 연구방법을 사용할 것인지, 또는 혼합 연구방법을 사용할 것인지에 따라서 연구문제를 설정한다. 즉, 관찰연구, 조사연구, 실험연구, 역사연구, 문화기술연구, 내러티브연구, 사례연구, 현상학적 연구 등 연구자 자신에 알맞은 연구방법을 선택함으로써 연구주제 및 문제를 효과적이고 효율적으로 연구를 수행할 수 있다. 셋째, 현상을 분석하는 연구를 할 것인지, 또는 해결안을 개발하는 연구를 할 것인지에 따라서 연구문제를 설정한다. 예컨대 '수업태도와 학업성취도의 관계'는 전자의 예이고, '학업성취도 검사 개발'은 후자의 예이다.

2) 정성적 연구문제의 평가기준

연구자가 새롭게 구성된 연구문제를 수행하고자 할 때 그 연구문제가 수행할 가치가 있는지 또는 수행하기에 적합한지를 평가하는 기준이 필요하다. 예를 들어, 연구자의 연구문제가 실행하기 불가능하다면 그 연구는 의미가 없을 것이다. 또 연구가 불가능하지는 않지만 너무 추상적이어서 구체성이 떨어지는 것도 연구문제로 적합하지 않을 것이다. 또한 인간을 신체적으로나 정신적으로 학대하는 것을 포함하는 연구문제도 수행하기에 적합하지 않을 것이다. 이와 같이 연구문제는 윤리적이어야 하며 가능하고도 구체적이고 명확하며 새롭고 사회적으로 중요한 것이어야 할 것이다(김종서, 1995; 이종승, 1984; Fraenkel, 1996; Tuckman, 1988).

연구문제를 세련되게 구성하기 위하여 먼저 연구문제의 틀을 검토하는 것이 필요하다. 첫째, 연구문제가 이해당사자를 특정하고 있는지를 확인해야 한다. 둘째, 어떤 방법을 사용할 것인지를 제시해야 한다. 셋째, 이 방법이 다른 방법들과는 어떻게 다른지 제시하는 것이 필요하다. 넷째, 이 방법이 어떤 결과와 효과를 나타내는지를 제시해야 한다. 다섯째, 시행 기간을 확인해야 한다. 개별 결과 변인을 측정하는 시간과 전체적인 측정 기간을 구체화해야 한다(Aslam & Emmanuel, 2010).

이상의 여러 의견을 종합하여 연구문제의 평가기준을 정리하면 첫째, 연구문제는 실행 가능해야 한다. 방법, 시간, 노력, 재정의 측면에서 연구하는 것이 가능한가를 생각해야 한다. 연구문제는 그 문제가 제시하는 질문에 대한 해답이 있어야 하며 경험적인 방법으로 진술되어야 한다. 그리고 연구자 자신이 이 연구를 수행하는 데 필요한 적절한 자료와 샘플 크기를 관리하고, 연구방법과 연구설계를 할 수 있는가, 행정적 협조와 연구에 소요될 경비가 충분한가, 그리고 시간적으로 이 연구를 해낼 수 있을 것인가에 관한 고려도 빼놓을 수 없다.

둘째, 연구문제는 참신하고 독창적이어야 한다. 그러나 독창성은 다양하고 복잡한 측면을 지니고 있기 때문에 하나의 명확한 개념이나 틀로 정의하기 어렵다. 연구문제는 새로운 정보, 작업기법의 새로움, 관찰이나 결과에서의 독특함, 그리고 아이디어, 방법, 해석에서의 독창성 등을 포함하고 있어야 한다. 그러나 연구문제의 독창성과는 별개로 선행연구를 재검증하기 위하여 의도적으로 반복하는 연구도 필요하다. 왜냐하면 사용한 도구가 항상 측정오차를 가지고 있는 데다가 연구에 관련된 다양한 변인을 통제하는 것이 매우 어렵기 때문이다.

또한 외국의 학자들이 새로이 개발한 어떤 기술이나 방법을 우리나라에 도입해서 적용하는 경우에는 어떻게 적용했는가에 따라서 독창적인 연구일 수도 있고 그렇지 않을 수도 있을 것이다. 특정 현상을 연구하기 위해서 외국의 연구방법에 대하여 새로운 관점을 제시하고 연구방법을 재구성하여 연구문제에 적용하는 경우에는 연구자의 창의적 역량을 인정해야 할 것이다.

셋째, 연구문제는 그 용어의 개념과 범위에 있어서 모호하지 않고 구체적이어야 한다. 연구문제를 명확하게 제시하고 이해당사자들의 흥미와 관심을 끄는 작업은 어려운 일이다. 중요한 연구문제라 해도 그것을 제시하는 방식에 따라서 흥미롭지도 유익하지도 않을 수도 있는 것이다. 예를 들어, '학생 중심 수업은 교사의 수업에 어떤 영향을 미치는가?'라는 연구문제에서 '학생 중심 수업'은 다양하고 포괄적인 측면을 지닌다. 첫째, '교과의 진도를 중심'으로 하는 것이 아닌 '학생의 이해를 중심'으로 하는 수업이라고 생각할 수 있다. 여전히 강의식 수업으로 교과 내용은 교사가 설명을 하는 경우이다. 둘째, '학생 중심 수업'을 수업에 있어서 학생의 움직임 및 활동이 많은 것을 의미할 수 있다. 수업이 학생의 활동을 중심으로 운영되는 경우이다. 활동을 통하여 학생의 흥미와 관심 및 집중력을 높이려는 수업방식이다. 셋째, '학생 중심 수업'은 학생이 수업을 받는 것이 아닌 '학생이 수업을 하는' 것을 의미하는 것으로 해석할 수 있다. 이때 교사는 수업을 지원하고 보조하는 역할을 한다. 이와 같이 연구문제가 막연하고 추상적이면 연구의 시작과 진행에 어려움을 겪을 수 있다.

넷째, 연구문제는 인간사회의 근본을 이루는 인권, 평등권 등을 침해하는 비윤리적 내용을 포함해서는 안 된다. 피험자들에게 사전에 동의를 구하고 피험자에게 선택의 기회를 제공했다고 하더라도 연구의 과정이나 결과가 개인의 사생활을 침해한다든가 연구대상자가 신체적·정신적으로 피해를 볼 수도 있는 연구문제는 윤리적으로 승인될 수 없을 것이다. 예를 들어, 실험설계에서 암, 고혈압 등 질환을 일으키는 약물을 동물에게 투여하는 연구는 생명윤리의 측면에서 논쟁거리가 된다. 또한 페놀, 포름알데히드, 하이드라진과 같은 화학물질, 크롬, 카드뮴과 같은 금속물질 등 독성 물질을 이용한 연구와 독성 생화학물질을 생성하는 연구는 인류는 물론 지구상의 모든 생명에 대해 인간의 윤리적 책임에 대한 인식과 논의를 제고한다.

다섯째, 연구문제가 학문적으로 기여하는 정도와 사회적으로 기여할 수 있는 정도가 연구문제의 평가기준이 된다. 학문 영역에서의 기여는 이론 영역에서의 기여와 방법론 영역에서의 기여를 평가할 수 있다. 사회에서의 기여는 사회적 실천과 효과를 중심으로 평가가 가능하다. 연구자는 연구문제를 해결하는 과정에서 기존의 이론을 검토하고 정리하여 그 이론의 미비점을 보완하고 자신의 연구에 맞게 재구성할 수 있다. 또한 다른 이론을 통합하여 자신의 연구에 적용할 수도 있을 것이다. 이와 같이 기존의 이론을 수정, 보완함으로써 이론의 발전에 기여하는 것과는 달리 기존 이론을 비판적으로 검토하여 새로운 이론을 구성하여 학문의 발전에 기여하기도 한다. 한편, 이론에 근거하여 방법론을 개발하고 기존의 방법론을 개선함으로써 학문 영역에 기여하기도 한다(이종승, 1984). 연구문제의 사회적 기여는 연구문제 자체보다는 연구결과의 실천과 효과와 관련된다. 이 연구가 사회의 현실적인 문제를 해결하는 데 어떻게 얼마나 유익한지를 평가하는 것이다. 연구자는 자신의 연구문제가 학문적으로 또는 사회적으로 어떠한 것을 얼마나 기여할 수 있는지 구체적인 근거를 제시하여야 한다.

반복연구의 필요성

① **새로운 연구결과를 검토하기 위한 경우**: 때로는 한 연구가 새롭고 놀라운 증거를 통해 기존의 연구와 불일치되는 결과를 보고하거나, 또는 일반적으로 널리 인정되는 이론에 도전하는 결과를 보고하기도 한다. 이러한 연구를 다시 반복하여 연구하는 것은 그 연구결과나 해석에 대한 타당성을 더욱 확고히 하거나 또는 이의를 제기하게 되기 때문에 매우 유용한 연구가 된다. 만약 반복연구의 결과가 그 연구를 지지하는 입장이 되면 그 연구는 새로운 탐구영역을 개발한 것이 되거나 또는 교육 실제에 중요한 영향을 미치는 연구가 될 것이다.

② **다른 모집단을 통해 연구의 타당성을 검토하기 위한 경우**: 교육 분야에서 대개의 연구는 단일 모집단을 대표하는 작은 표본을 통해 수행된다. 이때 반복연구가 없다면 다른 모집단을 대상으로 그 연구에 적용하는 데 있어 그 응용정도를 결정하기가 어려울 것이다. 어떤 연구의 결과에 대한 일반화 정도의 한계를 정하기 위해 반복연구가 필요한 것이다.

③ **시간이 경과하면서 변화한 경향을 검토하기 위한 경우**: 사회과학의 많은 연구는 특별한 시대상황에서 나온 것이 많다. 예를 들어, 20년 전에는 타당했던 연구결과가 오늘날에는 타당하지 않게 될 수도 있다. 이렇게 기존의 발견을 검토할 겸 경향을 명확히 하는 데 반복연구는 유용한 도구가 될 수 있다.

④ **다른 방법론을 사용하여 중요한 연구결과를 검토하기 위한 경우**: 어떤 연구에서 관찰된 관련성들이 연구된 현상들과 진정한 관계성을 갖는 것이 아니라, 연구자가 그 연구에서 사용한 방법론에 기인한 것일 가능성도 있다. 진정한 관계성은 이들이 타당하고 적절하다고 하면 측정과 방법에 관계없이 나타나야 하는 것이다. 이전의 연구에서 사용한 연구방법에서는 미처 다루어지지 않았던 변인들이 있을 수 있으며, 이러한 변인들이 연구결과에 영향을 미칠 수도 있다. 따라서 이러한 점들을 고려해 다른 연구방법을 사용하여 그 연구를 반복연구하는 것이 중요하다.

⑤ **효과적이고 능률적인 중재프로그램을 개발하기 위한 경우**: 교육자들은 계속해서 더 효과적인 교수 프로그램이나 교수 절차를 찾는다. 그래서 연구자들이 어떤 프로그램이나 절차가 유용하다고 주장하면 다른 연구자들이 반복연구하여 더 향상될 수 있는지를 알아보려고 한다. 또는 과거에 이루어졌던 연구문제를 새로운 조건하에서 다시 시도해 볼 수도 있다.

출처: 김석우(1997) 재구성.

 ## 2. 정성적 연구문제의 진술형식

연구문제는 특정한 주제에 대해서 기존의 밝혀진 지식과 새롭게 밝히고자 하는 지식 사이의 차이를 뜻한다(Merriam, 2009). 정성적 연구문제는 설명될 필요가 있기보다는 대체로 탐색될 필요가 있는 이슈로 설정된다. 즉, 연구하고자 하는 현상에 대한 과정과 의미를 탐구한다. 연구문제의 진술은 연구문제를 설정하고 연구문제에 대해서 적절성을 평가하는 기준을 근거로 그 형식이 결정된다. 연구문제는 직접적으로 연구의 설계와 수행을 안내해 줄 수 있을 정도의 구체성을 띠어야 한다. 정성적 연구문제는 어떠한 이론적 틀을 통해서 연구가 이루어지며, 연구의 결과가 학문적으로나 사회적으로 어떻게 기여하는지를 진술해야 한다(Marshall & Rossman, 2009). 따라서 일반적으로 정성적 연구문제는 '왜' 또는 '어떻게'로 시작하여 연구의 이론적 틀을 제시하고 연구의 결과가 어떻게 기여하는지를 진술한다. 그러나 정성적 연구는 각각의 방법론의 특성에 따라서 연구문제도 다소 다른 형식으로 진술한다.

내러티브연구에서는 당면한 핵심적인 문제를 포함하는 현상에 대한 이야기, 즉 한 개인으로서 삶의 성장과 변화의 이야기에 대한 연속성과 결과를 연구문제로 진술한다. 내러티브에서는 경험하는 자아와 이야기하는 자아가 서로 상호작용하며 긴밀하게 얽혀 있다. 이야기하는 자아는 내러티브를 구성하는 데 있어서 경험을 중요한 원재료로 사용한다. 그리고 그 내러티브는 다시 경험하는 자아가 실제로 느끼는 것에 영향을 미친다(Yuval Harari, 2017). 따라서 내러티브연구의 연구문제에서 고려해야 할 질문들은 누구의 이야기인지, 어떤(사건) 이야기인지, 누가(화자) 이야기를 전하는지(주인공), 이야기가 얼마나 설득력(구성) 있는지와 같은 이야기의 세 가지 측면, 즉 상호작용, 연속성/시간, 장소/상황을 연구문제의 형식으로 한다. 예를 들면, 「내러티브 탐구를 통한 베트남 결혼이주여성의 정체성 연구」에서 박선영(2019)은 "본 연구에서는 결혼이주여성의 내면의 목소리로 말해지는 자신의 정체성을 알아보고자 한다. 즉, 결혼이주여성들의 이야기 정체성을 살펴서 그들에 대해 한국 사회에서 자리매김하는 정체성과 그들 자신이 말하는 정체성이 동일한가, 만약 차이가 있다면 어떤 차이인가, 그 차이에 의거해서 한국 사회에서 지향해야 할 담론과 접근은 어떤 것이어야 하는가에 대해서 논의해 보고자 한다."라고 연구문제를 제시한다.

소수의 케이스를 통해서 그 케이스로 대표되는 집단 전체 또는 요인 전체의 본질적 문제를 이해하고 해결하고자 하는 케이스 스터디에서는 사례의 선택과 명료화를 통해서 연구문제를 진술할 때 대상으로서의 사례가 갖는 특성에 대하여 '왜'라는 본질과 '어떻게'라는 기법을 중심(Yin, 2003)으로 진술한다. 예를 들면, 「진로진학상담 슈퍼비전 경험에 대한 질적 사례연구」에서 박정아와 문영주(2019)는 "본 연구는 진로진학상담교사(슈퍼바이지)와 슈퍼바이저가 실제 슈퍼비전을 수행하면서 겪은 경험의 의미와 본질은 무엇인지 밝히는 데 그 목적이 있다. 이러한 연구목적을 달성하기 위한 구체적인 연구문제는 다음과 같다. 슈퍼바이지와 슈퍼바이저가 진로진학상담 슈퍼비전을 준비하고 진행하면서 무엇을 경험하였는가? 그 경험들을 관통하는 본질적 의미는 무엇인가?"라고 하면서 '경험'과 '본질적 의미'를 연구문제로 진술하고 있다.

판단중지와 환원을 통해서 인간이 경험한 현상의 본질적 의미를 탐구하는 현상학적 연구에서는 연구문제를 진술함에 있어서 인간경험에 대하여 본질적이고도 깊이 있는 이해, 인간의 행동과 경험에 대한 질적인 요소 해명, 연구자와 연구참여자의 전인적 참여와 개별적 열정적 관여를 형식으로 한다(Moustakas, 1994). 예를 들면, 「대학원 생활 속 행복경험에 관한 현상학적 연구」에서 이봉재와 박수정(2019)은 "이 연구의 목적은 직장생활과 학업을 병행하고 있는 재직 박사과정생들이 대학원 생활 속에서 경험하는 행복에 대한 인식, 그들의 내면에 잠복하고 있는 갈등 요소를 포괄적으로 이해하는 데 있다.

이 연구결과는 평생학습시대 성인학습자의 자기계발과 자아실현을 지원할 수 있는 토대를 마련하는 기초자료가 될 것이다. 이를 위한 연구문제를 제시하면 다음과 같다. 연구문제 1. 재직 대학원 박사과정생들이 학위과정을 선택하게 된 동기는 무엇인가? 연구문제 2. 재직 대학원 박사과정생들이 대학원 생활 속에서 느끼는 행복에 대한 인식과 내재적 갈등 요소들은 무엇인가?"라고 연구문제를 진술하고 있다. 「임상간호사의 심미적 간호 경험에 대한 현상학적 연구」에서 장명선(2021)은 "본 연구의 연구목적은 Dewey의 하나의 경험으로서 예술이론을 기반으로 하여 임상간호사가 환자와의 돌봄 관계에서 체험한 심미적 간호 경험을 현상학적으로 탐색함으로써 간호사의 관점에서 경험된 심미적 경험의 사실적 구조를 탐구하고자 하는 것이다. 본 연구의 주요 연구질문은 환자와의 돌봄관계에서 임상간호사의 심미적 간호 경험은 어떠한가?"라고 연구문제를 진술하고 있다.

문화기술지 연구에서는 연구목적이 처음부터 명확하게 설정되지 않은 경우가 많다. 왜냐하면 연구자가 경험해 보지 못하고 잘 이해하지 못하는 문화집단의 행위와 삶의 방식들을 이해하려는 것이 문화기술지 연구의 목적이기도 하고 연구의 대상이 연구를 진행하는 과정 중에 결정될 수도 있기 때문이다. 따라서 연구문제는 가변적인 상태에 놓이며 연구가 현장에서 진행되고 연구자의 이해가 축적되면서 더욱 명확하게 된다. 그럼에도 연구문제에서는 '문화집단'과 '그 삶의 방식'이 반드시 진술되어야 한다. 예를 들면, 「국민기초생활 보장제도 수급가구의 사회적 배제 경험에 관한 문화기술지 연구」에서 이희연(2009)은 "본 연구는 우리나라의 대표적인 절대빈곤층인 공공부조 수급가구의 사회적 배제 경험에 대한 실제적이고 탐색적인 질적 연구를 통해, 경험하는 사회적 배제의 의미와 역동적 구조에 대한 심층적이고 구체적인 이해를 얻고자 한다. 이를 통해 공공부조 정책과 사회통합서비스의 개입과 방향 모색을 위한 기초자료로 제공하고자 한다. 이에 본 연구에서 다루고자 하는 주요 연구문제는 수급가구가 어떻게, 그리고 어떤 사회적 배제를 경험하고 있는가?"라고 '특정 문화집단'의 '사회적 경험'을 연구문제로 진술하고 있다.

근거이론은 현장에서 존재하는 연구 현상으로부터 귀납적으로 유도된 이론(Strauss & Corbin, 1998)으로 어떤 현상이나 사건을 통해 새로운 이론의 정립, 과정에 대한 설명, 추상적인 구조의 생성 및 발견 등의 목적에 적합한 연구방법이다. 이론적 틀을 가지고 현상의 실질적 이론을 개발하고자 하는 경우가 많다. 예를 들면, 「근거이론을 통한 노인장기요양 실천현장의 사례관리 수행과정 경험에 관한 연구: 대구광역시 재가노인복지시설을 중심으로」에서 최정호(2014)는 "본 연구는 노인장기요양보험제도 시행 이후 새로운 사각지대가 발생하고 있는데, 이는 우리나라 노인장기요양 체계의 양 축인 노인장기요양보험서비스와 노인복지서비스 사이에 보호의 연속성이 부족하다는 문제의식으로부터 시작되었다. 또한 사회복지 실천현장에서 사례관리가 강조되고 있는 데 반하여, 제대로 수행할 수 있도록 하는 체계가 마련되지 않은 채 방법만 강조되는 상황이어서 실천현장에서는 매우 혼란스러워한다는 문제의식도 있었다. 그러한 실천현장 상황에 대해 학문적 연구 상황 또한 노인장기요양보험서비스와 노인복지서비스를 연결하여 보호하는 연속체로서의 노인장기요양 체계에 접근하는 연구가 미흡하고, 사례관리 연구 또한 체계적 논의 없이 실천방법에 대한 논의에만 머무르고 있어 실천현장의 답답함을 해소하지 못하고 있다는 문제의식이 컸다. 그와 같은 연구 배경을 가지고, 노인장기요양 실천현장의 사례관리 수행과정에 대한 경험 연구를 연구주제로 삼았고, 노인장기요양의 사례관리 수행과정에 대한 실천현장의 구체적인 경험은 어떠한가를 연구문제로 삼았다."라고 연구문제를 진술하고 있다.

실행연구는 연구자와 참여자가 현장에서 당면한 문제를 이해하고 해결하려는 실천적 연구이다. 따라서 실행연구에서 연구문제는 구체적인 업무나 행위, 그리고 프로그램의 운영과정에서 발생한다. 이와 같은 맥락에서 「작은학교 무학년제 교과 융합형 협동학습 수업실행 연구」에서 이상신(2020)은 "본 연구의 목적은 시의적 적시성을 기반으로 전교생 60명 이하의 강원도형 작은학교에 적용 가능한 수업 프로그램을 구안하여 실제 교실 수업에 투입함으로써 프로그램의 현장 적용 가능성과 교육의 효율성을 실행 연구의 차원에서 객관적으로 검증함에 있다."라고 연구문제를 진술하고 있다. 교실수업과 관련하여서 협동학습을 예로 들면, 수업 참여교사들의 협동학습을 분석하고 상호협력적 수업 컨설팅을 실시하여 협동학습을 개선해 나가고자 할 경우에, 실행연구를 위한 연구문제는 "협동수업에 참여하는 교사들의 교실활동에서의 당면문제는 무엇인가?" 또는 "협력적 수업 컨설팅은 교사의 교실활동에서의 당면문제를 어떻게 개선하는가?" 등으로 진술할 수 있을 것이다.

연구문제를 진술할 때 참고할 사항은 다음과 같다. 1) 질문의 형식으로 진술한다. 2) 자료를 근거로 설명할 수 있는 방식으로 진술한다. 3) 가능한 한 간단하게 진술한다. 일반적으로는 내용을 구성하는 단어군은 3~5군 이 좋다. 예를 들면, '창의성과 지능 및 인성의 관계에 관한 연구'와 같은 경우이다. 그러나 너무 간단하게 진술하여 의사소통이 안 되어도 문제이다. 4) 필요하면 부제를 붙인다. 예를 들면, '통합 교육과정의 효과에 관한 연구-초등학교를 중심으로'라는 연구문제가 있다. 이 경우에 '초등학교를 중심으로'라는 것은 부제에 해당된다. 5) 독립요인과 종속요인의 관계가 있는 연구문제의 경우는 독립변인을 먼저 진술하고 종속변인을 후에 진술한다. 예를 들어 '학업성취를 향상시키기 위한 프로그램 학습방식에 관한 연구'가 아니라 '프로그램 학습방식이 학업성취에 미치는 영향에 관한 연구'가 되어야 할 것이다.

출처: Tuckman, B. W. (1988).

3. 정량적 연구가설의 정의 및 유형

검증을 필요로 하는 과학적 정량적 연구에서 연구자는 정성적 연구와는 달리 연구문제에서 한 걸음 더 나아가 연구가설을 설정하는 것에서 연구의 첫 단계를 시작하는 것이 일반적이다. 가설을 위해서 데이터를 수집하고, 수집된 데이터를 분석하여 가설을 채택하거나 기각한다. 즉, 정량적 연구는 가설에서 시작해서 가설에서 끝이 난다. 이 절에서는 가설의 정의와 기능 및 유형 등에 관하여 살펴본다.

1) 정량적 연구가설의 정의

일반적으로 가설은 주장을 위한 가정, 행동의 근거로 여겨지는 실제 상황이나 조건에 대한 해석, 그리고 논리적·경험적 결과를 추론하고 검증하기 위해서 이루어지는 잠정적 가정을 의미한다. 가설은 연구를 시작하기 이전에 관찰하는 사실이나 조건을 설명하고 앞으로의 연구를 이끌기 위하여 형성하는 짐작이나 추측이다(Scates et al., 1954). 가설은 적절한 자료를 찾아서 연구를 유도하는 개념이며, 잠정적 설명이거나 혹은 가능성을 기술하고 어떤 결론이나 결과를 예언하는 것이다(Good, 1959). 또한 가설은 둘 이상의 변인 간의 관계에 대한 추리를 문장화한 것이다(Kerlinger, 1967).

연구자가 어떤 것을 연구할 것인지를 의문문이나 연구 목적의 형태로 제시하는 이론적으로 진술한 연구문제와의 관련이란 측면에서 보면 가설이란 '연구에서 제기된 연구문제에 대한 연구자 나름의 잠정적인 해답'이라고 볼 수 있다. 경험적인 의미의 확인이 이루어진 법칙과 비교해 볼 때 가설은 '경험적인 의미가 잠정적인 수준에 머물러 있는 아직 확인되지 않은 명제'라고 볼 수도 있다. 기본적인 성격에서 볼 때 가설은 '연구를 통하여 그 진위를 검증할 수 있도록 정리를 특수화하고 구체화한 것'이라고 볼 수도 있다.

가설검증은 모집단에 대한 어떤 가설을 설정하고 그 가설의 타당성 여부를 표본을 분석함으로써 검증하는 것인 데 반해, 추정(estimation)은 표본의 성격, 즉 통계량(statistic)을 중심으로 무엇이 모수(parameter)인가를 규명하는 것을 말한다.

2) 정량적 연구가설의 역할

가설을 변인과의 관계를 중심으로 보면 '2개 이상의 변인들 간의 관계를 예측한 진술'이다. 일반화할 집단에 대해 변인들 사이에 특정한 가설을 세우고, 그 집단을 대표할 표본을 표집해 통계량을 계산하여 집단 전체에 대한 가설을 검증하는 것을 전제로 가설은 설정된다. 즉, 정량적 연구에서 연구의 목적은 각각의 현상을 분석하여 그 현상에 대한 정보를 얻으려 하는 데 있는 것이 아니라 그 현상의 원인과 결과, 변인과 변인의 관계에 대한 가설, 연구자의 예측이 참인지 거짓인지를 알아보려는 데 있다. 따라서 정량적 연구에서 연구가설은 중요한 역할을 수행한다.

첫째, 가설은 연구의 내용에 대해 이해를 넓히고 연구의 초점을 맞추며 방향을 설정하는 역할을 한다. 연구를 시작하는 단계에서 연구자는 핵심적인 변인을 결정하고 변인과 변인 사이의 관계를 설정한다. 연구자는 가설을 설정하기 위해서 변인을 검토하는 과정에서 연구의 초점이 무엇인지를 명확히 하게 되고 가설을 중심으로 자료를 수집하고 분석하는 등의 집중적인 노력을 기울이는 한편, 연구의 내용에 대하여 깊고 풍부한 이해를 지니고 연구의 방향을 설정하게 된다. 또한, 변인과 변인의 관계를 규정하는 과정에서 연구자는 단편적 사고에서 벗어나서 현상을 다양한 관점에서 바라보는 기회를 갖게 되어 연구주제에 대하여 다시 검토할 수도 있고 문제해결력이 강화되기도 한다.

둘째, 가설은 연구에서 자료를 수집하고 분석하는 데 동기를 부여하는 역할뿐만 아니라 이론과 경험적 연구 사이에서 메신저 역할을 한다. 연구를 진행하고 있는 중간단계에서 연구자는 가설의 참과 거짓을 검증하기 위해서 데이터를 수집하고, 변인에 따라서 분류하고 분석한 후에 그 결과를 종합하는 과정을 밟는다. 가설은 문제에 대한 연구자 자신의 주장이고 예측이기 때문에 연구자에게 자연스럽게 연구과정을 진행하는 강한 동기를 부여하게 된다. 연구자는 단순한 추측만으로는 가설을 검증할 수 없기 때문에 가설을 검증할 풍부한 자료를 모으는 것은 물론 이론에 맞추어 논리적으로 변인들 사이의 관계를 연결하고 데이터에 근거하여 경험적으로 가설을 검증하게 된다.

셋째, 가설은 이론과 연구 사이의 간격을 메우고, 관찰된 실재에 대응하는 이론을 생성하거나 이론의 일부가 되어서 이론과 경험적 연구 사이의 연결고리로서 그 역할을 하게 된다. 연구의 마지막 단계에서 가설은 데이터를 통해서 검증이 되었다면 하나의 이론으로서 또는 어떤 이론의 일부로서 학문적 기여와 사회문제 해결에 기여하게 된다. 가설이 기각된 경우에는 기각된 이유가 자료에 있는지, 분석과정에 있는지를 검토하고 연구과정에서 문제가 없다면 기존 가설은 재설정의 과정을 거침으로써 시간과 자원의 낭비 없이 한층 깊이 있는 새로운 연구를 위한 매개적 역할을 하게 된다.

3) 정량적 가설의 유형

가설은 가설의 수에 따라 단일가설과 복합가설, 일반화의 정도에 따라 한정가설과 보편가설, 연구목적에 따라 기술적 가설과 관계적 가설, 가설의 검증 가능성에 따라 이론적 가설과 통계적 작업가설로 나뉘고, 통계적 작업가설은 귀무가설과 대안가설로 구분된다.

(1) 가설의 변인 수에 따른 분류

가설은 변인의 수에 따라서 단수가설과 복합가설로 분류한다. 단순가설(simple hypothesis)은 독립변수와 종속변수라는 단일한 두 변수 간의 단순한 관계를 예측한다. "매일 탄산음료를 마시면 비만이 된다." "매일 술을 마시면 간경화에 걸린다." "매일 하루 30분씩 운동하면 더 강한 학생이 될 수 있다."라는 문장들은 단순가설이다.

복합가설(composite hypothesis)은 둘 이상의 독립변수와 둘 이상의 종속변수 간의 관계를 포함하는 가설이다. 예를 들면, "장수를 중시하고 행복을 추구하는 과체중 성인은 다른 성인보다 체중을 줄이고 더 규칙적인 기쁨을 느낄 가능성이 더 높습니다." "담배를 피우고 도시에 거주하는 사람들은 다른 사람들보다 호흡기 문제 및 암 발병률이 더 높습니다." "기름진 음식을 먹고 야채를 거의 먹지 않는 과체중 개인은 고콜레스테롤 및 심장병에 걸릴 가능성이 더 높습니다."와 같은 문장들은 복합가설이다.

(2) 가설의 일반화 정도에 따른 분류

가설은 일반화의 정도에 따라서 한정가설과 보편가설로 분류한다. 한정가설(specific hypothesis)은 그 가설이 적용되는 경우가 적어도 한 가지는 있는 가설을 말한다. 예를 들어, 연구자가 한 학교를 둘러본 후 학생들 대부분이 공장 주변 지역에 살고 있음을 보고 학교 주변의 이웃들이 가난할 것이라고 추론하게 된다. 수입 정도에 대한 자료가 없으므로 실제로 대다수의 사람이 정말 가난한지를 알지 못하지만 그럴 것이라고 추측하는 것이다. 공장 주변에 살고 있는 학생들이 다니는 학교는 가난한 지역에 있다는 추측을 통해 연구자는 '거주지역'과 '수입'이라는 두 변인으로 특정 가설을 세우는 것이다.

보편가설(general hypothesis)은 언제 어디서나 보편적으로 적용되는 가설로 예언능력이 높고, 일반화의 범위가 포괄적이다. 보편적 가설은 특정 가설의 일반화 형태이며, 관찰을 통해 검증되어야 한다. 관찰은 세부적이며, 사실에 바탕을 두어 이루어진다. 그러나 모든 가정을 다 관찰한다는 것은 불가능하고 비실용적이기 때문에 사례를 추출해서 가능한 결론에 도달하게 되는 것이다.

(3) 가설의 연구목적에 따른 분류

가설은 연구목적에 따라서 기술적 가설과 관계적 가설로 분류한다. 기술적 가설(descriptive hypothesis)은 변인 간의 관계 파악이 목적이 아니라 특정 변인의 분포상태나 그 존재 양상을 확인하기 위한 목적으로 설정된 가설이다. 대개의 경우 하나의 현상인 연구주제에 적용되는 가설이다. 예를 들면, "○○대학 졸업생들의 취업율이 △△대학 졸업생들의 취업률보다 높다."와 같은 것이다.

관계적 가설(relational hypothesis)은 변인 간의 관계를 분석하기 위해서 설정된 가설이다. 관계적 가설은 조사연구나 실험연구 등에서 상관관계나 인과관계를 파악하기 위해서 흔히 사용된다. 예를 들면, "가정에서 부모와의 스킨십 횟수가 아동의 행복감에 영향을 미친다."와 같은 가설은 '스킨십의 횟수'라는 변인과 '아동의 행복감'이라는 변인의 인과관계를 표시한 것이다.

(4) 가설의 검증 가능성에 따른 분류

가설은 검증 가능성에 따라서 이론적 가설과 통계적 작업가설로 분류한다. 이론적 가설이란 어느 특정 이론체계를 이루고 있는 법칙들 사이의 논리적 관계를 엄밀히 검토함으로써 도출되는 가설이다. 즉, 해당 연구 분야와 관련된 이론으로부터 변인과 변인 간의 관계를 논리적으로 추리한 진술인 것이다. 이와 같이 학문적인 성격을 띠는 명제들로부터 논리적으로 가설이 도출되었을 때 이를 이론적 가설이라고 한다.

그러나 이론적 가설은 통계적 방법과 기술로 평가될 수 없기 때문에 이론적 가설에 사용된 개념을 측정할 수 있도록 지표로 나타낸 측정 가능한 작업가설인 통계적 가설의 형태로 바꾸어 사용되는 경우가 보통이다. 통계적 가설(statistical hypothesis)이란 어떤 조사대상 전체, 즉 전집의 특성에 대하여 추측하거나 가정하는 것을 의미하며, 일반적으로 모수치에 관한 수식 또는 기호로 나타낸다. 이러한 통계적 가설은 표본에서 얻은 정보를 토대로 검증할 수 있다. 통계적 가설은 다시 귀무가설(null hypothesis: Ho)과 대립가설(alternative hypothesis: H1, HA)로 구분된다.

(5) 귀무가설과 대립가설

귀무가설 또는 영가설(null hypothesis)은 둘 또는 그 이상의 모수치 사이에 "차이가 없다." 또는 "관계가 없다."라고 진술하는 가설의 형태를 말한다. 예를 들면, "남녀 사이의 수리능력에는 차이가 없다." 등과 같은 것이다. 대립가설(alternative hypothesis)은 상대적 가설이라고 하며, 영가설에 상대적으로 대립시켜 설정한 가설로서 일반적으로 연구자가 표본조사를 통하여 긍정되기를 기대하는 예상이나 주장하려는 내용으로 설정된다. 따라서 일반적으로 통계적 작업가설이 대립가설로 설정된다.

통계적 작업가설은 증명한다고 하기보다 확률적 추리에 의하여 그 가설을 확인 또는 수락하는 것이다. 예를 들어, "남녀 사이의 수리능력에는 차이가 있을 것이다."라는 가설을 세웠다고 하자. 이는 남녀 사이의 수리능력에는 차이가 있을 것이라는 예상이므로 "남녀 사이의 수리능력에는 차이가 있다."라고 하는 통계적 가설에 대해서, 그러면 "남녀 사이의 수리능력에는 차이가 없다."라는 영가설을 세우면 자연히 "남녀 사이의 수리능력에는 차이가 있다."라는 문장은 대립가설이 된다.

4. 정량적 가설의 진술방법

1) 가설의 문장형식

가설은 두 변인 사이의 가능한 관계를 검증할 수 있도록 진술한 문장으로, 자료 및 경험적 관계에 비추어 검증될 수 있어야 한다. 가설의 진술은 일반적으로 두 가지 형태를 취하는데, 즉 선언적 형태의 문장과 가정적 형태의 문장으로 나타낸다. 선언적 문장의 형식은 'A는 B'이다. 예를 들어, 선언적 형태의 문장으로 변인 관계를 진술하는 방식은 "학업성취와 자아개념에는 상관이 있다."와 같은 것이다. 가정적 문장의 형식은 "만약 A이면, B일 것이다."라는 식으로 진술한다. 가정적 형태의 문장으로는 "자아개념이 긍정적이면 학업성취가 높다."와 같은 것이다. 이 경우 가설 진술문의 앞부분을 가설의 선행조건, 뒷부분을 귀결조건의 명제라고 한다.

진술하는 문장의 시제는 연구자에 따라 미래형이나 현재형 중 어느 한쪽을 선택해 사용한다. 예를 들면, "주입식 교육은 아동에게 의타심을 조장한다." "주입식 교육을 실시하면 아동에게 의타심이 조장될 것이다." 등과 같다. 대개 기술적인 연구에서는 선언적 문장형태가 많고, 실험적인 연구에서는 가정법적 문장형태가 많다.

2) 가설의 변인 관계

가설은 2개 혹은 그 이상의 변인들 사이의 관계로 진술해야 한다. 변인이란 연령, 성별, 교육수준, 학업성적, 지능 등과 같이 서로 구별되는 다양한 수준이나 가치를 지니고 있는 개념을 의미한다. 가설은 이러한 변인들 사이의 관계로 진술되는 것이 바람직하다. 일반적으로 변인들 사이의 관계는 상관관계와 인과관계로 구별한다. 따라서 가설의 설정은 이 관계가 명확하게 드러나도록 진술되어야 한다. 인과관계를 나타내는 가설의 진술에는 독립변인과 종속변인의 구별이 명확해야 하고, 그 관계의 방향성 또한 분명해야 한다. 예를 들면, "공무원 전문학원에서 강의를 들으면 공무원 시험의 합격률이 높을 것이다."라는 진술은 '공무원 전문학원 수강'과 '공무원 시험의 합격률'이라는 두 변인의 관계와 '높을 것이다'라는 방향성을 잘 나타내고 있다.

3) 가설의 측정 가능성

가설은 개념과 변인이 조작적으로 규정되어서 측정이 가능하도록 진술해야 한다. 가설이 측정될 수 있는 문장으로 진술되어야 한다는 말은 가설 속에 포함된 변인의 의미가 분명해야 한다는 것과 그러한 변인을 어떠한 방식으로든지 비교적 객관적으로 평가할 수 있어야 한다는 사실을 의미한다. 만약 어느 가설이 측정할 수 없는 형태로 진술되었다면 그것은 과학적 연구가설의 자격을 상실한 것이다. 즉, 실험처치 또는 변인의 측정 문제에 관하여 구체적인 방안을 제시하지 못한다면 이 가설은 타당하게 측정할 수 없으며, 과학적 연구의 가설이 될 수 없는 것이다. 예를 들어, "자연체험을 시행하면 학생들의 감수성이 풍부해질 것이다."라는 가설은 자연체험을 어떻게, 어느 정도나 실시해야 하느냐 하는 점과 감수성을 어떤 방법으로 측정 또는 관찰할 것인가와 같은 실험처치나 변인의 측정문제에 대한 구체적인 방안을 제시하지 못하고 있다.

4) 가설의 명료성

가설은 변인 사이의 관계가 명료하게 진술되어야 한다. 하나의 가설은 하나의 관계만을 검증하도록 진술하는 것이 좋다. 복합가설은 여러 개의 단순가설로 분리하여 검증한다. 즉, 복합가설의 설정을 가급적 피하라는 뜻이다. 만약 하나의 가설에 변인들 사이의 여러 관계를 복합적으로 제시하면 가설을 이해하기도 어렵고 검증하는 데도 어려울 것이다. 예를 들어, "협동수업은 학생들의 사회성을 발달시키고, 학업성적도 향상시킬 것이다."라는 가설은 "협동수업은 학생들의 사회성을 발달시킨다."와 "협동수업은 학생들의 학업성적을 향상시킨다."는 2개의 독립된 가설로 분리하는 것이 더 나을 것이다.

한 가설 속에 두 가지 이상의 변인 관계를 포함하게 될 경우에는 복합적으로 가설을 세우기보다는 2개 이상의 독립된 가설을 설정하여 연구하는 것이 검증하기도 쉽고 분명한 결과를 얻을 수 있을 것이다.

5) 가설의 논거 제시

가설은 기존의 이론이나 선행연구의 탐구, 경험의 분석, 직관 등을 통해서 구성되기 때문에 가설의 배경과 전제, 그리고 가설이 도출되는 과정을 제시하는 것이 필요하다.

모든 가설이 경험적 통계적 검증을 할 수 있는 것도 아니고 검증을 할 수 있다고 하더라도 모든 가설이 검증을 통과하는 것이 아니기 때문이다. 만약 이런 과정을 명백히 진술할 수 없다면 그 가설은 엄밀한 의미에서 연구의 가설로 큰 가치가 없는 것이다. 어떤 종류의 가설이든 가능한 한 가설 도출의 근거나 과정을 명시하는 것이 바람직하며 자료수집 이전에 설정되어야 한다.

 ## 5. 정량적 가설의 평가기준

　과학적 연구에서 가설을 어떻게 설정하느냐에 따라서 연구의 양호도와 더불어 연구의 성패까지 결정한다. 여기서는 가설에 대한 기본적인 평가기준을 살펴본다.

1) 가설은 검증이 가능해야 한다

　가설은 현실적 상황에서 발생하는 문제에 대해서 해당 학문 분야의 이론을 근거로 논리적 추론을 통해서 구성된 것이다. 이론적 가설을 변인 사이의 관계를 검증하기 위해서 정량적 가설이 된다. 따라서 가설은 경험적 데이터를 통하여 참과 거짓을 판단할 수 있어야 한다. 즉, 변인 사이의 관계에 대한 검증 가능성은 필수적이다. 만약 어떤 가설이 비록 논리적으로는 그럴듯하게 구성되어 있다고 하더라도 그 가설에 사용되는 변인들의 의미가 모호하고 변인들 사이의 관계가 경험적으로 검증될 수 없다면 그것은 가설로서의 유용성이 상당한 정도로 저해된다.

2) 가설은 일반화가 가능해야 한다

　정량적 평가에서 가설은 모집단에서 데이터를 표집하고 그 표본을 통해서 검증된다. 가설을 검증하는 과정은 가설의 모집단에 대한 일반화의 과정이다. 따라서 사회적 현상에 대한 일반화의 정도 여하에 따라서 가설의 양호도가 평가된다. 법칙과 마찬가지로 가설도 설명하고 예언하는 역할을 한다. 다만 아직 검증 이전의 단계에 있거나 검증과정의 상태에 있는 잠정적인 것이라는 점에서만 차이가 있을 뿐이다. 하나의 가설이 더 많은 현상을 설명할 수 있고 일반화의 정도가 더 높다면 그 가설은 사회적 유용성이 더 높을 것이고 반대로 일반화할 수 없다면 가설로서의 가치가 없을 것이다.

3) 가설은 새로운 지식을 제공해야 한다

과학은 검증된 지식과 지식이 누적됨으로써 발전하는 것이다. 그러므로 유용한 가설이 되려면 기존 지식체계에 무엇인가를 새로운 지식을 제공할 수 있어야 한다. 가설이 새로운 지식을 담고 있지 못하다면 그 가설은 존재의 이유가 없는 것이다. 가설이 제시하는 새로운 지식이 해당 학계의 기존의 지식체계와 일관성 있게 조화를 이루어야 한다. 즉, 그 해당 학문 분야의 다른 가설이나 이론과 조화를 이룰 때 가설의 효용성은 더 높다.

4) 가설은 구성이 간결해야 한다

가설은 구성이 간결하고 설명력은 강해야 한다. 만약 2개의 가설이 어느 한 현상에 대하여 비슷한 정도의 설명력을 지니고 있다면, 이 두 가지 가설 중에서 상대적으로 구성이 간결한 가설이 좀 더 좋은 가설일 것이다. 구성이 간결하다는 것은 같은 내용을 설명하더라도 덜 복잡한 이론체계와 비교적 적은 수의 가정으로 설명할 수 있음을 뜻한다. 그러나 가설의 구성적 간결함이 가설의 설명력을 해칠 정도로 지나치게 단순화된다면 그것은 적절하지 못할 것이다.

제3장 문헌검토

  연구를 수행하는 과정에서 연구자가 관심 있는 연구주제 또는 해결하고 싶은 연구문제와 관련하여 기존의 다른 연구자들이 자신과 같은 연구주제나 연구문제를 어떻게 생각하고 해결하려 했는지 알고자 기존의 문헌들을 탐색하게 된다. 같은 연구문제에 대해서 이미 많은 문헌이 있다면 연구자 자신이 하려고 하는 연구와는 어떤 공통점이 있고 차이점은 무엇인지, 그리고 어떤 관계가 있는지를 탐색하는 가운데 더 깊이 있는 연구가 가능할 것이다. 반면에 같은 연구문제에 대해서 기존의 문헌이 없다면 연구자는 새로운 길을 개척하는 탐험가의 길을 걷게 될 것이다. 이 장에서는 문헌들을 검토하는 것과 관련하여 문헌검토의 정의와 목적, 문헌검토의 유형, 문헌검토의 절차, 그리고 문헌의 검색을 소개한다. 그리고 이 장을 학습한 후에 여러분은 문헌검토가 무엇이며 문헌검토가 왜 중요한지를 정의할 수 있는 것은 물론이고 문헌검토를 통해서 연구를 수행하는 방법을 알게 될 것이다.

 ## 1. 문헌검토의 정의와 목적

1) 문헌검토의 정의

  문헌검토는 연구주제와 관련하여 과거와 현재의 학술논문, 책, 기타 문서들을 검토하여 문서로 요약정리하는 것이다. 즉, 문헌검토는 연구문제와 관련된 정보를 체계적으로 확인하고 조사하고 요약하는 과정이다. 따라서 문헌검토는 연구문제에 대해서 현재의 이론적 지식과 과학적 지식을 제공하고 알려진 것과 알려지지 않은 것이 무엇인지 종합함으로써 연구의 필요성을 확인하고 연구문제를 명료하게 하며 연구방법이나 방향을 설정하고 조정한다.

　어떤 주제와 연구문제에 대하여 문헌을 확인하고 찾아서 그 문제에 대한 현재 지식의 분포를 포괄적으로 묘사하는 가운데 문헌검토는 주제와 목표를 개관하고, 연구주제, 당면문제나 연구영역에 대한 요약, 설명, 그리고 문헌에서 사용된 방법론에 대한 비평적 평가를 포함한다. 연구문제에 대하여 찬성하는 문헌과 반대하는 문헌, 중립적인 문헌을 구별하여 분석하면서 문헌들 사이의 유사점과 차이점, 그리고 개별 문헌들이 어떻게 연구문제와 관련되고 어떻게 기여하는지를 비평한다.

2) 문헌검토의 목적

　문헌검토의 목적은 다음과 같다.

　첫째, 연구의 비효율성을 사전에 방지하는 것이다. 문헌검토를 하는 데 있어서 연구자는 어떤 연구가 자신의 관심 영역에서 이루어졌는지 자세히 살펴서 이미 이루어진 연구를 다시 반복하는 실수를 피해야 한다. 또한, 연구자의 연구문제와 관련된 영역에서 외관상으로는 의미가 있을 것 같은 연구가 사실상 효과가 없는 것으로 증명된 경우도 그러하다. 예를 들어, 연구자는 문헌검토를 통해 수년 동안 이루어진 일부 비슷한 연구문제들을 확인하고, 연구들이 여러 가지 연구방법을 사용했음에도 불구하고 의미 있는 연구결과를 얻지 못했다면 연구자들은 관련 영역의 문헌검토만으로도 불필요한 시간 낭비를 줄이게 된다.

　둘째, 연구문제와 관련하여 참신한 생각들을 채굴하는 것이다. 선행연구를 고찰하면서 연구문제를 새롭게 발견할 기회를 가질 수 있다. 자신의 연구문제와 관련된 주제와 분야에서 다른 연구자들의 연구들은 어떠한지를 살펴봄으로써 현재 상황과의 유사점과 차이점을 발견하게 되어 좀 더 연구문제를 구체화하고 명료하게 할 수 있고 연구자는 자신의 연구문제를 해결하는 데 더 많은 생각을 얻을 수 있다. 따라서 연구자는 다른 연구자들의 이론이나 연구결과들을 참고하여 자신만의 독특하고 참신한 연구의 가능성을 높인다. 왜냐하면, 연구자의 독특한 경험과 경력은 다른 연구자들이 미처 보지 못한 문제의 다른 측면을 보는 것을 가능하기 때문이다.

　셋째, 연구문제의 해결방법을 탐색하는 것이다. 문헌검토는 연구를 설계하는 방법, 자료를 수집하는 방법, 자료를 분석하는 방법, 측정 도구를 사용하는 방법 등 문제해결을 위한 다양한 방법을 탐색하는 것을 목적으로 한다. 이 과정을 통해서 연구자는 연구문제에 대한 수행 가능성을 확인하고 연구 계획, 도구제작, 자료수집 및 자료 분석 등의 연구과정에 대한 정보를 획득하게 된다. 특히, 연구문제를 해결하기 위해서 연구방법을 설계하는 것과 데이터 수집에서의 불일치나 작은 실수, 또는 범위를 명확하게 한정하지 않았기 때문에 크게 낭패를 보는 경우가 드물지 않다. 문제를 한정하고 설문 영역의 구체적 설정과 그에 따른 데이터 수집의 범위를 제한하여 깊이 있게 조사하는 것이 광범위한 문제를 표면적으로 연구하는 것보다 훨씬 더 효과적이다.

넷째, 연구문제를 설정하는 근거를 제공하기 위한 것이다. 선행하는 어떤 이론이 연구문제의 존재이유를 설명하는지, 어떠한 문헌검토 과정을 거쳐서 연구가설이 설정되었는지를 설명한다. 즉, 연구문제를 설정할 수 있는 신뢰할 수 있는 자료가 문헌이며, 문헌은 이론적 배경을 견고하게 한다. 따라서 연구자는 문헌검토를 하는 과정에서 연구문제에 적용할 수 있는 광범위한 이론적 기틀을 형성하는 데 필요한 정보를 획득하게 되고 이로써 자신의 연구의 이론적 필요성과 타당성을 정교하고 강건하게 한다.

다섯째, 후속 연구를 위한 문제를 발견하는 것이다. 역설적으로 선행연구의 문헌들을 탐색하면서 연구자들은 현재 진행하고 있는 자신의 연구가 해결하기에는 어려우나 다음 연구로는 적합한 제언들을 발견한다. 일반적으로 연구자들은 연구에서 제기된 문제와 다른 연구자들이 해 주기를 바라는 제언으로 보고서를 마무리한다. 이러한 문제와 제언은 연구자들이 주어진 문제를 깊이 있게 연구한 후에 얻은 생각과 통찰을 기술했기 때문에 연구자의 연구문제와의 관련성을 확인한다면 선행연구에서 제기한 문제와 제언은 현재 연구자의 후속 연구문제가 되는 것은 물론이고 의미 있는 연구결과들을 산출할 가능성이 매우 높다.

 ## 2. 문헌검토의 유형

문헌검토를 위한 방법으로는 새로운 것과 오래된 것, 변수와 변수 등에 대한 통합적 문헌검토, 메타적 문헌검토, 체계적 문헌검토, 범주적 문헌검토로 구분할 수 있다.

1) 통합적 문헌검토

통합적 문헌검토(integrative literature review)는 새로운 작업 틀 및 관점과 같은 통합된 방식으로 주제에 대한 대표적 문헌들을 재고하고 비판하여 종합하는 작업기법이다. 통합적 문헌검토는 오랜 시간 논의된 주제에 대하여 살펴보면서, 혹은 새롭게 논의되는 주제에 대하여 분석하면서 새롭고 통합된 개념적 작업 틀이나 관점을 생성한다(Torraco, 2005). 실증연구가 많지 않아, 메타분석(meta analysis)이 적합하지 않다(Whittemore & Knafl, 2005). 먼저, 분석대상의 준거를 설정하고, 설정한 준거를 바탕으로 자료를 선정하고 수집하여 분석한다.

2) 체계적 문헌검토

체계적 문헌검토(systematic literature review)란 해당 연구문제에 답하기 위하여 관련된 근거를 최대한 포괄적으로 수집하고, 체계적 질문 문항에 따라 문헌을 분석하는 연구기법이다. 즉, 체계적 문헌검토란 기존의 문헌을 매우 철저히 검토해 명확한 질문을 만들어 내는 것이다. 이런 검토에서는 명백하고, 반복 가능하며, 편향을 최대한 제거한 기법을 사용해 연구문제와 관련된 근거 문헌들을 검색하고, 식별하고, 선정하고, 평가하고, 종합한다. 다른 문헌검토와 같이 체계적 문헌검토도 인적 대상 연구가 아니라 문헌 대상 연구이다. 체계적 문헌검토를 수행하여 더 많은 사람에 대한 정보를 수집한다. 문헌a, 문헌b, 문헌c 등 기존 연구들을 단순히 합치는 것이 아니라 각각의 연구 수행과정에서 연구결과를 한쪽으로 치우치게 할 위험 요소가 없는지 엄밀하게 평가하는 과정이다. 체계적 문헌검토는 주로 진단, 치료, 예방에 대해 궁금할 때나, 기존 연구자료를 보고 기존 연구결과 사이의 결론이 상반되거나, 일관된 결론이 도출되지 않을 때 수행된다.

3) 메타적 문헌검토

메타적 문헌검토(meta literature review)는 해당 연구문제에 대한 모든 문헌을 수집하여 연구결과들을 분석하는 기법이다. 예를 들면, 정량적 연구의 메타적 문헌검토는 실증연구 결과(예: 효과 크기)를 일정 기준에 따라 수집한 후 통계 절차를 거쳐 효과 크기의 평균과 신뢰구간을 구하고 수집한 효과 크기가 동질적인지 이질적인지 그 여부를 이질성

검정을 통해 분석한다. 메타분석은 연구가설들을 검증할 때 광의의 조절변수를 검증함으로써, 개별 연구 간의 차이에 관하여 연구하는 것을 가능하게 한다. 즉, 개별 연구의 차이가 통계적인 인공물(statistical artifacts)에 기인한 것인지, 아니면 실질적인 조절변수에 기인한 것인지를 구분해 준다. 또한, 낮은 신뢰도 등 측정오차를 교정함으로써 진점수에 보다 근접한 점수들을 확인해 준다(Hunter & Schmidt, 2004).

4) 범주적 문헌검토

범주적 문헌검토(scoping literature review)는 이 연구영역을 뒷받침하는 주요 개념, 주요 정보원, 사용 가능한 근거의 유형을 빠르게 도식화하는 것이다(Arksey & O'Malley, 2005). 범주적 문헌검토는 실무, 정책 결정, 연구에 정보를 제공하기 위해 특정 주제나 연구영역에 관한 문헌들을 도식화하여 자료원, 자료유형, 주요 개념, 문헌들에서의 차이를 파악하는 것이다(Daudt, Mossel, & Scott, 2013). 범주적 문헌검토를 수행하는 목적 중 하나는 체계적 문헌검토에 적절한 정보를 제공하는 것이다. 범주적 문헌검토은 개별 연구의 결과를 상세히 기술하지 않으며, 특정 영역에 대한 문헌의 범위를 조사하고, 모집단, 매개군, 비교군, 결과 등 문헌의 구성요소들을 파악하는 데 도움을 준다(서현주, 김수영, 2018).

〈표 3-1〉 체계적 문헌검토와 범주적 문헌검토의 비교

체계적 문헌검토	범주적 문헌검토
핵심질문 중심 설문	광범위한 설문
범주의 사전 설정	범주의 사후 설정
정교한 자료 추출	개략적 자료 선정
정량 중심적 종합	정성 중심적 종합
연구 질 평가 및 연구문제의 결론 공식화	모수들과 문헌의 차이들을 확인

3. 문헌검토의 절차

사회적 · 교육적 문제에 대하여 연구하려는 생각이 들면서부터 연구자는 자신의 연구 주제나 문제에 대하여 스스로 연구에 대한 대략적 개요와 절차를 그리기도 하지만 연구의 초기 아이디어 단계부터 문헌을 탐색하여 연구를 설계하기도 한다. 따라서 문헌검토의 절차는 연구자의 개성만큼이나 다양할 수 있다. 이 절에서는 일반적인 문헌검토의 절차와 문헌검토의 유형에 따른 절차를 살펴본다.

1) 문헌검토의 일반적 절차

일반적으로 문헌검토는, '첫째, 핵심어 확인하기, 둘째, 문헌 소재 찾기, 셋째, 비판적으로 평가하기, 넷째, 문헌 재조직하기, 다섯째, 비평적 문헌 쓰기'(Creswell, 2012)로 할수 있으나, 여기서는 일반적 문헌검토의 절차를 가장 단순한 3단계로 설명한다.

첫째, 핵심어와 주제어를 사용하여 자료를 검색하여 자료를 수집하고 목록을 작성한다. 이는 연구를 효율적으로 하는 필요한 작업이다. 그러나 이런 작업이 과하면 오히려 연구의 큰 줄기를 놓쳐서 어려움을 더할 수도 있다는 점은 유의해야 한다. 한편, 핵심어와 주제어는 연구문제로부터 나오기 때문에 연구문제의 범위를 적절하게 제한하는 것이 매우 중요하다. 예를 들면, 연구문제가 "교사들의 평가 전문성은 어떠한가?"라면 너무 범위가 넓고 의미가 모호하다. "고등학교 교사들의 서술형 평가에서의 전문성은 어떠한가?"라고 설정하는 것이 더 연구문제가 된다. 이후 실제 문헌 검색에 있어서는 직접 작성한 핵심어 목록과 문헌목록 카드뿐 아니라, 해당 분야의 문헌이나 논문을 정리한 목록집을 통해 탐색하는 것이 효과적이다. 그리고 검색 순서는 학술논문과 학위논문을 최근에 발표된 것부터 시작하여 지난 과거의 것으로 범위를 넓혀 간다. 최근의 문헌부터 검토하는 것은 대체로 최근에 발표된 논문이 현재 그 분야에 대한 연구동향을 잘 보여 줄뿐만 아니라 최신의 참고문헌을 활용할 수 있기 때문이다.

둘째, 문헌을 찾은 다음에는 문헌을 비판적으로 읽고 요약한다. 문헌을 읽는 순서는 최신 문헌부터 읽는다. 최신 문헌은 대체로 이전 문헌들을 요약하여 정리하고 있기 때문에 이전의 연구들을 더욱 쉽고 빠르게 이해할 수 있다. 그리고 문헌을 읽는 방법은 문헌의 전체적인 내용과 목적과 방법을 일목요연하게 정리하고 있는 문헌의 초록을 읽은 후에, 자신의 연구문제와 관련하여 의문을 갖고 해당 문헌을 비판적으로 읽어야 한다. 문헌의 내용을 읽고 단순하게 요약하는 것이 아니라 읽으면서 궁금한 점을 확인하고 스스로 질문하고 답한 내용과 비판적으로 읽으면서 사고한 과정을 메모하고 도식화한다. 개별 문헌들이 어떻게 이론적 배경을 통해서 연구문제를 명료하게 드러내고, 연구가설을 뒷받침하는지, 연구방법의 기본가정에 대한 근거를 제시할 수 있도록 요약한다. 또, 어떠한 연구방법을 기초로 어떤 측정도구를 사용하여 자료를 수집하는지, 어떤 방식으로 분석하고 연구결과는 어떻게 정리하고 어떤 시사점이 있는지, 그리고 연구결과는 결론을 논리적이고 일관성 있게 설명하고 있는지를 문헌 요약카드를 이용하여 정리한다(〈표 3-2〉 참조).

〈표 3-2〉　문헌 요약카드의 예시

1. 저자 및 제목: 장재혁, 김석우, 이승배, 김성숙(2015). 성취평가제에 관한 고등학교 교사의 관심도 및 실행도 분석. 교육평가연구 28(4), 1255-1276.
2. 연구문제: 성취평가제에 대한 고등학교 교사들의 관심도와 실행도는 어떠한가?
3. 연구목적: 학교 교육의 선진화 및 평가의 질적 개선과 교사의 평가 전문성 제고
4. 연구가설: 담당학년과 평가연수의 횟수에 따라서 관심도와 실행도의 변화에 차이가 있을 것이다.
5. 연구방법: 관심도 7단계와 실행도 5단계에 따른 특징을 다변량 분석을 실시하여 단계별 변화에 따른 처방을 제시함.
6. 연구결과: 교사들의 성취평가제에 대한 관심도와 실행도의 변화에 단계에 따른 특징을 달리함.
7. 연구결론: 교사들의 성취평가제에 대한 관심와 현장 실행은 단계에 따른 특징이 나타나며, 성취평가제의 현장 실행 가능성을 높이고 교사들의 평가 전문성을 제고하기 위해서는 단계별 교과별 맞춤형 연수가 다양한 형태로 강화되어야 함.
8. 특기 사항과 연구 한계: 연구대상이 고등학교 교사들에만 한정됨. 연구방법의 제한으로 단계의 변화와 차이만 있고 변인의 영향력의 정도를 알 수 없음.

셋째, 요약한 문헌을 분석하고 분류하여 종합한다. 둘째 단계에서 연구자가 개별 문헌들의 각 장을 그 문헌의 저자의 관점을 요약하고 그에 대해서 자신의 질문과 비판을 부가했다면 세 번째 단계에서는 문헌들 사이의 관계를 서술한다. 개별 문헌 내의 각 장 사이의 관계와 문헌과 문헌 사이의 관계에 대해서 분석하고 종합한다. 즉, 서론와 이론적 배경의 관계, 선행연구와 연구문제의 관계, 연구결과와 연구결론의 관계 등을 분석할 뿐

아니라 다른 문헌들의 서론들 간의 비교, 이론적 배경들 사이의 관계, 연구결과들 사이의 유사점과 차이점에 대한 분석, 그리고 결론과 시사점을 분석하고 종합한다. 연구자가 검토한 문헌들을 분류하고 종합하는 것은 매우 복잡하고 창의적인 사고과정이다. 이때 중요한 문헌은 연구문제와의 관련 속에서 상세히 설명하고, 비슷한 연구는 묶어서 간결하게 종합하는 창의적인 사고과정이 필요하다.

2) 체계적 문헌검토의 절차

체계적 문헌검토의 구체적 절차는 5단계로 첫째, 문헌 선택을 위한 질문이나 기준을 설정한다. 즉, 연구문제 및 연구대상과 관련하여 궁금한 점을 구체적으로 생각하고 그에 따라서 어떤 문헌을 선택할지를 정하는 기준을 만드는 것이다. 둘째, 관련 문헌을 검색하여 찾는 과정이다. 연구주제와 관련하여 다소 넓은 범위의 문헌들을 가능한 한 빠짐없이 검색한다. 이때는 NAVER Whale, Daum, Internet Explorer, Google, Yahoo 등 검색 포털들과 국가전자도서관, 국립중앙도서관, RISS(한국교육학술정보원), ScienceOn, ERIC, 그리고 다양한 학술지의 홈페이지를 활용한다. 셋째, 설정한 기준에 따라서 문헌을 선택한다. 기준에 따라서 문헌을 선택해야 할지 배제해야 할지 모호한 경우가 있을 수 있다. 이때는 가능한 한 선택하고 그 이유를 기록하는 것이 필요하다. 실제 문헌을 선택하는 과정을 통해서 문헌 선택의 기준이 더욱 정교하고 선명해진다. 넷째, 문헌의 내용을 직접 읽고 검토한다. 연구문제에 따른 자료의 수집과 분석, 그리고 연구결과의 왜곡 검토 등 문헌의 타당도와 신뢰도를 판단하는 과정이다. 다섯째, 선택된 문헌들을 분류하고 종합하여 정리한다. 이때도 선택된 문헌들의 결과를 정리하고 종합하는 과정에서 왜곡이 발생할 수 있다. 예를 들면, 민간 연구비 지원을 받은 연구에서만 효과가 있는 것으로 나타나거나 개인적 선호도가 높은 문헌으로만 구성될 경우를 주의해야 한다.

3) 범주적 문헌검토의 절차

범주적 문헌검토의 첫 번째 단계는 연구목적과 관계 아래에서 연구질문을 명확하게 설정하는 것이다. 예를 들면, 연구자료를 수집하기 위해서 설문지를 제작한다고 생각하면서 연구대상을 어떻게 할지, 연구의 세부 영역은 어떻게 할지, 범위는 어떻게 할지, 연구 유형은 어떻게 할지, 척도의 값은 어떻게 할지 등을 고려하여 적절한 연구질문들을 만든다. 두 번째 단계는 관련 있는 연구들의 범위를 지정하고 연구주제와 관련 있는 문헌들을 확인하는 것이다. 이 과정에서는 문헌들에 대한 포괄성과 실행 가능성 간의 균형을 유지하는 것이 중요하다. Google과 같은 검색포털이나 EndNote 등의 프로그램을 활용하여 검색하면 효율적이다. 세 번째 단계는 포괄 기준과 배제 기준에 따라서 반복적인 접근 방식을 사용하여 문헌들을 선택하는 것이다. 예를 들면, 연구 유형, 중재 유형, 연구대상, 연구방법 등에 대한 기준을 생각해 볼 수 있다. 네 번째 단계는 엑셀 등을 활용하여 자료를 추출하여 도표화, 수치 요약 및 정성적 주제 분석 통합, 결과 보고 및 연구 결과가 정책, 관행 또는 연구에 미치는 영향 고려하는 것이다. 다섯 번째 단계는 결과를 수집하고 요약하여 보고하면서 필수적 구성요소로 이해관계자와의 협의를 통합하는 것이다. 예를 들면, 표와 그래프를 사용하여 문헌 고찰에 포함된 연구의 개수와 특성, 그리고 분포는 물론이고 검토에 포함된 중재의 범위, 연구방법론, 효과 측정방법 등을 정리하여 보고한다. 연구주제나 중재 유형에 연구대상의 수, 연구대상의 특성, 연구방법, 결과, 효과와 관련되는 증거들, 사회경제적 측면 등을 서술한다.

마지막으로 연구에 익숙하지 못한 연구자가 문헌검토에서 범하는 가장 큰 문제점은 연구목적, 이론적 배경과 연구문제, 그리고 연구결과와 결론 사이의 일관성이 떨어진다는 것이다. 따라서 자료를 종합할 때 주의해야 할 사항이 있다. 첫째, 조사한 결과들에 초점을 맞추기 이전에 연구문제와 연구방법의 과정, 절차에 대해 충분히 고려해야 한다. 둘째, 문헌검토의 절차를 꼭 설명하도록 한다. 셋째, 연구자가 고찰한 상호 독립된 정보, 의견, 그리고 아이디어를 단순히 열거하는 것을 넘어서 발전된 이론적 틀 속에서 정보, 의견, 아이디어들을 논리적이고 창의적이며 일관성 있게 종합하는 것이 필요하다.

 ## 4. 문헌 검색

연구문제를 해결하기 위해서는 물론 연구문제 자체를 설정하는 데도 관련 연구 분야의 기존 문헌들이 필요함은 주지의 사실이다. 따라서 기존 문헌을 검색하는 작업은 연구에 있어서 가장 기초적이고 기본적인 과정인 것이다. 즉, 연구의 효율성과 효과는 연구문제와 관련된 문헌들을 수집하여 체계적으로 종합하는 기술에 상당한 정도로 의존하며 연구가 얼마나 양호한가는 문헌의 질과 양에 달려 있다고 해도 과언이 아니다. 따라서 이 절에서는 문헌 검색을 위한 정부의 각 부처 사이트, 공공 도서관 사이트, 학술 기관 사이트 등 국내외의 주요 사이트를 간략하게 정리한다.

1) 국내 문헌 검색 사이트

(1) 고용노동부(http://www.moel.go.kr)

고용보험, 직업능력개발훈련, 고용평등과 일·가정 양립 지원, 근로조건의 기준, 근로자 복지후생, 노사관계의 조정, 노사협력의 증진, 산업안전보건, 산업재해보상보험과 그 밖에 고용과 노동에 관한 사무를 관장하며 관련된 정보와 데이터를 제공한다.

(2) 과학기술정보통신부(https://www.msit.go.kr)

과학기술정책의 수립·총괄·조정·평가, 과학기술의 연구개발·협력·진흥, 과학기술인력 양성, 원자력 연구·개발·생산·이용, 국가정보화 기획·정보보호·정보문화, 방송·통신의 융합·진흥 및 전파관리, 정보통신산업, 우편·우편환 및 우편대체에 관한 사무를 관장한다.

(3) 교육부(http://www.moe.go.kr)

교육·사회·문화 분야 정책의 총괄·조정, 인적자원개발정책, 학교교육·평생교육 및 학술에 관한 사무를 관장한다. 교육부 정보목록, 공공데이터 목록, 해외교육정보동향 자료, 교육통계 및 정보화, 유아교육, 초중고교육, 대학교육, 평생교육, 지방교육자치, 사회정책에 대한 보고서 및 공개 데이터를 제공한다.

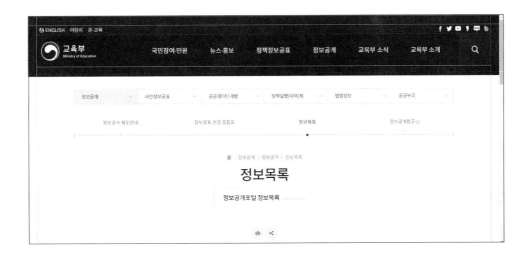

(4) 국회전자도서관(https://www.nanet.go.kr)

국회전자도서관은 국회도서관과 연계되어 법률정보, 국회의원정책자료, 국회·지방 의회의정정보, 국회기록정보 등을 제공한다. 국회도서관에서는 각종 목록과 색인 등 국가서지데이터베이스와 석박사학위논문을 비롯한 원문 데이터베이스를 제공한다. 1945년 이후 국내 석박사학위논문 90만여 건, 국내외 학술기사, 정책자료, 외국법률번역DB, 참고데이터DB 등의 데이터베이스를 국회전자도서관을 통해 이용 가능하다.

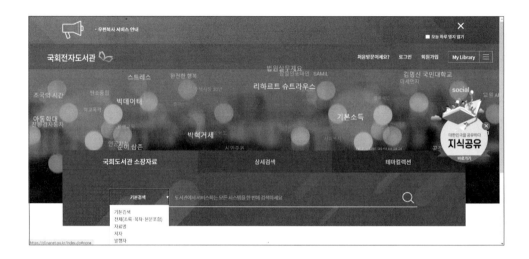

(5) 디비피아(https://www.dbpia.co.kr)

연구주제 탐색과 선행연구 조사에 열람논문, 검색키워드 등 빅데이터를 분석해 이용자의 연구에 꼭 필요한 학술콘텐츠를 추천한다. 국내 우수 학회가 발행하는 2,300여 종의 학술지와 230만여 편의 학술논문을 Full-text로 제공한다.

(6) 보건복지부(http://www.mohw.go.kr)

보건위생·방역·의정(醫政)·약정(藥政)·생활보호·자활지원·사회보장·아동
[7]·노인 및 장애인에 관한 사무를 관장하고, 보건 복지부 정보목록, 정보공개연차보고
서, 보건의료, 공공보건, 보건산업, 인구아동, 노인, 복지, 장애인, 보육 정책에 대한 보고
서 및 공개 데이터를 제공한다.

(7) 스콜라 학지사 교보문고(http://scholar.dkyobobook.co.kr)

발행기관 826건, 간행물명 1,334건, 논문 558,705건, 서지정보 1,868,273건, KCI등재
(후보)지 327,063건을 소장하고 있다. 발행기관 목록과 간행물 목록을 제공하고 인문학,
어문학, 사회과학, 경제경영, 경제학, 경영학, 회계학, 무역학, 법학, 예술체육, 자연과학,
공학, 의약학, 농수해양 등 주제에 따라서 분류하여 논문의 초록과 원문을 제공한다.

(8) 학술연구정보서비스(http://www.riss.kr)

대한민국 교육부 출연기관 한국교육학술정보원에서 제공하는 학술연구정보화시스템이다. 1998년 학술연구서비스 개통 이후로 일 평균 약 8만 1천 명이 이용하는 국내 최대 학술연구정보서비스이다. 전국 대학을 중심으로 한 학술정보 공동활용체제를 기반으로 국가 연구경쟁력 강화를 위해 서비스를 제공하고 있으며, 대학이 생산, 보유, 구독하는 모든 학술 자원을 공동으로 이용할 수 있도록 개방된 서비스를 제공한다.

(9) 한국교육개발원(https://www.kedi.re.kr)

국가 수준에서의 교육의 목적, 내용, 방법 등에 관한 종합적이며 과학적인 연구를 수행하고, 한국교육이 당면한 제반 문제를 합리적으로 해결하는 혁신적인 교육체제를 개발함으로써 교육의 발전에 기여한다. 교육개발, 한국교육, 교육정책포럼을 간행, 자체 연구와 수탁연구 수행, 연구자료, 연구보고서, KEDI Brief 등 발간, OECD 등 해외교육 동향과 국내교육동향에 관한 정보를 제공한다.

(10) 한국교육과정평가원(https://www.kice.re.kr)

고등학교 이하 각급 학교의 교육과정을 연구 및 개발하며 각종 교육평가를 연구 및 시행함으로써 학교 교육의 질적 향상 및 국가 교육 발전에 기여한다. 교육과정, 교수학습, 국가수준 학업성취도 평가, 국제 학업성취도 평가, 성취평가제, 교육평가에 대해 연구하고, 국가교육과정 정보센터(NCIC) 및 기초학력향상지원 사이트를 운영하며, 대학수학능력시험, 국가고사, 초등ㆍ중등교사 임용시험, 초졸ㆍ중졸ㆍ고졸 검정고시를 관장한다.

(11) 한국학술지인용색인(https://www.kci.go.kr)

방대한 DB의 KCI(한국학술지인용색인)는 한국연구재단(NRF)에서 운용하고, RISS와 연계된 양질의 검색서비스를 제공해 오고 있다. KCI에 등재된 공인 학술지 및 후보지 논문의 제1저자는 이를 논문의 연구결과를 공식적으로 발표하는 주요한 경로로 여긴다. 또한 KCI는 주요 등재 학회지 등과 관련된 정보 검색서비스도 제공한다.

2) 해외 문헌 검색 사이트

(1) ERIC

교육학 분야의 대표적인 데이터베이스이다. 미국 Education Resources Information Center의 교육자료를 취합한 데이터베이스로, 교육학 저널 및 보고서에 관한 색인/초록을 제공한다. RIE(Resources in Education), CIJE(Current Index to Journal in Education)의 두 색인집을 기초로, 교육학 저널 및 보고서에 관한 색인/초록을 제공한다.

(2) Scopus

Scopus는 Elsevier 출판사에서 제공하는 인용데이터베이스로 2000년대 중반 Web of Science 경쟁DB로 등장했다. 전 세계 5,000여 출판사에서 발행되는 24,000여 종의 저널을 수록하고 있는 Scopus는 과학기술, 의학뿐만 아니라 사회과학 및 인문, 예술 등 모든 분야의 문헌을 포괄적으로 포함하고 있는 DB이다.

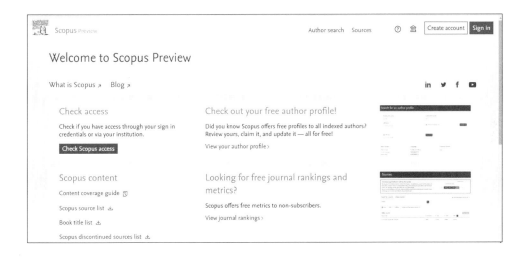

(3) Web of Science

Web of Science는 Clarivate Analytics(구 Thomson Reuter)가 제공하는 인용색인 데이터베이스로 과학기술, 사회과학, 예술 및 인문학 분야 핵심 저널 14,000여 종에 수록된 서지정보 및 인용정보를 제공한다. Web of Science에 수록된 저널은 엄격한 심사를 거쳐 선정된 저널로서 국제적으로 권위가 있다. 과학기술 분야의 SCI, SCIE(Science Citation Index Expanded), 사회과학 분야의 SSCI(Social Science Citation Index), 예술 및 인문과학 분야 주요 저널에 대한 서지/인용정보를 수록한 A&HCI(Art & Humanities Citation Index)로 구성되어 있다.

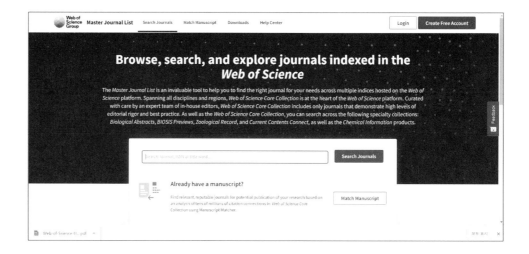

(4) Google Schalor

Google 학술검색은 학술 자료를 폭넓게 검색할 간단한 방법을 제공한다. 기사, 논문, 도서, 초록, 의견과 같은 다양한 학문 및 자료를 검색할 때, 쌍따옴표 사이에 핵심어를 넣어서 검색하면 제목에 "핵심어"가 들어간 문헌만 제시한다.

3) 국내외 학술지

(1) 국내 학술지

국내외 학술지를 이용하여 문헌을 탐색하고 선정하는 과정에서 최근의 연구 동향과 연구 아이디어를 얻을 수 있다. 다음의 〈표 3-3〉은 국내의 주요 사회과학 학술지이다.

〈표 3-3〉	국내 주요 사회과학 학회지	
주제 분야	학술지명	발행처
교육학	교육학 연구	한국교육학회
교육학	한국교육	한국교육개발원
교육학	교육과정평가연구	한국교육과정평가원
사회학	한국사회학	한국사회학회
사회복지	한국사회복지학	한국사회복지학회
심리학	한국심리학회지	한국심리학회
교육사회	교육사회학연구	한국교육사회학회
교육심리	교육심리연구	한국교육심리학회
교육방법	교육공학연구	한국교육공학회
교육과정	교육과정연구	한국교육과정학회
교육평가	교육평가연구	한국교육평가학회
교육철학	교육사상연구	한국교육사상학회

(2) 해외 학술지

　연구자가 연구문제를 설정하고 이를 해결하기 위해서는 다양한 아이디어가 필요하다. 국내 학술지를 통해서 많은 정보를 접할 수도 있지만 문화가 다른 해외의 연구자들의 연구는 더 다양한 생각을 제공하여 연구문제의 해결을 위한 새로운 근거나 뜻밖의 영감을 제공할 수도 있다. 다음 〈표 3-4〉는 해외의 주요 사회과학 학술지이다.

〈표 3-4〉	해외 주요 사회과학 학술지	
학술지명	발행기간	발행국
AGEING & SOCIETY	Bimonthly	United States
American Educational Research Journal	Bimonthly	United States
ANALYSES OF SOCIAL ISSUES AND PUBLIC POLICY	Annually	United States
British Journal of Educational Psychology	Quarterly	United Kingdom
Educational Administration Quarterly	5/year	United States
Educational Evaluation & Policy Analysis	Quarterly	United States
Educational Researcher	9/year	United States
Journal of Educational Measurement	Quarterly	United States

Journal of Educational Psychology	8/year	United States
Journal of Educational Statistics	Bimonthly	United States
Psychological Science	Monthly	United States
Review of Educational Research	Bimonthly	United States
Sociology of Education	Quarterly	United States
The American Journal of Economics and Sociology	5/year	United States
Young Children	Monthly	United States

제4장 연구대상의 표집

연구를 할 때 고려해야 할 가장 중요한 것 중 하나가 연구대상을 선정하고 그 대상을 표집하는 일이다. 연구의 성격에 따라 연구대상은 사건, 사람, 사물 등 어느 것이나 될 수 있다. 그러나 연구자들이 자신의 연구대상이 되는 모든 사례를 다 조사하는 경우는 드물다. 이는 많은 경비와 시간, 인력이 요구될 뿐만 아니라 모든 사례를 다 조사한다는 것 자체가 불가능할 수도 있기 때문이다. 따라서 전체 모집단 중에서 일부분에 해당되는 표본을 선택해서 그 표본집단을 대상으로 연구를 진행해야 한다. 비록 모집단을 연구대상으로 하지 않더라도 체계적이고 과학적인 표본연구를 통해서 모집단을 대상으로 연구결과를 얻은 것과 유사한 결과를 얻을 수 있다.

표본을 이용한 연구에서는 어떤 방법과 절차로 표집을 하느냐 하는 것이 매우 중요하다. 만약 표집방법이 잘못되었다면 그 연구가 아무리 의미 있는 결과를 낳았다 하더라도 연구결과를 전체 대상으로 일반화하는 데 한계가 있을 수밖에 없다. 표집의 크기 문제도 매우 중요하다. 연구자의 사정과 여건만 고려해서 너무 적은 숫자의 표본만을 고집하거나 현실적, 경제적 여건의 고려 없이 무작정 큰 표집만 해서는 곤란하다.

이 장에서는 표집의 의미와 함께 각 연구에서 사용되는 주요 표집의 종류를 알아보고, 표집 시 고려해야 할 사항, 그리고 표본의 최적의 크기를 결정하는 방법에 대하여 살펴본다.

1. 표본의 의미와 표집방법

1) 표본과 표집의 의미

교육 분야를 포함하여 인문 · 사회, 행동과학 분야의 경우 연구를 수행할 때 연구대상의 전체 사례를 모두 다루지 못하고 그 전체 사례 중 일부분만을 다루게 되는 경우가 허다하다. 예를 들어, 어떤 교사가 새로운 교수방법을 개발하여 그 효과성을 검증하려고 할 때 전국의 모든 학습자에게 새로운 교수방법을 실험하기는 불가능하다. 따라서 몇몇의 학교 혹은 학급을 선택하여 이들 학생만을 대상으로 실험처치를 함으로써 교수방법의 효과성을 확인해 보게 된다.

여기에서 '전국의 모든 학습자'와 같이 연구자가 관심을 갖는 목적 집단을 모집단 또는 전집(population)이라 하며, 실제 연구대상이 된 부분 집단을 표본(sample)이라 한다. 그리고 이러한 표본 추출 행위를 표집(sampling)이라 한다. 모집단에서 표본을 추출하는 데는 다양한 방법이 있다. 연구자의 궁극적인 관심은 표집을 통하여 산출한 결과를 전체 모집단에 걸쳐 일반화하는 것이기 때문에, 효과적인 연구수행을 위해서는 각각의 표집방법에 대하여 잘 알고 있어야 한다. 특히 다양한 표집방법이 지닌 장단점에 대하여 충분히 숙지하고 있어야만 자신의 연구에 적합한 연구대상을 효과적으로 추출할 수 있다. 표집방법은 크게 확률적 표집방법과 비확률적 표집방법으로 구별된다.

확률적 표집방법은 무작위 표집이라고도 하는데 단순히 확률적인 절차로 표본을 추출하는 방법을 말한다. 즉, 집단의 각 사례가 표본으로 추출될 기회가 동등하게 부여되는 표집방법이다. 이러한 방법은 표본이 표본으로서의 대표성을 지니도록 하며, 표집을 함으로써 발생되는 표집오차(sampling error)에 대하여 통계적인 추정이 가능하도록 해 준다는 장점이 있다. 확률적 표집방법에는 단순무선표집, 유층표집, 군집표집, 다단계 표집, 체계적 표집 등이 있다.

비확률적 표집방법은 집단의 각 요소가 표본으로 추출될 기회가 동등하지 않은 표집방법이다. 비록 확률적 표집방법이 바람직하긴 하나 연구의 수행 시에 현실적으로 확률 표집이 불가능하거나 모집단 자체의 크기를 모르는 경우도 있다. 예를 들면, '서울의 초등학생'인 경우는 모집단의 범위와 크기는 분명하다. 그러나 '전국의 비행청소년' '권위주의적 양육방식을 가진 부모'와 같은 경우는 모집단의 규모나 목록 작성이 불가능하다. 또한 확률적 원칙에 충실할수록 비용, 시간, 인력이 더 많이 필요하다는 제한점도 있다. 이러한 여러 가지 이유로 연구에서 때로는 비확률적 표집방법이 사용된다. 비확률적 표집방법에는 의도적 표집, 할당표집, 우연적 표집 등이 있다.

2) 확률적 표집방법

(1) 단순무선표집

단순무선표집(simple random sampling)은 확률적 표집 가운데 가장 기본이 되는 것으로 아무런 의식적인 조작 없이 표본을 추출하는 것을 말한다. 이 방법은 확률적 표집방법에서 가장 널리 쓰이는 방법이며 다른 표집방법들의 기초가 된다. 이 방법에서 주의해야 할 점은 먼저 모집단의 모든 사례에게 동등하게 표집될 수 있는 기회가 주어져야 한다는 것이다. 즉, 모집단의 모든 사례는 동등하고 독립된 기회를 가진 절차에 의해 표본의 사례로 선택될 수 있다. 여기서 '독립된 기회'의 의미는 표집을 위한 한 요소의 선택이 다른 요소의 선택에 영향을 미치지 않음을 뜻한다. 그러나 실제로 정해진 모집단에서 각각의 요소는 표본으로 선택될 수 있는 동등한 기회를 가질 수는 없다. 예를 들어, 모집단에 1,000명의 6학년 학생들이 있고 그중 100명을 단순무선표집으로 선발한다고 가정해 보자. 이 경우 첫 번째로 추출되는 학생과 두 번째로 추출되는 학생, 그리고 마지막 100번째로 추출되는 학생은 표본으로 선택될 확률이 서로 다르다. 즉, 학생이 차례로 추출될 때마다 다음 학생은 선택될 가능성이 높아진다. 이는 모집단의 학생이 한 명씩 적어지기 때문이다. 따라서 단순무선표집을 사용하기 위해서는 한 사례를 표집하는 것이 다른 사례를 표집하는 데 확률적으로 영향을 미치지 않을 만큼 모집단의 사례가 충분히 커야 하며, 동시에 표집을 하는 동안 모집단 자체에 변동이 있어서는 안 된다.

단순무선표집은 환원표집(sampling with replacement)과 비환원표집(sampling without replacement)으로 구분할 수 있다. 환원표집은 표본으로 뽑힌 사례를 다시 모집단으로 되돌려 보낸 후 다시 표집하는 방법이고, 비환원표집은 한 번 뽑힌 표본은 다시 모집단으로 돌려보내지 않는 방법이다. 결국 환원표집이 단순무선표집이라는 기본 원칙에 적합한 경우라 할 수 있다.

단순무선표집을 얻기 위하여 다양한 기술이 사용될 수 있다. 한 가지 방법은 난수표를 이용한 방법이다. 난수표는 일반적으로 다섯 자리 숫자로 구성되어 있는데 컴퓨터에 의해 무작위로 만들어진다. 〈표 4-1〉은 그 예로, 0에서부터 9까지의 숫자를 계속해서 뽑아내어 적고 정리한 표이다.

〈표 4-1〉	난수표

행	열									
	1	2	3	4	5	6	7	8	9	10
1	95767	26878	94971	75204	64775	52647	35672	97456	89815	16767
2	81934	99378	73901	46997	11173	80744	51957	50801	25785	40475
3	64959	10235	55441	87439	04966	96170	22582	13512	60227	81391
4	88488	81729	60733	84690	94315	10841	99296	47844	87998	01066
5	22306	61346	09026	66275	78204	11563	67457	69438	98753	23478
6	01436	13553	53487	19706	30740	83272	69602	99251	81599	79264
7	35962	90832	21604	29620	01151	81945	61894	91583	41133	83955
8	80319	01462	60338	69763	32812	84076	10555	88707	92309	34505
9	32141	01977	57874	25052	11567	35505	04797	21900	81703	11848
10	99197	78637	67636	35765	36871	22555	94013	15118	81620	76730

주어진 난수표를 이용하여 한 학교 전교생 972명 모집단으로부터 100명의 학생을 임의 표집하여 얻어 내려 하는 경우를 생각해 보자.

모집단의 인원이 972명이며 세 자리 숫자이기 때문에 난수표의 다섯 자리 숫자 중 뒤의 세 자리 숫자만 사용한다. 예를 들어, 1행 5열을 출발점으로 선택한 경우 제일 먼저 732번째 학생을 선택한다. 다음으로 983번째 학생은 제외하며(모집단에는 972의 경우만 있기 때문), 계속해서 970번, 554번, 152번 학생 등으로 100명의 학생이 표집될 때까지 계속 선택하게 된다. 이러한 과정이 난수표를 이용한 무선단순표집이다.

단순무선표집의 장점은 모집단에 대해 최소한의 것만 알고 있어도 된다는 것과 자료 분석이나 오차 계산이 용이하다는 것이다. 반대로 단점은 연구자가 알고 있는 모집단에 대한 지식이 유용하게 활용되지 못한다는 것과 같은 표본 크기일 때 유층표집보다 큰 오차가 생길 수 있다는 점이다.

(2) 유층표집

유층표집(stratified sampling)은 모집단을 구성하고 있는 하위집단의 요소 중 일정 수를 처음부터 골고루 선택함으로써 표본과 모집단의 동질성을 확보하고, 따라서 표본의 대표성을 높이는 표집방법이다. 그 결과 모집단과 하위집단 간의 동질성을 확보함으로써 표본의 크기를 줄이는 이점이 있다. 이렇게 하기 위해서는 먼저 모집단에 대해 잘 알고 있어야 한다. 즉, 유층표집으로 선택된 표본은 하위집단을 적절하게 대변할 수 있어야 한다는 것이다. 여기에는 다시 비례유층표집(proportional stratified sampling)과 비비례유층표집(nonproportional stratified sampling)이 있다.

비례유층표집은 표본에서 각각의 하위집단의 비율이 모집단에서의 비율과 같도록 표집하는 방법이다. 이 방법은 모집단을 중요한 특성(성별, 거주지역, 교육수준, 종교 등)에 따라 다양하게 유층화할 수 있다. 예를 들면, 연구자가 1,000명의 학생을 표집하여 아버지의 직업(1차, 2차, 3차 산업 종사자)에 따라 학생들의 직업의식에 차이가 있는지를 알고 싶어 한다고 하자. 이때 아버지의 직업은 하나의 독립된 유층으로 간주된다. 여기에서 우리나라 직업 구조상 아버지의 직업이 1차 산업 종사자는 15%, 2차 산업 종사자는 32%, 3차 산업 종사자는 53%로 알려져 있다고 한다면, 연구자는 아버지의 직업이 1차 산업인 학생을 150명, 2차 산업인 학생을 320명, 3차 산업인 학생을 530명으로 무선표집하게 된다. 이러한 방법이 비례유층표집이다.

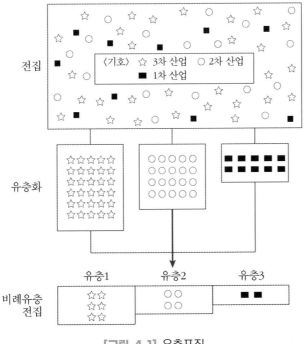

[그림 4-1] 유층표집

반면, 비비례유층표집은 모집단 내의 비율과 관계없이 동일한 비율로 유층별 사례를 무선표집하는 방법이다. 예를 들어, 앞의 예처럼 아버지의 직업이 1차, 2차, 3차 산업 종사자인 경우 각각에서 20%, 30%, 50%로, 혹은 각각 33%로 균등하게 어림잡아 표집하는 경우가 이에 속한다. 모집단 내에서 각기 유층이 차지하는 비율을 정확하게 알 수 없거나 비율에는 특별히 관심이 없는 경우에 사용된다.

(3) 군집표집

군집표집(cluster sampling)은 이미 형성되어 있는 자연적 또는 행정적 집단을 표집단위로 하여 추출하는 방법이다. 예컨대, 공장, 학교, 행정구역 등이 군집의 단위가 된다. 따라서 앞의 표집방법과는 달리 표본 추출 단위가 사례가 아니라 집단이라는 점에 차이가 있다. 모집단을 군집이라는 많은 수의 집단으로 분류하여 그 군집들 가운데 표집의 대상이 될 군집을 무선적으로 추출하고 여기에서 추출된 군집에 속한 모든 사례를 표본집단으로 삼는 것이다. 따라서 군집표집은 어느 한정된 모집단으로부터 개인들을 추출하기보다는 집단을 추출하는 것이 보다 적절할 경우에 사용된다. 예를 들어, 제8학군에 있는 6학년 학생 6,000명 중 300명의 학생들을 표집하는 경우를 가정해 보자. 이때 모집단을 6,000명의 학생으로 보는 것이 아니라, 200개의 학급(한 학급당 30명)으로 간주하고 이들 200개의 학급을 추출 단위로 10개 학급을 무선표집한다. 결과적으로 300명의 학생이 보다 수월하게 표집될 수 있다.

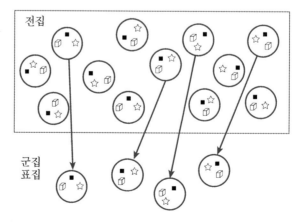

[그림 4-2] 군집표집

군집표집은 군집 속에서 조사대상자를 선정함으로써 조사과정이 간편하다는 점, 그리고 노력과 비용이 절감된다는 점이 장점이다. 그러나 단순무선표집보다 표집오차가 크다는 단점이 있다. 이를 보완하기 위해서는 단순무선표집보다 최소한 2배 이상의 표본을 선정하는 것이 바람직하다.

(4) 다단계표집

다단계표집(multistage sampling)이란 먼저 전집에서 1차 표집 단위(primary sampling unit)를 추출한 다음, 여기서 다시 2차 표집 단위(secondary sampling unit)를 뽑는 등 최종 단위의 표집을 위하여 몇 단계를 거쳐서 표집하는 방법을 말한다. 표집의 단계를 몇 번 거치느냐에 따라 2단계, 3단계 등의 표집으로 불린다. 각 단계에서는 무선표집, 유층표집, 군집표집 등 여러 가지 방법을 이용할 수 있다. 다단계 표집방법은 대개 전집의 크기가 매우 큰 경우에 적용하며, 표집단계가 최소한 둘 또는 그 이상일 때 각 단계별로 무선표집의 한 형태를 사용하여 표집하는 기법이라고 할 수 있다.

예컨대, 부산시에서 고등학교 3학년 학생 500명을 뽑는다고 가정하자. 전집에서 무선적으로 뽑는다면 너무 번거롭고 복잡하기 때문에, 우선 1차로 학교라는 집단을 단위로 하여 군집표집방법을 사용하여 10개 학교를 추출하며, 그다음 학급을 표집단위로 하여 다시 5개의 학급을 다시 무선적으로 군집표집한다. 그리고 3차로 각 학급에서 10명씩 단순무선표집하면 500명(10×5×10)의 학생을 표집하게 되는 것이다.

다단계 무선표집은 표집단위가 지리적으로 규정되면 시간과 경비를 줄일 수 있는 장점이 있는 반면 표집단위의 수가 감소됨에 따라 표집오차가 증가한다는 단점이 있다.

(5) 체계적 표집

체계적 표집(systematic sampling)은 단순무선표집과는 원리를 달리한다. 우선 모집단의 전체 사례에 번호를 붙여 놓고 일정한 표집 간격(sampling interval)에 따라 표집하는 방법이다. 만약 선택될 표본이 매우 크고 모집단의 전체 명단을 이용할 수 있다면 체계적 표집은 단순무선표집보다는 사용하기가 훨씬 쉬운 절차를 가지고 있다.

예를 들어서, 구성원의 수가 100,000명인 모집단에서 1,000명의 표본을 추출한다고 가정하여 보자. 이때 각 구성원들은 인명록에 일련번호로 기록되어 있다고 간주한다. 먼저 모집단을 표본을 구하는 데 필요한 인원수로 나눈다(100,000÷1,000=100). 그런 다음 몫의 수보다 작은 수 하나를 무선적으로 선택한다(여기에서는 100보다 작은 수를 선택하게 되며 가령 36번이 선택되었다 하자). 인명록에서 36번째 사례가 제일 먼저 선택되며 다음으로 100씩 더하여 100명의 사례가 선택된다. 즉, 136번, 236번, 336번, 436번 등의 사례가 차례로 선정될 것이다.

체계적 표집의 장점은 짧은 시간 내에 효과적으로 표집을 해낼 수 있다는 것이다. 언급한 예처럼 인명록이 학년별 또는 지역별로 나누어져 있을 때는 자연적으로 유층화가 이루어질 수 있다는 장점이 있다. 그러나 이와는 반대로 인명록이 특정한 특성을 기준으로 일정한 간격을 두고 반복되어 있다면 편중된 사례만이 표본으로 추출될 우려가 있다.

3) 비확률적 표집방법

(1) 의도적 표집

의도적 표집(purposive sampling)은 연구자가 연구의 목적에 비추어 주관적 판단하에 사례들을 말 그대로 의도적으로 표집하는 방법이다. 이 방법은 연구자의 독자적인 판단과 적절한 전략에 따라 대표적인 사례만을 의도적으로 표집하는 것이 단순무선표집방법보다 오히려 더 대표성을 지닌 사례를 표집할 수 있다는 가정에 근거한다. 대부분 연구자의 경험이나 전문적 식견에 바탕을 두고 표집하게 된다.

예를 들어, 영재학교 학생을 대상으로 연구를 수행하는 경우 A시에 소재하는 과학영재 학교 학생들이 영재학교 학생을 대표할 수 있다는 생각에 이들을 연구대상으로 선정하거나, 가출 청소년을 대상으로 연구를 수행하기 위하여 B청소년 쉼터, C청소년 쉼터에 거주하고 있는 청소년을 대상으로 삼는 경우가 이에 해당된다. 따라서 이 표집방법은 표집이 간편하고 비용을 절약할 수 있다는 장점이 있으나, 연구자의 주관적 판단이 잘못되었을 경우에 발생하는 오류를 수정할 수 없다는 단점도 있다. 결국 의도적 표집은 연구자가 전집에 대한 충분한 사전 지식과 신뢰할 만한 판단을 내릴 수 있을 때, 혹은 확률적 표집이 불가능한 경우에 적용하는 것이 바람직하다.

(2) 할당표집

할당표집(quota sampling)은 전집의 여러 특성을 대표할 수 있는 여러 개의 하위집단을 구성하여 각 집단에 알맞은 표집 수를 할당한 후 그 범위 내에서 임의로 표집하는 방법이다. 유층표집과 유사하지만 비확률적 표집이라는 점에서 차이가 있다. 할당기준으로는 연령, 성별, 교육 수준, 직업 등을 들 수 있다. 예를 들면, 조사연구를 할 경우, 각 조사자에게 부산광역시교육청 산하에 있는 어떤 계열의 학생 중에 어느 학년의 학생을 몇 명 표집하라고 할당을 하면 각 조사자는 이러한 테두리 내에서 그 조건에 맞는 대상을 적당히 선정하며 조사하는 방법이다.

장점은 최종적으로 뽑는 표집의 단위를 각 조사자들에게 지리적으로 가깝게 할 수 있기 때문에 비용을 줄일 수 있고, 어느 정도의 유층화를 기대할 수 있다는 점이다. 그러나 할당을 하는 데 연구자의 편견이 작용할 가능성이 많으며, 비확률적 표집이기 때문에 대표성이 문제가 된다.

(3) 우연적 표집

우연적 표집(accidental sampling)은 말 그대로 특별한 표집 계획 없이 연구자가 임의로 가장 손쉽게 구할 수 있는 대상 중에서 표집하는 방법이다. 많은 사람이 오가는 길거리나 대중이 모인 장소에서 대중매체 기자들이 아무나 선정하여 인터뷰하는 방식이 우연적 표집의 대표적인 예이다. 초 · 중 · 고 학생들에 대한 접근이 용이하다는 이유로 자신이 근무하는 학교의 학생들을 연구대상으로 표집하는 경우가 종종 있는데 이러한 경우 역시 우연적 표집에 속한다.

우연적 표집은 표집의 대표성을 전혀 생각할 수 없는 표집방법으로서 어떤 모집단(population)을 대표한다고 할 수 없으므로 그 결과를 일반화하기 어렵다. 과학적인 연구에서는 되도록 사용하지 않는 것이 바람직하다.

 ## 2. 표집 시 유의사항

표본을 대상으로 연구를 수행할 때 모집단의 특성에 대한 충분한 고려 없이, 혹은 각 표집방법이 갖는 장단점을 숙지하지 않은 채 기계적으로 특정 표집방법만을 고집한다면 오히려 큰 표집오차가 발생할 수 있다. 표집오차란 모집단의 모수치와 표본에서 산출된 통계치 간의 차이로, 모집단의 특성을 충분히 반영하는, 즉 대표성을 가지는 표본을 선택하지 않은 경우에 발생한다. 결과적으로 잘못된 표집방법에 기인한 표집오차가 커지면 커질수록 연구의 결과는 의미를 상실하게 된다. 연구대상의 표집 시 여러 가지 유의점을 깊이 숙지하고 알맞은 절차에 따라 체계적으로 표집을 해 나가는 것이 중요하다. 표집을 할 때, 일반적으로 유의해야 할 사항을 제시하면 다음과 같다.

1) 모집단의 크기

표집을 하기 전에 먼저 모집단의 크기를 고려해야 한다. 모집단의 크기가 아주 작을 경우에는 전집조사를 통해 연구결과를 산출하는 것이 타당하다. 이 경우, 표집을 시도한다면 모집단의 특성이 표집에 모두 반영되지 않을 수 있다. 즉, 모집단의 크기가 아주 작을 경우의 표집은 그 모집단의 대표성을 제대로 유지할 수가 없다는 의미이다. 따라서 표본 연구를 하는 경우에 모집단의 크기는 충분히 커야 한다.

2) 표본과 모집단의 동질성의 정도

연구에 사용될 표본이 모집단과 충분한 동질성(homogeneity)을 유지하고 있는지 살펴보아야 한다. 여기서 동질성이란 모집단을 구성하고 있는 요소들의 특성이 연구대상이 될 표본의 특성들과 어느 정도 비슷한가를 의미한다. 만약 표본이 모집단과 동질성을 제대로 유지하지 못한다면, 모집단의 특성과 전혀 동떨어진 연구결과를 얻게 될 것이다. 만약 표본이 모집단과 동질성을 충분히 유지하고 있지 못하다면 보다 많이 표집하는 방법을 통해서 모집단과의 충분한 동질성이 유지되도록 해야 할 것이다. 그러나 표본과 모집단과의 동질성이 충분히 보장되는 경우라면 소집단만으로 충분히 모집단의 특성을 나타낼 수 있을 것이다.

3) 표집방법의 특성에 대한 이해

연구자는 여러 가지 표집방법의 특성에 대하여 충분히 이해하고 표집에 들어가야 한다. 왜냐하면 어떠한 표집방법을 사용하느냐에 따라서 표본의 크기가 달라지기 때문이다. 앞서 살펴본 것처럼 표집의 방법에는 단순무선표집, 체계적 표집, 유층표집, 군집표집 등 여러 가지 방법이 있으며 이 표집방법들은 제각기 특성이 모두 다르다. 예를 들어, 유층표집 같은 경우에는 유층별로 모집단의 특성이 골고루 표본에 반영이 되도록 추출하는 방법이므로 가장 적은 표본 수를 요구하며, 군집표집은 이 가운데에서 가장 큰 표집을 요구한다.

4) 현실적 문제 고려

표집 시 고려해야 할 사항 중 하나는 연구자가 동원할 수 있는 인력과 비용, 시간 등의 현실적 문제이다. 이러한 현실적 문제를 도외시하고 무작정 표집을 크게 할 경우 소요되는 비용와 인력, 시간으로 말미암아 체계적인 연구결과를 얻기 어렵다. 따라서 이러한 현실적 문제들은 연구에 들어가기에 앞서 사전점검과 준비가 철저하게 이루어져야 한다.

5) 표집방법의 일관성

모집단에서의 표집방법은 그 연구가 진행되는 경우에는 동일해야 한다. 예를 들어, 지역별 대학생의 특성과 관련된 조사연구를 하는 경우, 부산에서는 무선표집방법을 사용하고, 서울에서는 유층표집방법을 사용하며, 제주도에서는 군집표집방법을 사용하는 식으로 해서는 안 된다는 것이다.

6) 표본의 대표성

연구자가 추출하고자 하는 표본집단이 고의적으로 모집단의 대표가 될 수 있도록 해서는 안 된다. 예를 들어, 초등학교 학생들의 학원수강 실태를 조사할 경우, 연구자가 재직하는 학교가 생활수준이 높고 거리상으로 가깝다고 해서 자신이 몸담고 있는 학교의 학생들을 표본으로 사용한다면, 실제적으로 생활수준이 낮은 지역 학생들의 학원수강 실태는 누락되는 결과를 초래하여 연구결과의 오차를 발생시키게 된다.

7) 자료 분석 시 사용할 분석 유목의 수

대체로 연구에 있어서 분석 유목의 수는 학년별, 성별, 지역별, 교육수준 등으로 나뉘는데, 이 경우 분석 유목의 수가 많으면 많을수록 표본의 숫자도 그만큼 늘어나야 한다. 만약 분석 유목의 숫자는 많은데 표집의 사례가 그만큼 충분하지 않으면 유의미한 결과를 얻기 힘들 뿐만 아니라 때로는 통계적 분석이 불가능한 경우도 발생하게 된다.

 ## 3. 표본의 크기

　이상에서 표집의 의미와 표집방법, 그리고 표집 시 일반적인 유의사항을 차례로 살펴보았다. 그렇다면 연구에서 사용할 표본의 크기는 어떠해야 할 것인가? 표본의 크기를 어느 정도로 하는가 하는 문제는 연구결과의 신뢰성과도 직접적인 관계가 있다. 그렇다고 해서 무한대로 큰 표본을 추출할 수도 없다. 이는 곧 연구자의 경비, 시간, 인력 등과 관계되기 때문이다. 표집의 크기를 어느 정도로 하는 것이 좋은가에 대한 절대적인 기준은 없다. Gall 등(1999)은 대략 다음과 같은 기준을 제시하고 있다. 상관연구에서는 전통적으로 최소한 30명 이상의 피험자 수를 사용해야 하며, 비교−실험연구의 경우 비교되는 각 집단마다 최소한 15명 이상의 피험자가 있어야 하고, 조사연구에서는 피험자 수가 각 하위그룹별로 20~50명씩 최소한 100명 이상은 되어야 한다고 본다.

　그러나 이것은 어디까지나 대략적인 기준에 불과하며, 연구에서 실제로 표집의 크기를 결정할 때는 연구문제의 성격, 전집의 크기, 표집 당시의 여건 등에 알맞도록 해야 할 것이다. 일반적으로 연구에 소요되는 경비, 시간, 노력 등 현실적인 요인과 연구변인의 신뢰요인을 종합적으로 고려하여 필요한 표집의 크기를 결정하게 된다. 따라서 최소의 표집으로 최대의 연구효과를 얻도록 하는 것이 경제적이며 능률적이다.

　표본의 크기를 결정하는 통계적인 방법 중 하나는 표집의 크기, 신뢰한계, 수용오차의 관계를 고려하여 사례 수를 정하는 것이다. 즉, 이들 사이에는 함수관계가 있으므로 이중 어느 둘이 정해지면 나머지는 자연히 결정된다. 이를 위하여 먼저 표집분포와 표준오차의 개념을 살펴보고 이를 이용하여 표본의 크기를 결정하는 방법을 살펴본다.

1) 표집분포와 표준오차

　표집분포(sampling distribution)란 어떤 모집단에서 일정한 크기의 사례 수로 추출한 각각의 표집에서 나온 통계치들(평균, 표준편차, 변량 등)의 분포를 말한다. 여기에서 표집 횟수가 아주 클 경우 각 통계치들이 이루는 분포는 정상분포가 될 것이며 통계치들의 평균은 전집의 모수치와 같아질 것으로 기대된다. 예를 들어, 어떤 모집단의 평균을 알려고 하는 경우에 일정한 크기의 표본($Sample_1, Sample_2, Sample_3, \cdots, Sample_k$)을 무한으로 추출하여 각각의 평균($\overline{X_1}, \overline{X_2}, \overline{X_3}, \cdots, \overline{X_k}$)을 구하고 표본평균들의 평균($\overline{X}$)을 구하면 이는 곧 모집단의 평균과 같다. 이때, 각각의 표본을 통해 산출한 표본의 통계치와 모집단의 모수치 간에 차이가 발생하는데 이를 표집오차(sampling error)라 한다. 예를 들어, 평균이 μ인 모집단에서 일정한 사례 수를 가지는 표본을 K개 만큼 표집하여 평균($\overline{X_1}, \overline{X_2}, \overline{X_3}, \cdots, \overline{X_k}$)을 얻었다면 다음과 같이 나타낼 수 있다.

$$\overline{X_1} - \mu = e_1$$
$$\overline{X_2} - \mu = e_2$$
$$\overline{X_3} - \mu = e_3$$
$$\vdots$$
$$\overline{X_k} - \mu = e_k$$

앞의 식에서 $e_i(i = 1, 2, 3, \cdots, k)$는 평균의 표집오차가 된다. 즉, 표집의 과정에서 발생한 오차이기 때문이다. 여기에서 또 하나 알 수 있는 것은 표본들의 평균에 대한 표준편차는 곧 표집오차들의 표준편차와 같다는 것이다. 이는 표준편차에서 일정한 값을 더하거나 빼더라도 그 값은 변화하지 않기 때문이다. 따라서 평균들의 표준편차는 표집오차들의 표준편차와 같기 때문에 평균의 표집분포의 표준편차를 평균의 표준오차(Standard Error of the Mean: SEM)라 부른다.

추리통계에서 중요한 역할을 하는 표준오차(standard error)는 통계치의 표집분포에서 그 값들의 표준편차를 계산하여 얻게 되며, 이는 결국 표집에서 얻은 어떤 통계치를 얼마나 신뢰할 수 있는가 하는 정도를 뜻한다. 한편, 평균의 표준오차는 사례 수의 크기에 따라 결정되며, 다음의 공식에서 알 수 있듯이 사례 수가 증가할수록 값이 감소하게 된다. 모집단의 표준편차(σ)를 아는 경우, 평균의 표준오차는 모집단의 표준편차를 표집 크기의 제곱근으로 나눈 것과 같다. 이를 계산공식으로 나타내면 다음과 같다.

$$\sigma_{\overline{X}} = \frac{\sigma}{\sqrt{n}}$$

그러나 실제로 모집단의 표준편차를 아는 경우는 거의 없기 때문에 표본의 표준편차 (s)로 모집단의 표준편차를 추정하게 된다. 따라서 모집단의 표준편차를 알 수 없는 경우, 평균의 표준오차는 표본의 표준편차를 표본의 사례 수에서 1을 뺀 값의 제곱근으로 나눈 것과 같다. 이를 계산공식으로 나타내면 다음과 같다.

$$s_{\overline{X}} = \frac{s}{\sqrt{n-1}}$$

2) 표본의 크기

앞서, 표본의 크기는 표집의 크기, 신뢰한계, 수용 가능한 표준오차의 크기라는 관계함수로 정해질 수 있음을 언급하였다. 이제 신뢰한계와 표본오차를 이용하여 적절한 표집의 크기를 산출하는 방법을 알아보자. 그 절차는 다음과 같다.

첫째, 최대한으로 허용할 수 있는 오차의 양을 어느 정도로 할 것인지를 결정한다. 이것은 곧 최대한으로 허용할 수 있는 표본평균과 모집단평균의 차이를 의미하며 E로 표시한다.

둘째, 신뢰한계(confidence limits)를 결정한다. 여기서 신뢰한계란 통계치를 가지고 모수치를 추정할 때, 그 추정이 어느 정도 맞을 것인가를 나타내는 확률의 범위를 의미한다. 본 예에서는 95%로 정하도록 하자.

셋째, 신뢰수준에 따른 Z값을 정한다. 95%의 신뢰수준에서의 Z값은 ±1.96이 된다. 이것은 경우에 따라 90% 혹은 98% 등으로 정할 수도 있다.

넷째, 모집단의 표준오차($\sigma_{\overline{X}}$)를 추정한다. 이 표준오차는 실제 조사를 하기 이전이므로 사전조사(pilot test)를 통하여 혹은 직관에 의하여 추정한다. 이때 흔히 쓰이는 방법으로는 표본의 최댓값과 최솟값의 차이를 6으로 나누어 추정하는 방법이 있다. 이는 ±3σ의 구간에 전 표본의 99.7%가 들어간다는 가정에서 추론된 것이다.

다섯째, 계산식을 이용하여 표본의 크기를 결정한다.

최대허용오차 E는 Z값과 표준오차($\sigma_{\overline{X}}$)의 곱으로 표시되며 이는 다음과 같은 공식으로 나타낸다.

$$E = Z \cdot \sigma_{\overline{X}} = Z \cdot \frac{\hat{\sigma}}{\sqrt{n}} \left(\because \sigma_{\overline{X}} = \frac{\hat{\sigma}}{\sqrt{n}} \right)$$

이때, $\hat{\sigma}$는 사전조사 혹은 직관에 의해 추정한 모집단의 분산 추정치이다.

그러므로 표집의 크기 $n = \left(\frac{Z \cdot \hat{\sigma}}{E} \right)^2$이 된다.

예를 들어, 이러한 공식을 이용하여 부산에 거주하는 초등학교 교사들의 평균 나이를 알려고 할 때 필요한 표본의 크기를 얼마로 해야 할 것인지 생각해 보자. 임의로 교사 30명을 예비 표본으로 삼아 조사를 해 보니 가장 나이 많은 사람이 61세이고 가장 나이가 적은 사람이 25세였다. 여기에서 최댓값과 최솟값의 차이는 36이며 이를 6으로 나누어 보면 6이 된다. 또한 허용 가능한 표본평균과 모집단평균 차이(E)를 1.0이라고 하고, 신뢰수준을 95%(Z=1.96)로 간주한다.

$$n = \left(\frac{1.96 \cdot 6}{1} \right)^2$$

그러므로 필요한 표본의 숫자는 약 138명이 된다.

아주 사례 수가 많은 전집으로부터 단순무선표집을 할 경우에는 다음의 〈표 4-2〉를 참고하여 적당한 표집크기를 간단하게 결정할 수 있다. 이 표는 전집이 대단히 큰 것을 전제로 하여 수용오차와 신뢰한계를 여러 수준으로 분류하고 각각의 조건에 알맞은 표집의 크기를 계산해 놓은 것이다.

〈표 4-2〉 수용오차와 신뢰한계에 따른 표집의 크기

오차의 범위 (tolerated error)	신뢰한계(confidence limits)	
	95% 수준	99% 수준
±1%	9,604명	16,587명
±2%	2,401명	4,147명
±3%	1,607명	1,843명
±4%	600명	1,037명
±5%	384명	663명
±6%	267명	461명
±7%	196명	339명

이 표에서 신뢰한계란 앞에서 언급했듯이 통계치를 가지고 전집치를 추정할 때, 그 어떤 추정이 어느 정도 맞을 것인가를 나타내는 확률의 범위를 나타낸다. 신뢰한계는 다양하게 제시될 수 있지만 주로 95%, 99%의 두 가지 수준을 많이 사용하고 있다. 따라서 위의 표에 따라 표본의 크기를 결정한다고 할 때 오차의 범위를 5%로 잡을 경우에는 표본의 크기는 384명이 되며 이때 신뢰한계는 95%가 된다. 마찬가지로 663명의 사례를 표집한다면 신뢰한계는 99%이다.

수용오차의 범위는 일정하게 정해 놓을 수는 없다. 모수치의 추정값이 아주 클 경우에는 수용오차가 어느 정도 커도 상관없지만 추정할 모수치가 작을 경우에는 이에 따라 수용오차의 범위도 적어야 하기 때문이다. 예를 들어, 전국 고등학교 학생들의 평균 체중을 조사할 경우에는 수용오차를 약 2~3kg 정도 해도 타당하겠지만, 한 학교의 초등학교 학생들의 평균 체중을 조사하는 데 수용오차를 2~3kg으로 한다면 모수치와 크게 차이가 날 수 있기 때문이다.

3) 연구대상의 표집 준거

- 표집을 하기 전 모집단의 크기를 고려했는가?
- 표집방법의 선정은 연구목적과 일치하는가?
- 표집에 사용된 방법은 일관적이었는가?
- 표본의 모집단에 대한 대표성을 검토하였는가?
- 표본의 수는 적절한가?

제5장 자료수집 방법

사회과학에서 연구도구에 맞는 자료를 수집하는 것은 바람직한 연구결과를 얻는 데 매우 중요하다. 가령, 적절하지 못한 도구를 사용하여 얻은 자료는 연구의 목적에 비추어 볼 때 정확성이 떨어지기 때문에 연구의 결과로서 가치를 가지지 못하기 때문이다. 따라서 연구자는 각 연구방법에 따른 장단점을 파악하여 현재 자신이 실시하고자 하는 연구의 목적과 내용에 적합한 자료수집 방법을 선택하여야 한다.

 ## 1. 검사

검사란 신체적인 특성이나 심리적인 특성의 양과 질을 측정할 목적으로 특정한 과제나 문제를 통하여 나타나는 피험자의 반응과 행동을 표집하는 절차를 포함하여 일컫는 말이다.

인간의 행동 및 심리적 속성을 연구하기 위해 어떤 검사를 사용할 것인가 하는 문제는 매우 중요한 부분을 차지한다. 상당한 정도의 타당도와 신뢰도를 가진 기존의 표준화 검사를 사용할 경우에는 검사의 여러 가지 특징과 연구목적과의 부합 여부를 잘 검토하여 사용하면 되지만 연구자가 자신의 연구목적에 맞는 검사를 직접 제작할 경우에는 신뢰롭고 타당한 검사가 될 수 있도록 신중을 기해야 한다.

검사의 구비 조건

일반적으로 교육연구에서 사용될 수 있는 검사가 갖추어야 하는 조건으로는 타당도, 신뢰도, 객관도, 실용도 등을 들 수 있다. 다시 말해서 검사가 측정하고자 하는 속성을 타당하게 재고 있는지, 측정오차가 적고 신뢰롭게 측정하고 있는지, 검사의 채점에도 일관성이 있어서 객관적인 정보를 제공해 주는지, 사용하기에 실용적인지 등에 대해 신중하게 검토해 보아야 한다.

---

1) 타당도

타당도(validity)란 검사가 측정하고자 하는 속성 또는 현상을 얼마나 충실하게 측정하고 있는지를 나타내는 것으로, 미국 심리학회의 교육 및 심리검사의 기준(standards for educational and psychological testing, 1999)에서는 "검사점수에 근거한 특정한 추론의 적절성, 유의미성, 유용성"으로 정의하고 있다. 그러므로 타당도가 낮다는 것은 검사의 목적과 다른 속성을 재고 있으며 그 검사점수로부터 추론한 것이 적절하지 않다는 것을 의미한다.

타당도는 검사가 갖추어야 할 가장 중요한 조건이라 할 수 있다. 물체의 길이나 무게와 같은 물리적인 현상과는 달리, 인간의 심리적 특성은 객관적인 도구에 의해 정확하게 측정할 수 없고 간접적인 방법으로 측정할 수밖에 없기 때문에 항상 측정의 타당도가 문제시된다.

Gronlund와 Linn(1990)은 타당도를 이해하기 위해 주의할 점을 다음과 같이 제시하고 있다. 첫째, 타당도는 검사에 의해 얻어진 검사결과의 해석에 대한 적합성이지 검사 자체와 관련된 것은 아니다. 둘째, 타당도는 정도의 문제이기 때문에 타당도가 '있다/없다'로 말하는 것이 아니라 '높다/적절하다/낮다' 등으로 표현해야 한다. 셋째, 타당도는 특별한 목적이나 해석에 제한된다. 한 검사가 모든 목적에 부합될 수 없으므로 "이 검사는 무엇을 측정하는 데 타당하다."라고 제한적으로 표현해야 한다. 넷째, 타당도는 단일 개념이다. 그러나 검사점수로부터의 추론이 타당한지에 대한 증거를 수집하는 방법은 상이하다.

미국 심리학회의 교육 및 심리검사의 기준(1999)에 따르면 타당도는 크게 내용타당도, 준거관련타당도, 구인타당도로 분류할 수 있다.

(1) 내용타당도

내용타당도(content validity)는 검사가 측정하고자 하는 내용을 잘 대표할 수 있는 문항표집으로 되어 있는지를 전문가의 체계적이고 논리적 사고에 입각하여 판단하는 주관적인 타당도로서, '검사에 포함되어 있는 내용의 대표성 또는 표집 적절성'이라 정의할 수 있다. 측정하고자 하는 모든 영역을 망라하는 문항을 제작하기란 실제로 거의 불가능하기 때문에 체계적인 분석을 통해 각 내용영역을 적절한 비율로 검사에 포함시켜야 한다. 예를 들면, 학업성취도 검사의 내용타당도는 학교에서 배운 교육내용에 근거하여 검사제작 전에 작성된 이원분류표에 의해 검사문항들이 제작되었는지를 확인함으로써 검증할 수 있다.

내용타당도는 주로 전문가의 주관적인 판단에 의존하기 때문에 엄격히 말해 내용타당도를 분석하는 통계치는 없다고 주장하는 사람들도 있다. 하지만 Lawshe(1975)는 문항의 내용타당도를 평가할 수 있는 방법으로 내용타당도 비율(content valitdity ratio)이라는 공식을 다음과 같이 제시하였다.

$$\text{내용타당도 비율} = \frac{Ne-N/2}{N/2}$$

Ne: 특정 문항이 내용영역을 잘 측정한다고 평가한 사람의 수
N: 전체 평가자 수

내용타당도와 유사하게 보이지만 혼동하기 쉬운 것으로 안면타당도(face validity)가 있는데, 이것은 검사문항을 전문가가 아닌 일반 사람들이 대략적이고 주관적으로 훑어보고 그 검사의 타당도를 평가하는 것이다. 따라서 안면타당도는 문항에 대한 체계적이고 논리적인 판단을 하는 내용타당도와는 차이가 있다.

(2) 준거관련타당도

준거관련타당도(criterion-related validity)는 검사와 준거와의 관련성을 분석하는 것으로, 한 검사의 점수와 어떤 외적 준거의 상관계수로 나타난다. 이때 준거란 검사를 평가하기 위한 기준을 의미한다. 이를 '경험적 타당도(empirical validity)'라고 부르기도 하고, 교육목표 및 내용을 준거로 하기 때문에 '목표지향적 타당도'라고 부르기도 한다. 준거

관련타당도는 준거가 가지는 특성, 즉 예언성과 일치성에 따라 예언타당도와 공인타당도로 분류할 수 있다.

예언타당도(predictive validity)란 현재의 어떤 검사가 피험자의 미래 행동을 정확하게 예언하는 정도를 의미하는 것으로, 이때의 준거는 미래의 행동특성(학업성취, 근무성적, 사회적 적응이나 성공 등)이 된다. 예를 들면, 대학수학능력시험이 대학 입학 후 학생들의 학업성적(준거)을 예언하는 타당도를 가지고 있다면, 대학수학능력시험에서 높은 점수를 받은 학생은 대학에서 학업을 성공적으로 수행할 것으로 추론할 수 있다. 그 밖에도 입사 당시 실시한 신입사원의 적성검사와 입사 후 직무수행능력과의 상관계수를 내어 예언타당도를 살펴볼 수도 있다.

이처럼 예언타당도의 추정방법은 검사점수와 준거 간의 상관계수를 사용하며, 상관관계가 클수록 예언의 정확성이 커지는 반면 예언의 오차는 작아지게 된다. 그러나 예언타당도를 산출해 내기 위해서는 준거가 되는 미래의 행동특성을 잴 때까지 기다려야 하므로 비교적 오랜 시간이 걸린다는 단점이 있다.

공인타당도(concurrent validity)는 검사와 준거가 동시에 측정되면서 검증되는 타당도로서, 검사점수와 그 검사 이외의 현재 다른 어떤 준거점수 간의 상관관계로 판단된다. 예를 들면, 대학수학능력검사와 고등학교의 학업성적 간의 상관을 내는 것이 여기에 속한다고 할 수 있다.

공인타당도는 시간의 차원에서 타당성의 준거가 현재에 있으며, 준거의 성질 면에서 검사와 준거 간의 일치성 혹은 공통성을 다룬다는 점에서 예언타당도와 차이가 있다. 공인타당도는 타당도계수를 얻기 위해 오랜 시간이 걸리지 않는다는 장점으로 인해 예언타당도의 대용으로 사용되기도 하나, 이렇게 산출된 공인타당도계수가 모집단을 잘 대표한다고 보기 어렵기 때문에 적용할 때는 세심한 주의가 필요하다.

(3) 구인타당도

구인타당도(construct validity)는 심리측정의 개념과 실제를 이론적 개념(구인, 구성개념)에 연관시켰다는 점에서 의미 있는 타당도라고 할 수 있다.

구인타당도는 검사가 측정하고자 하는 어떤 특성의 개념이나 이론적 구인과 관련되는 것으로, Cronbach(1970)는 "검사의 결과로 산출된 점수의 의미를 심리학적 개념으로 분석하는 것"이라고 정의하였다. 이때 구인이란 자아개념, 내향성, 성취동기와 같이 관찰된 유기체의 행동을 조직하고 설명하기 위해 이론적으로 설정한 개념이다. 예를 들면, 창의력이라는 구인을 측정하기 위한 창의력검사가 민감성, 이해성, 도전성, 개방성, 자발성 자신감 등의 하위요인으로 구성되어 있다면, 이 창의력검사가 여러 하위요인들을 가진 창의력이라는 추상적인 구인을 제대로 측정하고 있는지를 밝히는 것이 곧 구인타당도를 검증하는 것이라고 할 수 있다.

구인타당도를 검증하기 위한 일반적 절차는 다음과 같다(Cronbach, 1970). 첫째, 검사점수나 검사결과의 원인이 되는 구인이 무엇인지 확인한다. 둘째, 논리적인 사고과정을 통해 이 구인과 관련된 이론적 배경과 이론에서 연역적으로 도출될 수 있는 가설을 설정한다. 셋째, 가설을 검증하기 위해 귀납적이고 경험적 자료를 수집하여 연구를 실행한다. 이처럼 구인타당도는 이론을 종합, 정리하고 새로운 가설을 설정하는 과학적이고 경험적인 연구과정이라고 할 수 있다.

또한, Campbell과 Fiske(1959)는 구인타당도를 검토하기 위해 그 검사가 이론적으로 관계를 맺고 있는 변인들과는 높은 상관을 보여야 하며, 이론적으로 관계가 없다고 생각되는 변인과는 유의미한 상관을 보여서는 안 된다는 것도 증명해야 한다고 주장하였다. 이때 전자를 수렴타당도(convergent validity)라고 하고, 후자를 변별타당도(discriminant validity)라고 한다. 예를 들면, 수리력 검사는 수학성취와는 유의한 상관이 있어야 하고 독해력 검사와는 유의한 상관이 없어야 한다.

2) 신뢰도

좋은 검사가 되기 위해서는 타당도뿐만 아니라 신뢰도도 고려해야 할 매우 중요한 조건 중의 하나이다. 신뢰도란 측정하고자 하는 것을 정확하게 측정한 정도, 즉 검사의 정확성 또는 정밀성을 의미한다. 신뢰도는 측정하고자 하는 것을 안정적이고 일관성 있으며 오차 없이 측정하는 것과 관련되므로, 동일한 검사를 동일한 피험자에게 여러 번 실시하였을 경우 검사점수들 간의 일치 정도가 높으면 그 검사의 신뢰도는 높다고 할 수 있다.

신뢰도는 측정도구에 의해 산출된 자료가 지니고 있는 전체 변량에 대한 실제 변량의 비율이며, 완전한 신뢰도 지수인 1에서 전체 변량에 대한 오차변량의 비율을 뺀 것이다.

$$r_u = \frac{V_t - V_e}{V_t} = 1 - \frac{V_e}{V_t}$$

r_u: 신뢰도 계수, V_t: 전체 변량, V_e: 오차변량

따라서 타당도가 '무엇을 측정하고 있느냐'의 문제라면, 신뢰도는 '어떻게 측정하고 있느냐'의 문제라고 할 수 있다. Borg 외(1996)는 신뢰도에 영향을 미치는 측정오차를 유발하는 요인으로 전집이 아닌 표집에 의해 구성된 검사문항, 일관성 없는 검사실시, 일관성 없는 채점절차, 부적절한 검사상황(소음, 무더운 실내기온 등), 피험자의 다양한 정서상태 등을 들고 있다. 신뢰도를 살펴보는 방법으로는 검사-재검사 신뢰도, 동형검사 신뢰도, 반분검사 신뢰도, 문항내적합치도 등이 있다.

(1) 검사-재검사 신뢰도

검사-재검사 신뢰도(test-retest reliability)는 검사의 신뢰도를 알아보기 위해 많이 사용되는 것으로, 동일한 검사를 동일한 집단에게 어느 정도의 시간차를 두고 두 번 실시하여 첫 번째 점수와 두 번째 점수 간의 상관계수를 산출하여 얻은 신뢰도이다. 검사-재검사 신뢰도가 높다는 것은 검사점수가 일상적인 환경이나 피험자의 정서적 조건 등에 영향을 적게 받는 안정된 점수라는 것을 의미하기 때문에 이것을 안정성계수(coefficient of stability)라고도 한다.

검사-재검사 신뢰도에서는 두 검사 간의 실시간격이 가장 문제가 된다. 일반적으로 두 검사의 실시간격을 너무 짧게 잡으면 첫 번째 검사에 대한 기억이나 연습의 효과에 의해 두 번째 검사가 영향을 받아 실제보다 신뢰도가 높아질 우려가 있다. 반대로 두 검사 간의 실시간격을 너무 길게 잡으면 발달이나 성숙의 효과에 의해 측정하고자 하는 피험자의 행동특성 자체가 그 동안에 변화될 가능성이 커지므로 신뢰도는 낮아질 것이다. 이와 같이 검사실시 중에 발생하는 측정오차는 실제의 점수 변화를 오염시키기 때문에 신뢰도계수의 의미를 해석하는 데 어려움을 야기한다.

따라서 검사의 실시간격은 검사의 목적이나 집단의 성격에 따라 달라져야 한다. 예를 들면, 유아나 어린 아동을 대상으로 하는 검사는 발달이 매우 신속히 일어나므로 하루에서 1주 정도가 적절하며, 6개월 이상이라도 무방하지만, 대부분의 경우 실시간격은 2~4주가 적당하다.

(2) 동형검사 신뢰도

동형검사 신뢰도(equivalent-form reliability)란 연구자가 2개의 동형검사를 제작한 후 두 검사를 동일 집단에게 실시하여 두 점수 간의 상관계수를 구해서 얻은 신뢰도이며, 이를 동형성 계수(coefficient of equivalence)라고도 한다. 이때, 동형검사는 표면적으로 내용은 서로 다르지만 두 검사가 측정이론에서 보아 동질적이라고 추정할 수 있는 문항들로 구성된 검사로서, 문항의 난이도 및 변별도뿐만 아니라 문항의 내용도 거의 비슷하게 구성된다. 동형검사 신뢰도는 검사-재검사 신뢰도가 가지는 연습의 효과 및 실시간격에 따른 문제점을 해결할 수 있지만, 검사를 두 번 제작하고 실시하는 데 따른 시간과 비용상의 문제 외에도 완벽하게 동질적인 동형검사를 제작하는 것이 현실적으로 매우 어렵다는 문제를 지니고 있다.

(3) 반분검사 신뢰도

반분검사 신뢰도(split-half reliability)는 한 개의 검사를 한 피험자 집단에게 실시하여 그것을 적절한 방법에 의해 두 부분으로 분할하고 이렇게 반분된 검사점수들 간의 상관을 산출하여 얻은 신뢰도로, 동질성계수(coefficient of homogeneity)라고도 한다. 검사-재검사 신뢰도와 동형검사 신뢰도가 모두 동일한 검사 혹은 동형의 검사를 두 번 실시해야 한다는 단점을 가지고 있는 반면, 반분검사 신뢰도는 시간과 비용 면에서 효율적이며 두 번 시행에 따른 기억이나 연습의 효과에 의한 측정오차의 문제를 극복할 수 있다는 장점이 있다.

반분검사 신뢰도에서는 두 부분으로 분할하는 방법이 가장 중요한 문제가 되는데, 주로 전 후반분과 기우반분을 사용하고 있다. 전 후반분의 경우 후반분의 문항에서는 연습의 효과, 심리적 안정감, 피로 등이 나타날 가능성이 있으므로 주로 짝수문항과 홀수문항으로 나누는 기우반분을 사용하나 이것 또한 검사를 완전히 동질적으로 양분한다고 할 수는 없으며 또한 양분하는 방법에 따라 신뢰도 추정치가 달라진다는 단점도 가지고 있다. 그 밖에 임의로 문항들을 짝지어 양분하는 방법과 내용별로 짝지어 양분하는 방법 등이 있다.

일반적으로 검사의 신뢰도는 검사의 길이와 밀접한 관련이 있는데, 검사의 길이가 길어지면 신뢰도계수도 증가하는 경향이 있다. 반분검사 신뢰도는 검사 전체의 신뢰도가 아니라 반분된 부분검사의 신뢰도이므로, Spearman-Brown공식(Spearman, 1910)을 사용하여 두 부분을 합친 검사 전체의 신뢰도를 구하는 것이 바람직하다.

$$r_{tt} = \frac{2r_{tt}}{1 + r_{hh}}$$

r_{tt}: 전체 검사의 교정된 신뢰도계수
r_{hh}: 반분된 검사점수 간의 상관계수

(4) 문항내적합치도

문항내적합치도(inter-item consistency)는 검사에 포함된 문항 하나하나를 모두 독립된 한 개의 검사로 생각하여 그들 간의 합치도, 동질성, 일치성을 종합하는 신뢰도로서, 검사를 두 번 실시하지 않고 검사의 신뢰도를 추정할 수 있다는 장점을 지니고 있다. 문항들이 동질적일 경우 피험자들이 각 문항에 얼마나 일관성 있게 반응하였는지를 파악함으로써 검사의 신뢰도를 추정할 수 있다. 문항내적합치도를 계산하는 데 가장 보편적으로 사용되는 공식으로는 Kuder와 Richardson(1937)이 개발한 KR 20과 KR 21이 있다. KR 20은 이분문항의 경우에 사용하고, KR 21은 문항점수가 연속점수일 때 사용한다.

$$\text{KR 20: } r_{XX}' = \frac{n}{n-1}\left[1 - \frac{\sum pq}{S_X{}^2}\right]$$

$$\text{KR 21: } r_{XX}' = \frac{n}{n-1}\left[1 - \frac{\bar{x}(n-\bar{x})}{nS_X{}^2}\right]$$

n: 검사 내 문항의 수
p: 각 문항에 정답을 한 학생의 비율
q: 각 문항에 오답을 한 학생의 비율($q = 1 - p$)
$S_X{}^2$: 전체 검사점수의 변량
$\bar{x}$: 전체 검사점수의 평균

또한 일반적으로 검사점수의 신뢰도를 계산할 때 널리 사용되는 것으로 Cronbach α 계수가 있다. 이것은 이분문항뿐만 아니라 한 개의 문항에 가중치를 부여하여 여러 단계의 점수로 채점되는 논문식 문항의 경우에도 사용할 수 있으며 SAS나 SPSS와 같은 컴퓨터 프로그램을 이용하여 쉽게 구할 수 있다.

Cronbach α계수의 산출공식(1963)은 다음과 같다.

$$a = \frac{n}{n-1}\left[1 - \frac{\sum S_i^{\,2}}{S_X^{\,2}}\right]$$

n: 검사 내 문항의 수
$S_i^{\,2}$: 각 단일 문항의 변량
$S_X^{\,2}$: 전체 검사점수의 변량

　검사를 제작할 때 신뢰도에 영향을 주는 요인으로는, 첫째, 검사의 길이, 즉 문항의 수를 들 수 있다. 문항의 수가 많은 검사는 측정의 오차를 줄일 수 있으므로 신뢰도가 높아진다. 둘째, 문항의 난이도가 적절해야 한다. 검사가 너무 어렵거나 쉬우면 피험자의 실제 능력을 측정하기 어렵기 때문에 신뢰도는 낮아진다. 셋째, 문항의 변별도가 높아야 한다. 문항이 피험자를 능력에 따라 구분할 수 있는 변별력을 가지고 있어야 한다. 넷째, 검사도구의 내용이 보다 구체적이고 좁은 범위의 내용이어야 한다. 다섯째, 일부 속도검사를 제외한 대부분의 검사에서 검사의 실시시간이 충분해야 한다. 충분한 시간이 주어졌을 때 문항반응의 안정성을 보장받을 수 있기 때문이다.

3) 객관도

　검사의 객관도(objectivity)란 '채점자(평가자) 신뢰도'라고도 할 수 있는데, 검사의 채점자가 편견 없이 얼마나 공정하게, 그리고 신뢰롭게 채점하느냐에 관한 것이다. 즉, 검사 결과를 여러 채점자가 채점하였을 경우 채점자들 간의 점수 차이가 많이 난다면 그것은 그 검사가 객관도가 낮다는 것을 의미한다. 예를 들어, 로르샤흐(Rorschach)의 잉크반점 검사나 투사법에 의한 검사들, 논술식 검사 등은 실시조건과 채점이 유동적이어서 채점자의 편견이 쉽게 작용할 수 있으므로 객관도가 낮다고 할 수 있다. 반면에 선다형 검사들은 피험자의 반응들을 하나의 채점기준에 의해 객관적으로 채점하기 때문에 이것을 객관식 검사라고도 부른다.

　따라서 검사의 객관도를 높이기 위한 방법으로는, 우선 검사실시 및 채점기준을 객관화, 표준화해야 한다. 아울러 검사에 영향을 미칠 수 있는 다양한 상황(예: 검사실시시간, 지시사항, 피험자의 질문에 답하는 방법, 검사 실시자와 피험자 간의 개인적 상호작용의 허용정도 등)에 따른 여러 사항을 검사요강에 자세히 설명해야 한다. 그 밖에도 채점자의 평가에 대한 소양을 높여야 하며, 가능하면 여러 사람이 공동으로 평가하여 그 결과를 종합하는 방법도 검사의 객관도를 높일 수 있는 한 방법이라 할 수 있다. 자연과학과는 달리, 같은 대상을 측정하더라도 측정하는 사람에 따라 상이한 결과가 나올 가능성이 많은 교육 및 심리 연구에서는 이 점을 충분히 고려해야 한다.

4) 실용도

검사에 있어서 실용도(usability)는 어떤 검사를 실시하고 사용하는 데 소요되는 시간, 노력, 비용 등에 관한 문제이다. 검사를 사용하고자 할 경우 검사의 실용성의 측면에서 연구자가 고려해 보아야 할 점으로는 검사의 실시 및 해석의 용이성, 채점의 용이성, 저렴한 비용을 들 수 있다. 다시 말해, 아무리 좋은 검사라 하더라도 실시하고 해석하는 데 시간이 지나치게 많이 걸린다거나 너무 복잡하거나 혹은 전문적인 소양을 갖춘 사람들만 사용할 수 있다면 그 검사의 실용성은 낮다고 할 수 있다. 또한 검사의 채점방법이 복잡하고 까다롭다면 신속하고 정확한 채점이 어렵게 된다. 그리고 검사 실시비용이 너무 많이 든다면 현실적으로 그 검사를 사용하기가 어렵기 때문에, 적은 비용으로 최대의 효과를 낼 수 있는, 즉 효율성이 높은 검사가 좋은 검사라고 할 수 있다.

검사의 종류

검사를 분류하는 방법은 그 준거에 따라 매우 다양하다. 검사의 수행양식, 검사받는 인원수, 채점방식, 검사의 제작자, 검사의 문항형식, 검사의 목적, 피험자의 반응양식, 검사점수에 의미를 부여하는 참조체계, 검사의 내용 등에 따라 다양하게 분류할 수 있다.

1) 검사의 수행양식에 따른 분류

(1) 최대수행검사

최대수행검사(maximum performance test)는 개인이 어떤 과제를 얼마나 잘 수행할 수 있는가, 즉 한 사람의 최대 수행도를 알아보려는 검사로서, 일반적으로 능력검사라고도 한다. 일정한 시간을 주고 피험자에게 주어진 시간 내에 자신의 능력을 최대한으로 발휘하도록 요구하며, 각 문항마다 정답이 있고 그것에 따라 피험자의 점수가 계산되는데 지능검사, 성취검사, 적성검사 등이 대표적인 최대수행검사라고 할 수 있다.

(2) 전형적 수행검사

전형적 수행검사(typical performance test)는 개인이 주어진 상황에서 어떤 양태로 반응 또는 행동하는가를 알아보려는 검사이다. 능력이 아니라 현재의 행동에 관심이 있기 때문에 주어진 과제에 대한 정답이 있을 수 없으며, 평소에 습관적으로 어떤 행동이나 반응을 하는지를 측정한다. 성격구조나 신념체계를 알아보기 위한 성격검사나 각종 태도검사 및 흥미검사 등이 여기에 속한다.

2) 검사받는 인원수에 따른 분류

(1) 개인검사

개인검사(individual test)는 한 번에 한 사람에게 시행하도록 만들어진 검사로서, 비네(Binet)지능검사와 일부 투사검사가 여기에 속한다. 이것은 피험자의 수행수준뿐만 아니라 피험자의 응답방식이나 응시태도 등에 대한 보다 자세하고 유용한 정보를 얻을 수 있으나, 반드시 충분히 훈련받은 전문가에 의해 실시되어야 하고 시간과 비용이 많이 든다는 단점이 있다. 주로 성격이나 태도를 알아보기 위해 사용되므로 개인의 생활에 대한 중요한 결정을 할 때 이용 가능하다.

(2) 집단검사

집단검사(group teat)는 한 번에 여러 사람에게 시행할 수 있도록 만들어진 검사이다. 실시할 때 노력과 비용이 적게 들고 실시자의 전문성을 지나치게 엄격히 요구하지도 않기 때문에 학교현장이나 산업체 등 여러 기관에서 집단적으로 성취, 지능, 적성, 성격 등을 조사할 때 많이 사용된다.

3) 검사의 채점방식에 따른 분류

(1) 객관식 검사

객관식 검사(objective teat)는 검사의 채점준거가 명확하여 누가 채점하더라도 같은 결과가 나오도록 제작된 검사로서, 진위형 검사와 선다형 검사가 대표적인 예라고 할 수 있다.

(2) 주관식 검사

주관식 검사(subjective test)는 채점자에 따라 그 결과가 다소 달라질 가능성이 있는 검사로서, 논술식 혹은 수필식 검사가 여기에 속한다. 이 경우 가능한 한 객관성이 보장될 수 있도록 상세한 채점기준을 마련해야 한다.

4) 검사의 측정방법에 따른 분류

(1) 역량검사

역량검사(power test)는 피험자의 역량과 능력을 주로 재는 것으로, 대부분의 학생이 모든 문항에 반응할 수 있도록 충분한 시간을 주어 실시한다. 문항 자체가 다양한 난이도로 구성되어 있으므로 개인이 얼마나 많은 지식이나 능력을 가지고 있는지를 확인하고자 하는 목적으로 실시된다.

(2) 속도검사

속도검사(speed test)는 반응속도를 주로 재는 것으로 엄격한 시간 제한을 두고 실시되며, 타자속도검사나 독서속도검사 등이 대표적인 속도검사이다. 주로 쉬운 문항들로 구성되어 있고 문항 수가 매우 많아 소수의 피험자만이 모두 반응할 수 있도록 제작되어 있다.

5) 문항형식에 따른 분류

(1) 언어적 검사

언어적 검사(verbal test)는 언어적 형식, 즉 말이나 문자를 통한 의사소통에 의해 자료를 수집하며 대부분의 표준화검사가 여기에 속한다.

(2) 비언어적 검사

비언어적 검사(nonverbal test)는 그림이나 숫자 또는 기타 상징적 재료를 사용하여 실시되고 있으나, 유아나 문맹자의 지능을 측정하기 위해 또는 지능검사 중 공간지각과 같은 비언어적 요인을 측정하기 위해 사용된다. 그러나 비언어적 검사도 지시사항 등이 언어로 전달되므로 완전히 언어사용이 배제된 것은 아니다.

(3) 무언적 검사

무언적 검사(nonlanguage test)는 것은 주로 농아와 같이 정상적인 언어형태의 의사소통을 할 수 없는 경우에 행해진다. 이 검사에서는 실시자가 몸짓, 무언극, 구체물의 제시 제시 등으로 지시하고 발문하며, 피험자는 퍼즐, 블록, 그림들을 조작함으로써 응답한다.

6) 피험자의 반응양식에 따른 분류

(1) 실기검사 또는 도구검사

실기검사는 일종의 비언어적 검사로서 피험자가 질문에 응답하는 것이 아니라 어떤 과제를 직접 수행하는 검사이다. 주로 개인검사로 이루어진다.

(2) 지필검사

지필검사는 문항이 쓰인 검사지에 답하는 검사로, 집단상황에서 많이 실시되며 대부분의 검사가 여기에 속한다. 검사 비용이 적게 들고 단시간에 많은 사람을 검사할 수 있다.

7) 문항(과제)의 대표성/특수성에 따른 분류

(1) 표집검사

표집검사(sample test)는 어떤 피험자의 능력이나 특성을 재기 위해 그 분야에 해당하는 모든 행동 중에서 대표적인 것들을 표집하여 문항을 구성하고 그 검사의 결과에 따라 전체 행동을 평가하는 검사로서, 대체로 학생의 능력이나 성취 정도를 알아보기 위해 교사가 자작한 성취검사가 여기에 해당된다. 가령, 덧셈문제를 여러 개 제시하여 학생의 덧셈능력을 알아보는 것이 표집검사의 예가 될 수 있다.

(2) 징후검사

징후검사(sign test)는 특정한 과제에 대한 반응을 통해 피험자가 어떤 심리적 문제점을 가지고 있는지의 여부를 알아볼 진단적 목적으로 수행하는 검사로서, 주로 표준화된 심리검사가 여기에 속한다. 예를 들면, 색채블럭을 분류하게 하여 두뇌의 손상을 확인해 보는 것이 징후검사이다.

8) 검사제작자에 따른 분류

(1) 표준화검사

표준화검사(standardized test)는 검사 전문가에 의해 엄격한 표준화 과정을 거쳐 실시, 채점, 해석에 대한 표준화가 이루어진 검사이다. 표준화검사는 신뢰도와 타당도가 높고 규준이 설정되어 있으므로 다른 집단 간의 비교가 용이하다는 장점 때문에 교육현장에서 널리 사용되고 있다.

(2) 자작검사

자작검사(locally constructed test)는 연구에 적합한 표준화검사를 발견하지 못할 경우 그 대안으로 연구자가 자신의 연구목적에 맞게 직접 제작한 검사를 말한다. 자작검사는 표준화된 규준이 없으므로 해석 시 유의해야 하며 타당도와 신뢰도의 문제를 신중히 고려해야 한다.

9) 검사점수에 의미를 부여하는 참조체제에 따른 분류

(1) 규준지향검사

규준지향검사(norm-referenced test)는 규준표를 이용하여 특정 개인이 받은 점수를 다른 사람의 점수와 비교하여 해석하는 검사이다. 규준지향검사는 학생이 가지고 있는 개인적인 강점이나 약점에 대해서는 거의 정보를 제공해 주지 못한다는 단점을 가지고 있다.

(2) 준거지향검사

준거지향검사(criterion-referenced test)는 개인의 점수를 이미 설정해 둔 수행수준과 비교해서 해석하는 검사이다. 준거지향검사의 주된 목적은 그 검사를 통해 개인의 수행수준과 특정한 결함을 정확하게 측정하고, 합격-불합격과 같이 검사점수에 근거한 절대적인 결정을 내리는 데 합리적인 근거를 제공하기 위한 것이다.

(3) 개인지향검사

개인지향검사(individual-referenced test)는 단일 피험자 실험에 적합한 것으로, 동일한 피험자에게 동일한 검사를 여러 시간대에 실시하여 그 사람의 수행 정도의 변화를 비교 분석하는 것이다. 이것은 시간의 경과에 따른 개인의 수행 정도의 변화를 추적하고 특수한 개입이나 지도에 의해 개인이 어떻게 반응하는가를 알아보기 위해 사용될 수 있다.

10) 검사내용에 따른 분류

(1) 인지적 검사

- 지능검사: 지능검사는 다양한 지적 과제에 대한 수행을 표집하여 개인의 일반적인 지적 수준을 측정한다. 주로 지능검사는 어휘 선택, 수학적 문제해결, 독해, 숫자의 단기기억과 같은 과제에 대한 문항들로 이루어져 있다. 대부분의 지능검사는 지능지수(IQ)라고 불리우는 지적 수행에 대한 하나의 전체 점수를 산출한다. 일부 지능검사들은 언어지능, 수학지능과 같은 하위점수까지 산출하기도 한다.
- 적성검사: 적성검사는 어떤 특수한 유형의 기술이나 분야에 있어서의 성취에 관해 개인의 미래 수행 정도를 예측하려는 목적으로 학교나 산업체 등의 기관에서 많이 사용되고 있다. 적성검사는 크게 일반적성검사와 특수적성검사로 나눌 수 있는데, 전자는 다양한 직무를 수행하는 데 요구되는 기본적이고 포괄적인 능력을 측정하는 것이며, 후자는 특정한 분야 혹은 직무에 요구되는 적성의 소유 유무를 측정하는 것이다. 따라서 적성검사는 일차적으로 미래의 행동에 대한 예측과 관련되므로 예언타당도가 특히 중요하다고 할 수 있다.
- 성취검사: 성취검사는 일반적 혹은 특수한 지식영역에 대한 현재의 숙달도 및 이해도를 측정하는 검사이다. 비교적 한정된 영역의 특수한 성취를 측정하기 위해 교사

에 의해 개발된 성취검사도 있고, 이해와 문제해결능력을 측정하기 위해 공통적 · 일반적 교육내용에 근거하여 표준화된 성취검사도 있다. 또한 성취검사의 실시시간이나 내용영역도 매우 다양하여 실시시간이 30분도 채 되지 않는 것도 있는 반면, Metropolitan 성취검사처럼 10시간이나 소요되는 것도 있다. 성취검사에서는 내용타당도가 매우 중요한 문제로서 각 문항의 내용이 교수계획이나 목표와 일치하는지의 여부를 잘 점검해 보아야 한다.

- 창의성검사: 창의성검사는 수렴적 사고와 확산적 사고로 구분하여 후자를 창의성과 밀접한 관련이 있다고 주장한 Guilford(1967)의 지능의 구조 모형에 근거하여 개발되었다. 현재 대부분의 창의성 검사들은 창의성을 직접 측정하지 않고 창의적 성취와 관계되는 적성과 성격특성을 측정하고 있으며, 대표적인 것으로 Torrance의 창의성검사가 있다.

- 진단검사: 진단검사는 특정 프로그램의 효과를 검증하기 위해 또는 특정 교과에 있어서 학생의 강점과 약점을 확인하여 적절한 지도를 하기 위해 사용되는 일종의 성취검사이다. 선행학습에 대한 읽기검사, 산수계산문제, 받아쓰기검사 등이 여기에 속한다.

(2) 정의적 검사

- 성격검사: 성격검사는 개인이 가지고 있는 성향이나 기질 등을 측정하는 검사이다. 일반적으로 자기보고식 지필형식의 성격검사는 비용이 저렴하고 실시와 채점이 용이하다. 문항들은 주로 객관적인 형태로 컴퓨터나 채점판에 의해 채점될 수 있도록 진위형 혹은 선다형으로 이루어져 있다. 성격검사의 제한점으로는 자기보고의 진실성과 성실성에 의존한다는 점을 들 수 있는데, 일부 검사들은 이를 방지하기 위해 '거짓말 척도'를 포함하고 있기도 하다. 성격검사에서 타당하지 못한 반응을 초래하는 또 다른 요인으로는 일정한 반응경향(response set)을 들 수 있는데, 이것은 각 개인이 문항의 내용에 대해 신중하게 반응하지 않고 일반적인 경향에 따라 반응하는 것을 의미한다. 이러한 반응경향이 표집 내에 있다고 생각될 경우에는 자기보고식 검사를 사용해서는 안 된다.

- 투사법: 투사법이란 용어는 Frank(1939)에 의해 일반화되었는데, 이것은 무정형의 자극과 반응의 자유를 제공하여 개인의 내적사고, 공상, 현실의 독특한 구조를 더

잘 노출시키기 위해 고안된 검사이다. 투사법은 자기보고검사보다 거짓반응을 할 가능성이 적다는 장점이 있는 반면, 전문적인 훈련을 받은 사람이 반드시 실시해야 하며 검사의 신뢰도가 높지 않다는 단점을 가지고 있다. 일반적으로 가장 널리 사용되는 투사법 중 하나는 로르샤흐(Rorschach)의 잉크반점검사와 주제통각검사 (TAT)등이 있다.

● 자아개념검사: 자아개념은 각 개인이 자기 자신에 대해 가지는 일련의 인지와 감정으로 정의되며, 자아개념검사들은 대부분 자아존중감에 대한 평가를 포함하고 있다. 자아존중감이란 신체적 존재로서의 자아, 사회적 존재로서의 자아, 학생으로서의 자아와 같이 자아에 대한 특수한 측면과 아울러 일반적으로 자신에 대해 얼마나 긍정적으로 생각하는가를 의미한다.

● 태도검사: 태도란 특정한 대상(사람, 사물, 생각 등)에 대한 개인의 관점이나 성향으로, 정의적 요소, 인지적 요소, 행동적 요소를 가진다. 즉, 대상에 대한 태도는 개인의 감정으로 구성되는 정의적 요소, 대상에 대한 개인의 믿음과 지식을 의미하는 인지적 요소, 대상에 대해 특정한 방식으로 행동하는 개인의 성향인 행동적 요소를 내포하고 있다. 주로 Thurstone척도, Likert척도, 양극형용사 체크양식 등을 이용하여 태도를 측정할 수 있다.

● 직업흥미검사: 직업흥미검사는 어떻게 특수한 직업적 흥미를 개발하게 되는지를 조사하기 위해 사용될 뿐만 아니라 성격특성을 간접적으로 평가하기 위해 사용되기도 한다. 즉, 은행업무에 직업적 흥미가 있는 사람은 예술에 흥미가 있는 사람과는 성격특성이 다를 것이라고 가정한다. 직업흥미검사는 여러 유형의 활동, 운동, 취미, 책, 일상생활의 다른 측면에 대한 개인의 관심 정도 혹은 선호도를 나타낸다.

검사의 제작단계

표준화검사는 교사가 만든 시험이나 보통의 설문지와는 달리 언제, 어디서, 누가 검사를 실시하더라도 같은 과정을 거치도록 하기 위해 검사의 시행과정, 보조장치, 검사지, 채점방법, 해석방법을 일정하게 고정시킨 검사를 말한다. 이렇게 표준화된 검사를 제작하는 단계를 검사의 계획, 문항제작, 문항검토, 예비검사 실시, 본검사 실시, 문항분석, 검사의 규준화, 발행 및 인쇄라는 8단계로 나뉜다.

1) 검사의 계획

(1) 검사의 사용목적의 구체화

검사를 개발할 때 검사의 사용목적이 무엇인가를 우선적으로 고려해야 하는데 이는 검사의 사용목적에 따라서 검사를 개발하는 기본 방향이 결정되기 때문이다. 그 검사가 피험자의 미래의 어떤 행동을 예측하기 위한 것인지, 아니면 현재의 상태를 있는 그대로 드러내기 위한 것인지의 문제는 검사의 제작에 있어 매우 중요하다. 예를 들어, 중간고사, 기말고사, 학력검사 등 대부분의 학업성취검사는 현재의 상태를 있는 그대로 드러내려는 성격이 강하며, 입학시험, 지능검사, 적성검사 등은 피험자의 미래 행동을 예측하려는 성격이 강하다고 할 수 있다.

(2) 구성개념을 대표하는 행동파악

검사의 사용목적이 구체화되면 검사가 측정하려고 하는 심리적 구인을 표현하는 하나 또는 그 이상의 행동유형을 생각하고 이러한 행동을 나타내는 문항들을 제작해야 한다. 그리고 행동유형의 문항들을 제작할 때 주관적 판단에 많이 의존하기 때문에 중요한 행동유형을 포함시키지 않거나 중요하지도 않은 영역을 포함시키는 결과를 초래할 수도 있다. 이러한 문제점을 개선하기 위해서 Crocker와 Algina(1986)는 다음 몇 가지 방법을 제시하고 있다.

① 내용분석

개방형 질문을 통해서 사람들로부터 측정하려는 구성개념과 관련이 있다고 생각하는 행동들을 자유롭게 쓰게 한 후 그 반응들을 몇 개의 범주로 구분하는 방법을 의미한다.

② 연구의 검토

현재 측정하려는 심리적 구성개념과 관련된 내용을 다루는 과거의 문헌을 참고하여 검사의 주요 행동범주에 관한 정보를 획득한다.

③ 결정적인 사건들

행동들의 목록에 구성개념에 대한 극단적 특징들을 명시해야 한다.

④ 직접관찰

검사개발자가 직접관찰을 통해서 심리적 구성개념과 관련 있는 행동을 파악하는 방법이다.

⑤ 전문가 진단

검사개발자는 사람들을 통해 구성개념에 대한 직접적인 경험에 관련한 정보를 얻는다. 설문지나 개인면접을 이용하여 정보를 얻을 수도 있다.

⑥ 교수목표

교과담당자에게 교재를 검토해 보고 성취검사를 실시할 때 일련의 교수목표를 나열해 보도록 요청한다.

따라서 검사개발자는 여러 방법 가운데 한 가지 또는 그 이상의 방법을 병행하여 측정하려는 심리적 구성개념의 주요 행동범주를 파악하는 것이 필요하다.

(3) 검사도구 제작을 위한 계획 작성

검사도구를 제작하기 위한 계획을 작성할 때, 검사제작자는 우선 목표 대상을 정의해야 한다. 즉, 검사를 받을 집단의 구성이나 특징을 정의하고, 검사를 받을 사람들의 연령, 지적 수준, 교육수준, 사회 · 경제 · 문화적 배경 등을 고려해야만 한다. 다음으로 검사제작자는 관련된 검사나 혹은 비슷한 구성개념들을 측정한 다른 검사들을 검토해 보아야 한다. 끝으로 검사에 필요한 이원분류표, 문항의 유형, 검사소요시간, 문항 수, 문항난이도 수준, 지시사항, 시행절차, 채점방법 등이 포함된 검사요강을 준비해야 한다.

2) 문항제작

(1) 좋은 문항의 기준

좋은 문항이 되기 위해서는 다음과 같은 사항들을 고려해야 한다. 첫째, 문항의 내용이 측정하고자 하는 내용과 얼마나 일치하느냐 하는 점을 고려해야 한다. 둘째, 문항내용은 분석, 종합, 평가 등을 측정할 수 있는 복합성(complexity)을 지녀야 한다. 셋째, 문항은 열거된 사실들을 요약하고 일반화하여 나아가 추상화시킬 수 있는 내용을 포함하여야 한다. 넷째, 문항이 참신해야 한다. 다섯째, 문항이 구조화되어야 한다. 여섯째, 문항의 난이도가 적절하여야 한다. 일곱째, 문항은 학습동기를 유발시킬 수 있어야 한다. 여덟째, 문항은 검사의 사용목적에 부합하여야 한다. 아홉째, 문항제작의 미숙으로 인한 측정오차를 유발하지 않아야 한다. 열째, 문항의 형식 면에서 각 문항 유형에 따른 제작 지침에 근거하여야 한다. 열한째, 문항이 윤리적, 도덕적으로 문제를 지니고 있지 않아야 한다. 열두째, 특정 집단에 유리하게 제작되어서는 안 된다.

(2) 문항 유형

문항을 구성하는 다양한 유형은 다음과 같다.

① 진위형

하나의 문항에 대해 두 가지 선택이 주어지고 피험자가 두 가지(예-아니요, 혹은 ○, ×) 가운데 하나를 선택하게 하는 방법이다.

(예) 프랑스의 수도는 파리이다. (○, ×)

② 선다형

하나의 문항에 대해 네 가지 이상의 선택이 주어지고 그 가운데에서 정답 하나를 선택한다.

(예) 소설『홍길동전』은 누구의 작품인가? ( )
    ⓐ 허준   ⓑ 박지원   ⓒ 허균   ⓓ 작자미상

③ 연결형

일련의 문제군과 답지군을 배열하여 문제군의 질문의 정답을 답지군에서 찾아 연결하는 문항형태이다.

(예) 각 나라와 그 수도를 연결하시오.
    ⓐ 한국   ㉮ 북경
    ⓑ 일본   ㉯ 도쿄
    ⓒ 중국   ㉰ 서울

④ 동의–부동의 양식

여기에서는 태도나 성격을 알아보기 위한 질문을 주고 그 질문에 동의하는지, 동의하지 않는지를 알아보는 것이다.

(예) ⓐ 친구와 싸우면 내가 먼저 사과한다. 동의 – 부동의
　　ⓑ 나는 기분이 나쁘면 즉시 표현한다. 동의 – 부동의
　　이상의 문항에서 연구자가 개인의 점수가 높을수록 대인관계에 대한 의식을 나타내도록 하기 위해서는 '동의'에 표시하면 1점, '부동의'에 표시하면 0점이 할당된다.

⑤ Likert 양식

이 반응양식은 Likert(1932)가 제안한 방법으로, 측정하려는 구성개념에 관한 긍정 또는 부정의 내용을 담은 문항을 제시하면 반응자들은 이 문항에 대해서 어느 정도 동의하는지를 5점 또는 7점('전적으로 동의함'에서부터 '전혀 동의하지 않음'까지) 척도를 이용해서 답하게 된다.

(예) 다음은 여러분의 대인관계 의식이 어느 정도인지를 알아보려는 검사입니다. 주어진 문항에 대해서 얼마나 동의하는지 아래 방식에 의거하여 적당한 번호에 동그라미 표시를 하십시오.

⑥ 양극형용사 체크양식

이 방법은 Osgood과 Suci, Tannenbaum(1957)이 처음으로 사용한 것으로 의미가 서로 반대되는 양극에 주어지며, 이 사이에 5점 또는 7점의 연속선이 있어서 피험자는 적당한 곳에 표시하면 된다.

(예) 다음은 A그룹의 이미지를 알아보기 위한 조사입니다. 각 문항마다 양 끝에 주어진 형용사를 잘 읽고 A그룹의 이미지가 어느 형용사와 더 부합되는지 그 정도에 따라 적당한 곳에 표시 (√)하십시오.
　　ⓐ 차갑다 – – – – – 따뜻하다
　　ⓑ 나쁘다 – – – – – 좋다
　　이 경우 각 개인의 반응을 점수화하는 방법은 맨 좌측에 표시하면 1점, 맨 우측에 표시하면 5점을 할당하면 된다.

(3) 문항작성

동의–부동의 양식이나 Liker 양식에 초점을 맞추어 문항을 작성할 때 고려해야 할 점은 다음과 같다. 첫째, 문장을 현재시제로 작성하고 이해하기 쉬운 문장을 사용할 것. 둘째, 사실 또는 사실적인 것으로 해석될 수 있는 문장을 사용하지 말 것(예: 규칙적인 운동은 몸에 좋다). 셋째, 한 가지 이상으로 해석될 수 있는 문장은 피할 것. 넷째, 거의 모든 사람이 "예" 또는 "아니요"라고 답할 가능성이 많은 문장은 피할 것(예: 나는 화가 날 때가 가

끔 있다). 다섯째, 긍정적인 감정과 부정적인 감정을 표현하는 문항 수를 되도록 비슷하게 할 것. 여섯째, 될 수 있으면 문장의 길이를 짧게 하고 문법상의 오류가 없는 문장을 사용할 것. 일곱째, 모두/항상/전혀/결코 등과 같이 전체 긍정이나 전체 부정을 나타내는 낱말과 단지/거의/많은 등의 형용사 사용을 가능한 한 피할 것. 여덟째, '만약 ~한다면' 또는 '~하기 때문에'와 같은 절을 포함하는 형태의 문장을 가급적 피하고 단순하게 할 것.

이 밖에도 문항의 수는 처음에 많이 만든 후, 나중에 문항분석을 통하여 줄여 나가는 방법을 사용하는 것이 바람직하다. 그러나 문항의 수가 너무 많을 경우에는 피험자들이 성의껏 반응하지 않는 경향이 있기 때문에 어떤 피험자들은 문항을 제대로 읽어 보지 않고 적당히 반응하는 경우가 있다. 그래서 이런 문제점을 없애기 위해 모든 사람에게 맞거나 틀리는 내용을 담은 문항을 포함시키거나 다른 문항들과 내용상으로 반대가 되는 부적 문항들을 포함시킨다. 또한 피험자의 반응 시 발생 가능한 또 다른 문제점은 문항을 자세히 읽고 사회적으로 바람직한 방향으로 답하는 경향이 있다는 것이다. 여기에서는 거짓말 척도를 마련하여 피험자들에게 검사실시 전에 솔직하게 답하는지의 여부를 알 수 있는 문항들이 포함되어 있다고 말해 줌으로써 피험자들의 솔직한 반응을 이끌어 낼 수 있다.

3) 문항검토

문항을 다 작성했으면 전문적인 지식이 있는 내용전문가들에게 문항이 정확한지, 적절한 낱말을 사용했는지, 문법적으로 문제가 없는지, 애매모호한 점이 있는지, 다른 기술적 결점은 없는지 등을 검토해 보도록 요청하고 만약 문제가 있는 문항이 발견되면 수정할 수 있다. Crocker와 Algina(1986)에 따르면, 작성된 문항들을 검토할 때 고려해 보아야 할 점으로 문항의 정확성, 검사요강과의 관련성, 문항제작 시 기술적 결함, 문법, 읽기 능력 수준 등을 들 수 있다.

4) 예비검사 실시

문항에 대한 검토가 끝났으면 전체 문항을 소수의 사람들에게 실시하여 어떠한 문제점이 있는지를 파악하는 과정이 필요하다. 보통의 경우에는 20~30명 정도의 인원이면 충분하나 상업적 용도로 사용하는 경우는 약 100~200명 정도의 인원이 필요하다. 문항이 많은 경우는 문항을 나누어서 여러 집단에 실시해도 무방하다.

　예비검사를 실시하는 도중에 검사개발자는 피험자가 검사에 어떠한 반응을 보이는지 자세히 관찰할 필요가 있고 검사를 실시한 후에는 피험자들로부터 검사에 관한 전반적인 피드백을 받는 절차를 거치는 것이 바람직하다.

　그리고 예비검사에서도 각 문항에 대한 간단한 기술통계치를 내어 특정 문항을 제거할 것인지의 여부를 결정하고 수정을 한 후 자료를 다시 모으는 것이 바람직하다.

5) 본검사 실시

　예비검사를 개발하여 측정할 때 전문가들로부터 예비검사의 비평이나 검토를 얻고 난 후, 본격적으로 검사가 잘 만들어졌는지를 알아보기 위하여 많은 사람을 대상으로 본검사(filed-test)를 실시한다.

6) 문항분석

　본검사의 결과를 가지고 문항을 분석한다. 문항분석은 검사의 제작단계에서 가장 중요한 활동으로 검사 안에서 각 문항에 대한 난이도, 변별도, 타당도, 신뢰도 등을 검토해 본다.

7) 검사의 규준화

　문항분석에서 검사개발자가 의도한 대로 검사를 잘 만들어졌다는 것이 검증되었으면 다음 단계로 검사를 규준화하는 과정이 필요하다. 이 과정은 먼저 검사를 실시하게 될 대상(모집단)을 대표할 수 있는 집단(규준집단)을 선택하는 것이 중요하다. 대표표집으로부터 얻은 자료를 토대로 규준표(norm table)를 작성하게 된다. 규준표는 사람들의 점수를 가장 낮은 점수에서 가장 높은 점수 순으로 늘어놓고, 그 옆에 각 점수가 전체 사람 중에서 어느 정도의 위치에 있는 점수인가를 나타내는 지표를 의미한다. 따라서 미리 만들어 놓은 규준표가 있다면 그 사람의 점수를 규준표에 나와 있는 점수와 비교해 봄으로써 그 사람의 상대적 위치를 쉽게 알 수 있다.

8) 발행 및 인쇄

규준표의 작성이 끝나면 검사요강(test manual)을 작성해야 한다. 이 요강에는 검사목적, 검사개발과정, 검사실시, 채점 및 해석 방법, 신뢰도, 타당도, 규준화 과정 및 규준표 등의 내용뿐만 아니라 검사시간, 채점방법, 검사실시과정 등에 대한 설명도 포함되어야 한다. 그리고 인쇄소의 선정, 인쇄시기 등과 아울러 피험자의 특성에 따라 다양한 형태, 색채 등을 고려할 필요가 있다.

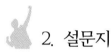

2. 설문지

설문지는 어떤 문제에 관해서 작성된 일련의 질문에 대해 연구대상자가 대답을 기술하도록 하는 방법으로 원래는 구두질문에서 출발했다. 설문지란 어떤 문제나 사물에 관한 필요한 사항을 알아보기 위하여 만든 일련의 문항들을 체계적으로 조직하여 작성한 글을 의미한다.

설문지는 묻는 내용에 따라 크게 두 가지로 구분할 수 있다. 첫째는 객관적인 사실을 알아보기 위한 질문이며, 둘째는 어떤 문제나 대상에 대하여 피험자가 지니고 있는 의견이나 태도 등 자아관여가 작용하는 내용을 조사하기 위한 질문이다.

1) 설문지 작성과 실시절차

설문지를 통한 자료수집은 연구목적의 정의, 표본의 선택, 설문지 형식의 설계, 예비검증, 표본과의 사전접촉, 협조문 작성과 설문지 배부, 비응답자와의 추후연락, 자료분석 등의 8단계로 이루어질 수 있다(Borg et al., 1996).

(1) 연구문제와 목적, 가설의 정의

설문지를 제작하기에 앞서 설문지를 통해 알아내려는 목적, 조사의 내용과 범위, 대상을 명백히 규명해야 하며, 어떤 형식의 설문지를 사용할 것인가를 사전에 결정해야 한다. 설문지의 항목에는 연구자가 알아내고자 하는 가설이나 연구문제가 정확하게 나타나 있어야 한다.

(2) 연구대상의 표집

연구목적이나 가설이 분명하게 진술되면 모집단을 정하고 이 모집단에서 표본집단을 표집한다. 이 단계에서 중요하게 숙지해야 할 사항은 정보를 제공할 수 있는 대상을 표집해야 한다는 것이다. 그 이유는 피험자에 따라 설문지를 통해서 회수되는 정보의 정확성과 반응률에 영향을 주기 때문이다.

(3) 설문지 형식의 설계

설문지의 문항은 간단명료해야 한다. 특정 질문의 목적에 따라 폐쇄형 질문과 개방형 질문을 사용할 수 있다. 전자는 양적으로 결과를 분석하기 쉬우며, 후자는 질적 자료를 수집하기에 좋다. 폐쇄형 질문일 경우 '기타'란을 첨가하여 예외적인 응답을 체크하도록 한다.

설문지에 관해 부정적인 태도나 반응을 취하지 않도록 다음을 참고로 하여 설문지를 설계하도록 한다. 첫째, 질문은 가능한 한 짧게 하며, 어려운 용어는 사용하지 않는다. 둘째, 문항은 읽기 쉽고 완성하기 쉽게 만든다. 셋째, 위협적이거나 어려운 문항은 뒷부분에 배치한다. 넷째, 이해하기 어려운 문항의 경우 예를 제시한다. 다섯째, 부정적인 진술이나 의미가 정확하지 않은 용어의 사용은 피한다(예: 대개, 보통).

(4) 설문지의 예비검증

설문지를 실제 연구에 사용하기 전에 예비검증을 해야 한다. 예비검증은 모집단에서 표집된 개인들을 대상으로 한다. 예비검증을 위한 설문지에는 여백을 마련하여 피험자들에게 논평과 권고사항을 적게 한다. 여기에는 특정 질문의 모호성, 검사도구 개선에 관한 정보, 설문지에 포함되지 않은 응답을 제공하기도 하는데, 이를 토대로 문항의 삭제, 수정, 보완이 이루어진다. 예비검증의 경우 표본의 범위는 크지 않아도 되며, 동질집단의 경우는 20명이 적당하고 이질집단의 경우에는 이보다 조금 많은 피험자가 필요하다.

(5) 표본과의 예비접촉

설문지를 보내기 전 피험자와의 사전접촉은 응답 반응률을 높인다. 예비접촉을 통해 연구자들은 자신을 밝히며, 연구의 목적을 알리고 협조를 요청한다. 예비접촉은 편지, 엽서, 전화 등으로 이루어지며 이 중에서 전화가 가장 효과적이다.

(6) 협조문 작성과 설문지 배부

응답비율을 결정하는 중요한 요소 중 하나인 협조문은 간략하면서도 분명한 정보와 인상을 줄 수 있도록 작성되어야 한다. 또한 익명의 보장 여부와 공신력 있는 기관명이나 기관장의 이름이 적힌 용지를 사용하는 것은 응답비율을 높이는 하나의 방법이 된다. 협조문에는 피험자들이 설문지를 작성할 충분한 시간과 발송시간을 고려하여 반송될 날짜를 기입하고 반송용 우편봉투도 준비한다.

(7) 비응답자들에 대한 조치

응답지가 반송되지 않을 때 연구의 중요성과 연구에 참여하는 개인의 기여도, 가치를 내용으로 후속편지를 새로이 작성하여 설문지와 함께 보낸다. 만약 비응답자가 20% 이상일 경우에는 한쪽으로 편중된 표집이 아닌지 알아볼 필요가 있다.

(8) 자료의 분석

수집된 자료는 통계적 방법을 이용하여 특정 질문에 응답한 피험자의 빈도와 퍼센트를 사용하여 양적으로 분석한다.

2) 질문의 양식

설문지에서 많이 사용되는 질문의 양식으로는 비구조화된 응답양식인 자유반응형, 여러 개의 선택 중에서 가장 적절한 것을 선택하는 선다형, 사전에 작성된 목록에 기초한 체크리스트형, 구조화된 응답양식의 대표적인 형태인 Likert 양식, 순위형, 유목분류양식, 동의-부동의 양식 등이 있다. 어떤 질문의 유형을 사용할 것인가는 질문내용의 성격, 응답자의 수준, 조사의 목적 및 상황 등을 신중히 고려하여 결정해야 한다.

3) 설문지 조사의 장점과 단점

설문지 조사의 장점은 다음과 같다. 첫째, 비용이 적게 들고 제작이 간편하다. 둘째, 연구자가 피험자에게 미치는 영향을 줄일 수 있다. 셋째, 개인적 생활경험이나 심리적 특성을 조사할 수 있다. 넷째, 충분한 시간의 제공으로 충실한 회답을 얻을 수 있다. 반면에 단점은 다음과 같다. 첫째, 피험자의 문장 이해력과 표현능력에 크게 의존하기 때문에 이러한 능력이 부족한 피험자에게는 적용하기 어렵다. 둘째, 설문지에 응답한 내용의 진위를 확인하기 어렵다. 셋째, 설문지의 회수율이 다른 연구법에 비해 낮을 수 있다. 특히 설문지를 우송하는 경우 일반적으로 회수율이 낮아진다.

3. 면접

면접은 원래 의사나 심리학자들에 의해 특수한 목적을 위하여 사용되어 왔지만, 최근에는 연구도구로 널리 사용되고 있다. 면접은 언어 상호작용을 매개로 하여 피면접자로부터 연구목적에 부합되는 여러 가지 정보를 수집하는 방법을 말한다. 그러나 면접이 주관적 판단에 기초하여 평가될 가능성과 반응의 진실성을 확인할 척도가 없다는 이유로 과학성이 결핍되어 있다는 지적도 있다. 면접은 뒤에서 설명할 관찰과 병행하여 사용되고 있는 것이 통례이다.

1) 면접의 절차

교육연구에 있어서 면접에서 사용되는 절차는 검사의 절차와 거의 유사하다. 면접은 연구목적의 정의, 대상표집, 면접형식의 설계, 질문개발, 면접자의 선별과 훈련, 예비검증, 면접의 실시와 기록, 자료의 분석이라는 8단계로 이루어진다(Borg 외, 1996).

(1) 연구목적 정의

연구목적에 따라 면접의 수준, 질문 유형, 면접자의 자질 등이 달라지므로 먼저 연구목적을 정의한다. 연구의 목적에 따라 핵심정보제공자면접, 조사면접, 집단면접이라는 세 가지가 있다.

핵심정보제공자면접(key informant interview)은 면접자가 특정 지식과 지각을 가진 개인으로부터 자료를 수집하는 것이고, 조사면접(survey interview)은 다른 방법으로 수집되었던 자료를 보충하는 데 그 목적이 있으며, 집단면접(group interview)은 특정 목적을 가진 집단의 개인들에게 질문을 하는 면접으로 집중집단(focus group) 또는 집중집단면접(focus group interview)이라고도 부른다.

(2) 표집하기

피험자 표본은 다양한 표집방법 중에서 하나를 사용하여 선별한다. 전형적으로 면접자는 한 번에 한 사람을 대상으로 면접을 실시한다. 집중집단은 구성원 모두가 대등한 입장일 때 가장 효과적이며, 일반적으로 7~10명으로 이루어진다. 그러나 집중집단의 경우 모든 피험자가 동시에 같은 장소에 모인다는 것이 그리 쉬운 일이 아니다.

(3) 면접형식의 설계

면접에 관해 전반적인 계획을 세우고 질문할 구체적 문항의 구조, 내용, 순서를 결정하는 일은 면접에 있어 매우 중요한 부분이다. 특히 양적 연구일 경우 모든 피험자는 거의 동일한 경험을 하게 되기 때문에 사전에 세심하게 질문들을 구체화해야 한다. 반면에 질적 연구는 양적 연구에 비해 여러 상황에서 융통성이 요구된다.

질적 연구에서의 면접형식은 개방형 면접으로 다음의 세 가지 접근법을 통해 질적 자료를 수집한다. 첫째, 비형식적 회화 면접(informal conversational interview)으로 이 면접은 전적으로 자연스런 상호작용에서 자연발생적인 질문으로 이루어진다. 둘째, 일반면접지침접근(general interview guide approach)으로 주제와 질문의 표현방식을 사전에 정하지 않고 각 피험자와 주제를 탐색한다. 셋째, 표준화된 개방형 면접(standardized open-ended interview)으로 동일한 질문의 계열과 표현이 사전에 결정되어 있어 편중(bias)의 가능성을 최소화시켜 준다. 특히 몇몇의 질문자가 자료를 수집할 때 적절하다.

양적 연구에서의 면접형식은 면접진행 절차에 따라 구조화된 면접, 비구조화된 면접과 반구조화된 면접으로 나눌 수 있다. 구조화된 면접(structured interview)은 미리 준비된 설문지에 따라 질문의 내용과 순서를 지키면서 진행되는 면접이다. 이 면접은 피험자의 자료를 분류하고 코딩(coding)하는 데 편리하며, 질문 시 오류를 최소화할 수 있다는 장점이 있는 반면, 일정한 면접조사표를 가지고 피면접자에게 일률적으로 적용하기가 불가능하다는 단점이 있다. 비구조화된 면접(unstructured interview)은 면접계획을 세울 때 면접목적만 명시하고 내용이나 방법은 면접자에게 일임하는 방법이다. 면접상황에 따라 융통성을 발휘할 수 있으며 면접결과의 타당도가 높고, 면접자와 피험자 간의 공감대 형성으로 정확한 자료를 얻을 수 있다. 그러나 면접자는 고도의 기술을 필요로 하며 면접자료를 부호화하기 어려운 문제점이 있다. 반구조화된 면접(semi-structured interview)은 사전에 면접에 관해 치밀한 계획을 세우되, 실제 면접상황에서는 융통성 있게 진행하는 방법이며 구조화된 면접과 비구조화된 면접의 장단점을 절충한 것으로 실제로 가장 많이 사용되고 있다. 고도의 훈련된 면접자가 필요하고 면접자는 피험자들의 속성과 경험을 알고 있어야 한다.

또한 전화를 통하여 이루어지는 전화면접은 직접면접보다 비용이 적게 들고 편리하며, 표본이 지리적으로 분산되어 있을 때 유용하다. 특히 직접 면접보다 응답의 왜곡 가능성이 적으며, 위험지역이나 제한지역에도 접근이 가능하다. 반면, 전화번호를 모르거나 전화가 없는 경우를 제외한 편집된 표집이 되지 않도록 유의해야 한다.

(4) 질문개발

면접유형에 따라 질문의 사전개발 여부가 달라진다. 양적 연구에서 비구조화된 면접인 경우와 질적 연구에서 비형식적 회화 면접의 경우 질문형식은 즉석에서 이루어지나 그외의 경우는 폐쇄형, 개방형 질문으로 사전에 결정된다. 면접과정에서 좋은 질문은 면접자의 능력에 달려 있는데, 보다 구조화된 면접의 경우 면접조사표를 사용한다. 면접조사표의 각 질문들은 논리적인 순서로 일관성 있게 배열되어야 한다.

(5) 면접자의 선별과 훈련

면접자는 면접을 통한 조사에 있어서 가장 중요한 존재이다. 면접자를 선별하는 가장 중요한 준거는 긍정적으로 피험자와 관련짓는 면접자의 능력이다. 즉, 근본적으로 양자의 관계는 상하관계가 아니라 협동적 관계에 있다고 생각해야 한다. 면접자의 훈련은 두 가지 측면에서 행하여진다. 하나는 면접조사표를 연구하고 면접조건에 관해 배우는 것이고, 다른 하나는 면접자의 수행이 적정수준의 표준화, 신뢰성, 객관성 등에 이를 때까지 실제 면접을 실시하고 정확한 피드백을 받는 것이다.

(6) 면접의 예비검증

면접이 유용한 자료를 제공한다 할지라도 사용되는 기술이 주관적임을 고려할 필요가 있다. 따라서 편견을 제거하고 객관성을 보장하기 위해 면접조사표와 절차는 예비검증을 해야 한다. 예비검증을 통하여 의사전달상의 문제, 질문을 재표현하거나 절차를 수정할 필요가 있는 기타 단서를 밝힌다.

(7) 면접의 실시와 기록

면접자의 행동에 따라 피험자가 나타내는 자료에는 질적 차이가 발생할 수 있다. 면접 시 면접자가 유의해야 할 사항은 이러하다. 첫째, 면접을 시작하기 전에 피험자의 익명성 보장과 연구의 잠정적인 이점을 설명한다. 둘째, 편안한 라포(rapport)를 형성하며 복잡하고 논쟁적인 질문은 면접의 후반으로 돌린다. 셋째, 질문은 구체적으로 하며 한 번에 하나씩 한다. 넷째, 피험자와의 논박은 피한다. 다섯째, 피험자의 비언어적 정보에 민감해야 한다.

면접내용의 기록은 면접조사표를 복사하여 필기하는 경우와 녹음기와 같은 기계를 사용하는 경우가 있다. 면접자료는 가급적 정확하게 기록해야 하며, 면접과 동시에 이루어지는 것이 좋다. 그러나 피험자가 기록하는 것에 대해 불안해하거나 거부감을 느낄 경우에는 면접이 끝난 후에 즉시 기록한다. 글씨는 바르게 쓰며, 수정해서는 안 되고, 응답 이외에 제안이나 의견도 기록해야 한다.

(8) 면접자료의 분석

폐쇄형 면접에 대한 결과분석은 각 항목에 응답한 자료를 백분율로 환산하여 간단하게 분석할 수 있으며, 개방형 질문인 경우에는 몇 종류의 범주체계를 만들어서 분석한다.

2) 면접의 장점과 단점

면접의 장점은 다음과 같다. 첫째, 면접기술이 능숙한 경우에는 검사로는 수집할 수 없는 심도 있는 자료를 수집할 수 있다. 둘째, 문장 해독력이 없는 사람에게서도 자료를 수집할 수 있다. 셋째, 반응의 진실성 여부를 알 수 있다. 넷째, 피험자를 확인할 수 있다. 다섯째, 융통성이 있다. 즉, 면접과정에서 피면접자의 표정이나 태도에 따라 질문을 변경할 수도 있다. 여섯째, 연구와 직접적인 관련이 없는 다른 자료들을 수집할 수 있다.

단점은 다음과 같다. 첫째, 면접자는 고도의 기술을 필요로 한다. 둘째, 시간과 경비가 많이 든다. 셋째, 익명이 불가능하다. 넷째, 면접기술이 미숙하면 편견이나 그릇된 판단이 작용하기 쉽다. 다섯째, 표준적인 절차가 결핍되기 쉽다. 즉, 면접자에 따라 융통성이 있기 때문에 피면접자의 응답내용이 면접자에 따라서 달라질 가능성이 있다.

3) 집중진단(focus group)

Merton과 Kendall이 개발한 것으로 피면접자에게 영향을 주는 요인이나 자극이 어떤 것이고, 이로 인해 어떤 결과를 가져오는가를 스스로 밝히도록 피면접자를 도와주는 면접이다. 이 방법은 주로 사회심리학 분야에서 사용하는데 일정한 상황하에서 피면접자로 하여금 응답하게 함으로써 그 상황으로부터 받는 영향을 중점적으로 파악하려는 것이라고 할 수 있다(김병성, 1996). 이때 면접자의 역할은 토의를 시작하는 질문을 하는 것이지만, 집단 내 다른 사람의 견해를 이끌어 내거나 자신들의 의견을 말하는 주요 책임은 피면접자에게 있다.

 ## 4. 관찰

관찰이란 인간의 감각기관을 매개로 일어나는 사건들에 대한 지식이나 정보 등을 얻는 가장 기초적인 방법이다. 관찰을 정의하면 "도구를 사용하지 않는 측정이며, 만약 도구를 사용해도 그것을 측정하는 사람에게 영향을 미치지만, 측정받는 대상에게는 영향을 미치지 않는 측정이다."라고 할 수 있다(황정규, 1998). 관찰은 비언어적 행동에 대한 자료를 수집하는 것에 일차적 목표를 두고 있으며, 이를 위해 시각 외에 가능한 한 모든 감각을 동원할 필요가 있다. 또 정밀한 관찰을 위해서 필요하다면 모든 측정도구를 이용하기도 한다. 자료수집의 방법으로서 관찰은 타당하고, 신뢰롭고, 객관적으로 이루어져야 한다.

1) 관찰의 유형

관찰의 유형은 그 분류하는 기초에 따라 여러 가지로 나누어진다. 황정규(1998)는 관찰하려는 행동장면을 인위적으로 통제해서 조작하느냐 않느냐에 따라 통제적 관찰과 비통제적 관찰로, 관찰을 어느 정도 조직적으로 하느냐에 따라 우발적(또는 자연적) 관찰과 조직적 관찰로 나누어 설명한다. 이종승(1989)은 관찰상황의 통제 여하에 따라 자연적 관찰과 통제적 관찰로, 관찰자와 피관찰자 간의 참여 여하에 따라 참여관찰과 비참여 관찰로 구분한다.

(1) 비통제적 관찰

우리가 일상생활에 있어서 자연히 발생하는 사상(事象)이나 행동을 있는 그대로 관찰하는 것이다. 자연적 관찰, 즉 단순관찰이라고도 부르며, 어떤 행동이나 현상이 자연적으로 발생한 그대로를 관찰하는 방법이다. 이 관찰은 자칫 잘못하면 관찰의 신뢰도가 떨어질 우려가 있으나 관찰자의 훈련받은 정도와 그가 발휘하는 통찰력에 따라 달라진다.

(2) 통제적 관찰

관찰의 시간, 장면, 행동 등을 의도적으로 설정해 놓고 이러한 조건하에서 나타나는 행동을 관찰하려는 방법이다. 계통적 관찰이라고 하며 인위적인 조건, 즉 독립변인을 통제할 수 있기 때문에 종속변인으로 피험자의 행동을 분석하기 쉽다. 이 방법은 어떤 행동이 언제나 일어날 것 같은 특정한 환경적 조건을 설정하고, 필요한 만큼의 같은 행동을 반복시켜 정확한 관찰을 되풀이할 수 있도록 하는 것이다. 실험 전후의 결과를 비교할 뿐만 아니라 다른 관찰자와의 결과 비교도 가능하다. 한편, 독립변인을 통제하더라도 오차변인 때문에 판단 및 해석에 오류가 발생할 수 있으며, 실험조건의 인위성으로 인한 실제 생활 장면에 대한 적용 정도, 제한적인 일반화 등을 단점으로 지적할 수 있다.

(3) 참여관찰

관찰대상자나 그들의 행동에 대해서 아무런 통제를 가하지 않고, 관찰자가 공동생활자의 위치에 서서 그들의 자연스런 행동을 관찰하게 된다. 즉, 관찰자가 피관찰자와 함께 생활하면서 피관찰자의 자연스런 행동을 관찰하는 방법이다. 참여관찰의 경우 피관찰자가 의식하지 못한 상태에서 관찰하는 것이 최상의 방법이지만, 이것이 불가능한 경우에는 아예 관찰자임을 알린다. 참여관찰은 관찰대상자의 생활 속에 파고들수록 관찰하는 경험범위가 좁혀져, 관찰자가 정서적으로 개입되는 정도에 따라서 관찰의 객관성을 잃을 우려가 있다.

(4) 비참여관찰

관찰장면에는 참여하나 그들과의 공동생활에는 참여하지 않고 외부인으로서 객관적으로 관찰하는 방법이다. 대부분의 관찰은 비참여관찰로 이루어진다고 볼 수 있다. 이는 경우에 따라서 통제적 관찰일 수도 있고 자연적 관찰일 수도 있다. 참여적 관찰보다는 객관성을 확보할 확률이 크지만, 조사대상이 관찰되는 것을 의식하게 되어 조사대상과 관찰자 간에 긴장감이 생기고 처음에는 행동상에 경직성이 생긴다는 것이 단점이다.

2) 양적 연구의 관찰

(1) 관찰변인의 규정

실제 관찰을 실시하기 전에 먼저 관찰할 변인들을 정한다. 행동과 언어를 같이 포함해야 할지, 행동발생을 가능케 한 주위 환경이나 조건도 포함해야 할지, 또 특정 사상(事象)만을 취해서 관찰할지, 일어난 모든 행동을 관찰할지를 결정한다. 관찰변인의 유형에는 기술적, 추론적, 평가적 관찰변인이라는 세 가지가 있다.

기술적 관찰변인은 관찰자의 추론을 그다지 필요로 하지 않는 변인으로 일반적으로 신뢰로운 자료를 얻을 수 있으며, 추론적 관찰변인은 행동으로부터 구성개념을 추론해야 하는 변인으로 예를 들어 자신감, 혼란, 불안 등이 있다. 평가적 관찰변인은 행동에서 추론할 뿐만 아니라 평가적 판단까지 이루어지는 변인으로 개념설명에 대한 교사의 질이 이에 해당된다.

(2) 관찰기록의 종류

관찰을 기록하는 방법에는 여러 가지가 있다. 여기서는 비교적 자주 사용되는 일화기록, 표본기록, 시간표집, 사건표집의 방법에 관해 설명하고자 한다. 기록의 정확성을 보장하기 위하여 관찰자는 한 번에 하나의 관찰변인을 기록하도록 한다.

① 일화기록법

일화기록법(anecdotal record)은 개인의 특성을 이해하기 위하여 그 개인이 나타낸 구체적인 행동사례나 어떤 사건에 관련된 관찰기록을 상세히 기록하는 방법으로 직접적인 관찰방법 중에서 가장 실시하기 쉬운 방법이다. 학생들의 사회정서적 특성이나 한 집단 내의 인간관계를 연구할 때 유용하게 사용할 수 있는 방법이다. 특히 예기치 않은 행동이나 사건을 관찰하여 기록하고자 할 때 유용하다. 일화기록법을 사용할 때 유의해야 할 점은 다음과 같다(이종승, 1989).

첫째, 어떤 행동 또는 사건이 언제, 어떤 상황에서 발생되었는지를 사실적으로 진술한다. 따라서 일화가 발생한 후 될 수 있는 한 곧바로 기록해 두는 것이 좋다.

둘째, 객관적 사실과 이에 관한 관찰자의 해석이나 처리방안을 명확히 구분하여 기록한다. 구체적인 특수한 사건을 기록하고, 일반적이거나 평가적인 서술은 피하는 것이 좋다.

셋째, 여러 시기에 일어난 서로 다른 일화들은 총괄적으로 기록하지 말고, 각각의 일화를 독립적으로 기록하도록 한다. 그리고 일화는 그것이 일어난 순서대로 기록하는 것이 바람직하다.

② 표본기록

표본기록(specimen description) 역시 일화기록법처럼 발생한 어떤 사건이나 행동특성을 서술적으로 기록하는 것이지만, 표본기록은 미리 정해 놓은 준거(시간, 인물, 상황 등)에 따라 관찰된 행동이나 사건내용을 기록하고, 그것이 일어나게 된 환경적 배경을 상세하게 이야기식으로 서술하는 것이다. 표본기록은 수집된 정보들은 서로 비교할 수 있고, 진행상황을 도표화하거나 변화양상을 검토하고 평가할 수 있어 어떤 계획을 수립하고 문제를 해결하기 위한 정보를 수집하는 방법으로 특히 가치가 있다.

표본기록은 일화기록 시 유의해야 할 사항 외에 피관찰자의 행동에 영향을 미치는 상황적 요인을 자세하게 기록하며, 관찰자의 의견이나 해석은 모두 괄호를 사용하여 직접 관찰한 내용과 구별되도록 한다. 이 기록법은 기록을 하고 평가하는 데 시간이 많이 소요되고, 주관적인 해석이나 추론이 이루어질 수 있으며, 한 번에 적은 수(대개는 한 명)의 대상만을 관찰한다.

③ 시간표집법

시간표집법(time sampling)은 정해진 관찰기간 동안 계속 관찰하는 것이 아니라 일정한 시간간격을 두고 행동을 관찰하여 그 결과를 기록하는 방법이다. 즉, 시간표집은 관찰하는 시간을 통제하는 방법으로 관찰기간 및 관찰횟수를 어느 정도로 할 것인지는 연구자의 필요와 관찰목적에 따라 정할 일이다. 대개 시간간격은 5분 이하로 하는 것이 보통이지만 관찰하려는 행동의 빈도와 유형에 따라 달라질 수 있다.

이 기록법은 관찰하려는 행동이나 사건에 초점을 맞춤으로써 관찰상황을 통제하기 쉬우며, 행동이나 사건의 발생빈도를 파악함으로써 행동수정 프로그램을 작성하거나 평정척도 같은 측정도구를 만드는 데 기초 자료를 제공하며, 서술적인 관찰방법에 비해 시간과 노력이 덜 들고 효율적으로 관찰할 수 있다는 장점이 있다. 반면에 관찰된 내용이 적당한 시간표집에 맞추어 부호화되어 있지 않을 경우 시간표집으로 얻은 자료는 질적인 분석을 할 수 없다. 또한 관찰이 특정한 행동에만 맞추어 이루어지기 때문에 행동과 행동 사이의 상호관계를 파악하기 어려우며, 자료가 단편적이라는 단점을 가진다.

　④ 사건표집법

　사건표집(event sampling)의 방법은 시간표집과는 달리 관찰의 단위가 시간간격이 아니라 어떤 행동이나 사건 그 자체이다. 따라서 사건표집에서는 관찰하고자 하는 특정 행동이나 사건이 발생할 때만 관찰한다. 사건표집법을 사용할 때는 우선 관찰하고자 하는 행동이나 사건을 명확히 정하고, 이것을 조작적으로 정의를 해 두어 언제, 어디서 그러한 행동을 관찰할 것인지를 정해 둔다. 사건표집법에는 문제행동 전후의 사건을 서술하여 행동의 원인을 밝히는 데 도움을 주는 서술식 사건표집과 문제행동이 얼마나 자주 일어나는지를 알 수 있는 빈도식 사건표집이 있다. 이 표집법은 특정 행동이 발생할 관찰시간을 예측하기 어렵고, 관찰된 자료를 곧바로 양화시키기 어려운 점이 있다.

　Borg 외(1996)는 관찰한 정보의 기록방식으로 다음과 같이 네 가지를 설명하고 있다. 목표행동이 발생하는 동안 경과한 시간을 측정하는 지속시간기록(duration recording), 목표행동이 발생하는 빈도를 기록하는 빈도기록(frequence-count recording), 일정한 간격을 정해 두고 이때 일어나는 목표행동을 기록하는 간격기록(interval recording) 특정한 관찰간격 동안 목표 피험자의 모든 행동을 기록하는 연속기록(continuous recording)이 있다. 특히 연속기록은 어떤 구체적인 관찰변인에 초점을 두지 않으므로 관찰자는 개인이 행동하는 모든 것이나 특정 상황에서 일어나는 모든 것을 연대기적 서술로 기록하는 프로토콜(protocol)을 작성한다.

(3) 관찰기록도구의 선택과 개발

　관찰변인과 행동지표가 정해지면 관찰기록에 필요한 도구를 선택하거나 개발해야 한다. 표준화된 관찰양식은 각 발달단계에 적합한 관찰양식을 제공해 주고, 개발에 소요되는 시간을 절약해 주며, 자신의 연구결과와 타 연구결과를 비교할 수 있는 이점이 있다. 반면에 표준화된 관찰양식이 종종 관찰하고자 하는 모든 변인을 다 포함하지 않은 경우가 있다. 만약 관찰기록양식을 개발했을 경우 그것을 실제 상황과 유사한 상황에서 예비적으로 검증해 볼 필요가 있다.

실제 관찰에서 오디오나 비디오의 사용은 관찰하고자 하는 행동을 여러 번 반복하여볼 수 있으며, 직접 관찰하지 않고도 얻고자 하는 자료를 얻을 수 있다는 점에서 유용하나 가격이 너무 비싸다는 것을 단점으로 지적할 수 있다. 컴퓨터와 관련된 다양한 기기는 관찰자료를 코딩, 통계적 분석과 해석을 하는 데 유용하다.

(4) 관찰자 선정 및 훈련

관찰에서 관찰자의 선정은 무엇보다 중요하다. 박도순(1995)은 경험상으로 볼 때, 대학교육을 받고, 학교에 다니는 아동이 있는 부모의 입장에 있으며, 또한 연구문제에 관심을 가진 30~35세의 여성인 경우에 훌륭한 관찰자가 될 수 있다고 제안한다. 관찰자가 선정되면 관찰을 수행할 개개인을 훈련시켜야 한다.

훈련의 첫 단계는 훈련생들 상호 간에 관찰유형에 관해 논의하도록 하는 것이다. 둘째 단계는 관찰에 있어서 기초적인 정보에 대해 시험을 실시한 다음, 동기가 부족하거나 그 검사에서 나쁜 검사결과를 보여 준 사람을 제외시켜야 한다. 셋째 단계는 관찰될 상황과 유사한 관찰기록(보통 비디오테이프를 통한 기록)을 통해 개개의 행동관찰을 수행하도록 한다. 이러한 훈련과정을 통해 관찰자 간의 일치도를 높이는 작업이 주된 목적이 된다.

(5) 관찰자 영향 줄이기

관찰자의 행위는 수집된 자료의 타당도나 신뢰도에 부정적인 영향을 미칠 수 있으므로 연구자는 가능한 한 관찰자 영향을 미리 알아서 최소화하여야 한다. 관찰 시 예상되는 관찰자의 영향과 그 해결책으로 다음의 몇 가지를 지적할 수 있다(Borg et al., 1996).

첫째, 관찰자의 존재가 관찰상황의 분위기를 변화시키거나 피관찰자의 행동을 변화시킬 수 있으므로 관찰상황을 구조화하고, 피관찰자들과 사전에 접촉하여 자연스런 분위기를 만든다.

둘째, 관찰하는 내용에 대해 관찰자 자신이 편견을 가질 수 있으므로 편견의 원인을 찾아 제거한다.

셋째, 관찰자에 따라 평가분포가 달라질 수 있다. 즉, 대부분을 좋은 쪽으로 평가하는 경우, 평균중심으로 평가점을 부여하는 경우, 또는 피관찰자에 대한 초기 인상이 평가에 영향을 주는 경우(halo effect)가 있을 수 있다. 이러한 문제가 발생했을 때는 평가척도를 재구성하거나 좀 더 숙련된 관찰자가 필요하다.

넷째, 사전에 얻은 자료에 대한 지식으로 형성된 관찰자의 기대가 다른 변인의 기록에 영향을 줄 수 있으므로 가능한 한 이런 정보를 접하지 않도록 사전에 조치를 취해야 한다.

다섯째, 관찰변인이 너무 빠르게 또는 동시에 발생함으로 인해서 제대로 기록하지 못하는 경우가 있는데 이때는 관찰변인을 단순화시키거나 관찰자의 수를 증가시킨다.

여섯째, 관찰날짜가 길어지면 관찰자가 관찰변인을 재정의하여 관찰기간 중에 관찰자를 재교육시킨다.

일곱째, 점차 관찰동기가 약화되어 자료의 신뢰도가 낮아질 수 있는데 이때는 그들의 관찰이 가지는 중요성을 일깨워 주고, 자주 피드백한다.

3) 질적 연구의 관찰

질적 연구에서의 관찰은 양적 연구에서의 관찰과 세 가지 면에서 차이가 있다. 첫째, 관찰하는 현상에 대해 중립적이거나 객관적일 필요가 없으며 자신의 감정과 경험에 비추어 해석해도 된다. 둘째, 관찰의 초점은 보다 즉각적인 것으로 새로운 연구문제가 발생하면 자유롭게 그 문제에 주의를 집중한다. 셋째, 일반적으로 관찰의 초점은 양적 연구에 비해 광범위하며 행동과 그것의 환경적 상황에 둔다.

(1) 관찰의 목적

질적 연구의 두 가지 일반적인 자료수집 방법(면접, 담화분석)은 자연스런 상황에서 참여자가 말하거나 기록한 내용과 관련이 있기 때문에 이를 통해 얻은 정보는 참여자의 지식, 기억, 정보를 분명하고 정확하게 전달하는 데 한계가 있다. 반면, 질적 연구에서의 관찰에 의한 자료는 진술이나 문헌에 의한 것보다 현상을 더욱 완벽하게 기술한다. 특히 중요한 점은 관찰은 다른 방법으로 수집된 정보를 증명하기 위한 대안을 제공한다는 것이다.

(2) 관찰자의 역할

질적 연구에서 관찰자의 참여 정도는 상당히 다양하다. Gold(1969)는 연구자의 역할을 완전한 관찰자에서 완전한 참여자에 이르는 연속체를 따라 나타나는 네 가지로 설명한다. 즉, 완전한 관찰자인 경우에는 연구되는 상황에서 분리되어야 하며, 완전한 참여자인 경우에는 그 상황의 일원이 되어야 한다. 이 양극단 가운데에는 관찰자-참여자 역할과 참여자-관찰자 역할이 있다. 관찰자-참여자 역할은 연구자가 기본적으로 관찰자로서 행동하는 것으로 개인이나 집단과 우연적, 비간접적으로만 상호작용하며 단지 자료수집을 위해 상황에 투입되는 반면, 참여자-관찰자 역할은 연구자가 집단 내에서 유의미한 정체성을 형성하기 위해 개인들과 밀접하게 상호작용하며 관찰한다.

(3) 관찰준비

관찰자의 훈련은 양적 연구에서와는 다른 방법을 통하여 이루어진다. 즉, 전문가와 함께 관찰함으로써 초보 관찰자는 점차적으로 관찰에 초점을 맞추는 방법, 3단계(기술적, 집중적, 선별적)에 걸쳐 초점을 변화시키는 방법에 대한 이해를 높이게 된다.

(4) 관찰초점의 결정

관찰의 초점은 연구가 진행됨에 따라 달라진다. Spradley(1980)에 의하면 이런 변화의 과정은 전형적으로 세 가지 단계를 포함한다.

첫째, 기술단계(descriptive stage)는 관찰이 어느 한 곳에 중점을 두는 게 아니라 일반적으로 이루어지는 단계로 연구자가 여러 방향으로 관찰하기 위한 기틀을 제공한다.

둘째, 집중단계(focused stage)는 관찰자가 어떤 현상의 특징들을 파악하는 단계로, 이런 현상에 대한 보다 알찬 정보를 수집하기 위한 주의를 집중하기 시작한다.

셋째, 선별단계(selected stage)는 연구에 관한 의문이나 문제가 발생하는 단계로, 관찰을 통해 이론적으로 또는 경험적으로 가장 기본이라고 밝혀진 특정 요소에 대한 자신들의 이해를 높이는 쪽으로 관찰자의 초점이 바뀐다.

(5) 현장투입

관찰자는 현장과 구성원이 가지는 특징, 관찰자의 역할에 근거하여 현장에 들어갈 절차를 생각해 두는 것이 필요하다. 이때 전문가와 의논을 하거나 전문가들의 연구보고서를 읽어 보는 것이 절차를 개발하는 데 도움이 된다.

(6) 관찰기록

질적 연구에서 관찰기록은 양적 연구자들이 영구적인 기록을 하기 위해 사용한 방법과 거의 동일하다. 다시 말해 노트에 필기를 하거나 녹음기 등을 사용한다. 때로는 참여자의 산만함을 막기 위해 은밀하게 기록하는 경우도 있다. 질적 연구에서 바람직한 현장기록의 특징으로는 기술적이고 반성적이어야 하며 구체적이어야 하고, 적절한 경우 시각적인 부분도 포함해야 한다.

(7) 관찰자 영향에 대한 조치

양적 연구는 관찰이 특정 개인과 독립적이어야 한다는 전제하에서 이루어지지만, 질적 연구는 관찰되는 현상에 영향을 미치는 관찰자에 대해 다른 입장을 취한다. 즉, 관찰자는 그들의 편견과 개인적 반응을 관찰되는 '장면'의 일부로 생각한다. 이로 인하여 제기될 수 있는 타당도 문제는 다음과 같이 해결한다.

첫째, 관찰자의 출현으로 인한 참여자의 반응에 대한 것과 조사과정 동안 미치는 관찰자의 영향에 대한 것으로, 연구자들은 관찰에 미치는 그들의 영향을 과대평가 또는 과소평가하지 않는다. 하지만 이들의 영향을 연구프로젝트의 일부로 기술하고 분석해야 한다.

둘째, 관찰자의 개인적 선입견과 편견에 대한 것으로, 연구자는 자료분석을 타당성 있게 증명하기 위한 수단, 예를 들어 관찰자나 연구자를 다수로 하여 연구결과를 검토하게 하는 방법 등을 통하여 연구자의 선입견에 의해 야기되었을지도 모르는 왜곡을 줄인다.

셋째, 관찰자의 능력 부족과 관련된 것으로, 현장에서 자료를 수집하기에 앞서 관찰자로서 갖추어야 할 조건을 완전하게 훈련시키도록 한다.

(8) 질적 연구자료의 분석

질적 연구의 현장작업이 모두 이루어졌을 때, 연구자는 광범위한 현장기록과 시각자료를 갖게 된다. 이 모든 자료는 분석, 해석, 기록될 필요가 있다. 이와 같이 모든 질적 자료를 분석함으로써 면접기록이나 문서 등의 자료와 같이 유용하게 사용할 수 있다.

제6장 연구계획서와 연구보고서

　연구계획서란 본격적인 연구수행에 앞서 그려 보는 연구의 청사진과 같다. 계획서에는 연구의 목적, 연구의 중요성, 연구방법 등 연구를 위한 체계적인 단계들을 서술하는 것이다. 연구계획서를 작성하지 않는다고 해서 연구가 이루어지지 않는 것은 아니지만 연구계획서를 작성하면 그만큼 연구의 질이 높아질 수 있다. 연구계획서를 통해 다른 사람들로부터 연구의 가치를 평가받을 수 있으며, 연구의 향상을 위한 여러 가지 조언을 들을 수 있기 때문이다. 또한 주의 깊고 체계적인 계획은 의도하지 않았거나 미처 깨닫지 못한 문제들을 피하기 위해서 무엇을 해야 할지를 분명하게 해 준다.

　연구보고서는 연구자가 연구를 시작해서 끝마칠 때까지의 사고과정 및 연구내용을 다른 사람에게 정확하게 전달하기 위해 진술한 글이다. 이렇게 하여 연구자는 자기의 연구결과를 다른 사람들에게 발표하거나 글로 보고함으로써 그 연구결과에 대해 적절한 공적을 인정받거나 혹은 비평을 받게 될 것이며, 후속 연구자들에게 참조가 되어 이들 연구자에게는 또 다른 연구의 기초가 될 수도 있다. 따라서 연구계획서에는 연구자의 생각을 논리적으로 전개하는 일이나, 그 보고서를 읽는 독자들의 이해를 도울 수 있도록 기술하는 일, 그리고 연구과정이 명확하고 객관적인 근거를 가진다는 사실을 제시하는 일 등이 보고서 전체에서 효과적으로 제시되어야 한다.

1. 연구계획서

1) 연구계획서의 중요성

연구계획서에 대한 충분한 검토 없이 연구를 진행할 경우에는 부적절한 변인을 선정했거나, 실험결과에 영향을 미칠 수 있는 과외변인을 미처 발견하지 못하는 등의 치명적인 실수나 오류를 유발할 수 있다. 따라서 연구계획서를 쓰는 작업은 연구의 한 과정일 뿐만 아니라 의미 있는 연구가 되기 위한 필수적인 단계이다.

연구계획서는 연구자가 의도하고 있는 연구의 목적과 방법을 구체적으로 진술했을 경우 연구자 자신뿐만 아니라 공동연구자나 지원인사들로부터 도움을 받는 데 유용하다. 이와 같은 의도를 Locke 등(1976)은 다음과 같은 세 가지 기능으로 세분화하여 그 중요성을 지적하고 있다.

첫째, 연구계획서는 의사소통(communication)의 기능을 한다. 학생들의 경우, 지도교수나 또는 다른 논문 검토자들로부터 연구에 대한 의견이나 조언을 얻는다. 이때 연구계획서는 구체적인 자문을 얻는 데 필요한 자료가 된다. 구체적이고 명백한 연구계획서 없이는 다른 사람들로부터 연구에 대한 구체적인 조언을 얻을 수 없게 된다.

둘째, 연구계획서는 연구활동을 위한 계획(plan)이다. 연구계획서를 통한 체계적인 점검은 연구의 과정에서 야기될 수 있는 문제들을 미리 검토해 볼 수 있는 기회가 된다. 주의 깊고 체계적인 사전계획 없이 이루어지는 연구는 극히 드물며 이러한 연구는 좋은 연구가 될 수 없다. 석사 또는 박사 학위논문에서는 학문의 과학적 탐구방법이 중요하므로 연구에 사용된 방법, 연구과정의 객관성, 정확성 등이 더욱 중요시된다. 따라서 연구활동을 구체화하는 작업의 일환으로 연구계획서의 작성이 요구된다.

셋째, 연구계획서는 연구를 사전에 승인(contract)받기 위한 하나의 문서가 된다. 논문지도교수나 또는 논문 검토자들이 연구계획서를 승인한다는 것은 연구자의 연구를 승인한다는 것이다. 연구계획서가 없으면 무슨 내용을 어떤 연구방법에 의해서 하는 것인지, 무엇을 승인해야 할지 확실히 알 수 없다. 이 말은 연구에 대한 승인을 서류상으로 표기해 둔다는 행정적 의미도 있지만, 연구자의 입장에서 보면 연구의 내용을 확정하는 것이 된다. 또한 이처럼 승인을 받는다는 것은 연구의 객관성을 높여 준다.

2) 연구계획서 작성기준

연구자는 계획서를 작성할 때 실제 연구활동과 마찬가지로 윤리적 지침에 위반되지 않는 범위 내에서 작성해야 한다. 계획서를 작성할 때는 다음과 같은 기준을 만족시키는 것이 바람직하다.

첫째, 연구계획서는 논리성을 지녀야 한다. 이는 연구자의 사고과정을 논리적이고 체계적인 순서로 처음부터 끝까지 아주 상세하게 전달해야 함을 의미한다. 이러한 논리성은 뒤에서 언급하게 될 계획서의 논리적 구성과도 관련이 있다.

둘째, 연구계획서는 정확성을 요한다. 정확성은 연구결과의 해석에 중요한 영향을 미치는 기준이 된다. 정확성을 결정하는 요소는 수집된 자료의 정확성, 자료 처리 및 분석과정의 적절성 등이다. 이외에도 정확성을 저해하는 요소로는 계획서 작성 시의 오자나, 오타, 문법에 틀리는 표현 등이 있다.

셋째, 연구계획서는 명확성을 확보해야 한다. 명확성은 계획서의 표현이 이해하기 쉽고 뜻이 모호한 단어나 어구가 없는 것을 말한다. 사실 연구라는 것이 한 분야에 대한 전문성을 바탕으로 하는 것이기 때문에 이러한 명확성은 쉽게 간과될 수 있는데 그 분야에 대해 전문적인 지식이 없는 사람도 쉽게 이해할 수 있도록 명확성을 지킬 필요가 있다. 따라서 연구자는 연구내용에 대한 올바른 논리 및 이해를 가지고 있어야 하고 이를 명확한 문장으로 표현할 수 있어야 한다.

넷째, 연구계획서는 그 내용을 효과적으로 전달해야 한다. 효과적인 전달이란 계획서가 가진 주요한 목적이며 역할이라 할 수 있겠다. 계획서를 읽는 사람들의 주의를 집중시킬 수 있어야 하며, 어떠한 오해나 논리적 비약이 없어야 한다. 따라서 계획서는 장황하고 난해한 표현을 지양해야 하고, 다른 사람들이 쉽게 이해할 수 있도록 간단명료하게 표현해야 한다.

다섯째, 연구계획서는 간결해야 한다. 간결성은 계획서에 반드시 필요한 것들만이 요약되어 있어야 한다는 것이다. 즉, 간결성은 필요한 모든 정보를 최소한의 문장이나 단어로 완벽하게 표현하는 것을 말한다.

3) 연구계획서 작성 단계

좋은 연구계획서인지 아닌지는 계획서에 들어 있는 아이디어가 얼마나 논리적이며 객관성이 있느냐에 달려 있다. [그림 6-1]에 제시되는 20단계는 좋은 계획서가 되기 위해 어떤 과정을 거쳐야 할 것인가에 대한 것으로 초보자들에게 도움이 될 것이다. 물론 이 도표에는 여러 가지 다른 요소(단계)들이 빠진 것도 있고, 또 연구자에 따라 더 첨가할 것도 있으리라고 본다(□는 단계를, ○는 질문을 뜻하며, 실선은 단계에서 필요한 질문으로 가는 표시이고, 점선은 질문에 대한 '예' 또는 '아니요'의 답을 의미한다).

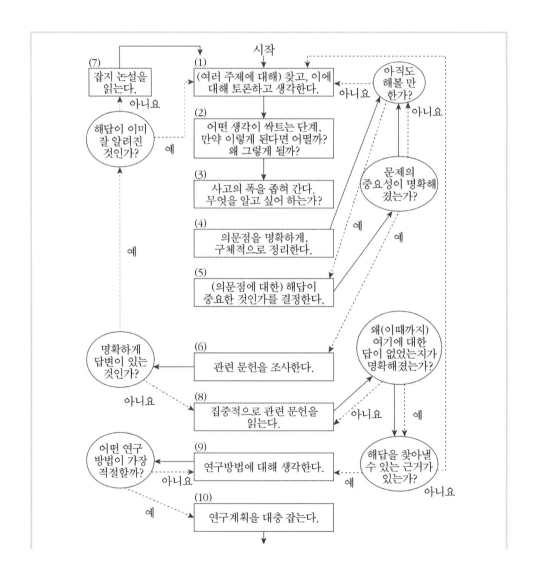

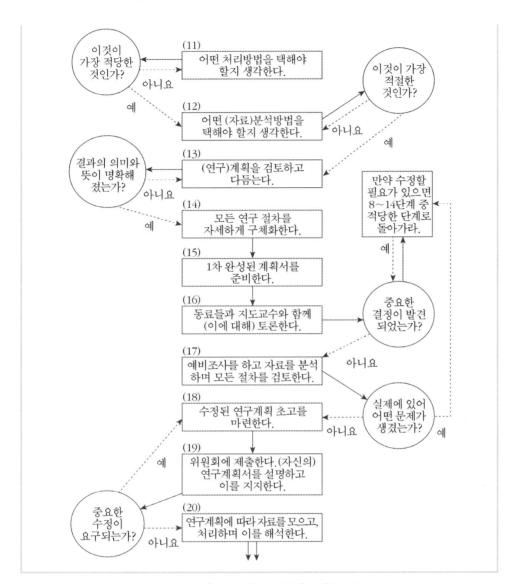

[그림 6-1] 연구계획서 제안을 위한 단계

출처: Lawrenoe F. Locke & Waneen Spirduso (1976).

4) 연구계획서의 구조

연구계획서는 대략 다음의 〈표 6-1〉과 같은 내용들로 이루어진다. 연구계획서는 학위논문과 비학위논문에 따라 차이가 있을 수 있다. 그러나 기본적으로 연구의 목적과 필요성을 진술하는 서론, 연구내용의 이론적 근거를 기술하는 배경, 연구 수행방법 및 절차 등이 포함되어 있다.

연구계획서가 연구 최종보고서와 다른 점은 연구결과 부분, 결과에 대한 논의 부분, 연구에 대한 요약이나 결론 부분 등이 빠져 있다는 점이다. 큰 틀에서 본다면 서론 부분이나, 이론적 배경, 연구방법에 관한 진술 등은 최종보고서의 형식과 동일하다. 다만 연구계획서에서는 계획이라는 특성상 문장의 진술에서 필요에 따라 미래형이 종종 사용된다. 형식뿐만 아니라 내용적으로도 계획서에 진술된 서론이나, 이론적 배경, 연구방법의 내용은 최종보고서의 내용과 원칙적으로 동일하다. 그러나 실제상에서는 종종 연구의 진행과정에 따라 내용이 첨가되거나 수정되기도 한다.

〈표 6-1〉 연구계획서 구성

I. 서론
   1. 연구의 필요성 및 목적
   2. 연구문제 또는 가설의 진술
   3. 용어의 정의
   4. 연구의 제한점

II. 이론적 배경

III. 연구방법
   1. 연구대상
   2. 연구설계
   3. 측정도구
   4. 연구절차
   5. 자료분석

IV. 참고문헌

 2. 연구보고서

연구보고서를 잘 쓰는 일은 쉬운 작업이 아니다. 대부분의 사람은 초안을 쓰고 난 뒤 몇 번의 수정 작업을 거친다. 처음부터 일부분이나마 완벽하게 작성하고 싶은 마음을 가질 수 있으나 그것보다는 부족하더라도 처음부터 끝까지 일차적으로 원고를 다 쓴 후 몇 차례 가다듬는 것이 효율적이다. 만일 이미 연구계획서를 작성했다면 보고서에 대한 전체적인 윤곽이 잡혀 있으므로 보고서를 작성하는 일이 보다 쉬울 수도 있으나 역시 많은 수정·보완 작업을 거치게 된다.

1) 연구보고서의 구조

연구보고서를 작성하는 일은 앞에서부터 다루어 온 여러 진행과정, 즉 문제의 발견에서부터 문제의 선정, 연구전략의 수립, 설계의 구상, 자료의 수집, 자료의 처리 및 해석 등과 동떨어진 작업이 아니다. 사실 연구보고서는 이전에 이루어진 모든 작업을 한눈에 볼 수 있는 작업이며, 항상 어떤 형식으로든 그에 병행되는 작업이라 할 수 있다. 따라서 보고서의 구조는 연구자의 사고과정과 연구내용을 효과적으로 기술하는 데 아주 유용한 틀이 될 수 있다.

연구보고서는 꼭 갖추어야 할 일정한 형식이 있는 것은 아니다. 즉, 학위논문, 학술연구지에의 게재, 회의 보고서 등 그 목적에 따라 조금씩 형식을 달리한다. 그러나 일반적으로 보통 세 부분으로 나누어지는데, 연구의 제목과 서문, 목차 등이 제시되는 앞부분과 본격적으로 연구에 대한 모든 것이 진술되는 본문 부분, 그리고 참고문헌 및 부록 등이 표기되는 뒷부분으로 나누어진다.

구체적인 보고서의 작성 요령을 살펴보기 위해 이 형태를 종합하여 보고서의 일반적인 형태를 제시하면 다음의 〈표 6-2〉와 같다.

〈표 6-2〉 연구보고서 구성

서문
목차
도표목차

Ⅰ. 서론
　　1. 연구의 필요성 및 목적
　　2. 연구문제 또는 가설의 진술
　　3. 용어의 정의
　　4. 연구의 제한점

Ⅱ. 이론적 배경

2) 연구보고서의 작성 요령

　연구보고서는 그 구조와 순서에 있어서 결과 및 논의, 요약 등을 제외하고는 연구계획서와 그 맥을 같이하고 있다. 여기서는 일반적인 보고서의 유형에 맞춰 연구계획서와 중복되는 부분은 생략하고 몇 가지 세부 작성 요령에 대해 살펴보고자 한다.

(1) 연구제목

　연구제목은 해당 연구가 나타내고자 하는 내용과 특성을 한눈에 알아볼 수 있도록 간명해야 한다. 예를 들어, "~에 관한 형성적 연구" "~에 관한 설명" "~에 관한 조사연구" "~에 관한 실험연구" "~에 관한 탐색" 등의 수많은 표현이 쓰일 수 있는데, 그 제목만으로도 연구의 의도를 한번에 파악할 수 있어야 한다. 또한, 흔히 쓰이는 "연구"라는 문구 역시 반드시 붙여야 하는 것은 아니다. "피드백의 제공시기와 학업성취 간의 상관관계"와 같은 식으로 "~에 관한 연구"라는 문구 없이도 충분히 연구논문의 제목이 될 수 있다.

(2) 서문

　몇몇 연구보고서 양식을 보면, 머리말이라는 말로 표현되기도 하는 서문은 연구의 취지나 목적, 배경, 범위 등을 본문의 내용을 감안하여 중복되거나 너무 길지 않도록 간단하게 기술하여야 한다. 이는 독자로 하여금 서문만을 읽고도 그 연구의 핵심이 무엇인지를 알 수 있도록 한두 페이지 정도로 쓰는 것이 좋다. 또한 연구를 수행하는 데 있어서 자기를 지도해 준 교수나 연구비를 제공해 준 개인 혹은 기관, 그리고 논문을 쓰는 데 개인적인 도움을 준 사람들에게 감사의 말을 쓰기도 한다.

(3) 목차

연구내용의 목차는 연구자가 거쳐 온 사고과정을 단계적으로 제시하게 되는데, 본문에 기재될 제목과 일치해야 한다. 실제로 연구자가 행한 연구가 얼마나 논리적이고 체계적으로 잘 구성되어 있는가는 보고서의 구조와 형태를 한눈에 볼 수 있도록 제시해 놓은 이러한 목차에 의해서 확인될 수 있다. 따라서 목차를 완전하게 구성하는 것은 독자를 위한 하나의 배려이다. 이러한 목차는 보통 단행본 이외에는 20행 정도가 좋고, 많아도 50행이 넘지 않는 것이 좋다(김재은, 1984).

(4) 도표의 목차

도표의 목차는 본문 속에 나오는 순서대로 표와 그림이 순서를 분리하여 작성하되 일련번호를 붙여야 한다. 이러한 도표의 목차는 본문 목차 다음에 넣는 것이 보통이며, 앞에서 언급한 내용 목차처럼 페이지를 표기해야 한다. 본문 속에서 도표를 나타낼 경우 그 표의 제목은 표의 윗부분에 기술하는 것이 보통이다.

(5) 연구결과 및 논의

연구보고서에는 연구계획서에서 제시된 서론, 이론적 배경, 연구방법 등이 포함되며 연구결과 및 논의 부분이 새로이 첨가된다. 여기서는 이미 제10장에서 제시된 부분은 생략하고 새로이 첨가된 부분만을 살펴보기로 하자.

연구결과 및 논의 부분에는 보통 결과의 제시, 자료의 분석과 해석, 중요내용의 요약 및 제언 등이 올 수 있다. 우선 연구의 결과는 연구의 목적이나 가설의 순서에 따라서 통계적 자료와 더불어 제시하게 된다. 이러한 결과는 객관적이며 완전하게, 그리고 공정하게 기술되어야 한다. 앞에서도 언급했지만, 어떠한 미사여구를 붙여 주관적인 설명을 가하는 것은 지양되어야 할 것이다. 또한 한 가지 중요한 것은 연구결과가 처음 가설에서 예상한 대로 나오면 연구자는 만족해하겠지만, 그 결과가 연구가설들을 부정하거나 예상과 어긋나면, 그것을 수용하기보다는 커다란 혼돈에 빠지게 된다. 그러나 그 연구결과가 설사 처음의 의도와 상반되게 나왔더라도, 연구자는 그 결과를 그대로 해석하고 수용하는 자세를 가져야 할 것이다. 따라서 이러한 경우 논의 부분에서 새로운 결과에 비추어 이론을 재고하고 그 분야에 대해 다시 생각해 보아야 할 것을 제의할 수 있을 것이다. 그렇지만, 어떤 면이 현저하게 잘못 수행되었다면, 그 연구는 기각되거나 보고되지 말아야 할 것이다.

자료를 분석하고 해석할 때는 서론에서 제시한 연구목적이나 내용에 따른 가설을 중심으로 전개한다. 이미 제시한 가설이나 주제와 연구결과를 중심으로 객관적으로 의견을 진술해야 한다.

그리고 이러한 연구결과를 제시할 때나 자료를 분석할 때는 보통 도표 등이 많이 사용되는데 이러한 도표의 사용상 유의해야 할 점은 해석의 편의를 위해서 도표는 한 페이지에 하나 정도가 좋고, 다루기 힘든 경우 두 면에 걸쳐서 나타내도 좋으나 너무 긴 것은 부록으로 처리하는 것이 바람직하다.

연구결과의 요약은 보고서를 읽는 독자에게 편의를 제공하고 또한 연구자 자신도 자신의 연구를 정리해 본다는 측면에서 의미를 가진다. 요약내용은 연구의 동기, 연구문제와 가설의 항목, 연구방법과 그 절차 등이 있으며, 문헌을 인용하지 않는 것이 상례이다. 제언은 연구의 결과와 그 결론을 바탕으로 앞으로의 후속 연구를 위해 연구자가 할 수 있는 하나의 제안을 말한다.

(6) 부록 및 영문초록

부록은 참고자료를 본문 속에 넣기에는 흐름과 해석상에 지장이 있을 정도로 장황한 경우에 주로 사용한다. 따라서 부록은 필요한 경우에만 선택적으로 제시할 수 있다. 보통 부록에 들어갈 수 있는 내용으로는 긴 도표, 연구자가 사용한 검사도구, 기타 논문내용으로는 삼지는 않았으나 다른 연구자에게 도움을 줄 것으로 생각되는 자료 등을 들 수 있다.

이상으로 연구보고서의 일반적 형식을 살펴보았는데, 반드시 이러한 형식에 고정될 필요는 없다. 좀 더 다른 형태의 보고서가 나와도 그것에 타당성, 신뢰성, 효율성, 객관성 등과 같은 연구의 과학성을 따지는 지표가 잘 나타나 있다면 반드시 일정한 틀에 매일 필요는 없다.

3) 연구보고서의 출판

연구보고서를 최종적으로 작성하고 전문가로부터 피드백을 받은 다음에는 연구물을 출판할 계획을 세우게 된다. 다음은 이러한 출판과 관련한 몇 가지 사항들이다.

(1) 학회지 선택

연구물을 출판하기 위해서 가장 먼저 해야 할 일은 적합한 학회지를 선택하는 것이다. 지도교수가 적합한 학회지를 제안해 줄 수도 있고, 유명한 학회지 한두 곳에 원고기탁서를 낼 수 있다. 이때 학회지마다 형식과 규정이 조금씩 다르므로 잘 고려하여 작성해야 한다. 예를 들어, 미국의 APA 저널인 경우 수많은 연구논문이 기고청탁을 하지만 80% 이상이 되돌아온다고 한다. 만일 되돌아오면, 학회 쪽의 수정안을 받아들여 다시 보낼 수도 있고 그렇지 않을 경우 다른 학회지에 기고할 수도 있다.

적절한 학회지가 정해지면 그 학회에서 요구하는 양식과 의뢰서에 갖추어야 될 사항에 따라 논문을 손질하도록 한다. 대부분의 양식은 미국 심리학회의 출판 지침서(The Publication Manual of the American Psychological Association; APA, 1983)와 비슷하다. 보통 논문이 검토되는 데 걸리는 시간은 각 학회지마다 다르므로 연구자는 이를 고려하여야 한다.

(2) 원고 준비

원고를 제출하기 이전에 원고를 줄이는 작업이 필요하다. 선택한 학회지의 양식에 맞게 줄여야 하는데, 이때 학술논문을 단순히 줄이거나 늘려서는 안된다. 새로운 창작물을 만들듯이 심혈을 기울여서 적당량으로 줄이도록 한다. 다 쓴 뒤에 동료나 지도교수의 재검토는 많은 도움이 될 수 있다.

(3) 저작권 결정

미국 심리학회의 출판 요강에는 저작권을 단순히 글을 쓴 사람이 아니라 실질적으로 기여한 사람으로 규정하고 있다. '실질적으로 기여한다'는 것은 문제와 가설을 제기하고 논문의 중요한 부분을 쓰고 통계적 분석을 하고 연구설계를 제안하는 등의 활동을 말한다. 그 외 준비하고 자료를 수집하고 통계분석 방안을 제시한 활동들에 대해서는 각주로 처리하고 보조 연구원에 대한 감사의 말을 하는 것이 예의로 되어 있다.

때로는 연구자들 사이의 서열을 가린다든가 기여도를 따지는 것이 어려울 때가 많다. 그리고 이러한 과정은 그다지 유쾌한 과정이 아니다. 따라서 이를 피하기 위해서는 연구의 초기에 각자가 어떠한 일을 할 것이며 어떻게 협동할 것인가를 미리 정하는 것이 좋다. 이때 주제를 정하고 연구를 위한 세부 일정들이 나오고 논문이 완성될 시기가 정해지는데 이러한 사전협의는 앞으로의 논문을 쓰는 것에도 상당한 도움이 될 것이다.

(4) 원고 제출

원고 준비가 끝나면 원고를 제출해야 한다. 학회지는 가끔 편집하는 곳이 바뀔 수도 있으므로 최근의 주소를 찾아서, 다시 한번 학회지의 기준을 검토하고 우편으로 발송한다. 이때 학회에서 원하는 복사본 수에 맞추어 준비하고 원고를 묶을 때는 바인드나 클립을 이용하는 것이 좋다. 검토가 끝나면 연구자의 전화번호와 주소를 적고 원고를 발송한다.

대부분의 학회지는 전문가들로 구성된 편집위원회가 있으므로 보내온 원고의 연구분야의 전문가들에게 원고를 보내서 검토하게 한다. 이때 검토자들은 논문의 가점과 약점을 지적하고 비평을 적어 주게 된다.

어느 정도 시간이 지난 후에 편집자의 답신을 받게 되는데 그 내용은 다음의 네 가지 정도로 구분할 수 있다. 아주 드물지만 무수정 통과, 조건부 통과(본인이 수정할 의사가 있다는 전제하에서), 게재 거부(논문에 익명의 전문가들의 논평이 있음), 실제로 어떤 결정을 내리지 못한 경우가 있다. 조건부 통과일 때 편집자는 연구자에게 제안된 사항에 따라 수정하여 다시 제출하도록 격려한다. 이럴 경우 다시 원고를 보내고 전체 검토 과정을 거치게 된다.

"수정 후 재제출" 답신은 처음으로 논문을 보낸 연구자에게는 끝장이 나 버린 느낌을 줄 수도 있다. 하지만 좋은 학회지들의 높은 거절률로 볼 때 수정답신은 비교적 좋은 결과라고 할 수 있으며, 이는 논문이 두 번째 기회를 가질 만큼 충분히 훌륭하다는 뜻이다.

그리고 기각되었다고 해서 흥분하거나 우울해하지 말고 차분히 논평을 검토하여 차후의 연구에 반영하는 것이 바람직할 것이다. 이러한 논평은 자신에 대한 개인적 비난이 아니므로 자기성장을 위한 좋은 기회로 여겨야 할 것이다.

제7장 논문작성법

연구는 공식적이든 비공식적이든 과학적 학술지라는 매개체를 통해 같은 분야의 전문가들과 그 결과를 공유한다. 과학적 학술지는 한 영역의 축적된 지식의 저장소이며, 오랜 세월에 걸친 분석결과와 여러 학자의 관점들이 문헌에 기록되는 것이다. 이러한 문헌들은 개별 연구자들이 이미 해 왔던 연구를 불필요하게 반복하지 않고, 기존의 문헌을 바탕으로 과학에 새로운 기여를 하도록 한다(APA, 2014).

연구자들은 개인적인 관심 또는 기관에 의한 위탁, 학위 취득을 위한 예비 조건 등으로 연구를 수행하고 그 결과를 학술지에 게재, 공유하게 된다. 연구를 학술지에 게재하기 위해서는 연구를 수행하고 그 결과를 보고할 학술지를 선택하고, 학술지의 투고 규정에 적합하게 논문을 수정하여 투고한다. 교육·심리·사회 분야의 학술지는 미국 심리학회의 출판지침서(The Publication Manual of the American Psychological Association: APA)의 편집양식을 대체로 따른다.

투고 시에는 논문의 저자에 대한 결정이 필요하다. 지침에 맞추어 실질적인 기여도에 따라 주저자와 공동 저자, 교신 저자 등을 결정할 수 있다. 투고를 한 후 학술지를 발행하는 기관의 편집위원회에서 일정 기한 내에 논문을 심사하게 된다. 편집위원회가 선정한 심사위원들은 논문에 대한 비평사항을 포함해 심사의견을 제공한다. 저자는 심사의견에 따라 논문을 수정하고, 심사의견과 수정사항에 대한 답변과 자신의 견해를 포함하여 재투고하게 된다. 수정 및 보완을 거친 논문은 최종적으로 게재를 판정받아 학술지에 출판된다. 학술지에 투고서에는 투고 기한 및 발행 시기 등에 대해서도 알아보는 것이 유용하다.

이 장에서는 교육·심리·사회 분야의 논문을 중심으로 일반적인 체계와 논문의 각 내용요소별 작성법을 구체적으로 살펴본다. 특히 학술지 게재를 위한 논문을 작성하기 위해 고려해야 하는 사항에 대해 다루기로 한다. 특히 논문의 유형, 논문의 구성체계, 논문의 작성, 편집과 인용, 논문의 평가와 게재, 마지막으로 출판에 관한 윤리적 고려 순서로 살펴보기로 한다.

 # 1. 논문의 유형

학술지 논문(Journal article)은 경험연구, 문헌고찰, 이론논문, 방법논문 또는 사례연구외 보고서 등을 포함한다. 학술지 논문은 이전에 출판되지 않은 연구를 말한다. 논문은 학술지에 게재되거나 거절되기 전에 동료 연구자들의 평가를 받게 된다. 그리고 기록되어 보관된다. 학술지 논문의 유형은 다음과 같다(APA, 2008).

1) 경험연구

경험연구(empirical studies)는 독창적인 연구보고서이다. 이전의 보고서들에서 고려되거나 언급되지 않은 자료를 새롭게 분석한 것을 제시함으로써 가설을 검증하는 이차분석이 포함된다. 이러한 연구들은 서론, 방법, 결과, 논의와 같은 일련의 단계로 구성된다.

서론은 연구 중인 문제에 대한 선행연구의 결과들을 포함한 연구목적의 진술을 포함한다. 방법은 연구수행에 사용된 절차 및 기술이다. 결과는 연구분석 결과에 대한 보고이다. 논의는 그 결과를 요약하고 해석하고 시사점을 기술한다.

2) 문헌고찰

선행연구를 종합하고 연구들의 결과를 메타분석하여 제시하는 것이다. 메타분석에는 양적절차를 사용해서 기존 연구결과들을 통계적으로 연결시킨다. 문헌고찰(literature review)은 이전에 출판된 자료를 조직화하고 통합하고 평가를 문제를 명료화하는 것이 연구의 과정이다. 문헌고찰의 구성요소들은 다양한 방식으로 내용의 순서가 달라질 수 있다.

3) 이론논문

이론논문(theoretical article)은 이론을 발전시키기 위해 기존의 연구문헌을 분석한다. 문헌고찰과 구조상 유사한 점이 많지만 이론상 쟁점을 다룰 때에 한하여 경험적 정보를 제시한다. 이론논문은 이론의 발달을 추적하여 이론의 구조를 확장하고 정교화하거나, 기존의 이론을 분석하여 특정 이론이 다른 이론에 비해 상대적인 결점이나 이점이 있음을 밝힌다. 이때 이론의 내적 일치도와 외적 타당도를 살펴본다.

4) 방법논문

방법논문(methodological article)은 경험적 자료들은 예시로만 제시하고, 새로운 방법론적 접근이나 기존 방법의 수정 또는 양적 데이터 분석에 대한 접근법을 제시한다. 이 분야의 지식을 갖춘 연구자들에게 맞는 수준으로 제안되고, 그들이 연구문제에 방법론적 적용 가능성을 평가해 볼 수 있도록 상세한 설명을 제공한다. 특히 논문에서 제안하는 방법을 현재 사용하는 것들과 비교해 볼 수 있고, 제안된 방법을 실행해 볼 수 있는 기회를 준다. 이때 고도의 기술적인 자료(증명, 시뮬레이션의 세부사항) 등은 부록 등으로 제시해서 가독성을 높이는 것이 좋다.

5) 사례연구

사례연구(case study)는 개인, 집단, 지역사회, 단체 등과 함께 작업하는 동안 얻게 된 사례 자료에 대한 보고서이다. 한 가지 문제를 자세하게 살펴보고, 문제해결 수단을 제시하며, 필요한 연구, 임상적 적용 또는 이론에 대한 문제 등을 밝혀 낸다. 사례연구 논문을 작성할 때는 중요한 실제 사례가 되는 자료의 제공과 비밀을 유지해야 하는 사례에 대한 자료를 책임감을 가지고 사용하는 것이 중요하다.

6) 기타 연구

상대적으로 출판 빈도가 낮은 유형으로, 짧은 보고서, 이전에 출판된 논문들에 대한 논평과 답변, 서평, 사망 기사, 편집위원에게 보낸 서신, 소주제 논문 등이 있다. 이러한 논문 유형에 대한 구체적인 정보는 논문 제출을 고려 중인 학술지의 편집위원회에 자문을 구한다.

 # 2. 논문의 구성체계

학술지 논문의 보고 기준은 통상적으로 경험적 연구보고서에 포함되는 정보를 종합해서 제공하도록 한다. 통일된 보고 기준은 개별 연구의 시사점을 학문 영역을 초월하여 일반화하고 보다 완전하게 이해할 수 있게 해 준다.

보고서 기준은 ① 초록, ② 연구문제 서론, ③ 참여자들의 특성 기술 및 표집절차, 표집 크기, ④ 연구설계, ⑤ 통계 결과, ⑥ 결과 논의 순으로 자료와 관련하여 제시하도록 권장하고 있다(APA, 2008).

1) 제목

제목은 논문의 주요 아이디어를 요약하고 있어야 하되, 가능하면 주요 논제에 대한 간결한 진술이어야 하고, 연구의 주요 변인들 또는 이론적 쟁점과 이들 사이의 관계를 밝히고 있어야 한다. 제목은 그 자체로 연구의 내용을 설명할 수 있어야 한다. 따라서 목적에 도움이 되지 않는 단어, 예를 들어 '～에 관한 연구' 등의 표현은 피하는 것이 좋다. 그리고 중요한 정보들, 예를 들어 '～의 메타분석' 등과 같은 단어는 중요한 정보를 전달하므로 제목에 포함되어야 한다. 제목은 좌우 여백이 같게 가운데 정렬로, 페이지 상단 중간에 기입한다. 좋은 예는 다음과 같다.

- CBAM 모형을 활용한 중학교 교사의 과정중심평가 관심도 및 실행도 분석
- 고등학생의 자아효능감과 학습태도의 관계에서 진로성숙도, 교사관계만족도의 매개효과

2) 저자명, 소속기관

(1) 저자명

신원확인의 오류 가능성을 감소시키기 위해 성과 이름 순으로 기입한다. 저자명은 기여한 순서대로, 양 여백 사이에 가운데 정렬로 제시한다.

(2) 소속기관

연구가 수행된 시기에 저자들이 소속된 기관을 나타낸다. 만약에 두 기관이 연구에 실질적으로 기여를 했다면, 저자 1인당 최대 두 기관명까지 적을 수 있다. 혹시 저자가 소속기관이 없는 경우, 거주지 도시 또는 도를 기입한다. 연구가 완결된 이후 소속기관이 변경된 경우, 저자 주에 현재 기관을 기입한다. 소속기관은 저자명 아래 다음 줄에 중앙 정렬로 제시된다.

3) 저자 주석

각 저자의 소속기관, 지원 기관 등 관심 있는 독자들이 저자에게 연락할 수 있는 방법을 제공한다. 보통 첫째 단락은 완전한 소속 부서명을 적는다. 혹시 연구 이후 저자의 소속이 변경되었다면 다음 단락에 변경된 소속을 적는다. 다음 단락에는 연구를 위한 지원금이나 기타 재정지원을 출처를 밝히고 적는다. 마지막으로 교신을 위한 완전한 메일 주소를 제공한다.

4) 초록

초록은 논문 내용을 간략하고 종합적으로 요약한 것이다. 초록은 독자들이 논문의 내용을 신속하게 훑어 볼 수 있게 한다. 그리고 관심이 있는 사람들이 초록 및 색인 데이터베이스에서 논문을 검색할 수 있게 한다. 학술지별 초록 작성 지침은 논문을 제출할 학술지의 투고, 편집규정을 참고하면 된다.

잘 기술된 초록은 논문에서 가장 중요한 부분이 될 수 있다. 대부분의 독자는 초록을 통해 논문을 처음으로 접하게 되고, 보통 여러 초록을 비교하면서 문헌을 검색한다. 독자들은 초록을 읽으면서 논문 전체를 참고할 것인지, 초록만 읽을 것인지의 여부를 결정한다. 그러므로 초록의 정보는 잘 정리되어 제공되어야 하며, 포함되는 핵심 용어를 통해 독자들이 필요한 정보를 잘 찾을 수 있도록 해야 한다.

제대로 작성된 초록은 다음과 같은 특성을 가진다.

첫째, 논문의 목적과 내용이 정확하게 반영되어 있다. 본문에 제시되지 않은 정보는 포함할 수 없다. 둘째, 논문에 있지 않은 내용을 추가하거나 평가하지 않고 보고한다. 셋째, 명확하고 간결한 언어로 작성한다. 넷째, 짧으면서도 최대한 많은 정보를 담고 있도록 작성한다.

대체로 초록에는 다음과 같은 사항들이 기술되어 있다. 연구 중인 문제, 참여자, 연령, 성별 등 인구변인학적인 요소, 연구방법의 핵심 특징, 기본 결과, 결론 및 시사점이다.

5) 서론

서론은 연구의 목적과 필요성을 서술하고 문제제기를 밝히는 부분이다. 분석적이고 명확한 표현을 통해 자신의 문제의식을 밝히고 연구의 필요성을 설득해야 한다. 서론에 포함되어야 할 내용은 다음과 같다. 연구의 목적, 연구대상, 연구의 필요성과 의의, 연구 방법과 주요 분석항목 등이다. 즉, 어떤 목적으로 무엇을, 왜, 어떻게, 어떤 순서로 분석하고 서술할지를 소개하는 것이다.

(1) 연구의 목적과 필요성

연구목적은 연구대상을 분석함으로써 이루고자 하는 것으로, 단순히 연구대상이라기보다는 좀 더 추상적이라고 할 수 있다. 반면에 연구의 필요성은 객관적으로 제시한다. 주제와 관련된 객관적인 실제 내용 중에서 지적 호기심을 유발할 만한 사실들을 정해서 기술한다. 분석적이고 명확한 표현을 통해 자신의 문제의식을 밝히고 연구의 필요성을 설득해야 한다. 연구의 필요성과 관련된 배경 설명은 연구주제에 따라 다를 수 있지만, 연구 주제가 구체적으로 무엇이고 왜 분석할 만한 가치가 있는지를 설명하는 것이 중요하다.

(2) 문제제기

문제제기는 가설과 연결되도록 구성해야 한다. 전체 문제제기는 하나의 명제로 기술한다. 논문이라는 것은 하나의 명제로 압축되어야 한다. 따라서 하나의 명제로 압축되는 전체적인 문제제기는 곧 논문의 궁극적인 목표를 밝히는 일이다. 그리고 세부 문제제기는 단계적으로 구성한다. 구체적인 문제제기가 얼마나 논리적으로 이루어지느냐는 연구의 과정과 논문 구성이 얼마나 체계적으로 이루어지는지를 결정한다. 모든 문제제기는 동기의 확립을 통해 논문의 필요성을 설득력 있게 밝히는 작업과 관련지어 구성한다. 예를 들어, 해당 주제를 분석한 선행 연구들에 나타난 치명적 오류들을 소개하거나 중요한 특정 변수들이 극적으로 변화하여 새로운 연구가 필요하다고 기술하거나 또는 현재 진행되는 여러 이슈와 관련지어서 해당 주제가 학문적으로나 사회적으로 중요하다는 것을 밝히는 것 등이다.

(3) 선행연구의 비판적 검토

선행연구를 비판적으로 검토하여 이를 논문에서 분명하게 밝힌다. 연구논문은 독창성이 중요하기 때문에, 새로운 사실 발견이나 기존 이론을 반증할 수 있을 때 의미가 있다. 기존 이론과 연구들을 단순하게 나열하는 방식으로 소개하지 않고, 그 장점과 단점을 파악하여 반드시 비판적 평가와 함께 정리한다.

선행연구의 비판적 검토는 수집한 선행연구를 연구주제의 성격에 따라 주요 특징을 파악한 다음 이 특징들에 따라 분류하여 논의하는 것이 좋다.

6) 방법

연구자가 연구문제의 해결을 위해 고안한 연구설계, 즉 누구를 대상으로, 어떤 도구를 사용하고, 어떤 자료수집 절차에 따라, 어떻게 경험적 자료를 수집하고, 어떤 방법으로 자료를 분석하였는지에 대해 구체적으로 진술한다. 연구방법의 기술은 독자가 연구의 과정을 충분히 이해할 수 있고, 그 과정을 반복해서 시행해 볼 수 있도록 상세하고 구체적이어야 한다.

연구방법을 진술할 때는 연구대상, 측정도구, 방법 및 절차, 자료분석 방법 등이 구체적으로 기술되는 것이 좋다.

7) 결과

연구결과 진술 부분은 논문의 중요하고 핵심적인 부분으로 연구문제를 탐색해서 얻어진 결과를 제시하고 연구의 결론을 정당화하기 위한 부분이다. 따라서 수집된 자료의 분석결과를 명확하게 정리하여 결론을 뒷받침할 수 있는 객관적인 자료 형식으로 제시하고, 이에 근거해서 연구문제와 연구가설에 대한 연구의 결론을 도출해 낸다.

우선 분석의 기초가 되는 자료를 요약하여 제시하고, 가설과 관련된 통계분석 결과를 정해진 양식에 따라 제시한다. 그리고 통계분석 결과에 대한 통계적 유의도 검증결과를 기술한다. 연구결과를 기술할 때, 연구자는 연구결과의 기술과 연구결과에 대한 주관적 해석을 구분할 수 있어야 한다. 연구결과의 기술은 결론을 뒷받침하는 요약된 자료와 가설을 검증해 주는 통계적인 분석결과의 제시를 의미하며, 연구결과에 대한 해석은 분석결과를 요약하여 제시한 자료에 대한 설명과 강조 및 주의 기울이기를 당부하는 것을 포함한다. 연구결과를 해석할 때는 각 통계치가 지닌 의미를 연구목적에 맞추어 해석해야 하며, 지적인 정직성과 함께 공정한 태도로 임해야 할 것이다.

연구결과는 연구의 유형, 즉 실험연구, 사례연구 등에 따라 적절한 방법으로 제시하도록 한다. 경험적 연구에서는 경험적 분석결과가 연구결과로 제시되고, 이론적 연구에서는 논리적 탐색 결과 얻어진 연구자의 이론적 주장이 연구결과로 제시되게 된다. 연구결과 도출에 직접적으로 관계되지 않은 자료는 부록에 첨부하여 독자가 필요할 때 참고하도록 한다.

연구결과가 연구자의 예상 및 가설과 일치하지 않게 나왔다 하더라도 그것 나름대로의 가치를 인정해야 한다. 예상치 못한 결과가 얻어진 이유는 다양하며, 예상치 못한 결과가 도출되게 된 원인들을 조심스럽게 검토하여, 새로운 문제를 제기하는 데 있어 중요한 기초자료가 되도록 한다.

8) 논의

연구결과를 여러 각도에서 분석하고 검토하여 결론을 도출하는 단계이다. 논의 부분에서는 연구결과에 기초하여 연구문제에 대한 결론을 확인하거나 연구설계상의 문제점 및 자료수집상의 문제점 등과 관련하여 연구결과를 요약하고 검토하고 해석한다. 이때 해당 연구에서 발견된 사실과 일치하거나 일치하지 않는 과거의 연구결과들과의 대조 및 비교를 통해 연구결과를 해석하고, 연구결과의 적용에 있어서의 한계점, 연구방법이나 표집에서의 제한점과 문제점, 연구결과의 의의, 예외사실에 대한 설명 등을 기술해야 한다.

9) 참고문헌

이전 학자들의 연구를 인정하면서, 이를 검색할 수 있는 신뢰할 만한 방법을 제공한다. 참고문헌은 논문의 진술에 대한 근거를 기록하고 증명하는 데 사용된다. 본문에 인용된 참고문헌은 연구의 필요성을 뒷받침하고 독자들이 선행연구와의 맥락에서 이론화할 수 있을 만큼 충분히 기입되어야 한다. 참고문헌 인용방법은 각 학술지의 편집규정에 따라 달라질 수 있다.

 ## 3. 논문의 작성

논문의 작성에 있어서 가장 중요한 부분은 명확한 의사소통이다. 연구자는 연구의 핵심 내용을 흥미로운 방식으로 전달되도록 적절한 어조를 사용하여, 독자들의 관심을 얻고 자신의 아이디어를 보다 효과적으로 전달, 소통할 수 있다.

1) 아이디어 제시의 연속성

연구자가 첫 진술부터 결론에 이르기까지 단어, 개념, 주제 전개의 연속성을 유지하면, 독자들은 저자의 아이디어를 보다 잘 이해할 수 있다. 이를 위해 구두점을 과도하지 않게 사용하지 않고, 대명사나 부사 등을 적절하게 사용하여 앞과 뒤를 자연스럽게 이어주도록 한다.

2) 표현의 유연성

과학적인 글은 명확하고 논리적인 소통을 목적으로 한다. 논쟁이나 주제를 너무 일찍 마무리 짓지 않도록 하고, 갑작스럽게 주제나 시제 등을 변경하지 않도록 한다. 예기치 않은 사건을 삽입하거나 기대되는 사건을 생략하는 것 등도 지양하도록 한다.

3) 어조

과학적인 글이라 하더라도 무미건조할 필요는 없다. 연구의 아이디어와 결과는 직접적으로 제시하지만, 연구문제를 해결해 나가는 과정은 흥미롭고 설득력 있는 어조로 기술하는 것이 좋다.

4) 표현의 경제성

가독성이 높은 논문을 작성하고 논문 게재의 가능성을 높이기 위해서는 필요한 말만하는 것이 좋다. 학술지의 면수는 제한되어 있다. 그러므로 편집위원들은 흔히 저자들에게 제출된 논문 분량을 줄이도록 요청한다. 중복된 표현, 장황한 설명, 어려운 전문용어, 둘러대는 듯한 표현, 과도한 수동태 사용, 모호한 표현, 어색한 산문체 등을 제거함으로써 표현을 간결하게 정리할 수 있다.

5) 정확성과 명확성

각 단어가 의도한 의미를 정확하게 나타내고 있어야 하고, 가능한 한 구어체는 사용하지 않는다. 전문용어는 독자들이 논문을 이해하는 것을 방해하므로, 일반적인 용어로 대체하는 것이 좋다. 의인화를 하는 것도 오해를 초래한다. 적절한 명사를 사용하고 모호한 대명사와의 비논리적인 비교 또한 지양하는 것이 좋다.

4. 논문의 편집과 인용

대부분의 학회나 대학에서는 논문 작성 시 어떤 일정한 편집양식을 규정하고 이를 지키도록 요구한다. 사회과학 분야의 학회나 학위논문에서 규정하는 양식은 대체로 미국심리학회(American Psychological Association: APA)의 편집위원회에서 제정한 양식과 거의 유사하거나 동일하다.

「미국 심리학회 출판지침서(APA publication manual)」 제6판(APA, 2008)과 국내의 교육 · 심리 · 사회 분야의 학회지 논문작성 지침을 참고하여 논문 내 문장의 서술방법, 일반적인 편집양식, 참고문헌, 부록 작성방법을 차례로 제시하면 다음과 같다.

1) 문장 서술방법

(1) 시제의 사용

논문의 계획서나 최종 논문에서의 제언 부분을 제외하고는 대체로 논문 내 문장의 시제는 현재형과 과거형을 사용한다.

과거형 연구자가 연구수행 기간 동안 행했던 특정한 활동이나 행위를 언급할 경우, 연구결과를 인용하는 경우, 논의를 전개할 경우 과거형으로 진술한다.

(예) • 독서치료 프로그램에 참여한 집단은 학교의 홈페이지를 통해 신청한 30명의 아동이었다.
  • 고등학생의 직업적 성격 유형을 알아보기 위하여 안창규, 안현의(2002)가 개발한 Holland 진로탐색검사를 사용하였다.
  • 자아개념과 학업성취 간에는 $r=.42$로 유의미한 정적 관계가 있는 것으로 나타났다($***p<.001$).
  • John(2000)은 학교장의 변혁적 지도성이 교사의 직무성과와 직접적인 관계가 있음을 지적하였다.

현재형 서론부에서 연구목적을 진술하거나, 용어의 정의, 연구자 자신의 견해를 나타낼 경우 현재형으로 진술한다.

(예) • 본 연구의 목적은 초등학교 아동을 대상으로 단기 집중 독서치료 프로그램이 대인관계 능력의 향상에 효과가 있는지 알아보는 것이다.
  • 본 연구에서 성격 유형이라 함은 Jung(1985)의 이론에 기초하여 개발된 MBTI 성격유형검사(김정택, 심혜숙, 1999)에서 나타난 네 가지 선호경향을 말한다. 선호경향은 I-E, S-N, T-F, J-P 중 하나로 구분된다.
  • 이러한 결과는 학교 폭력의 심각성을 단적으로 보여 주는 것으로 여겨진다.

(2) 본문 내 인용

논문에서 다른 사람의 글이나 이론을 인용할 경우 이를 반드시 밝혀야 한다. 인용에는 원문에 있는 내용을 그대로 옮기는 직접 인용과 원문의 내용을 요약하거나 자기의 표현 방식으로 바꾸는 간접 인용, 2차자료를 통해 인용하는 재인용 등의 방법이 있다.

직접 인용 일반적으로 인용은 짧게 하는 것이 원칙이며, 직접 인용의 경우 큰따옴표 (" ")를 사용한다. 대체로 인용문이 5행 이상으로 긴 경우에는 본문보다 조금 들어간 문단으로 처리하고 행간이나 활자의 크기를 본문보다 작게 한다. 단, 인용문의 끝에는 쪽수를 기입해야 한다.

(예) • 현상학이 어떻게 그의 입장과 부합하는가? 그는 "현상학은 현실을 강조하는 데 있어 개인의 즉각적인 의식적 경험이 중요하다."(Weise, 1997: 56)는 점을 강조하였다.
  • 지체부자유아의 초등학교 계획은 일반 초등학교에 준한 교육과 취학 전에 실시된 물리치료, 작업치료, 언어치료 등 재활훈련의 연장에 있고 이러한 봉사는 아동들이 재활하는 데 다소라도 도움을 받을 수 있을 때까지 계속되는 것이 바람직하다. 교육과정은 아동의 흥미, 주의집중도, 피로도, 시각의 식별력, 눈과 손의 협응력, 일상 생활 동작의 수준, 보행 능력, 손의 사용 능력, 치료상태와 정서상태 등을 정확히 평가하고 반영해야 한다. 아울러 수업시간의 조절이나 수술이 치료 훈련에 우선하는 경우도 있다(특수교육편찬위원회, 1995. p. 23).

간접 인용　간접 인용은 따옴표를 사용하지 않으나 다른 사람의 것을 자기의 말로 표현한 것이므로 반드시 출처를 밝혀야 한다. 출처를 밝히는 방법에는 각주를 달거나 APA 형식처럼 각주를 달지 않는 방법이 있다. 어떤 형식을 따를 것인가는 학문 분야와 기관에 따라 다르지만 중요한 것은 어떤 방법을 사용하든 일관되게 표현해야 한다는 것이다. 간접 인용의 경우 여러 조건에 따라 표기하는 방법이 다양하다.

첫째, 저자가 2명일 때는 두 저자의 이름을 'and' '과/와'로 연결하여 모두 기입한다.

둘째, 저자가 3명 이상일 때는 처음 언급할 때 모든 저자의 이름을 표기하고, 이후부터는 저자명을 전부 쓰지 않고 주저자의 이름만 기입하고 '외'(국외 서적인 경우 'et al.')라는 글자를 붙인다.

셋째, 여러 저자의 각각 다른 연구를 동시에 인용하였을 때는 인용된 연구를 전부 표시한다.

넷째, 동일 연도에 발간된 동일한 저자의 저서를 둘 이상 인용할 때는 연도 뒤에 a, b, c 등을 붙여 구분하여 표시한다.

(예) • Piaget(1977)는 인지적 상호작용에서 평형화가 성취되는 세 가지 조건을 설정하였다.
  • 인지적 상호작용에서 평형화가 성취되는 세 가지 조건을 설정하였다(Piaget, 1977).
  • Knafo와 Savig(2005)의 연구결과에 의하면…….
  • 서구 사회가 독립성, 자율성의 개인주의 가치를 중시하는 반면 동양사회는 연대의식, 상호의존이라는 집단주의 가치를 중심으로 삼는다(Triandis et al., 1998).
  • 집단주의는 상호의존적 자기관, 공동체적 사고, 내집단 정향의 문화가치정향을 지니고 있어 박애, 안전, 전통, 보편성 등과 같은 가치가 직업선택행동에 영향을 미친다는 주장이 제기되었다(Leong & Leung, 1994; Sagiv & Schwartz, 2004; Swanson & Bowman, 1994).
  • Triandis(1992a, 1992b)는 일련의 경험적 연구를 통하여 자신의 관점이 타당함을 입증하였다.

재인용 1차자료에서 하는 것이 원칙이나 어떤 이유로 1차자료를 참고할 수 없어 2차자료를 참고하여 다른 연구자가 인용한 것을 다시 인용하는 경우가 재인용에 해당된다. 이러한 때에도 정해진 형식에 맞추어 재인용임을 밝혀야 한다.

(예) • Kohlberg(1980)는 도덕성 발달이 부모의 양육방식과 밀접한 관계가 있음을 주장하였다(이미란, 2000, 재인용).

2) 편집양식

(1) 목차의 표기

내용목차 내용목차는 논문의 구성이 얼마나 논리적으로 이루어졌는지를 보여 준다. 목차의 기호를 부여하는 방식은 여러 형태가 있다. 목차 기호를 쓸 때는 2수준, 3수준 등으로 내려갈 때마다 한 칸씩 들여쓰기를 한다.

(예) • I.	• I.	• I.	• I.
A.	1.	가.	1.
1.	1)	(1)	1.1
a.	(1)	(가)	1.2
1)		①	2.
			2.1
			2.2

표목차 표목차는 표의 수가 3개 이상인 경우 반드시 표목차를 만들어야 한다. 홑화살괄호(〈 〉) 기호를 사용하며, 차례대로 일련번호를 붙여 나가는 방식과 해당 장과 번호를 함께 붙여서 제시하는 방식이 있다. 표가 많지 않은 경우 전자의 방식이, 표가 많은 경우 후자의 방식이 편리하다.

(예) • 〈표 1〉 자아존중감 검사의 구성 ·················78
　　 • 〈표 IV-1〉 실험 · 통제 집단 간 자아존중감 점수의 차이검증 ··········85

그림목차 표목차와 동일한 방식으로 만든다. 다만 그림목차의 경우 대괄호([ ]) 기호를 사용한다.

(예) • [그림 1] 연구모형 ···························56
　　 • [그림 IV-1] 고등학생의 연도별 체중 변화: 1990-2005 ············85

(2) 문장 부호

마침표　마침표(.)는 문장이 끝나는 곳이나 약어, 참고문헌 등의 표기에서 사용되며 제목에는 사용하지 않는다.

예) • Univ. Vol. 1.

쉼표　쉼표(,)는 3개 이상의 항목이 연속적으로 나열되는 경우나 문장 첫머리의 접속 이나 연결을 할 때, 그리고 1,000 이상의 숫자에서 세 자리 단위를 구분할 때 쉼표를 사용 한다.

예) • 신경증, 외향성, 개방성, 친화성, 성실성은…….
　• 첫째, 이는 무엇보다도…….
　• 조사대상은 총 2,345명이며…….

세미콜론　세미콜론(;)은 하나 이상의 참고문헌들이 나열될 때 이를 구분할 때나 이 미 쉼표를 가지고 있는 요소들을 분리하여 제시할 때 사용한다.

예) • (조긍호, 1996; Hofstede, 1995; Triandis, 1995)
　• 자율성, 독립심, 성취 지향; 타인 의지, 소속감, 집단에 대한 배려

콜론　콜론(:)은 부제목을 붙이는 경우나 참고문헌에서 출판사 소재지명 뒤 등에 사 용한다.

예) • 인터넷 중독 현상: 관계변인에 대한 공분산 구조분석
　• 서울: 학지사

대시　대시(–)는 문장 중 상반되는 의미의 부수적인 설명을 제공하는 경우, 기타 논 문에 대한 이해를 돕기 위해 편의성을 제공할 경우에 사용된다.

예) • 이러한 견해는 대다수 학자가 인정하는 것으로—비록, 최근 들어 일부 학자들이 반대입장을 취하기도
　하지만—실생활에서도 마찬가지로…….

따옴표　따옴표(" ", ' ')에서 작은따옴표(' ')는 새로운 용어나 주의를 요하는 용어 등을 강조하기 위해 사용되며 큰따옴표로 인용한 인용문 내에 다시 인용 부호를 사용해야 할 때, 속어나 은어 등을 표시할 때 사용한다. 큰따옴표(" ")는 직접 인용이나 대화글을 인용 하는 경우 사용한다.

예) • Holland(1985)는 이를 '보편성'이라는 말로 설명하고 있다.
  • 단순한 '꾸지람'이 아닌 '훈육'이 되어야 한다는 것이다.
  • "참가한 사람들에게 '여러분이 찬성하신다면 힘찬 박수로 격려해 주십시오.'라고 했더니 열화와 같은 박수가 터지더군요."
  • 인터넷 게시판에는 '지대'니 '안습'이니 하는 등의 알 수 없는 단어들이 사용되고 있다.
  • 제보자는 "우선 비밀을 지켜 줄 것을 약속해 주십시오."라고 말했다.

(3) 외래어 표기

전문용어 일반적으로 사용하는 용어가 아닌 전문용어인 경우 혼동을 막기 위해 원어를 괄호 속에 넣는다. 적절한 번역어가 없는 경우 원어 발음대로 쓰며 역시 괄호를 사용하여 원어를 제시한다.

예) • 내적작동모형(internal working model)
  • 웰빙(well-being)

약어 약어는 널리 인정된 단어는 약어를 사용할 수 있다.

예) ADHD, IQ, TV

통계기호 통계기호는 모수치 혹은 전집치는 그리스 문자로 표기하며 표본의 통계치는 이탤릭체 라틴어로 표기한다. 통계기호 중 자주 사용하는 것은 약어를 사용할 수 있다.

예) • α, β, ρ, σ, M, df, p, t, F, ANOVA,

(4) 주

주(註)는 본문의 내용을 보충하거나 인용의 출처를 밝히는 것으로 목적에 따라 참조 주(reference notes)와 내용 주(content notes)로, 위치에 따라 각주(footnotes)와 후주(endnotes)로 구분할 수 있다.

참조 주 참조 주는 참조한 표나 그림 등의 자료 출처를 제시할 때 사용한다.

예) • 자료: 박도순(1995). 교육연구방법론, p. 403.

내용 주 내용 주는 본문 내용을 부연설명하는 경우나 학회논문에서 저자의 소속기관, 직위 등을 나타낼 때 많이 사용된다.

(예) • 한국대학교 교육학과 교수

각주 각주는 주(註)의 내용을 해당 페이지 아래에 제시하는 것으로 본문 내용을 부연 설명하는 것은 가능한 한 쓰지 않는 것이 좋다. APA 양식을 따르는 학문 분야나 기관에서는 각주의 사용을 허용하지 않고 있다(성태제, 시기자, 2006).

후주 후주는 논문의 장(章)이나 절(節) 뒤에 제시하여 후주번호를 붙인다.

(5) 표와 그림

표 표를 그릴 때는 시각적 편의를 위해 세로선을 긋지 않는다. 표의 제일 위 가로선은 이중 실선으로 긋거나 굵은 실선으로 나타내며 아래 가로선은 굵은 실선으로 긋는 경우가 일반적이다. 본문에서 표의 위치는 표에 대한 언급이 있은 다음 바로 제시하는 것이 바람직하다. 표의 제목은 표의 위에 제시하고 왼쪽부터 기입해 나가며 글씨체는 본문의 글씨체와 다르게 한다(예: 중고딕체).

그림 그림은 엑셀 등에서 작성했거나 통계분석 프로그램에서 산출된 그래프나 차트, 사진, 문서 편집기를 통해 그린 도형 등이며 실험설계나 연구모형을 그림으로 표현하기도 한다. 그림의 제목은 그림 아래에 제시하며 가운데 정렬로 위치를 맞춘다.

3) 참고문헌

연구에서 인용한 모든 자료는 논문의 마지막 부분에 참고문헌으로 제시되어야 한다. 참고문헌을 기술하는 방법은 문헌의 종류에 따라 차이가 있다. APA 양식을 토대로 먼저 일반적인 작성원칙을 살펴보면 다음과 같다.

- 논문에서 인용된 모든 자료는 빠짐없이 수록되어야 한다.
- 참고문헌의 배열은 국내자료, 동양자료, 서양자료의 순으로 제시한다.
- 국내 서적인 경우 저자의 이름을 가나다순으로 제시하고, 외국 서적인 경우 알파벳순으로 배열하며 성을 먼저 쓰고 이름은 대개 머리글자만 쓴다.

- 동일 저자의 문헌이 2개 이상일 때는 두 번째부터는 저자의 성명을 생략하고 표시로 대신할 수 있다.
- 외국 자료의 경우 단행본과 학술지의 서명은 단어의 첫 글자를 대문자로 쓰며, 학술지에 게재된 특정 논문 제목일 경우 첫 글자만 대문자로 쓴다.
- 외국 자료에서 저자가 2인일 경우에는 & 기호를 사용하며, & 기호 앞에는 쉼표(,)를 삽입한다.

(1) 단행본

단행본의 경우에는 일반적으로 다음의 내용이 순서대로 기입되어야 한다. 국내 단행본인 경우 제목을 진하게 하거나 고딕체 등으로 작성하며, 외국 단행본의 경우에는 이탤릭체로 작성한다. 편집한 책의 경우 저자명의 위치에 편집자명을 쓰고 '(편)'이라고 표기한다. 서양자료의 경우에는 괄호 속에 편집자의 인원수에 따라 'Ed.' 혹은 'Eds.'를 넣는다.

번역서에는 원저자명, 번역서의 발행연도, 원서의 제목을 쓰고, 그 뒤에 번역자명을 기입한 다음 '(역)'이라고 표시한다. 끝부분에는 번역서명과 출판사항을 추가한다.

예) • 이종각(1996). **교육사회학총론**. 서울: 동문사.
- Piaget, J. (1977). *The Equilibration of Cognitive Structures*. Chicago: University of Chicago Press.
- Fizgerald, L. F., & Betz, N. E. (1994). Career development in cultural context: The role of gender, race, class, and sexual orientation. In M. I. Savickas & R. W. Lent (Eds.), *Convergence in Career Development Theories: Implications for science and practice* (pp. 103–117). Palo Alto, CA: Counseling Psychologists Press.
- Holland, J. L. (2004). *Making Vocational Choices: A theory of vocational personalities and work environments*(3rd ed.). 안창규, 안현의(역). **홀랜드 직업선택이론**. 서울: 한국가이던스(원전은 1997에 출판).

(2) 학술지

정기적으로 발행되는 학술지인 경우에는 다음의 내용이 순서대로 기입되어야 한다. 국내 학술지인 경우 학술지의 제목과 호수를 진하게 하거나 고딕체 등으로 표시하고, 외국 학술지인 경우에는 이탤릭체로 표시한다.

예) • 안창규(1987). 교육 및 심리 검사에 있어서의 문항 반응 이론의 성격과 그 적용. **교육평가연구, 2**, pp. 179–216.
- Guichard, J., & Lenz, J. (2005). Career theory from an international perspective. *The Career Development Quarterly, 54*, 17–54.

(3) 학위논문

학위논문인 경우에는 다음과 같은 사항이 명시되어야 한다. 국내 연구인 경우에는 학위논문의 제목을 진하게 하거나 고딕체 등으로 표시하고, 외국 연구인 경우에는 이탤릭체로 표시하여 구분을 한다.

(예) • 김정섭(1994). **또래협력이 아동의 추론능력 발달에 미치는 영향**. 석사학위논문. 부산대학교.
      • Vygotsky, L. S.(1978). *Mind in Society*. Master's Thesis. University of Cambridge.

(4) 신문

사설 혹은 내용 투고자의 신원을 아는 경우와 모르는 경우에 따라 달리 표기한다.

(예) • 조선희(2006. 6. 2). '판타지 중독'. **한겨레신문**, p. 7.
      • "인터넷 중독 청소년들 100% 정신질환". (2006. 7. 4). **서울신문**, p. 8.

(5) 인터넷 자료

자료를 다운로드한 사이트를 표시하며 다음과 같은 형식으로 작성한다.

(예) • Friedenberg, M. (2002). **Internet addiction becomes problem for college students**. Retrieved May 2, 2006, from http://www.collegian. psu.edu/archieve/2002

(6) 기타 자료

기관의 연구보고서나 심포지엄 발표문 등은 다음과 같이 나타낸다.

(예) • 김경화, 조용하(2005). **청소년활동 프로그램 평가시스템 개발 및 운영방안 연구(연구보고서 05-R04)**. 서울: 청소년개발원.
      • 박윤창, 윤진(1988). 성역할 태도와 공격적 영화가 공격성에 미치는 영향. 한국심리학회 추계 심포지엄 연차학술발표대회 자료집(pp. 225-231). 서울: 한국심리학회.

4) 부록

논문의 본문에 싣기에는 너무 방대하거나 논문의 내용을 보충해 줄 수 있는 자료는 부록에 싣게 된다. 대체로 큰 표, 어휘나 자료목록, 설문지나 검사지, 실험연구의 자료, 복잡한 통계자료, 데이터 등이 부록으로 수록된다.

(예) • [부록 A], [부록 B], 부록 Ⅰ, 부록 Ⅱ

5. 논문의 평가와 게재

학술지 논문의 경우 게재 여부에 의존한다고는 하지만 학술지에 게재되었다고 해서 단순히 우수한 논문이라고 평가할 수는 없다. 학술지 게재 논문의 경우에는 학회와 학술지의 수준에 따라 그 수준이 천차만별이라고 할 수 있다(성태제, 2020).

1) 연구논문의 타당성

연구논문의 타당성은 연구결과와 관련된다. 연구결과가 타당하면 좋은 논문으로 평가를 받고, 연구결과가 타당하지 않으면 질이 낮은 논문으로 평가된다. 연구논문의 질은 매우 많은 요인에 대한 분석을 통해 평가되어야 하지만, 주로 관건이 되는 것은 내재적 타당성과 외현적 타당성이다.

(1) 내재적 타당성

내재적 타당성(internal validation)이란 연구의 진행과정이 얼마나 타당하게 이루어졌느냐를 평가하는 것으로, 연구 실시 전에 집단 간 출발단계가 동일하였는지, 매개변인이 제대로 통제되었는지 등에 의해 평가된다. 특히 실험 설계의 경우 내재적 타당성 확보를 위해 보다 세심한 주의를 기울일 필요가 있다.

(2) 외현적 타당성

외현적 타당성(external validation)은 연구의 결과를 일반화할 수 있느냐의 문제이다. 이는 연구집단이 모집단을 얼마나 대표할 수 있느냐와 같은 대표성과 관련이 되며, 연구대상으로 이용되는 표본이 모집단으로부터 얼마나 잘 표집되었느냐에 따라서 결정된다. 특히 조사연구에서의 표집방법과 절차의 타당성은 외현적 타당성을 가늠하는 매우 중요한 준거이다.

2) 연구에 대한 평가

연구논문의 일반적 평가기준은 다음과 같다(Cooper, 1981).
첫째, 연구의 목적이 구체화되었는지 확인해야 한다. 연구목적이 분명하고 구체화되었을 때 연구가설의 설정이 용이해진다.

둘째, 연구에서 목적하고 있는 바를 달성하기 위해 중요한 변인이 모두 고려되었는지를 확인해야 한다. 사회과학의 여러 현상을 설명하기 위한 많은 변인 중 중요변인이 고려되지 않았을 경우, 현상을 제대로 설명할 수 없을 뿐 아니라 설명이 잘못될 가능성이 크다.

셋째, 매개변인이 통제되었는지 확인한다. 매개변인의 통제는 연구의 내재적 타당성 확보와 관련이 크기 때문에 중요하게 고려해야 한다. 이때는 고려할 수 있는 매개변인이 무엇인지를 규명하는 작업이 선행되어야 한다. 따라서 선행 문헌연구에 충실한 것이 도움이 된다.

넷째, 연구과정에서 연구자의 편견이 작용하지 않았는지 확인해야 한다. 자료를 수집하고 분석하는 과정에서 연구자가 기대하는 방향으로 연구결과를 유도하는 것이 아니라 가치중립적이고 객관적으로 연구를 진행하고 그 결과를 수용하는 자세를 가지는 것이 좋다.

다섯째, 연구대상의 대표성을 확인한다. 모집단을 대표하는 표본 추출 시 연구자가 의도적으로 왜곡된 표집을 하게 되면 연구의 외현적 타당성이 손상된다.

여섯째, 측정도구의 질을 분석한다. 경험과학은 연구의 결과를 수량화하여 결론을 유도하기 때문에 모든 사물에 대한 측정이 필수적이다. 이를 위해 직접 측정이 불가능한 영역에서는 검사도구 사용이 필요하다. 측정도구는 타당도와 신뢰도를 확보해야 한다. 타당도란 측정도구가 측정의 목적에 부합하느냐의 문제이며, 신뢰도란 측정의 일관성을 말한다.

일곱째, 관찰연구의 경우, 관찰자 내 신뢰도와 관찰자 간 신뢰도의 검증이 필요하다. 검증이 되지 않은 연구결과는 역시 신뢰할 수 없는 결과이다. 관찰자 간 신뢰도는 관찰자들 사이의 평정이 얼마나 유사한지 밝히는 것이다. 관찰자 내 신뢰도란 관찰자 개인이 얼마나 일관성 있게 관찰내용을 분류하느냐의 문제이다.

여덟째, 통계적 방법 사용의 오류를 확인한다. 양적 연구의 경우 기술통계뿐 아니라 추리통계를 사용한다. 평균, 표준편차, 최고값과 최저값을 설명하는 기술통계에서 연구자의 의도대로 하는 해석은 금물이며, 집단 비교 및 인과관계 분석을 위한 통계적 검증에서 올바른 통계적 방법을 선택하는 것이 필요하다.

아홉째, 통계분석 결과를 올바르게 해석해야 한다. 수집된 자료분석 결과에 대한 해석이 올바르지 않으면 잘못된 연구결론이 유도된다.

열째, 결론은 연구결과에 기초해야 한다. 연구결과에 기초하지 않은 비약적인 결론은 연구의 과학성과 객관성을 결여시킨다.

열한째, 논문 구성체계에 주의를 기울어야 한다. 논문의 질을 위해서는 내용뿐 아니라 구성체계를 제대로 갖추는 것이 중요하다. 연구 분야 및 연구목적에 따라 다소 상이하지만 행동과학의 양적 연구는 일반적으로 APA 양식을 따른다.

3) 학술지 논문 심사기준

연구의 평가요인과 논문 심사기준은 연구 분야별로 다소 상이할 수 있다. 그러나 대체로 다음과 같은 영역을 포함하고 있다. 연구주제의 적절성, 독창성과 명료성, 연구방법의 타당성, 학문발전의 기여도, 현장의 적용 가능성, 논지의 일관성 및 진술의 명확성, 논문 작성 양식이라는 7개 평가영역으로 구분하여 5단계 척도에 의해 평가하고, 최종적으로 게재 여부를 결정한다.

4) 논문 게재

동일한 학문 영역이라 하더라도 이론 개발에 중점을 두는 학술지와 응용에 역점을 두는 학술지 등 학술지의 성격이 다르기 때문에 연구자는 자신의 연구논문이 어느 학술지의 성격과 특성에 부합하는지를 판단해야 한다. 그리고 선택한 학술지에서 요구하는 편집규정에 따라 논문을 작성한다.

학술지에 논문을 제출하면 논문 게재 여부를 심사하여 일정 기간 후 심사결과를 논문 제출자에게 통보한다. 이때 논문 게재 여부와 수정 지시나 의문점 또는 논문 게재 불가 사유를 적은 심사결과를 통보받게 된다. 심사위원이나 편집위원장의 조언에 따라 논문을 수정하는 작업은 여러 단계에 걸쳐 이루어지는 경우도 있다. 모든 수정이 이루어지면 마지막으로 편집위원장이 논문 게재 호수와 일자를 통보한다.

6. 연구와 출판에 관한 윤리적 고려

기본적인 윤리적 · 법적 고려는 모든 학술연구와 논문 작성에서 강조된다(APA, 2014).

1) 과학적 지식의 정확성 보장

(1) 연구결과의 윤리적 보고

연구결과에는 다른 사람들에 의해 반복되고 검증될 수 있는 관찰이 포함된다. 따라서 자료를 조작하거나 위조하지 않아야 한다.

만약 논문이 출판된 이후에 오류가 발견된다면 저자들은 오류에 대해 알려야 할 책임이 있다. 편집위원과 학술지 발행기관에 알려서 수정통보가 발행되도록 조치해야 한다.

(2) 자료 보관 및 공유

논문의 정확성에 의문이 든다면 심사 및 출판 과정에서 언제라도 자신의 자료를 편집위원들이 이용할 수 있도록 해야 한다. 이를 거부할 경우 제출된 논문이 게재 불가 판정을 받을 수 있다. 그리고 논문이 학술지에 게재되면, 연구자들은 자료를 이용할 수 있도록 하고 자격을 갖춘 다른 전문가들이 분석 및 결과를 확인할 수 있도록 해야 한다.

(3) 자료의 중복 및 분리 게재

문헌상의 모든 보고는 각각의 연구 노력의 독립성을 정확하게 반영해야 한다. 동일한 자료나 아이디어를 서로 다른 2개 이상의 논문에 동시에 싣고 이를 학술지에 게재하는 중복 게재나, 한 연구에서 얻어진 결과를 불필요하게 여러 논문으로 쪼개는 분리 게재는 이러한 목적을 위협하므로 지양해야 한다.

(4) 표절 및 자기표절

다른 사람의 저작물을 마치 자신의 저작물인 것처럼 제시해서는 안 된다. 예를 들어, 다른 사람의 글을 있는 그대로 나타내는 경우에는 큰따옴표를 통해 그 권리를 인정해야 한다. 다른 저자의 글을 인용할 때마다 본문에 출처를 밝힐 필요가 있다.

다른 사람의 저작물을 자신의 것처럼 표절하지 않는 것처럼 저자는 이전에 출판한 자신의 저작물을 새로운 학문지식으로 발표하지 않아야 한다. 중복되는 범위가 제한적인 경우에 한해서만 용인될 수 있고, 보다 광범위한 경우에는 중복된 글에 대해 인용을 표시하는 것이 원칙이다.

2) 연구참여자들의 권리 및 복지 보호

(1) 연구참여자의 권리와 비밀유지

APA 윤리강령의 기준은 인간과 동물에 대한 연구의 수행에 있어 연구자들이 따라야 할 원칙들을 명시하고 있다. 이러한 기준을 따르지 않는 경우 원고의 게재 불가 판정이나 이미 출판된 논문에 대한 게재 취소의 근거가 될 수 있다. 따라서 이러한 기준을 따랐다는 사실을 입증해야 한다. 또한 연구에 참여한 대상자들에 대한 비밀이 유지되어야 하고, 개인적으로 신분이 드러날 만한 정보의 공개를 금해야 한다.

(2) 이권 갈등

모든 과학적 영역에서 전문적 의사소통은 증거자료에 대한 객관적 해석과 사실에 대한 왜곡되지 않은 해석에 기초한다. 보고서에 사용되거나 논의된 생산물 또는 서비스에 대한 저자의 경제적 · 상업적 이익은 이러한 객관성을 저해할 수 있다.

3) 지적 재산권 보호

(1) 출판 저작권

학술지에 게재된 저작물에 실질적으로 기여하고 게재된 저작물에 대한 책임을 수용하는 사람들에게 주어진다. 저자들은 저작권 결정과 2인 이상의 저자들의 이름이 저자란에 기입되는 순서를 구체적으로 명시해야 할 책임이 있다. 일반 규칙은 대표 기여자의 이름을 첫 번째로 기입하고, 점차 기여도가 낮은 순서로 나머지 저자명을 제시하는 것이다. 이때 대표 저작권과 저작권 실적의 순서는 저자들의 상대적인 기여도를 정확하게 반영하여 결정해야 한다.

(2) 심사위원

원고 편집상의 심사에는 편집위원과 심사위원들이 원고를 살펴보며 논의하는 과정이 필요하다. 심사가 진행되는 동안 원고는 비밀, 면책 문서가 된다. 편집위원과 심사위원은 저자의 허락 없이 심사본 원고 내용을 인용하거나 편집상의 심사 이외의 목적으로 돌려 보는 행위를 해서는 안 된다.

(3) 미출판 원고 저자의 저작권

저자가 정식으로 저작권을 양도하기 전까지는 저자가 미출판 원고에 대한 저작권을 갖는다.

(4) 윤리기준 준수 계획

논문 유형과 상관없이 윤리문제에 주위를 기울이는 것은 출판을 위한 원고를 제출하기 훨씬 전부터 이루어진다. 저자는 원고가 채택되면, 출판을 위해 윤리기준을 준수했다고 진술하는 서식(윤리교육 이수증 및 IRB 승인서 등)뿐 아니라 이권 갈등을 공개하는 서식(저작권 양도 동의서 등)을 제출해야 한다.

제2부 양적 연구방법

제8장　통계적 분석

　연구문제에 대한 구체적인 해답을 얻고, 연구결과를 정확하게 파악하기 위해서는 수집한 자료를 통계적으로 분석하여 의미가 드러나도록 해야 한다. 특히 수집된 자료의 양이 많으면 많을수록 통계적 조작을 가하지 않고 자료 속의 정보를 끄집어내기란 거의 불가능하다. 교육 분야 연구에서 통계적 분석을 사용하는 목적은 다양한 수리적 절차와 공식을 사용하여 양적 자료를 요약, 정리하고 변인들 간의 관계를 발견하려는 데 있다. 다만 이러한 의미가 반드시 양적 연구에서만 통계적 분석이 수행될 수 있음을 의미하지는 않는다. 질적 연구에서도 비록 통계분석방법의 사용의 정도와 수준은 달라도 여전히 사용될 수 있다. 통계분석은 사용하는 목적에 따라 기술통계와 추리통계로 구분된다.

　여기서는 먼저 자료를 정량화하고 분석하기 위한 기본개념인 척도의 종류 및 특징을 살펴보고, 수집된 자료의 특성을 요약, 기술하는 기술통계적 방법에 대하여 소개한다. 이어서 표본에 대한 분석을 바탕으로 전집의 특성을 추정함으로써 얻은 결과를 일반화하려는 다양한 추리통계적 방법을 제시할 것이다. 마지막으로, 이러한 추리통계적 방법 적용의 기반을 이루고 있는 통계적 가설검증의 절차에 대하여 살펴본다.

 1. 척도의 종류 및 특징

　측정(measurement)이란 어떤 사물이나 대상의 속성을 재기 위하여 수치를 부여하는 절차를 의미하며, 검사를 실시한 후 채점을 하고 그 결과를 숫자로 표시한 것을 측정치라고 한다. 수치를 부여하기 위해서 이들 수치를 부여하는 규칙이 필요하며 이는 척도(scale)로 해결된다. 즉, 척도란 사물의 속성을 구체화하기 위한 측정의 단위를 의미한다. 특히 교육현장에서 학생들의 학업성취를 측정할 때 가장 중요한 것은 어떤 종류의 척도를 사용할 것인지를 결정하는 것이다. 또한 어떤 척도를 측정하느냐에 따라 이들 측정치에 적용할 수 있는 통계적 방법이 달라지게 된다. Stevens(1951)는 척도의 종류를 명명척도, 서열척도, 등간척도, 비율척도라는 네 가지로 구분하고 있다.

1) 명명척도

명명척도(nominal scale)란 사물을 구분 혹은 분류하기 위하여 이름을 부여하는 척도이다. 여기서의 구분 또는 분류란 어떤 요소를 쉽게 식별할 수 있도록 이들 요소에 숫자를 부여하는 것이다. 명명척도의 예로는 성별, 색깔, 인종 등이 있으며, 보다 구체적으로는 성별을 표시할 때 남자나 여자 대신 각각 1과 2로 표시하는 것이 명명척도에 해당된다.

명명척도의 특징은 방향성이 없다는 것이다. 즉, 명명척도로 특성을 구분할 수는 있으나 이때의 특성이 크기나 순서를 의미하는 것은 아니다. 따라서 명명척도로 측정된 자료는 유목에 따라 빈도를 산출할 수는 있으나 산술적 연산은 불가능하다.

2) 서열척도

서열척도(ordinal scale)란 사물의 상대적 서열을 표시하기 위하여 쓰이는 척도로서, 부여된 숫자 간의 순위나 대소를 결정하기 위해 사용된다. 서열척도의 예로는 성적의 등위, 키 순서 등을 들 수 있다. 다시 말해서 학업성적에 따라 석차를 매기거나 한 학급의 학생들을 키 순서대로 일련번호를 주는 것이 서열척도에 해당된다.

서열척도의 특징으로는 각 수치 사이에 양적인 대소나 서열은 성립되지만, 서열 간의 간격이 같지 않으므로 측정 단위의 간격 간에 동간성이 유지되지 않는다는 점이다. 예를 들면, 1등과 2등의 점수 차이와 7등과 8등의 점수 차이를 비교할 때 등위의 차이는 각각 1등위로 같지만 점수의 차이는 같지 않다. 따라서 서열척도로 수집된 자료 또한 기본적으로 산술적 연산은 불가능하다.

3) 등간척도

등간척도(interval scale)는 동일한 측정단위 간격마다 동일한 차이를 부여하는 척도로서 동간이라고도 한다. 등간이란 의미는 척도상의 모든 단위의 간격이 일정하다는 뜻인데,

이런 면에서 등간척도는 서열척도에서와 마찬가지로 수치 사이에 대소, 서열이 유지될 뿐만 아니라 수치들 사이의 간격이 같다. 등간척도의 예로는 온도를 나타내는 섭씨나 학업성취점수를 들 수 있다.

등간척도의 특징은 상대적인 의미를 지니는 임의영점(arbitrary zero)은 존재하지만 절대영점(absolute zero)은 존재하지 않는다는 것이다. 임의 영점이란 온도의 0°C나 검사의 0점이 아무것도 없는 것이 아니라 무엇이 있음에도 불구하고 임의적으로 어떤 수준을 정하여 0이라고 합의하였다는 것이다. 즉, 0°C는 온도가 전혀 없다는 것이 아니라 물이 어는 점이며, 0점을 받은 학생이라고 해서 학습 능력이 전혀 없다는 것이 아니라는 것이다.

등간척도에 있어서 더하기, 빼기의 계산만 가능할 뿐 곱하기, 나누기의 법칙은 성립되지 않는다. 예를 들어, 20°C는 10°C에 10°C를 더한 것이라는 사실은 성립되나 20°C가 10°C의 2배만큼 더운 것을 의미하지는 않으며, 학력고사에서 80점을 받은 학생이 40점을 받은 학생보다 2배의 능력을 가졌다고 할 수 없다.

4) 비율척도

비율척도(ratio scale)란 서열성, 동간성을 지니는 동시에 절대영점을 가지는 척도를 의미하며 무게 혹은 길이 등을 예로 들 수 있다. 그러므로 비율척도에서 어떤 특성이 영(零)이라는 것은 그 특성이 전혀 없는, 아무것도 존재하지 않는 절대영점을 의미한다. 따라서 비율척도는 사물의 분류, 서열, 동간성 및 비율을 나타낼 수 있는 절대영점을 지니고 있다는 점에서 여러 척도 중 가장 완전하다고 볼 수 있다. 자연과학 영역에서는 대부분 비율척도가 사용되고 있지만 행동과학 영역에서는 이러한 비율척도의 사용은 드물다고 할 수 있다.

비율척도에서는 더하기, 빼기, 곱하기, 나누기의 모든 산술적 연산이 가능하기 때문에 어떤 특성에 있어 한 사물이 다른 사물의 몇 배라는 비율적 비교가 가능해진다. 예를 들어, 무게 40kg은 20kg의 2배이며, 길이 20cm와 10cm의 비율은 2:1로 나타낼 수 있다.

2. 기술통계

기술통계(descriptive statistics)는 수집된 자료를 쉽게 이해할 수 있도록 간결하게 요약, 서술하고 현상을 설명하려는 목적이 있다. 즉, 어떤 자료에서 얻은 결과를 그 대상 이외의 다른 대상들에 적용하지 않고 해석의 의미를 국한시키는 통계이다. 기술통계치로는 여러 가지의 방법이 사용되고 있지만 여기에서는 빈도분포, 집중경향치, 변산도, 상관계수를 간단하게 설명하고자 한다.

1) 빈도분포

빈도분포(frequency distribution)란 수집된 자료의 측정치를 크기의 순서에 따라 나열한 다음, 각 측정치에 해당하는 대상의 수를 빈도(frequency: f)로 나타낸 것을 말한다. 빈도분포는 자료의 유목 수를 어떻게 할 것인가, 어떻게 누가적으로 변화하고 있느냐에 따라 단순빈도분포, 묶음빈도분포 및 누가빈도분포로 구분된다. 이와 같은 빈도분포표를 만들면 자료의 전체적인 분포를 쉽게 파악할 수 있게 된다.

(1) 단순빈도분포

단순빈도분포표를 작성하는 과정은 우선 점수의 크기에 따라 가장 높은 점수에서부터 가장 낮은 점수까지 차례로 정리한 후에 그 점수와 관련된 빈도를 그 옆에 적는다. 어떤 검사에서 학생 70명의 점수에 대한 단순빈도분포의 예는 다음의 〈표 8-1〉에 나타나 있다.

특히 단순빈도분포표를 만들 때는 빈도가 하나도 없는 점수를 포함하여 최고점과 최하점 사이의 모든 점수를 순서대로 정리해야 하는 것에 유의해야 한다. 이렇게 단순빈도분포표를 작성함으로써 최고점, 최하점, 그리고 가장 빈도가 많은 점수 등의 학생 70명에 대한 점수분포를 쉽게 파악할 수 있다. 그러나 각각의 점수만큼 유목의 수가 많기 때문에 자료를 보다 간결하게 요약하기 위하여 흔히 유목의 수를 줄인 묶음빈도분포를 많이 활용한다.

〈표 8-1〉 단순빈도분포표의 예

점수	빈도(f)	점수	빈도(f)	점수	빈도(f)
30	1	20	4	10	4
29	2	19	1	9	2
28	1	18	2	8	1
27	3	17	1	7	3
26	3	16	3	6	3
25	0	15	4	5	0
24	4	14	5	4	4
23	2	13	2	3	2
22	3	12	0	2	0
21	7	11	3	1	1

(2) 묶음빈도분포 및 누가빈도분포

묶음빈도분포에서는 여러 개의 점수가 포함되는 급간(class interval: i)을 사용하여 자료를 축소시키고 있다. 앞의 단순빈도분포 자료를 사용한 묶음빈도분포 및 누가빈도분포의 예는 다음의 〈표 8-2〉에 나타나 있다.

〈표 8-2〉 묶음빈도분포표 및 누가빈도분포표의 예

급간(i)	빈도(f)	백분율(p)	누가빈도(cf)	누가백분율(cp)
26–30	10	14	70	100
21–25	16	23	60	86
16–20	11	16	44	63
11–15	14	20	33	41
6–10	12	17	19	27
1–5	7	10	7	10

묶음빈도분포표에서는 광범위하게 분포되어 있는 점수를 급간을 사용하여 묶음으로써 단순하게 요약한다. 특히 급간을 사용하여 묶음빈도분포를 작성할 때는 급간의 크기와 수를 결정하는 것이 매우 중요하지만 급간의 크기와 수는 상호의존적인 관계에 있다. 즉, 급간의 크기가 늘어나면 급간의 수는 줄어들고 반대로 급간의 크기가 작아지면 급간의 수는 늘어나게 된다.

급간의 수를 결정하는 원칙은 없으나 대개 5~20개의 급간을 많이 사용하고 있다. 그리고 급간의 크기는 홀수로 정하는 것이 바람직한데 그 이유는 자료를 묶고 난 후의 통계적 분석은 모두 급간의 중간치(midpoint)를 사용하기 때문이다.

예를 들어, 급간 11-15에서의 중간치는 13으로 정수가 되는데, 이는 급간의 크기가 홀수이기 때문에 항상 정수가 되지만 짝수가 되면 중간치가 소수점이 나오게 된다.

〈표 8-2〉에서, 첫째, 둘째 열은 전체 급간과 그 급간에 해당되는 빈도를 나타내고 있으며 셋째 열은 전체 사례에 대한 백분율(percentage: p, %)을 나타내고 있다. 백분율의 계산은 특정 급간의 빈도를 전체 사례 수(N)로 나누고 곱하기 100을 하여 계산한다.

누가빈도(cumulative frequency: cf)는 제일 아래의 급간에서 시작하여 그 급간의 모든 빈도를 더하여 얻게 되며, 누가백분율(cumulative percentage: cp)은 각 급간의 누가빈도를 전체 사례 수(N)로 나눈 다음 곱하기 100을 하여 계산한다. 이는 〈표 8-2〉의 넷째 및 다섯째 열에 각각 제시되어 있다.

2) 집중경향치

빈도분포표로 점수들을 배열함으로써 자료의 특성에 대하여 전반적이고 대략적인 이해를 할 수 있으나 보다 정확성을 기하기 위해서는 어떤 수치적 지표가 필요하게 된다. 이런 면에서 집중경향치(central tendency)란 어느 집단의 분포를 대표적인 하나의 값으로 요약, 기술해 주는 지수로서 그 종류로는 최빈치, 중앙치, 그리고 평균을 들 수 있다. 집중경향치를 나타내는 방법 또한 자료가 갖는 측정의 수준에 따라 차이가 있으므로 연구에서 수집한 자료의 성격을 파악할 필요가 있다.

(1) 최빈치

최빈치(mode)란 집중경향치를 나타내는 방법 중 가장 간단한 방법으로 측정치의 분포에서 가장 자주 나타나는 수치를 말한다. 유의해야 할 것은 최빈치는 어떤 분포에서 가장 많이 나타나는 점수를 가리키는 것이지 그 점수의 빈도가 아니라는 점이다. 최빈치는 명명척도 자료일 때 분포의 대표치로 용이하게 사용된다. 앞선 〈표 8-1〉에서는 가장 많은 사례 수인 7에 해당되는 점수 21이 최빈치이다. 급간을 이용하는 묶음빈도분포의 경우에는 가장 많은 빈도가 있는 급간의 중간치가 최빈치가 된다. 한편 〈표 8-2〉의 묶음빈도분포에서는 급간 21~25에서 사례 수가 16으로 가장 빈도가 높게 나타난다. 따라서 최빈치는 이 급간의 중간치인 23이 된다.

(2) 중앙치

중앙치(median)란 측정치 분포의 가장 중간에 있는 점수로서 측정치의 50%를 상하로 나누는 점수를 말한다. 따라서 중앙치의 위에 전체 사례 수의 50%, 그 아래에 나머지 50%가 각각 놓이게 되며, 누가백분율 50%에 해당되는 점수가 중앙치이다. 중앙치는 양이 많은 서열척도의 자료에서 적당하다.

중앙치는 전체 사례 수(N)가 홀수이면 (N+1)/2번째의 점수가 되며, 만약 N이 짝수이면 (N/2) 및 (N/2)+1번째인 가운데 두 점수를 합하여 2로 나누면 된다. 예를 들어, 54, 68, 73, 86, 97의 자료에서 (5+1)/2=3번째인 73이 중앙치가 되며, 만약 54, 68, 73, 75, 86, 97의 자료가 주어졌다면 (6/2)=3번째인 73과 (6/2)+1=4번째인 75의 중간 점수인 74가 중앙치가 된다.

(3) 평균

평균(mean) 혹은 산술평균(arithmetic mean)은 가장 흔하게 쓰이는 집중경향치로서 중앙치나 최빈치에 비하여 가장 안정성이 있는데, 그 이유는 평균이 분포 내의 모든 측정치의 영향을 받기 때문이다. 평균은 등간척도나 비율척도의 자료에서만 계산이 가능하며, 후속적인 통계적 처리가 필요할 경우에는 적절하다. 평균은 각 사례의 측정치들을 모두 더한 후 그 합을 전체 사례 수로 나누면 구할 수 있다. 즉, 각 사례의 점수를 X_i, 전체 사례 수를 N이라고 하면 평균($\overline{X}$)은 다음과 같이 계산한다.

$$\overline{X} = \frac{\sum_{i=1}^{N} X_i}{N}$$

급간을 사용한 묶음빈도분포에서의 평균은 각 급간의 중간치에다 그 급간에 속하는 사례 수를 곱한 다음 전체 사례 수로 나누어 구한다.

3) 변산도

변산도(variability)란 어떤 분포에서 점수들이 흩어져 있는 정도, 즉 점수들이 집중경향치로부터 얼마만큼 떨어져 있느냐의 정도를 의미한다. 여기서는 변산도의 종류를 범위, 사분편차, 표준편차로 나누어 설명하고 여러 분포의 측정치들을 서로 비교할 수 있는 표준점수를 다루고자 한다.

어떤 분포에서 점수들이 집중경향치로부터 많이 떨어져 있으면 있을수록 변산도는 커지는 반면에 점수들이 가깝게 모여 있으면 변산도는 반대로 작아지게 된다. 따라서 변산도가 커질수록 분포 내의 구성원들이 이질적(heterogenous)이 되며, 변산도가 작아질수록 동질적(homogeneous)이 된다.

예를 들어, [그림 8-1]을 보자. 이 그림은 평균은 같지만 변산도가 서로 다른 두 집단의 분포를 나타낸 것이다. 여기에서 A집단이 B집단에 비하여 훨씬 동질적이라는 점을 쉽게 알 수 있다.

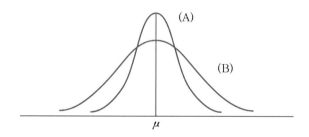

[그림 8-1] 평균이 같고 변산도가 다른 두 집단의 분포

(1) 범위

범위(range: R)는 어떤 자료에서의 최대치와 최소치의 차이를 말한다. 범위는 한 분포의 최소치와 최대치라는 두 측정치만으로 계산할 수 있다는 점에서 변산도 지수 중 가장 간단하다는 장점이 있으나, 변산도 지수로서 신뢰할 수 없다는 단점도 있다. 왜냐하면 범위를 통하여 분포의 양쪽 끝에 있는 두 측정치 간의 간격을 알 수 있지만, 측정치들이 어떻게 흩어져 있는가에 대해서는 전혀 알 수가 없기 때문이다. 따라서 범위는 점수들의 변산 정도를 대략 짐작하는 경우에만 주로 사용된다. 측정치가 정수의 자료일 경우에는 범위＝최대치－최소치＋1의 식으로 계산하는데, 최대치와 최소치의 차이에 1을 더하는

이유는 점수의 정확한계를 고려하기 때문이다.

정확한계(exact limit)란 측정치가 갖는 범위로 측정치의 단위를 반으로 나누어 측정치에다 각각 더하기 및 빼기를 해서 구한다. 예를 들어, 측정치 25의 정확한계는 24.5~25.5이다.

(2) 사분편차

사분편차(quartile deviation: Q)는 중앙치를 기준으로 한 변산도로서, 어떤 분포의 중앙에서 사례의 50%가 차지하는 점수범위의 절반을 의미한다.

사분편차의 계산은 먼저 전체 사례의 25%에 해당하는 점수(Q_1)와 75%에 해당하는 점수(Q_3)를 구하여 두 점수들 간의 간격을 반으로 나누면 계산할 수 있다. 이를 다음과 같은 공식으로 나타낼 수 있다.

$$Q = \frac{Q_3 - Q_1}{2}$$

사분편차는 분포 양쪽 끝 점수들의 영향을 받지 않기 때문에 범위보다 정확한 변산도를 측정한다는 장점이 있다. 그러나 각 점수 간의 실제 간격을 계산하지 못하기 때문에 점수들이 얼마나 흩어져 있는가에 대하여 정확히 알 수는 없다.

(3) 표준편차

편차(deviation: d)란 어떤 점수가 그 점수분포의 평균으로부터 얼마나 떨어져 있는가를 나타내는 수치로, $d = X_i - \overline{X}$이다. 표준편차(standard deviation: SD, S)는 편차를 제곱하여 모두 합한 값을 전체 사례 수로 나눈 값의 제곱근이며, 표준편차의 제곱, 즉 S^2을 변량(variance: V)이라고 한다. 표준편차를 구하는 공식은 다음과 같다.

$$S = \sqrt{\frac{\sum (X_i - \overline{X})^2}{N}} = \sqrt{\frac{\sum d^2}{N}}$$

표준편차는 범위나 사분편차보다 안정성이 있고 신뢰할 수 있는 변산도 지수이므로 평균과 더불어 다른 후속적인 통계적 분석을 하는 데 가장 많이 사용된다. 예를 들어, 다음에 설명할 표준점수나 상관계수를 계산하는 경우, 평균과 표준편차가 요구된다.

(4) 표준점수

표준점수(standard score)는 어떤 점수와 평균 간의 차이, 즉 편차를 표준편차로 나누어서 변환시킨 점수를 의미한다. 표준점수를 사용하게 되면 능력의 상대적 수준을 비교할 수 있을 뿐만 아니라 여러 검사에서 나온 결과를 의미 있게 비교할 수 있는 장점이 있다.

표준점수에는 여러 종류가 있지만 여기서는 가장 널리 쓰이고 있는 Z점수와 T점수를 살펴본다. [그림 8-2]는 정규분포(normal distribution)에서의 표준편차에 따른 면적 비율과 표준점수와의 관계를 제시한 것이다.

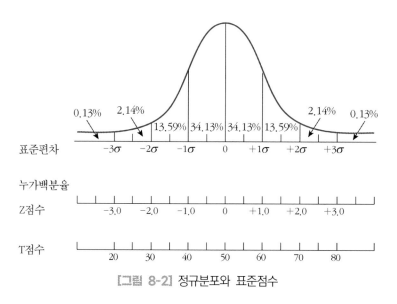

[그림 8-2] 정규분포와 표준점수

① Z점수
표준점수 Z의 계산 공식은 다음과 같다.

$$Z = \frac{X - \overline{X}}{S} = \frac{d}{S}$$

어떤 분포의 원점수(raw score)를 표준점수 Z로 바꾸면 평균이 0, 표준편차가 1인 단위 정규분포가 되기 때문에 산술적 조작을 쉽게 할 수 있고, 분포가 다른 점수들을 서로 비교할 수 있다.

예를 들어, 어떤 학생이 국어시험에서 60점, 수학시험에서 60점을 각각 받았다면, 이들 성적은 서로 비슷하게 보이지만 실제 원점수 간의 비교는 적절하지 않다. 따라서 그 학생이 속한 학급의 국어, 수학 시험의 평균 및 표준편차가 다음과 같다면, 이를 Z점수로 변환시켜 능력을 상대적으로 비교할 수 있다.

	평균	표준편차
국어	68	8
수학	56	4

$$Z점수_{국어} = (60-68)/8 = -1.0$$
$$Z점수_{수학} = (60-56)/4 = +1.0$$

따라서 이 학생의 국어 60점에 해당되는 Z점수는 −1.0, 수학 60점에 해당되는 Z점수는 +1.0이므로, [그림 8-2]에서 보듯이 +1.0이 −1.0보다 분포의 위쪽에 있음을 알 수 있다. 그러므로 이 학생의 경우에는 국어점수보다는 수학점수가 더 높다고 말할 수 있다.

② T점수

T점수 또한 표준편차를 단위로 하고 있다는 점에서 다른 종류의 표준점수이다. 그러나 Z점수는 원점수가 평균보다 작을 경우에는 모두 음수로 표시되며, 대부분의 Z점수가 소수점을 지닌다는 단점이 있다. 이러한 단점을 보완하기 위한 T점수는 Z점수를 평균 50, 표준편차 10의 분포로 전환한 표준점수이다. T점수의 계산 공식은 다음과 같다.

$$T = 10 \times Z + 50$$

앞에서 예로 제시된 Z점수를 T점수로 바꾸면 다음과 같다.

$$T점수_{국어} = 10(-1) + 50 = 40$$
$$T점수_{수학} = 10(+1) + 50 = 60$$

Z점수와 T점수는 이론적으로 정교하고 유용한 척도임에는 분명하지만, 두 검사의 점수 분포가 서로 비슷한 모양을 이룰 때만 보다 적절한 비교가 가능하다는 단점이 있다.

4) 상관계수

상관(correlation)이란 두 변인 간의 관계를 의미하며 상관계수(correlation coefficient)는 두 가지 변인이 서로 관계되어 있는 정도를 나타내는 지수이다. 즉, 어떤 변인의 값이 변해 감에 따라서 다른 변인의 값이 얼마만큼 같이 변해 가는가의 정도를 나타낸다. 예를 들어, 지능지수를 하나의 변인으로 하고 학업성적을 다른 변인으로 보았을 때 지능지수와 학업성적 간의 관계를 상관계수로 알아볼 수 있다.

만약 지능지수가 높은 학생이 학업성적이 높거나 또는 지능지수가 낮은 학생이 학업성적이 낮은 경향이 있다면, 이 두 변인은 비례적인 관계로서 +부호를 가지는 정적(positive) 상관이 있다고 말한다. 반대로 지능지수가 높은 학생이 학업성적이 낮거나 지능지수가 낮은 학생이 학업성적이 높다면 이들은 반비례적인 관계로서 −부호를 지니는 부적(negative) 상관이 있다고 할 수 있다. 그리고 지능지수가 높은 학생의 학업성적이 높거나 낮거나 혹은 중간일 수도 있다면 두 변인 간의 상관은 0에 가까운 낮은 상관을 나타낸다고 말한다.

상관계수는 −1.00부터 +1.00 사이의 값을 가지며 일반적으로 정적 상관의 +는 표시하지 않는다. 상관계수의 절댓값이 크면 클수록 그만큼 상관의 정도가 큰 것을 의미하며 절댓값이 0에 가까워질수록 상관의 정도가 작아진다. 이 두 변인 X, Y 간의 상관관계를 산포도(scatterplot)를 통하여 나타낼 수 있는데 이런 산포도를 그려 보면 상관계수를 계산하지 않아도 상관의 방향과 상관계수의 크기를 짐작할 수 있다. 산포도를 통한 상관계수의 다양한 형태를 그려 보면 다음과 같다.

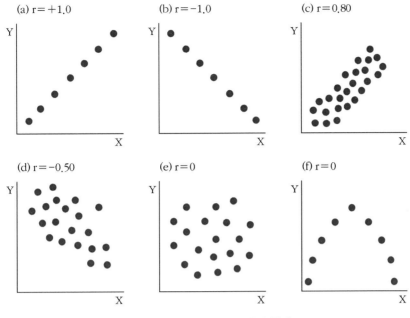

[그림 8-3] 상관계수의 여러 형태

상관계수의 종류에는 여러 가지가 있지만, 여기서는 일반적으로 많이 쓰이는 적률상
관계수(product moment correlation coefficient)를 알아보고자 한다. 적률상관계수는 보통
r로 표시하며 이를 구하는 구체적인 공식은 다음과 같다.

$$r_{XY} = \frac{d_X \cdot d_Y}{S_X \cdot S_Y} = \frac{\sum(X_i - \overline{X})(Y_i - \overline{Y})}{\sqrt{\sum(X_i - \overline{X})^2}\sqrt{\sum(Y_i - \overline{Y})^2}}$$

적률상관계수를 사용하기 위해서는 두 변인 모두 연속적인 특성을 지녀야 하며, 등간
척도나 비율척도에 의하여 측정되어야 한다는 전제조건이 있다. 특히 상관계수를 해석
할 경우에 유의할 점은 상관계수에는 등간성이나 비율성이 존재하지 않는다는 것이다.
예컨대 r=.20과 r=.30 간의 차이가 r=.40과 r=.50 간의 차이와 같다고 볼 수 없으며,
r=.40이 r=.20의 2배라고 할 수 없다.

3. 추리통계

연구자가 어떤 연구를 수행하는 경우에 여러 가지 이유로 인해서 연구대상의 전체 사례를 다루지 못하고 그 일부만을 뽑아서 연구하게 되는데 연구대상의 전체 대상을 모집단(population)이라고 하며, 실제 연구대상으로 뽑힌 일부를 표본(sample)이라 부른다.

추리통계(inferential statistics)는 모집단에서 추출된 표본을 분석하여 이를 기초로 모집단의 특성을 추정하는 통계학이다. 추리통계의 목적은 표본의 특성인 통계치(statistic)로부터 모집단의 특성을 나타내는 모수치(parameter)를 확률적으로 추정하는 데 있다.

추리통계에서는 사례 수가 아주 많은 모집단 전체를 분석하기에는 거의 불가능하거나 실용적이지 못하기 때문에 추출이 가능한 표본의 사례만을 사용하게 된다. 예를 들어, 우리나라 초등학교 5학년 학생들의 몸무게 평균을 알고자 할 때, 현실적으로 모든 학생의 몸무게를 조사할 수는 없다. 이런 경우에는 5학년 학생들을 대표할 수 있는 표본을 추출하여 그 표본을 대상으로 우리나라 초등학교 5학년 학생들의 몸무게 평균을 추정하는 것이 바람직하다.

특히 추리통계는 모집단의 분포에 따른 가정 여부에 따라 모수 통계와 비모수 통계로 구분된다. 모수통계(parametric statistics)란 모집단의 분포에 관한 어떤 가정에 입각한 통계적 방법인 반면에, 비모수통계(nonparametric statistics)는 모집단의 분포에 관하여 특정한 가정을 필요로 하지 않는다.

1) 통계적 오류

연구자는 가설검증의 마지막 단계에서 설정한 가설을 긍정하거나 부정하는 양자택일의 결정을 하게 된다. 그런데 만약 그 가설이 사실인데 부정하거나 반대로 거짓인데도 그것을 긍정하게 된다면 판단의 오류를 범하게 된다. 통계적 오류(statistical error)란 이와 같은 가설검증에 대한 확률적 판단에 따른 오류이다.

영가설의 진위 여부와 영가설의 수용, 기각에 대한 결정 판단은 〈표 8-3〉과 같이 네 가지 경우가 있다.

〈표 8-3〉	가설검증에 대한 경우의 수	
	영가설이 참인 경우	**영가설이 거짓인 경우**
영가설 채택	옳은 결정	제2종 오류(β)
영가설 기각	제1종 오류(α)	옳은 결정

통계적 오류에는 두 가지의 오류가 있다. 첫째는 영가설이 참인 경우에 이것을 기각함으로써 발생하는 오류로서 제1종 오류(Type I error) 혹은 α(alpha)라고 부른다. 이것이 연구에서 흔히 나타나는 유의도 수준(significance level)으로 α 혹은 p로 나타낸다. 대부분의 연구에서 일반적으로 유의도 수준을 .05 혹은 .01로 설정하고 있다. 둘째는 영가설이 거짓일 경우에 이것을 수용함으로써 발생하는 오류로 제2종 오류(Type II error) 혹은 β(beta)라 한다.

가설을 검증할 때 제1종 오류와 제2종 오류를 동시에 최소화시키는 것이 바람직하지만 이것은 불가능하다. 왜냐하면 이 두 오류 간에는 반비례 관계가 있으므로 어느 하나가 낮아지면 다른 하나는 높아지게 된다. 따라서 연구자는 이들 두 종류의 오류가 균형을 이루는 적당한 수준에서 오류의 수준을 결정하는 것이 바람직하다.

연구자는 대개 영가설을 기각하고 대립가설을 수용하기를 바란다. 이는 대립가설이 연구자가 주장하는 내용이나 기대를 담고 있는 가설이기 때문이다. 통계적 검증력(statistical power)은 영가설이 거짓일 때 영가설을 기각하고 대립가설을 수용하여 올바른 결정을 할 수 있는 정도를 의미한다. 통계적 검증력은 $(1 - \beta)$의 수식으로 나타낸다.

통계적 검증력을 높이기 위해서는 여러 방법이 있다. 첫째는 유의도 수준 α를 증가시켜야 하고, 둘째는 표본의 크기를 증가시키며, 끝으로 통계적 검증력이 있는 방법들을 활용하는 것이 바람직하다.

2) 수용역과 기각역

수용역(region of acceptance)이란 검증 통계치가 수용역에 속하는 영역으로 영가설을 채택하는 반면에, 기각역(region of rejection)은 검증 통계치가 수용역을 벗어나서 기각역에 속하므로 영가설을 기각하고 대립가설을 수용하는 영역이다. 다시 말해서 통계적 검증을 통하여 얻은 통계치가 기각역에 속한다면 연구자는 영가설을 기각하고 대립가설을 수용해야 한다. 그러나 획득한 통계치가 수용역에 속한다면 영가설을 수용해야 한다.

영가설의 수용역과 기각역은 결정치(critical value)를 기준으로 나누어지는데, 주어진 유의도 수준에서 영가설의 수용과 기각에 관련된 의사결정을 할 때 그 기준이 되는 점을 결정치라고 한다. 따라서 통계적 검증에서 얻은 통계치의 절대치가 결정치보다 같거나 크면 기각역에 속하게 되므로 영가설을 기각하고, 통계치의 절대치가 결정치보다 작으면 수용역에 속하게 되므로 영가설을 수용하면 된다.

그러므로 연구자는 표본에서 얻은 통계치가 수용역에 속하는지, 아니면 기각역에 속하는지를 확률에 따라 판단한 후에 "몇 %의 수준에서 통계적으로 유의하게 다르다 혹은 다르지 않다."라고 결론을 내리면 된다. 수용역과 기각역을 그림으로 나타내면 [그림 8-4]와 같다.

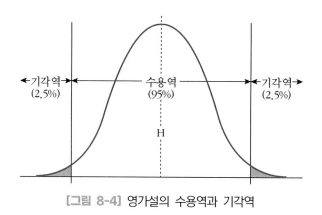

[그림 8-4] 영가설의 수용역과 기각역

3) 양측검증과 단측검증

대립가설을 어떻게 설정하는가에 따라서 가설검증의 기준이 되는 기각역이 달라지게 되며, 이에 따라 양측검증과 단측검증이 있다.

양측검증(two-tailed test)은 분포의 양쪽을 모두 고려하여 기각역을 정하여 가설검증을 하는 것으로 분포의 어떤 방향을 규정하지 않고 기각역이 설정되므로 비방적 검증(unidirectional test)이라고 한다. 이에 반하여 단측검증(one-tailed test)은 분포의 한쪽만 고려하여 기각역을 정해 가설검증을 하는 것으로 방향적 검증(directional test)이라고도 한다.

예를 들어, 모집단의 평균과 표본의 평균이 같다는 영가설 $H_0 : \mu = \mu_0$에 대하여 다음의 (a), (b), (c)라는 세 가지 경우의 대립가설이 생기게 된다. [그림 8-5]에서는 대립가설의 유형에 따라 기각역이 어떻게 결정되는지를 나타내고 있다.

   (a) $H_1 : \mu \neq \mu_0$ 모집단의 평균과 표본의 평균은 같지 않다.

   (b) $H_1 : \mu < \mu_0$ 모집단의 평균은 표본의 평균보다 작다.

   (c) $H_1 : \mu > \mu_0$ 모집단의 평균은 표본의 평균보다 크다.

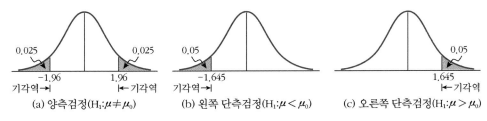

[그림 8-5] 세 가지 대립가설에 따른 기각역

　대립가설 (a)는 모집단과 표본의 평균 중 어느 쪽이 크든 작든 간에 관계없이 단순히 같지 않다고 진술하고 있다. 이런 경우는 [그림 8-5]의 (a)처럼 분포의 양쪽 끝에 있는 모든 기각역을 고려해야 한다. 그러므로 만약 유의도 수준을 α로 한다면 양쪽의 모든 기각역을 고려해야 하므로 각각의 면적은 $\alpha/2$가 된다.

　그러나 대립가설 (b)와 (c)는 모집단의 평균이 표본의 평균에 비해 큰지 혹은 작은지에만 관심이 있으므로 만약 유의도 수준을 α로 하였다면 α의 면적이 한쪽에만 놓여지게 된다. 즉, 한쪽의 α만으로 기각역을 설정하고 가설을 검증하게 된다. 대립가설 (b)와 (c)의 기각역은 [그림 8-5]의 (b)와 (c)에 각각 해당된다.

4. 통계분석방법

　다음으로 연구문제나 가설에 따른 자료분석과정에서 가장 빈번하게 사용되는 몇 가지 통계적 분석방법을 간략히 제시한다. 각 통계적 분석방법에서 사용되는 공식에 대한 수리적 유도과정 등을 알고자 한다면 통계적 분석만을 다루고 있는 별도의 통계학 책을 찾아볼 것을 권한다.

1) Z 검증

Z 검증은 Z 분포에 의하여 가설을 검증하는 통계적 방법으로 모집단의 표준편차(σ)를 아는 경우에만 사용된다. 특히 Z 검증의 과정에서는 모집단의 평균과 표본이 평균 간의 차이를 표준오차의 비율로 계산하기 때문에 CR(critical ratio) 검증이라고도 한다.

Z 분포 혹은 정규분포곡선(normal distribution curve)이란 하나의 꼭지점을 가진 종 모양의 좌우 대칭적인 분포로서 평균과 표준편차라는 두 가지 수치에 의해서 규정된다. 어떤 분포의 원점수를 표준점수 Z로 바꾸면 이 Z 점수의 분포는 평균이 0이고 표준편차가 1인 표준정규분포(standard normal distribution)를 이루게 된다.

어떤 표본에서 산출된 평균치와 그 표본이 속한 모집단의 평균치 간 차이에 대한 유의성 검증, 즉 평균의 표집분포가 정규분포를 이룰 경우에 단일평균에 대한 모수치의 추정을 위한 통계적 가설 및 계산 공식은 다음과 같다.

$$H_0 : \mu = \text{모집단의 평균으로 알려진 어떤 수치}$$
$$H_1 : \mu \neq \text{모집단의 평균으로 알려진 어떤 수치}$$

$$Z = \frac{\overline{X} - \mu}{\sigma_{\overline{X}}} = \frac{\overline{X} - \mu}{\sigma / \sqrt{n}}$$

예를 들어, 연구자가 어느 대학교의 대학생 평균지능이 전국의 대학생 평균지능과 유의한 차이가 있는지의 여부에 관심이 있다고 하자. 그리고 표본의 사례 수를 100명으로 한다면 그 대학교의 학생들 중에서 100명을 무선표집하여 지능검사를 실시한 후 평균을 계산한 결과는 105점이었다. 또한 지능검사 요강(manual)에 따라 모집단의 평균과 표준편차가 각각 100점과 16점이었다면 이 연구에 대한 Z 검증 결과는 다음과 같다.

$$H_0 : \mu = 100$$
$$H_1 : \mu \neq 100$$

$$Z = \frac{\overline{X} - \mu}{\sigma / \sqrt{n}} = \frac{105 - 100}{16 / \sqrt{100}} = 3.13$$

만약 유의도 수준 .05에서 통계적 검증을 한다면 Z 결정치는 ±1.96이므로 Z 통계치인 3.13은 기각역에 속한다. 따라서 연구자는 영가설을 기각해야 하며 지능검사에 대한 이 학생들의 능력 평균이 전국 학생들의 능력 평균과 차이가 있다는 결론을 내릴 수 있다.

Z 검증을 사용하는 데 유의할 점은 분석될 측정치가 등간척도 또는 비율척도로 측정되어 얻어진 값이어야 하며, 명명척도나 서열척도의 자료에는 사용할 수 없다는 것이다.

2) t 검증

t 검증은 모집단의 표준편차(σ)를 알지 못할 경우에 사용되며, 정규분포가 아닌 t 분포를 근거로 통계적 추리를 하게 된다. Student의 t 분포라고도 불리우는 t 분포는 종 모양으로 t=0에서 좌우대칭을 이루며 t 분포의 모양을 결정하는 것은 자유도(degree of freedom: df, ν)이다.

자유도란 어느 집단의 측정치 중에서 자유롭게 선택될 수 있는 측정치의 수로서 표본의 사례 수(n)에서 1을 뺀, 즉 (n−1)을 의미한다. 다시 말해서 자유도란 자료에 의해서 주어진 조건하에서 독립적으로 자유롭게 변화할 수 있는 점수의 수를 뜻한다. 예를 들어, 사례 수가 10인 자료에서 그 평균을 구하였을 경우에는 10개의 측정치 중 9개만 정해지면 나머지 1개는 자동적으로 정해지므로 이 경우의 자유도는 n−1=9가 된다.

t 분포의 형태는 자유도에 따라서 달라지게 되며, 자유도가 점차 커질수록 정규분포에 가깝게 된다. 자유도 2, 5 및 무한대(∞)인 경우 t 분포는 [그림 8-6]에 나타나 있다.

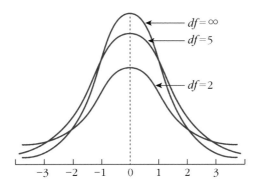

[그림 8-6] 자유도가 다른 3가지 경우의 t 분포

t 분포는 자유도에 의해서 결정되는 분포로서 정규분포에 비하여 분포의 양쪽 끝은 약간 올라간 반면에 분포의 중앙부는 정규분포보다 다소 낮은 모양을 나타낸다. 특히 자유도가 무한한 경우, 다시 말해서 사례 수가 무한히 클 경우의 t 분포는 정규분포와 일치하는 반면에 자유도가 줄어듦에 따라 t 값은 증가하면서 정규분포로부터 이탈되어 간다. 대체적으로 자유도가 100 이상이면 t 분포와 정규분포는 별 차이가 없는 반면에 100 이하가 되면 차이가 생기게 되고, 자유도가 30 이하인 소표집에서는 큰 차이가 생기게 된다.

어떤 표본에서 나온 평균치와 그 표본이 속한 모집단의 평균치 간의 차이에 대한 유의성 검증, 다시 말해서 평균의 표집분포가 t 분포를 이룰 경우에 단일평균에 대한 모수치의 추정을 위한 계산 공식은 다음과 같다.

$$t = \frac{\overline{X} - \mu}{s_{\overline{X}}} = \frac{\overline{X} - \mu}{s/\sqrt{n}}$$

예를 들어, 어떤 표준화 적성검사의 모집단 평균이 50점인 경우에 한 학교에서 20명의 학생을 표집하여 조사하였더니 이들의 평균이 48점이고 표준편차가 5점이었다고 하자. 유의도 수준 .05에서 이 학생들이 평균이 모집단의 평균과 차이가 있는지 혹은 없는지를 검증한 결과는 다음과 같다.

$$H_0 : \mu = 50$$
$$H_1 : \mu \neq 50$$

$$t = \frac{\overline{X} - \mu}{s/n} = \frac{48 - 50}{5/\sqrt{20}} = -1.79$$

유의도 수준 .05 및 자유도 19에서의 t 결정치는 ±2.09이므로 t 통계치인 −1.79는 수용역에 속하기 때문에 영가설을 수용해야 한다. 따라서 적성검사에 대한 이 학생들의 능력평균이 전국 학생들의 능력평균과 차이가 없다는 결론을 내릴 수 있다.

다음은 모집단 1과 모집단 2의 평균이 각각 μ_1과 μ_2라고 가정했을 때, 모집단 1에서 n_1개의 표본을 추출하여 평균 $\overline{X}_1$을, 모집단 2에서 n_2개의 표본을 추출하여 평균 $\overline{X}_2$를 얻었다고 하자. 이렇게 해서 얻은 두 표본평균 간의 차이의 표집분포가 $[(n_1 - 1) + (n_2 - 1)]$ $= (n_1 + n_2 - 2)$개의 자유도를 가진 t 분포를 이룰 경우에 이들 평균의 차이에 대한 모수치의 추정을 위한 통계적 가설 및 계산 공식은 다음과 같다. 즉, 독립적인 두 표본평균 간의 차이에 대한 t 검증 공식은 다음과 같다.

$$H_0 : \mu_1 = \mu_2$$
$$H_1 : \mu_1 \neq \mu_2$$
$$t = \frac{\overline{X}_1 - \overline{X}_2}{\sqrt{\dfrac{S_1^2}{n_1} + \dfrac{S_2^2}{n_2}}}$$

예를 들어, 어느 중학교 2학년 남학생과 여학생을 각각 20명씩 추출하여 수학시험을 치른 결과 남학생의 평균 및 표준편차가 70, 12, 그리고 여학생의 평균 및 표준편차가 60, 15이었다고 하자. 유의도 수준 .05에서 남 · 여학생 간 수학시험 점수의 평균이 유의미한 차이가 있는지를 알기 위하여 t 값을 산출한 결과는 다음과 같다.

$$t = \frac{60 - 70}{4.29} = -2.33$$

유의도 수준 .05, 자유도 38에서의 t 결정치는 ±2.02이므로 t 통계치인 −2.33은 기각역에 속하기 때문에 영가설을 기각한다. 그러므로 수학시험에 대하여 남학생과 여학생의 평균이 같지 않기 때문에 남학생과 여학생 간에는 수학에 대한 평균능력의 차이가 있다는 결론을 내릴 수 있다.

t 분포를 사용하기 전에는 다음의 세 가지 가정을 먼저 충족시켜야 한다. 첫째, 측정치가 적어도 등간척도 혹은 비율척도로 측정되어 얻어진 값이어야 한다. 둘째, 표집한 모집단이 정규분포를 이루어야 하며 셋째, 평균들의 차이를 검증할 경우에는 이들 두 모집단이 서로 동일한 변량(homogeneity of variance)을 지녀야 한다는 것이다.

3) F 검증

어떤 연구에서는 두 집단 간의 차이에 대한 비교뿐만 아니라 여러 집단의 통계치들을 동시에 비교해야 할 필요가 생긴다. 이때 적용할 수 있는 F 검증은 F 분포에 기초한 통계적 기법으로 변량분석(analysis of variance: ANOVA)이 사용된다.

가령 평균 μ, 변량 σ^2인 정규분포의 모집단에서 2개의 표본을 n_1, n_2개의 사례 수로 각각 추출하였다고 했을 때 얻어지는 두 표본의 변량을 각각 s_1^2, s_2^2이라 하자. 이들의 변량 비와 그 분포를 각각 F 값 및 F 분포라고 하는데 F 검증은 집단 간 및 집단 내 변량을 비교하는 과정을 통하여 이루어진다.

F 분포는 2개의 자유도 $(n_1 - 1) = v_1$과 $(n_2 - 1) = v_2$에 의하여 결정되는 분포로서 v_1과 v_2는 각각 변량비의 분자와 분모의 자유도를 나타낸다.

변량분석은 독립변인의 수에 따라 분석방법이 달라진다. 특히 한 개의 독립변인이 두 가지 이상의 수준을 가질 때, 종속변인의 평균 간 유의한 차이가 있는지를 검증하려는 방법을 일원변량분석(one-way ANOVA)이라고 한다. 일원변량분석에서 만약 J개의 표본평균 간의 차이가 없고 이들 평균이 모집단의 평균과 같다는 영가설과 표본평균과 모집단의 평균 간에는 차이가 있다는 대립가설을 통계적 가설로 나타내면 다음과 같다.

$$H_0 : \mu_1 = \mu_2 = \cdots = \mu_j = \mu$$
$$H_0 : \mu_i \neq \mu_j \text{ 인 } i \text{와 } j \text{가 존재한다.}$$

J개 집단에서 각 집단의 사례 수를 각각 $n_1, n_2, \cdots, n_j$로 표기한다면 $n_1 + n_2 + \cdots + n_j = N$(전체 사례 수)이 될 것이다. 따라서 X_{ij}는 j번째 집단의 i번째 사람의 측정치를 나타내게 된다. 예컨대 X_{34}는 네 번째 집단의 세 번째 사람에 대한 측정치를 의미한다.

변량분석은 각각 산출된 두 모집단의 추정 변량들 간의 비교에 근거를 두고 있다. 첫째 변량은 집단 내(within group) 각각의 측정치가 개별 집단의 평균으로부터 산출된 변량을 의미하며 둘째 변량은 집단 간(between group) 평균들이 모든 측정치의 전체 평균($\overline{X_{..}}$)에 대하여 가지는 변량을 나타낸다.

첫째 변량은 각 측정치가 소속 집단의 평균으로부터 가지는 편차를 제곱하여 합한 것으로 이를 집단 내 자승화(within group sum of squares: SS_w)라고 부른다. 그리고 각 집단마다 $(n-1)$개의 자유도를 가진다면 J개 집단의 자유도는 $J(n-1) = nJ- J = N- J$가 된다. 그리고 집단 내 자승화를 J개 집단의 합한 자유도(df_w)인 $(N- J)$로 나누게 되면 집단 내 평균자승화(within group mean square: MS_w)를 구할 수 있다.

둘째 변량은 각 집단의 평균과 전체 평균 간의 편차를 제곱하여 합한 것으로 이를 집단 간 자승화(between group sum of squares: SS_b)라고 한다. 그리고 J개의 집단이 있다면 $(J-1)$개의 자유도가 생기므로 집단 간 자승화를 $(J-1)$의 자유도(df_b)로 나눈 것이 집단 간 평균자승화(between group mean square: MS_b)가 된다.

앞의 첫째 변량과 둘째 변량, 즉 집단 내 변량과 집단 간 변량을 합하게 되면 전체 변량을 구할 수 있다. 다시 말해서 모든 측정치와 전체 평균 간의 편차를 제곱하여 더함으로써 전체 자승화(total sum of squares: SS_t)가 된다. 전체 자승화를 $(N-1)$의 자유도(df_t)로 나누면 전체 변량(total variance)를 얻게 된다. 전체, 집단 간, 집단 내 자승화 및 자유도 간에는 다음과 같은 관계를 가지며, 이들 자승화를 계산하는 공식은 다음과 같다.

$$SS_t = SS_w + SS_b, \, df_t = df_w + df_b$$
$$SS_t = \sum_j \sum_i (X_{ij} - \overline{X})^2, \, SS_w = \sum_j \sum_i (X_{ij} - \overline{X}_j)^2, \, SS_b = \sum_j \sum_i (X_j - \overline{X})^2$$

구체적인 F 검증 통계치의 값은 다음과 같이 구할 수 있으며, 주어진 유의도 수준에서 2개의 자유도에 근거한 결정치를 찾아 이들 값을 비교함으로써 가설검증을 하면 된다.

$$F = \frac{MS_b}{MS_w}$$

변량분석의 기본 가정으로는 다음과 같은 가정이 먼저 충족되어야 한다. 첫째, J개의 수준을 나타내는 각각의 모집단은 정규분포를 이루고 있어야 한다. 둘째, 표본들이 속한 각 모집단의 변량이 같아야 하는, 즉 동변량성이어야 하는데 이는 각 집단이 동일한 사례 수를 갖도록 함으로써 가능해진다. 셋째, 모든 표집은 무선적이고 상호독립적이어야 한다. 만약 이 가정을 위반하면 앞의 두 가정보다도 변량분석에 있어 심각한 오류가 생기게 된다.

4) χ^2 검증

앞에서 설명한 Z 검증, t 검증, F 검증은 모집단의 분포에 관한 어떤 가정에 입각한 통계적 방법으로 모수통계인 반면에 χ^2(chi-square) 검증은 모집단의 분포에 관한 특정한 가정을 하지 않는 면에서 비모수통계라고 한다.

χ^2 검증은 수집된 자료가 빈도로 주어졌을 때 적용할 수 있는 통계적 검증방법으로 가장 대표적인 것은 분할표(contingency table)를 이용하여 검증하는 것이다. 분할표란 연구대상 전체를 두 가지 분류기준에 의하여 구분하여 각 칸에 해당하는 빈도를 조사하여 기록한 표이다. $r \times c$ 분할표라 하면 한 분류기준에 의하여 r개의 행으로 구분하고, 다른 분류기준에 대하여 c개의 열로 구분한 표를 의미한다.

χ^2 검증은 χ^2 분포에 기초한 통계적 방법으로 χ^2 분포는 t 분포와 마찬가지로 하나의 자유도에 의하여 결정되는 분포이다. 분할표를 사용한 χ^2 분포의 자유도를 결정하는 것은 분할표 칸의 수로서 자유도를 산출하는 공식은 다음과 같다.

$$df = (r-1) \times (c-1)$$

r: 행(row)의 수
c: 열(column)의 수

χ^2 분포에서는 자유도가 작을수록 왼쪽으로 크게 분포되는 비대칭의 모양을 이루고 오른쪽으로 긴 꼬리를 가지며 항상 양수의 값만을 가진다. 그리고 자유도가 클수록 χ^2 분포는 대칭적이며 종 모양의 분포에 가깝게 된다. 특히 자유도가 30 이상이면 정규 분포의 형태를 취하게 된다. 이는 [그림 8-8]에 잘 나타나 있다.

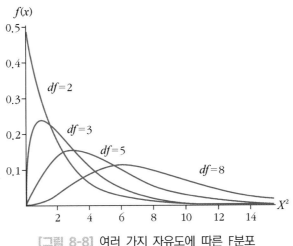

[그림 8-8] 여러 가지 자유도에 따른 F분포

자유도가 2 이상일 경우의 χ^2 통계치의 계산 공식은 다음과 같다.

$$\chi^2 = \sum \frac{(O_i - E_i)^2}{E_i}$$

O_i: i번째 교차 부분에 있어서의 관찰빈도(observed frequency)
E_i: i번째 교차 부분에 있어서의 기대빈도(expected frequency)

그러나 자유도가 1인 경우에는 χ^2 분포의 연속성을 위한 교정을 해야 하며, 이를 위한 계산 공식은 다음과 같다.

$$\chi^2 = \sum \frac{(|O_i - E_i - 1/2|)^2}{E_i}$$

공식에서 보듯이 χ^2은 관찰빈도(O)와 기대빈도(E)의 차이를 제곱한 것을 각각의 기대 빈도로 나누어서 합한 것이다. 관찰빈도는 각각의 칸(cell)에 해당되는 실제 빈도이며, 기대빈도는 그 칸이 속하는 행의 합과 열의 합을 곱하여 전체 빈도로 나누어 구하면 된다. 관찰빈도와 기대빈도의 차이가 많으면 많을수록 χ^2 값은 커지는 반면에 두 빈도 간의 차이가 작으면 작을수록 χ^2 값은 작아지게 된다.

특히 χ^2 검증은 두 유목변인 간의 독립성에 대한 검증하는 데 흔하게 사용된다. 즉, 두 유목변인들이 서로 의미가 있는 상관관계에 있는지 혹은 관계가 없는 독립적인지를 검증한다. 따라서 이런 경우의 영가설과 대립가설은 다음과 같이 진술한다.

H_0 : 두 변인은 서로 독립적으로 상관이 없다.

H_1 : 두 변인은 서로 독립적이 아니며 상관이 있다.

예를 들어, 200명의 대학생들을 대상으로 성별과 전공계열 간의 관계를 조사하여 〈표 8-9〉와 같은 교차표를 얻었다 하자. 이때 χ^2 값은 다음과 같이 계산된다.

〈표 8-9〉 성별·전공계열에 대한 관찰 및 기대빈도

	인문계	자연계	예능계	합계
남자	25(27)	73(60)	22(33)	120
여자	20(18)	27(40)	33(22)	80
합계	45	100	55	200

$$\chi^2 = \sum \frac{(O_i - E_i)^2}{E_i} = \frac{(25-27)^2}{27} + \frac{(20-18)^2}{18} + \cdots + \frac{(33-22)^2}{22}$$
$$= 0.15 + 0.22 + \cdots + 5.5 = 16.59$$

이 경우에 자유도는 산출 공식에 따라 $(2-1) \times (3-1) = 2$가 되고 유의도 수준을 .05로 한다면, χ^2 결정치는 5.99이다. 따라서 χ^2 통계치는 16.59로서 결정치인 5.99보다 크기 때문에 기각역에 속하므로 영가설을 기각하게 된다. 그러므로 연구자는 성별과 전공계열 간에는 서로 상관이 있다는 결론을 내릴 수 있다.

다음에는 2×2 분할표로서 자유도가 1인 경우의 예를 들어 보자. 가령 200명의 초등학교 학생 중에서 무선표집한 100명을 대상으로 독감 예방접종을 한 후에 독감에 걸린 학생과 걸리지 않은 학생들의 수를 조사한 결과가 〈표 8-10〉과 같다고 하자. 연구자가 독감 예방접종과 독감 감염 여부는 서로 관계가 있는지 혹은 없는지를 검증한 결과는 다음과 같다.

〈표 8-10〉 예방접종과 감염 여부의 관찰 및 기대빈도			
	접종	미접종	합계
감염	22(44)	66(44)	88
미감염	78(56)	34(56)	112
합계	100	100	200

$$\chi^2 = \sum \frac{(|O_i - E_i| - 1/2)^2}{E_i} = \frac{(|22-44|-1/2)^2}{44} + \frac{(|66-44|-1/2)^2}{44}$$

$$+ \frac{(|78-56|-1/2)^2}{56} + \frac{(|34-56|-1/2)^2}{56}$$

$$= 10.51 + 10.51 + 8.25 + 8.25 = 37.52$$

마찬가지로 χ^2 통계치 37.52는 자유도가 1이고 유의도 수준 0.05에서의 χ^2 결정치인 3.84보다 크기 때문에 기각역에 속하므로 영가설을 기각하게 된다. 따라서 연구자는 독감 예방접종과 독감 감염 여부 간에 서로 상관이 있다고 결론을 내릴 수 있다. 즉, 독감 예방에 대한 독감 예방접종의 효과성을 인정할 수 있다.

χ^2 검증의 제한점으로는, 첫째, 아무리 적은 기대빈도라 하더라도 기대빈도는 모든 칸에서 적어도 5 이상이어야 한다. 따라서 기대빈도의 수가 5보다 적으면 표본의 사례 수를 증가시켜야 한다. 둘째, 각 칸에 있는 관찰빈도는 다른 칸의 관찰빈도와는 서로 독립적이어야 한다. 즉, 동일 대상을 여러 칸에 반복적으로 분류해서는 안 된다는 것이다.

 5. 통계적 가설검증의 절차

통계적 검증(statistical test) 혹은 유의도 검증(significance test)이란 표본에서 얻은 사실을 기초로 하여 모집단에 대한 가설이 맞는지 혹은 틀리는지를 통계적으로 검증하는 것을 의미한다. 여기서는 통계적 검증의 절차를 5단계로 나누어 설명한다.

1) 1단계: 가설의 설정 및 진술

연구에서는 변인들 간의 어떤 관계에 대한 사실을 잠정적 진리로 두고 그 잠정적 진리에 대하여 기각하거나 수용하는데, 이와 같이 연구에서 유도하는 잠정적 진리를 가설이라고 한다. 그렇다면 각 연구에서는 2개의 진리인 사실을 가설이라 하며, 이를 영가설 및 대립가설로 설정한다.

연구자가 통계적 가설의 형태로 영가설과 대립가설을 진술할 때 유의할 점은 모집단의 특성에 대한 잠정적 진술이므로 항상 모수치로 표기해야 한다는 것이다. 왜냐하면 가설검증은 모집단의 특성을 추리하는 것이기 때문이다.

통계적 가설의 구체적인 진술 방식은 상관연구인가, 조사연구인가 혹은 실험연구인가에 따라 차이가 있다. 또한 실제 연구보고서에서는 영가설은 진술되지 않으며 대립가설만 진술된다. 다음의 예를 참고하자.

- 중학생의 자아개념과 시험불안 간에는 정적 상관이 있을 것이다(상관연구).
- 교직경력이 높은 교사는 교직경력이 낮은 교사에 비하여 체벌을 찬성하는 비율이 높을 것이다(조사연구).
- A교수 방법을 적용한 집단은 B교수 방법을 적용한 집단에 비하여 학업성적이 높을 것이다(실험연구).

2) 2단계: 통계적 방법의 선택

연구자는 가설검증을 위하여 적절한 통계적 방법을 선택한다. 앞선 통계적 분석방법에서 살펴본 것처럼 자료가 연속적 변인의 자료인 동시에 모집단의 특성이 정규분포라는 가정이 충족되는 경우 모수적 통계방법을 사용하며, 그렇지 않는 경우에는 비모수적 통계방법을 선택한다. 더불어 동일하게 모수적 통계방법을 사용한다 하더라도 구체적으로 표본의 크기, 변인의 측정수준, 독립변인이 지닌 하위 유목의 수 등에 따라 각기 다른 통계적 방법이 사용된다. 앞서 살펴본 Z 검증, t 검증, F 검증, χ^2 검증 등이 연구에서 가장 많이 사용되는 통계적 방법이다.

3) 3단계: 유의도 수준의 결정

검증을 위한 통계적 방법이 정해지면 유의도 수준을 결정한다. 이에 따라 영가설의 기각역도 정해진다. 일반적으로 사회과학 분야에서는 $\alpha = .05$ 또는 $\alpha = .01$의 유의도 수준을 택하지만, 제1종 오류와 제2종 오류를 고려하여 결정하는 것이 바람직하다. 물론 연구의 이론적 배경이 강하면 유의도 수준을 더 낮출 수도 있다.

의사결정의 기준이 되는 유의도 수준은 연구가 시작되기 전에 미리 연구자에 의하여 결정되어야 한다. 그리고 일단 유의도 수준이 정해지면 가설검증에 있어 결정치를 중심으로 영가설의 기각역과 수용역이 결정한다. 가설에 따라 단측검증을 할 것인지 양측검증을 할 것인지도 이 단계에서 결정해야 한다.

4) 4단계: 검증 통계치의 계산

수집된 자료 및 가설에 따라 적합한 통계적 방법을 적용하여 검증 통계치를 실제로 계산하는 단계이다. 표본의 표집분포가 표본의 크기, 변인의 측정수준, 독립변인이 지닌 하위 유목의 수 등을 고려하여 어떤 분포(Z, t, F, χ^2 등)를 이루느냐에 따라서 그에 알맞은 검증 통계치를 계산한다. 특히, 두 평균의 차이에 대한 유의도 검증을 할 경우에는 표집한 표본들이 상호독립적인가 또는 종속적인가 등과 같이 부가적인 조건들도 함께 고려하여 적절한 검증 통계치를 계산해야 한다. 왜냐하면 표본 간의 독립성 여부에 따라 두 평균 간의 차이에 대한 표준오차를 계산하는 공식이 서로 다르기 때문이다.

5) 5단계: 가설의 검증 및 해석

표본에서 산출한 검증 통계치가 설정해 놓은 기각역에 속하면 영가설을 기각하고 대립가설을 수용하며, 수용역에 속하면 영가설을 수용한다. 그 결과 연구자는 "몇 %의 유의도 수준에서 통계적으로 유의하게 다르다 또는 다르지 않다."라고 보고하게 된다.

여기에서 유의해야 할 점은 통계적 유의성(statistical significance)과 실제적 유의성(practical significance)은 반드시 일치하지 않는다는 사실이다. 통계적 유의성이란 연구자가 얻은 어떤 검증 통계치가 자신이 설정한 유의도 수준에 입각하여 판단해 볼 때, 영가설을 기각할 만큼 유의한 것을 뜻한다. 이에 반해 실제적 유의성이란 실제적 상황에서 얻은 통계치가 의미가 있는지를 말한다. 즉, 통계적으로 유의한 차이란 표본에서 얻은 통계치의 차이가 표집오차로 인한 것이 아니라는 것이지 반드시 실제적으로 유의하다는 것을 의미하지는 않는다.

그러므로 연구자가 통계적 검증에서 얻은 검증 통계치를 가지고 영가설을 기각하였다고 해서 반드시 실제적으로도 그 검증 통계치가 의미가 있다고는 할 수 없음을 알아야 한다. 예를 들어, 어떤 연구결과가 통계적으로 매우 유의하더라도 실제적으로는 아무런 가치가 없을 수도 있으며 또는 그 반대의 경우가 발생할 수 있다. 어떤 결과가 통계적으로나 실제적으로 모두 유의할 경우 이를 의미 있는 차이(meaningful difference)라고 부른다.

6) 통계적 분석 준거

- 영가설과 대립가설의 설정은 연구목적과 일치하는가?
- 연구가설에 맞는 적절한 통계적 방법을 선택했는가?
- 척도의 종류가 분석방법에 적절한가?
- 적절한 유의도 수준을 설정했는가?
- Z 검증에서 모집단의 표준편차를 알 수 있는가?
- t 검증과 F 검증에서 데이터가 정규분포임을 확인했는가?
- t 검증과 F 검증에서 데이터가 등분산임을 확인했는가?
- t 검증과 F 검증에서 데이터의 표집이 독립적인가?
- t 검증, F 검증, χ^2 검증에서 자유도를 확인했는가?
- 통계적 유의성과 실제적 유의성에 따라서 적절하게 해석했는가?

제9장 기술연구

기술연구(descriptive research)의 가장 기본적인 형태는 자연이나 인위적인 현상에 대한 기술이다. 기술연구에서는 관심을 갖는 하나 이상의 현상에 대하여 정확하고 체계적으로 기술해 내는 것을 목표로 하며 이를 위해 연구대상에 대한 체계적인 자료수집을 한다. 이후 양적 혹은 질적 분석을 통하여 현상의 주요 특징들을 요약한다.

양적 기술연구 유형으로 조사연구나 발달연구가 대표적인 기술연구에 속하며 상관연구, 인과비교연구, 실험연구까지도 기술연구에 포함될 수 있다. 상관연구나 인과비교연구에서 추구하는 변인 간의 상관이나 인과관계에 대한 설명 또한 기본적으로 단일 현상이나 변인에 대한 사실적인 기술이 선행된 이후에야 가능한 과제이기 때문이다. 이렇게 본다면 모든 연구는 항상 기술연구의 성격을 함축하고 있다.

질적 연구 유형에 속하는 사례연구, 내용분석연구, 문화기술지 또한 기술연구에 해당될 수 있다. 사람들이 공유하는 의식이나 사상이 갖는 의미에 대한 정확한 기술이란 질적 연구가 추구하는 중요한 목표의 하나이기 때문이다.

이 장에서의 기술연구는 기술통계의 방법을 사용하여 어떠한 현상이나 변인에 대하여 탐색하는 조사연구, 발달연구, 상관연구로 제한하여 기술연구를 살펴보고자 한다. 사례연구나 내용분석연구, 문화기술지는 이미 양적 연구와는 패러다임을 달리하는 질적 연구의 한 유형으로 자리를 잡고 있어 별도의 장으로 제시하고자 한다.

1. 조사연구

1) 정의

조사연구(survey research)는 교육 연구자들이 행하는 가장 보편적인 연구의 한 가지 형태이다. 따라서 조사연구는 표집을 통해서 사회학적 변인과 심리학적 변인의 상대적 영향력, 분포 및 상호 관계성을 밝히며, 설문지나 면접과 같은 직접적인 접촉을 통해서 특정 문제의 속성이나 행동, 태도를 연구하여 전집에 대한 정보를 수집한다.

조사연구에서는 구안된 질문에 대하여 많은 사람의 응답을 얻어 내는 것이 중요하다. 조사연구에서는 대개 전집의 특성이나 양상을 기술하기 위하여 표집으로부터 나온 정보를 사용하며, 이러한 정보가 조사의 자료가 되고 자료가 갖는 통계적 성질에 따라 모집단을 추론한다. 그러므로 대개의 경우 조사연구라고 하면 일반적으로 표본조사를 지칭한다.

조사연구는 조사의 목적에 따라 사실 발견을 위한 조사, 가설검증을 위한 조사, 규준을 만들기 위한 조사가 있으며, 자료수집의 방법에 따라 면접조사, 우편조사, 전화조사, 설문지조사의 형태로 나누어 볼 수 있다. 그리고 조사연구의 목적은 대체로 탐색, 기술, 설명의 목적으로 사용된다.

조사연구는 인과관계가 아니라 단순한 관계의 취급이라는 점에서 상관을 다룬다고 할 수 있다. 따라서 여러 가지 조사, 사례연구, 기록문서연구를 통해서 변인들이 얼마나 밀접하게 관련되어 있는가를 알려 줌으로써 예언의 목적이 달성된다고 보며, 이러한 조사연구의 방법으로 횡단적 연구와 종단적 연구가 있다.

2) 조사목적에 따른 종류

(1) 사실 발견을 위한 조사

어떤 집단의 특성이나 사건, 현상의 성질에 대하여 있는 그대로의 사실을 알아보기 위하여 실시하는 연구이다. 특히 객관적인 사실을 알아보기 위한 조사를 실태조사라고 하며, 가정환경조사, 학교조사, 지역사회조사 등이 여기에 속한다. 어떤 사실이나 대상에 대하여 개인이 가지고 있는 의견이나 태도를 조사하는 것이며, 이는 주관적 사실을 밝혀내기 위한 조사에 해당한다.

(2) 가설검증을 위한 조사

가설검증이란 인과관계를 설명하기 위한 방법으로, 이론적 근거에 의하여 변인들 간에 어떤 관계가 가정되었을 때 이것을 실증적으로 긍정 또는 부정하는 연구를 말한다. 예컨대, "TV 폭력물 프로그램은 청소년의 폭력 사용을 유발할 것이다."라는 가설의 사실여부를 검증하는 연구가 여기에 해당한다.

(3) 규준을 만들기 위한 조사

어떤 조건이나 상태 등을 결정할 목적으로 하는 조사이다. 예컨대 취학 전 아동들의 연령별 신장이나 체중과 같은 신체적 발달의 규준을 조사하는 연구라든지, 새로 개발한 표준화 심리검사의 남학생 및 여학생의 규준을 만들기 위해 실시되는 연구가 여기에 해당한다.

3) 자료수집 방법에 따른 종류

(1) 면접조사

조사자료를 수집하기 위해서 개인면접이 사용될 때는 훈련된 면접자들이 질문을 실시한다. 개인면접은 우편조사보다 질문을 하는 데 있어서 훨씬 융통성이 많다. 개인면접에서 응답자는 불분명한 질문을 분명하게 할 수 있으며, 훈련된 면접자는 개방형 질문에 대하여 불완전하거나 애매한 응답을 확실하게 물어볼 수 있고, 질문의 순서를 통제하여 모든 응답자들이 동일한 순서로 설문지를 완성하도록 할 수 있다. 그러나 개인면접은 훈련된 면접자를 이용하는 데 비용이 많이 들며, 면접자가 편파적일 가능성이 있다.

(2) 우편조사

우편조사는 응답자에게 설문지를 배부하는 가장 보편적인 수단이다. 우편조사는 비교적 신속하고 광범위한 지역에 대하여 실시할 수 있으며, 면접자의 편파성 문제를 방지할 수 있다. 그러나 우편조사는 응답자들의 협력을 조장시킬 기회가 적고, 응답자가 설문지에 응답해 나가는 순서에 대해서 거의 통제력을 갖지 못한다. 우편조사에서 가장 심각한 문제는 낮은 응답률에 있다. 완성된 설문지를 회송해 주지 않는 것과 낮은 반응률 은 필연적으로 표집의 대표성 문제를 일으킨다.

(3) 전화조사

전화조사는 응답자에게 전화로 질문한다. 전화조사의 장점은 개인면접보다 값이 싸며, 빨리 조사를 할 수 있고, 질문절차를 표준화하기 위한 정보입수가 쉽다는 것이다. 그리고 연구자가 질문을 분명히 하거나, 추수질문, 주저반응에 독려를 함으로써 응답자를 도와줄 수 있다. 그러나 전화조사는 반응자들의 시각적 관찰을 막으며, 개인적인 문제나 민감한 쟁점에 대한 정보를 얻는 데 효과적이지 못하다.

(4) 설문지조사

설문지조사는 일반적으로 조사연구에서 가장 많이 쓰이는 방법이다. 설문지는 우선 간결하고 명확하며 단순하게, 그리고 적절한 언어의 사용과 가치중립성을 가지도록 질문을 작성하는 것이 좋으며, 질문의 방식으로는 폐쇄형 질문과 개방형 질문이 있다. 폐쇄형 질문은 소득이나 개인의 사생활과 같은 민감한 주제에 좋으나, 동일한 선택항목을 택한다고 하더라도 개인에 따른 느낌이나 견해가 무시될 수 있다. 개방형 질문은 응답자의 탐색적 의도를 파악할 수 있고 응답의 유목이 많을 때 좋으나, 반면에 무응답이 많고 주관적이어서 통계적 분석이 어렵다.

(5) 인터넷을 통한 조사

인터넷을 통한 조사는 인터넷 사이트를 통해 설문문항을 구축하고 해당 사이트 URL 이나 QR코드로 연구대상자에게 알려 주어 입력하게 하는 방식이다.

인터넷을 이용한 조사의 장점은 다음과 같다. 첫째, 조사기간과 비용이 절감된다. 둘째, 설문자료의 실시간 전송과 결과 회수, 설문문항에 대한 질문 및 응답 등 관리가 편리하다.

인터넷을 이용한 조사의 단점은 다음과 같다. 첫째, 웹 사이트에 설문지를 구축을 위한 기술이 요구되거나 혹은 일정한 개발비용이 지출될 수도 있다. 둘째, 응답자의 익명성 요구로 인한 응답회피, 보안장치의 미흡에 대한 불안감으로 인해 낮은 응답률이 발생할 수 있다.

4) 절차

조사연구의 개략적인 절차는 다음과 같다.

첫째, 조사연구의 계획을 수립하는 절차로, 조사연구의 목적을 서술하고, 조사할 내용이 정해짐으로써 조사영역이 정해지는 단계이다. 연구자가 관심을 가지고 있는 분야에서 연구문제가 될 만한 사항을 인식한다.

둘째, 연구문제가 될 만한 사항을 인식함으로써 가설이 설정되며, 이러한 가설을 검증하기 위하여 조사연구의 대상, 자료수집 방법과 절차, 구체적인 표집방법, 설문지 작성, 면접자의 훈련, 조사일정 등이 여기에 포함된다.

셋째, 이렇게 확정된 사실들을 토대로 하여 실제로 조사를 실시하는 단계로 대규모의 조사연구를 하기 위해서는 예비조사를 먼저 하는 것이 바람직하다.

넷째, 수집된 자료를 유목화하고 코딩하는 과정이 여기에 해당된다.

끝으로, 자료분석이 끝난 결과를 정리하여 연구보고서를 작성하는 최종단계를 생각해 볼 수 있다. 조사결과 보고서에는 조사의 결과뿐만 아니라 연구목적, 연구문제, 연구방법 등을 모두 제시하여야 한다.

조사연구의 절차에 의해 분석된 자료를 제시하는 수준으로 다음과 같은 세 가지 수준을 생각할 수 있을 것이다. 첫 번째는 표본의 크기가 상이한 조사의 결과를 보다 용이하게 비교할 수 있도록 만들기 위해서, 각 유목 내의 응답자들의 비율이나 백분율 등과 같은 기술통계치들을 보고하는 것이다.

두 번째는 교차표 작성이다. 교차표 작성은 둘 혹은 그 이상의 변인이 관련된 결과를 기술하는 표의 작성을 의미한다. 교차표 작성에서 유의해야 할 사항은 변인들 간의 관계성 존재 여부이다.

세 번째는 조사변인들 간의 상관에 대한 인과관계 추론이다. 비실험적 상황에서 만일 2개의 변인이 상관분석을 통해서 관련성이 있어도 인과관계에 대한 결론은 내릴 수 없다. 따라서 연구자는 단지 2개의 변인이 관련되어 있거나 변인들 간에 높은 상관이 있다고만 말할 수 있다.

일반적으로 조사연구는 이면에 있는 내용을 깊게 다루지 못하며, 정보의 깊이보다는 정보의 범위가 강조될 가능성이 많다. 따라서 얻어진 정보가 피상적일 가능성이 높으며, 이러한 사실은 조사연구방법 자체의 문제라기보다는 조사연구의 실행과정에서 오는 약점 때문이라고 할 수 있다.

5) 유의점

조사연구는 시간과 비용이 많이 들므로 이를 고려해야 하며, 전집을 대표할 수 있는 적절한 표집과 좋은 면접항목을 개발하는 것이 중요한 과제가 될 것이다. 또한 면접의 중립을 위해서 면접자를 훈련하는 것이 필요하며, 표집을 사용하는 어떠한 연구이든 표집오차가 있기 마련이므로 특히 우편조사를 실시할 때는 응답의 회수율에 유의하여야 한다.

조사연구에서는 주어진 변인 간의 관계를 있는 그대로 조사해서 분석하게 되므로 오류를 범하기 쉽다. 특히, 변인 간의 관계를 분석할 때는 통제가 불가능하므로 연구하고자 하는 변인들만의 관계를 정확히 판단할 수 없으며, 대체로 한 번에 끝나기 때문에 계속적인 관찰을 통한 자료의 수집이 불가능하다.

2. 발달연구

1) 정의

발달연구(developmental research)는 인간의 생명이 시작되는 수정의 순간부터 죽음에 이르기까지의 전 생애에 걸친 모든 변화의 과정을 연구한다. 그러므로 발달적 변화의 과정에는 신체, 운동기능, 지능, 사고, 언어, 사회성, 정서, 도덕성 등 인간의 모든 특성이 포함된다(김석우, 최태진, 박상욱, 2009). 이러한 발달의 의미에 비추어 살펴본 발달연구란 유기체의 발달과정에 따른 변화에 관심을 두는 연구이므로 연구의 목적은 발달의 경향과 속도, 유형이나 한계, 그리고 성장과 발달에 작용하는 여러 요인 간의 관계성 탐구가 될 것이다(이종승, 1984).

발달심리학자가 관심을 갖는 영역은 연령에 따른 개인 내의 변화와 각 세대 간 연령 차이에 따른 개인 간의 변화이다. 예를 들어, 연령에 따른 변화란 한 개인 내에서 10대와 비교하여 50대가 되면 반사운동능력이 둔화되어 갑자기 날아든 공에 대한 반응속도가 느려지는 등의 변화를 말한다. 이에 비해 연령 차이에 따른 변화는 연령이 서로 다른 두 사람 혹은 두 집단 이상의 사람들이 어떻게 서로 다른가를 비교하는 것이다. 현재 10대 의 청소년 집단과 50대의 장년 집단이 갑자기 날아든 공에 대해 얼마나 신속하게 반응하는가의 정도 차이를 비교해 보는 것이다. 이처럼 우리는 때로 개인 내 변화와 개인 간 변화에 관심을 두고 발달연구를 수행할 수 있다.

이 밖에도 발달연구는 일찍이 인간발달에 관심을 둔 발달심리학에서 많은 연구가 이루어져 왔다. Freud의 성심리발달연구나 Piaget의 인지발달연구, Kohlberg의 도덕적 사고의 발달연구 등이 대표적인 발달연구의 사례가 될 것이다. 이들은 모두 인간이 특정 발달단계를 따라 발달한다는 데 착안하여 행해진 연구였다. 이 밖에도 유기체의 변화양상을 알아보기 위한 발달연구는 다양하다. 다음에는 그 종류를 살펴보기로 한다.

2) 종류

발달연구를 실시하는 데는 두 가지 접근법이 있다. 하나는 종단적 연구(longitudinal study)이고 또 하나는 횡단적 연구(cross-sectional study)이다. 그런데 각각은 여러 가지 장단점을 포함하고 있으므로 이를 보완한 단기-종단적 연구와 횡단-연속적 연구가 있다. 그 종류를 간단히 살펴보기로 한다.

(1) 종단적 연구

종단적 연구는 동일한 연구대상을 오랜 기간 동안 추적하여 관찰하는 방법이다. 인간의 발달연구에 있어 종단적 연구는 초기 경험과 후기 행동의 인과관계를 규명할 수 있으며 개인이나 집단의 성장과정 및 변화의 형태를 구체적으로 파악할 수 있다. 그래서 종단적 연구는 연령 증가에 따른 개인의 성숙과 쇠퇴 과정을 보는 데는 가장 이상인 연구방법이다. 그러나 연령이 증가할 때마다 측정되는 시기상의 측정결과에 영향을 미치는 변화요인에는 사회문화적 요인, 즉 측정 시기의 정치, 문화, 경제 여건상의 변화가 있을 수 있고, 개인적 요인은 가족원의 사망, 취업이나 퇴직, 결혼이나 이혼 등의 문제들이 영향을 미칠 수 있을 것이다. 이외에도 비슷한 검사 도구의 반복측정에 의한 측정결과의 부정확성, 연구대상의 중도 탈락 등이 제한점일 수 있다.

따라서 종단적 연구에 있어 연구방법이나 도구는 발달 변화들이 비교 가능하도록 연구 기간 내내 일관성이 있어야 한다. 간혹 연구문제의 성질상 종단적 연구방법이 필수적인 경우가 있는데, 예를 들어 어린 시절 대소변 가리기 훈련이 성장한 후의 성격에 미치는 영향, 유아기의 애착행동과 후기의 사회적 행동 사이의 관계, 아동기 및 청년기의 의존성 사이의 관계 등이 이에 해당된다.

보다 구체적으로 살펴보자. 가령 영아의 유치발달을 알아보고자 하는 종단적 연구가 있다면 연구자는 최초의 유치가 발아하는 시기의 영아 몇 명을 무선표집하여 아이들의 유치가 완전 발아하는 시기까지를 지속적으로 연구할 수 있을 것이다. 이때 연구자는 유치가 발달하는 과정만을 관찰하기보다는 영아의 치아가 발아하는 단계마다 이유식의 변화도 알 수 있고 다른 신체 부위가 어떻게 변화 발달하는지 등의 총체적인 부분을 측정 및 관찰 기록하게 되어 한 개인의 개인 내 변화를 종단적 연구를 통하여 면밀히 검사할 수 있을 것이다.

(2) 횡단적 연구

횡단적 연구는 종단적 연구의 시간, 노력, 비용의 경제성을 보완하는 방법이다. 즉, 각 연령별로 많은 표집대상을 선정하여 그 연령에 해당하는 발달적 특징을 알아내는 것이다. 이러한 발달적 특징을 연령별로 기록해 보면 발달이 점진적인 변화과정이라는 것을 보여 주는 성장 곡선을 얻을 수 있다. 특히 유아의 성장과정을 살펴보면 발달상 중요한 사실을 많이 알게 된다.

횡단적 연구는 짧은 시간 내에 많은 대상을 조사할 수 있는 장점이 있는 반면에, 종단적 연구에서 알 수 있는 발달상에 나타나는 더 많은 요인을 알 수 없는 단점이 있다. 그리고 각 연령층을 표집할 때 표집이 그 연령을 대표하는지, 비교적 동질적 배경의 집단인지를 먼저 고려하여야 한다. 예를 들어, 현재 20대와 50대 집단 간의 지능 차이를 조사하는 횡단적 연구에서는 이들 집단 간의 지능 차이가 단순히 30년이라는 연령 차이에 따른 차이라기보다, 그들의 출생 연도가 1990년대라는 것과 1970년대라는 등 출생시기의 영향에 따른 차이도 있을 수 있기 때문이다.

이렇게 여러 연령 집단을 동시에 표집해서 원하는 목적에 따른 각종 조사를 통해 각 연령에 따른 차이를 살펴보는 것이 횡단적 연구이다. 그리고 여러 요건을 고려하여 표집하는 횡단적 연구는 일반적인 발달 특징을 알아내는 것 외에도 성장과 발달이 가장 급속하게 일어나는 시기를 발견할 수 있다. 예를 들어, 남성의 변성기와 같은 특정 발달 현상이 어느 연령 수준에서 나타나는지 파악할 수 있고, 그것에 따라 각 개인의 발달 정도를 비교연구할 수 있다. 그러므로 횡단적 연구는 한꺼번에 여러 연령 집단을 살피므로 종단적 연구보다 시간과 노력을 훨씬 줄일 수 있다.

(3) 종단적 및 횡단적 연구의 종합

앞서 설명한 종단적 연구와 횡단적 연구를 순수한 틀대로 실시하게 되면 거기서 발생하는 여러 문제점들을 발견하게 된다. 그러므로 두 연구의 장단점을 고려하여 다음과 같은 두 가지 형태의 설계법이 사용될 수 있다.

첫째, 단기-종단적 연구는 연령이 다른 집단을 동일한 종단적 연구 기간 동안 관찰하여 그 결과를 비교하는 방법이다. 예를 들어, 유아의 식사량과 신장 발달의 관계를 알아보기 위해 4, 5, 6세 된 아동을 각각 표집해서 3년간 연구하는 것이다. 이렇게 하면 어느 특정 시기를 중심으로 각 집단의 횡단적인 비교와 발달과정의 종단적인 비교가 가능해진다. 그리하여 발달상의 변화가 있을 때 그것이 문화적, 환경적 영향 때문인지 아니면 연령의 증가 때문인지 혹은 양자 간의 상호작용에 의한 것인지를 파악할 수 있다(김석우, 1997).

둘째, 횡단-연속적 연구를 들 수 있는데 여기서는 서로 다른 연구대상으로부터 두 번 이상의 기간에 둘 이상 연령층의 피험자들에 관한 자료를 얻을 수 있기 때문에 매번 다른 피험자들을 관찰하게 되는 특성이 있다. 예를 들면, 올해에 4, 5, 6세 아동을 표집해서 관찰을 했다면, 내년에는 5, 6, 7세 된 아동을, 그리고 그다음 해에는 6, 7, 8세 된 아동을 조사하는 것이다. 그러나 이 방법은 한 관찰시기부터 다음 관찰시기에 이르기까지 동일한 피험자를 반복적으로 계속 관찰하지 않아도 된다는 이점이 있는 반면, 시간 경과에 따른 개인 내의 변화를 파악할 수 없는 단점이 있다.

3) 종단적 및 횡단적 연구의 상호비교

종단적 연구와 횡단적 연구의 특성 및 장단점을 〈표 9-1〉과 같이 비교, 기술할 수 있다.

〈표 9-1〉 종단적 연구와 횡단적 연구의 비교

	종단적 연구	횡단적 연구
특성	• 대표성을 고려한 비교적 소수를 표집한다. • 성장과 발달의 개인적 변화 파악이 가능하다. • 연구가 일단 시작되면 도중에 사용하던 도구를 바꿀 수가 없는데, 이는 검사결과상 비교가 어렵기 때문이다.	• 서로 비슷한 변인을 가진 다수를 표집한다. • 시간의 흐름에 따른 성장의 특성을 밝혀 그 일반적 성향을 알 수 있다. • 개선된 최신의 검사도구를 충분히 활용할 수 있어 비교적 선택이 자유롭다.
장점	• 소수의 대상을 일정 기간 지속적으로 관찰 기록하므로 대상의 개인 내 변화와 연구목적 이외의 유의미한 자료를 얻을 수 있다. • 특정 주제, 즉 아동기의 신체발달과 성인기의 건강 간의 관계를 밝히는 식의 초기와 후기의 인과관계를 밝히는 주제에 용이하다.	• 종단적 연구에 비해 경비와 시간, 노력이 절약된다. • 각 연령에 따른 대푯값을 구해서 그 값들을 연결해 일반적 성장의 곡선을 그려 볼 수 있다. • 상황에 따라 다양한 측정도구가 선택 가능하다. • 연구대상의 관리와 선정이 비교적 용이하다.
단점	• 너무나 긴 시간과 노력, 경비가 든다. • 표집된 연구대상이 중도 탈락하거나 오랜 시간의 흐름에 따라 비교집단과의 특성이 크게 달라질 수 있다. • 한 대상에게 반복적으로 같은 검사도구를 이용한 특정을 해야 하므로 신뢰성이 약해질 수 있다.	• 단지 성장의 일반적 경향만을 알 수 있을 뿐 개인적 변화상을 알 수는 없다. • 표집된 대상의 대표성을 확인하기 어렵다. • 행동의 초기와 후기의 인과관계에 관한 주제를 다루기가 어렵다.

4) 유의점

첫째, 발달연구를 함에 있어 두 가지의 연구법 중 하나를 선택할 때 그 연구법이 연구목적에 적합한 것인가 하는 문제를 우선 고려해야 한다.

둘째, 연구대상을 표집할 때 그 대상의 사회문화적인 변인들이 서로 비슷해야 한다. 예를 들어, 횡단적 방법으로 우리나라 중학교 3학년의 신장의 평균치를 알고자 할 때, 농촌 지역의 중학생 500명을 대상으로 했다든지, 한 학교의 3학년만을 표집했을 때 대표성의 문제가 제기될 수 있기 때문이다.

셋째, 사용할 측정도구의 선정 문제이다. 측정도구의 타당도와 신뢰도가 부족하면 연구결과 전체에 영향을 줄 수 있기 때문이다. 특히 발달연구에서의 측정도구는 그 연구가 시작될 때 사용한 도구를 끝까지 일관되게 사용해야 한다(김석우, 1997).

3. 상관연구

1) 정의

상관은 특정 사건과 사건, 또는 현상과 현상 사이에 존재하는 어떤 종류의 관계를 의미하며 상관연구(correlational research)는 어떤 사건이나 현상에 내재하고 있는 다양한 변인 간의 관계를 규명하는 것이 주된 목적이다. 상관연구는 하나의 독립된 연구라기보다는 연구과정에서 수집한 연구자료들을 다양한 통계적인 방법으로 분석하고 해석하는 데 역점을 두는 방법이다. 상관연구는 여러 가지 상관적 통계방법을 통하여 변인들 간의 관계를 알아보는 방법으로, 일반적으로 상관연구에서는 두 변인 간의 상관의 크기, 상관의 방향, 상관의 유형에 관심을 가지고 연구를 수행한다.

상관연구는 연구과정에서 변인들을 기술적인 문제나 특히 윤리적인 문제로 인하여 연구자가 통제하거나 조작할 수 없는 자연적인 상황에서 변인 간의 관계를 파악하고자 할 때 사용하는 연구법으로 교육학, 심리학 등과 같은 사회과학에서 사용된다.

또한 상관연구는 교육학이나 다른 사회과학을 연구하는 데 유용한 방법이 될 수 있다. 먼저 실험연구나 다른 연구방법에 비하여 상관연구는 하나의 연구에서 많은 수의 변인 간의 관련성을 분석할 수 있다. 교육학이나 사회과학에서는 종종 특정한 행동양식에 영향을 주는 변인이 하나가 아니고 여러 가지 변인일 경우가 많은데 여러 가지 상관적 통계방법으로 특정 행동에 영향을 주는 변인을 하나씩 또는 종합적으로 분석할 수 있다.

또 다른 상관연구의 유용성은 연구되고 있는 변인 사이의 관련성 정도에 대한 정보 제공이다. 예를 들어, 인과-비교연구에서는 교수 능력이 좋은 교사집단과 그렇지 못한 교사집단을 인위적으로 이분하여 연구를 수행하지만 집단 내 교수 능력의 차이 정도는 무시되며 설명이 불가능하다. 그러나 교수 능력이 좋은 집단이든 그렇지 못한 집단이든 간에 집단 내 차이의 범위는 분명히 있다. 그러므로 상관연구에서는 상관계수를 이용하여 이러한 집단 내 교수 능력의 전체 또는 특정 범위에서 관련성의 정도를 밝혀낼 수 있다.

2) 상관과 인과관계

앞서 언급했듯이 상관연구는 실험연구과 달리 변인에 대한 통제와 조작이 어려운 자연적인 상황에서 변인들 간의 관계를 밝히는 것이 주된 연구의 초점이 된다. 변인 간의 상관이 있다는 것으로 변인 간에 인과관계가 있다고 결론짓는 것은 위험한 일이다.

예를 들어, 교육년수와 문화적 활동에 대한 관심수준 사이에 정적 상관이 있다고 할 때 우리는 형식적인 학교 교육을 받은 기간이 문화적 활동에 대한 관심을 불러일으킨 원인이라고 추측할 수 있다. 그러나 여기에는 다른 두 가지의 인과적 추론이 가능하다. 첫째는 문화적인 활동에 대한 관심수준이 교육년수를 결정할 수 있다. 둘째로 부모의 교육 정도와 같은 다른 변인이 교육년수와 문화적인 관심수준에 작용하여 두 변인 사이의 긍정적인 관계를 만들었다고 볼 수 있다. 만약 이것이 사실이라면 교육년수와 문화적인 활동에 대한 관심수준 사이에 상관이 있다는 말은 곧바로 인과관계가 있다는 뜻은 아님이 분명하다(Borg et al., 1996).

상관연구에서 상관계수는 두 변인 혹은 더 많은 변인 사이의 관계의 정도나 방향을 측정하기 위한 원인이 되는 요인을 탐구하는 데 유용하다. 상관연구에서 변인 간의 의미 있는 관련성이 밝혀지면 상관연구에서보다는 실험연구를 통해서 좀 더 명확하게 인과관계를 밝히는 것이 필요하다.

3) 종류

상관계수는 두 변인 간의 상관의 정도를 나타내는 통계치로서 여러 가지 종류가 있다. 상관계수는 변인의 측정수준이나 연구자료의 특성에 따라 여러 가지 방법으로 계산하고 다르게 해석한다. 그러므로 상관연구법을 사용할 때는 연구하고자 하는 연구자료와 연구변인의 측정수준을 고려하여 적합한 상관계수를 사용해야 한다. 상관계수의 종류와 특성을 간단히 설명하면 다음과 같다.

- 적률상관계수(product-moment correlation): 피어슨이 발전시킨 것으로 피어슨의 적률상관계수라고 하며, 상관계수 중에서 가장 많이 사용되고 있다. 보통 γ(gamma, 감마)로 표시한다. 사용되는 변인의 측정수준이 연속적인 동간변인이나 비율변인일

때 사용한다.

- 등위상관계수(rank difference correlation): 스피어먼이 발전시킨 것으로 스피어의 등위상관계수라고 부른다. 사례 수가 적고, 사용되는 변인이 등위로 표시된 서열변인인 경우에 사용된다. 보통 ρ(rho, 로)로 표시한다.

- 캔달의 등위상관계수 타우(Kendall's tau: τ): 캔달의 등위상관계수는 스피어먼의 등위상관계수와 같이 변인의 점수가 표시된 경우에 사용되는 것으로, 특히 사례 수가 10 이하인 경우에 사용하면 편리하다.

- 양분상관계수(biserial correlation): 측정되고 있는 변인의 특성이 연속적이면서도 하나의 변인이 2개의 유목으로 나누어진 경우에 사용하며, 보통 '•'로 표시한다. 예를 들면, 시험에서 합격-불합격이나 성공-실패와 같이 인위적으로 한 변인을 양분하는 경우에 사용한다.

- 양류상관계수(point-biserial correlation): 두 변인 중에서 한 변인은 연속적이고 다른 변인은 질적으로 양분되는 경우에 사용된다. 연속적인 특성을 가진 변인이 연구자에 의하여 인위적으로 양분될 때는 양분상관계수를 사용하나, 완전히 비연속적인 변인이 양분되는 경우에는 양류상관계수를 사용한다. 보통 '•'로 표시하며, 남자-여자처럼 질적으로 구분되는 것이 예가 된다.

- 사분상관계수(tetrachoric correlation): 연속적인 두 변인을 인위적으로 각각 양분하여 피어슨의 적률상관계수를 빨리 추정하고자 할 때 사용한다. 그러나 이것은 정확성이 떨어지므로 적률상관계수를 사용하는 것이 좋다. 보통 '•'로 표시한다.

- 파이계수(phi coefficient): 양류상관계수의 연장으로 두 변인이 질적으로 양분되는 경우에 사용한다. 예를 들면, 정-오 문항으로 구성된 검사에서 문항 간의 상관을 측정하고자 할 때 사용한다. 보통 ϕ(phi, 파이)로 표시한다.

- 유관계수(contigency coefficient): 사분상관계수는 보통 원어의 첫머리자를 따서 C계수라고 한다.

- 상관비(correlation ratio): 두 변인의 관계를 직선적인 관계로 가정하고 있는 피어슨의 적률상관계수에 대하여 두 변인 사이에 비직선적인 관계가 존재할 때 사용한다. 적률상관계수로 계산할 경우에 과소평가될 가능성을 줄일 수 있다. 보통 η(eta, 에타)로 표시한다.

4) 절차

(1) 연구문제의 발견

상관연구에서 연구문제의 발견은 연구의 대상이 되는 행동유형이나 특성을 결정하는 중요한 특정 변인을 확인하는 일이다. 이를 위하여 기존의 연구나 이론을 재검토하는 것이 필요하다. 비록 상관연구가 새로운 변인이나 상관을 발견하는 것이 목적이나, 관심을 가진 행동유형이나 특성을 결정하는 새로운 변인이나 상관의 발견을 위해서는 이전의 연구나 이론적인 문헌을 통하여 문제를 발견하는 것이 첫번째 단계이다.

(2) 연구대상의 선택

문헌조사를 통하여 문제가 발견되면 조사되어야 할 변인과 관련 있는 연구대상을 선택하는 것이 두 번째 단계가 된다. 여기서 주의해야 할 것은 관련되는 연구대상이 동질적이어야 한다는 것이다. 그렇지 않으면 변인 간의 상관은 연구대상에 의해서가 아닌 다른 관련 대상에 의하여 연구결과가 변질될 수 있기 때문이다. 만약 표본이 지나치게 이질적이면 연구자는 이를 동질적인 하위집단으로 만드는 것을 반드시 고려해야 한다.

(3) 자료수집

상관연구를 위한 자료의 수집은 검사, 면담, 관찰기법, 표준화검사 등을 통하여 다양하게 이루어진다. 다만 여기서 생각해 볼 것은 수집되는 자료가 양적인 형태이면 분석하기에 편리하다는 것이다. 그리고 자료수집은 관찰자가 관찰계획에 따라 수행을 할 수 있도록 훈련된 사람에 의해 실시되어야 한다.

(4) 분석

수집된 자료는 연구자가 관심을 가지고 있는 현상을 나타내는 변인의 측정점수와 그 현상과 관련이 있다고 생각되는 변인의 측정점수 간의 상관을 냄으로써 분석된다. 연구자료의 특성과 변인의 측정수준을 고려하여 다양한 상관계수로 나타난다.

(5) 해석

상관계수를 해석할 때는 상관계수의 이론적인 가정과 상관계수의 실용적인 의의 및 상관계수에 영향을 미치는 여러 조건을 고려하여 상대적으로 해석해야 한다. 경우에 따라 .90의 상관계수가 나와도 낮다고 해석하고, .20 정도의 상관으로도 높다고 해석할 수 있다.

만약 연구자가 연구하려고 하는 현상과 일부 변인이 관련이 있을 것이라고 여겨서 너무 많은 수의 변인을 연구대상에 포함시키면 연구수행이 불편해지고 비용이 많이 들며, 우연에 의한 상관이 발생할 수 있는 경우 등 변인 간의 관계를 밝히는 데 많은 문제점을 가지게 된다. 그리고 이러한 우연에 의해 상관을 확인했을 경우, 연구를 반복하여 판단해야 하는 번거로움이 있다(Borg et al., 1996).

5) 유의점

상관연구는 앞서 언급된 바와 같이 변인에 대한 연구자의 통제가 불가능하여 상관이 있는 것으로 밝혀지더라도 인과관계를 설명하지 못하는 제한점을 갖고 있다. 그러므로 연구자는 변인 간에 나타나는 상관의 발견을 인과관계의 발견으로 가정하지 않도록 유의해야 한다. 또한 연구대상과 관련된 변인을 선택할 때 상식이나 연구자에 의해 임의로 선택되는 일이 없도록 하며, 반드시 선행연구 결과나 이론적인 배경을 가지고 연구변인을 선택하여 연구가 왜곡되지 않도록 유의해야 한다.

그리고 연구자는 통계에 대한 깊은 이해와 다양한 통계방법에 대한 지식을 가지고 연구자료의 특성이나 변인의 측정수준에 따라서 적합한 통계적 방법을 선택하고 상관계수를 해석해야 한다. 그렇지 않으면 상관계수의 통계적, 실제적 유의성을 잘못 해석할 가능성이 있으므로 유의해야 한다.

제10장 실험연구

기술연구가 현상의 있는 그대로의 모습을 찾아내고 기술하는 데 비하여, 실험연구는 통제된 상황에서 독립변인의 인위적 조작을 통해 종속변인에서 나타나는 변화를 관찰하여 변인 간의 인과관계를 밝혀내고자 한다. 이 때문에 실험연구는 변인들 간의 관계를 밝히기 위한 여러 과학적 탐구 방법 중에서도 인과관계를 규명할 수 있는 가장 강력한 연구방법(Gall 외, 1999)으로 평가된다.

1. 실험연구의 정의 및 목적

실험이란 통제된 상황하에서 한 가지 또는 그 이상의 변인을 조직하여 이에 따라 변화되는 현상을 객관적으로 관찰하는 것이다. 이러한 변인들 간의 관계를 밝히기 위한 여러 가지 과학적 탐구방법 중에서도 특히 실험적 연구방법은 "인과관계를 규명할 수 있는 가장 강력한 연구방법"(Gall et al., 1999)이라고 한다. 물론 조사연구나 상관연구와 같은 다른 방법을 통해서도 변인들 간의 관계를 파악할 수는 있으나, 궁극적인 인과관계를 규명하기 위해서는 실험을 필요로 하게 된다.

한편, 교육을 "인간행동의 계획적인 변화"라고 정의할 때, 우리 교육자들이 인간행동을 계획적, 효율적으로 변화시키기 위해서는 당연히 인간행동의 변화에 관한 기본원리와 방법을 알고 있어야 한다. 현존하는 연구방법 중에서 행동변화의 원리와 방법에 관한 실증적 지식을 얻을 수 있는 최선의 수단은 실험이라고 판단되므로, 실험적 연구는 교육의 효과를 증대시키기 위해서 필수적이며 교육과학의 발전에 원동력이 된다고 볼 수 있다.

교육학이나 심리학에서의 실험은 인위적으로 가외변인들을 통제한 조건하에서 어느 행동특성에다 어떤 실험적 처치(experimental treatment)를 가했을 때 이에 따라 일어나는 효과를 기술하는 것이다. 여기에서 실험적 처치라고 한 것은 한 실험변인 또는 독립변인을 부과시키는 조치를 말하며, 행동특성에서 효과란 종속변인이 되는 것 또는 독립변인과 종속변인의 관계성을 말한다.

이러한 실험의 목적은 크게 두 가지로 나눌 수 있다(한국심리학회 편, 1988).

첫째, 어느 두 이론적 변인 간의 인과관계를 확립하는 것이다. 변인들이 이론적으로 정의된 것이 특징이며 흔히 이론(가설)검증 실험에서 예를 찾아볼 수 있다. 그러나 이론검증이 주목적이 아닌 실험에서도 이론적 변인을 다루는 경우가 있다. 대체로 이론적 변인을 다루는 실험은 실험실 실험에서 흔히 찾아볼 수 있으나, 모든 실험실 실험이 이론적 변인을 다루지는 않는다.

둘째, 어떤 현상의 확인 내지 현상의 존재를 증명하는 것이다. 변인이 이론적으로 정의되어 있지 않으며, 현장실험에서 흔히 발견된다. 이 범주에 속하는 실험들은 능동적인 독립변인의 조작이 없는 일종의 자연실험이다.

실험연구의 기본 목적은 특정한 실험상황하에서 관심 있는 변인들을 조작하여 변인과 변인 간의 관계를 명확히 규명하는 데 있으며, 실험조건의 계획적인 조작과 통제가 얼마나 완벽하게 이루어지는가에 따라서 실험의 성패가 좌우된다고 하겠다. 조건이 통제되지 않은 상황에서 이루어진 실험연구는 그 타당성을 상실하게 된다. 따라서 실험연구에서의 실험조건을 엄격히 통제하여 관찰하려는 현상에 작용하는 우연적 요소의 영향을 최소화시키고 연구에서 본래 알아보려는 변이만의 효과를 가능한 한 순수하게 관찰할 수 있도록 실험계획을 세워 놓고 연구해야 할 것이다.

2. 실험설계 시의 고려사항

연구자가 관심을 갖고 있는 변인들 간의 인과관계를 밝히기 위해 실험을 계획할 때 그 절차나 방법을 미리 계획하게 되는데 이를 실험설계(experimental design)라고 한다. 어떠한 하나의 실험설계가 어떤 문제에나 적합하고 모든 조건을 만족시키지는 못한다. 따라서 연구자는 여러 가지 실험설계의 유형 가운데 적합한 유형을 선택하고 이에 기초하여 자신의 문제를 수정하여 적용할 수 있어야 한다. 이때 연구자가 연구문제에 따라 실험을 설계할 경우 다른 모든 조건이 동일하다면 단순한 설계가 바람직한데, 이는 복잡한 설계일수록 상호작용이나 간섭현상이 잘 일어나며 분석방법에도 문제가 생기기 쉽기 때문이다.

이와 함께 실험설계의 유형을 선택하거나 설계 시 고려해야 할 사항(고흥화 외 역, 1989) 으로는 연구문제에 대한 해답 가능성, 가외독립변인의 통제, 내적 타당도와 외적 타당도 등이 있으며 그 내용은 다음과 같다.

1) 연구문제에 대한 해답 가능성

실험설계의 주요한 기준 혹은 요건은 설계가 과연 연구문제의 해답을 나타낼 수 있을 지 혹은 설계가 가설을 적절히 검증할 수 있을지에 대한 질문으로 나타날 수 있다. 즉, 실 험설계는 무엇보다도 연구문제나 가설에 대한 답을 제공할 수 있는가에 따라 검토되어 야 한다는 것이다(김석우, 1997).

초보 연구자에게서 흔히 나타날 수 있는 실험설계의 가장 심각한 취약점은 실험설계 가 연구문제를 적절히 해결할 수 없다는 점일 것이다. 연구문제와 설계가 일치하지 않는 보편적인 예로 연구와 관계 없는 속성에 대해 피험자를 짝지어 실험집단−통제집단의 설계형태를 사용하는 것을 들 수 있다. 짝지은 변인들이 연구와 무관한 경우가 종종 발 생한다.

아무리 우수한 설계일지라도 연구에서 제기된 문제나 가설을 적절히 검증할 수 없거 나 또는 적절한 통제와 조작에 의하여 자료가 모두 수집되었음에도 불구하고 이를 분석 할 통계적 방법이 분명하지 않을 때 이러한 설계는 아무 소용이 없다. 따라서 적절한 분 석방법의 유무와 연구가설의 검증 가능성은 실험설계를 선택하는 가장 중요한 기준이 된다.

2) 가외독립변인의 통제

두 번째 고려해야 할 사항은 통제이다. 이는 독립변인, 즉 연구의 독립변인과 가외독 립변인에 대한 통제를 의미한다. 물론 가외독립변인은 비록 연구변인은 아니지만 종속 변인에 영향을 미칠 수 있는 변인이다. 즉, 실험설계는 가외변인을 얼마나 잘 통제할 수 있는가의 정도에 따라 평가된다는 것이다.

가외변인의 통제란 연구목적에 관련 없는 독립변인의 영향을 최소화하여 없애거나 고립시키는 것으로, 통제방법에는 다음의 네 가지가 있다.

첫 번째 방법은 가장 쉬운 것으로 할 수만 있다면 가외변인을 하나의 변인으로 취급하여 제거하는 것이다. 종속변인에 영향을 미칠 수 있는 어떤 독립변인의 효과를 제거하기 위하여 가능한 한 그 독립변인에 대해 동질적인 피험자를 선발한다. 만일 성취도 연구에서 지능이 가외변인으로 작용할 수 있다고 판단된다면, 종속변인에 미치는 지능의 영향은 하나의 지능수준, 가령 지능점수 90~100 범위 내의 피험자만을 대상으로 함으로써 실질적으로 제거할 수 있다.

두 번째 방법은 무선화를 사용하는 방법이다. 이론적으로 무선화는 있음직한 모든 가외변인을 통제하는 강력한 방법이다. 다시 말해, 무선화가 이루어졌다면 이때 실험집단들은 모든 면에서 통계적으로 동일하다고 간주될 수 있다는 것이다. 물론 이것은 이 집단들이 있을 수 있는 모든 변인의 측면에서 동일하다는 것을 뜻하지는 않는다. 우연에 의해 이 집단들이 동일하지 않게 될 수 있지만 적절히 무선화시킴으로써 집단들이 동일하게 될 확률은 그렇게 되지 않을 확률보다 더 크다고 볼 수 있다. 즉, 가능한 한 실험집단 및 실험조건에 피험자를 무선배치하고 조건들과 기타 변인들을 실험집단에 무선배치하는 것이 가외변인을 통제하는 방법이 되는 것이다.

세 번째 방법은 가외변인을 하나의 독립변인으로 간주하여 적절히 실험설계에 포함시키는 것이다. 성(性)을 통제하고자 할 경우에는 성을 하나의 변인으로 설계에 포함시키는 것이 바람직할 것이다. 어떤 변인을 실험설계에 포함시킴으로써 그 변인을 통제한다는 것이 바로 핵심인데, 그렇게 하면 종속변인의 전체 변량에서 그 변인에 기인된 변량을 추출할 수 있기 때문이다. 즉, 가외변인을 하나의 속성변인으로 연구설계에 포함시킴으로써 통제할 수 있다. 이렇게 함으로써 통제를 하여 종속변인에 미치는 이 변인의 효과와 다른 독립변인과의 상호작용의 가능성에 대한 가외적 연구정보를 산출할 수 있다.

네 번째 방법은 피험자를 짝짓는 방법이다. 짝짓기의 통제원리는 변량을 통제하는 다른 종류의 통제원리와 동일하다고 할 수 있다. 짝짓기는 가외변인을 설계에 포함시킴으로써 그 변량을 통제하는 원리와 유사하다. 그 기본원리는 변인을 둘 이상의 부분, 가령 높은 지능과 낮은 지능 수준으로 나눈 다음 각 수준 내에서 무선화를 실시하는 것이다. 피험자를 절반으로 나누어 이렇게 함으로써 가외변인의 통제가 설계에 포함될 수 있다.

3) 내적 타당도와 외적 타당도

실험설계 시에는 내적 타당도(internal validity)와 외적 타당도(external validity)를 위협하는 요인들이 얼마나 효과적으로 제거될 수 있는가를 검토해 보아야 한다.

내적 타당도는 실험처치가 실제로 유의미한 차이를 만드는가의 문제를 제시하는 것으로, 실험설계의 통제에 영향을 미치는 모든 것은 내적 타당도의 문제가 된다. 외적 타당도란 실험결과의 대표성 혹은 일반화 가능성을 의미하는 것으로, 다른 대상, 다른 사태에 어느 정도 일반화시킬 수 있는가를 묻는 것이다. 실험의 타당성과 관련하여 논의할 수 있는 요인들은 다음에서 구체적으로 살펴보도록 한다.

3. 실험의 타당성

실험의 과정에서 자칫하면 독립변인 이외의 다른 변인들이 체계적으로 실험결과에 영향을 주어 그 결과가 전혀 믿을 수 없게 되는 경우가 허다하다. 이와 같은 잘못을 미리 방지하려면 실험설계를 구상할 때부터 실험의 타당성을 위협하는 여러 요인을 충분히 감안하여, 실험결과의 내적 타당도와 외적 타당도를 높이도록 노력해야 한다.

이 두 가지 형태의 타당도는 상충하는 면이 있어서 어느 하나가 높아지면 다른 하나는 상대적으로 낮아지는 경향을 보이지만 원칙적으로는 내적 타당도가 낮은 실험에 대해서는 외적 타당도를 따질 필요도 없다.

다음에서는 실험연구의 내적 타당도와 외적 타당도를 저해하는 요인들(Cambell & Stanley, 1963; 이종승, 1989)에 관하여 알아보고자 한다.

1) 내적 타당도를 저해하는 요인

내적 타당도를 저해하는 요인들이란 어떤 실험의 결과를 평가함에 있어서 그 실험이 이루어진 맥락에서조차 타당하게 해석될 수 없도록 실험의 타당성을 위협하는 요인들이다. 여기에는 다음과 같은 여덟 가지 주요 요인이 있다.

(1) 역사

역사(history)란 사전검사와 사후검사 사이에 있었던 갖가지 특수한 사건들을 말한다. 독립변인으로 투입한 실험적 처치 이외에 실험결과 중에 발생한 어떤 특수한 사건이 실험의 결과에 영향을 미쳤을 가능성이 있다는 것이다.

(2) 성숙

성숙(maturation)은 실험적 처치 이외의 시간의 흐름에 따라 나타나는 피험자의 내적 변화가 피험자의 반응에 영향을 줄 수 있다. 연령이 증가하거나 검사 도중 피곤해지거나 흥미가 변하거나 하는 생물학적, 심리학적 변화를 의미한다.

(3) 검사

검사(testing)란 사전검사를 받은 경험이 사후검사에 주는 영향을 뜻한다. 피험자가 이전에 사전검사를 받은 경험이 있으므로 사전검사 때보다 그 검사에 익숙해지거나 검사 내용의 일부를 기억하고 있어서 사후검사의 결과에 영향을 미칠 수 있다.

(4) 도구사용

도구사용(instrumentation)은 측정도구의 변화, 관찰자나 채점자의 변화로 인하여 실험에서 얻은 측정치에 변화가 생기는 것을 말한다. 사전검사와 사후검사에서 사용한 측정도구가 달라지거나 관찰자가 바뀌었을 경우 측정결과도 변화될 가능성이 있는 것이다.

(5) 통계적 회귀

통계적 회귀(statistical regression)란 피험자의 선발을 아주 극단적인 점수를 토대로 해서 결정할 경우에 일어나기 쉬운 통계적 현상을 말한다. 즉, 피험자들을 뽑을 때 단 한 번 실시한 검사에서 극단적으로 점수가 높거나 반대로 점수가 극히 낮은 사람들을 선발하여 실험하게 되면, 실험처치의 효과가 없더라도 그 특수집단의 피험자들은 다음 검사에서 자연히 전집의 평균에 좀 더 가까운 점수를 받는 경향이 있는데, 이러한 현상을 통계적 회귀라고 한다.

(6) 피험자의 선발

피험자의 선발(selection of respondent)은 실험집단과 비교집단을 만들기 위하여 피험자를 선발할 때 두 집단 간에 동질성이 결여됨으로써 편파적으로 나타나는 영향을 뜻한다. 예를 들어, 과학 교수프로그램을 학업성적이 뛰어난 학급의 학생들에게 실시하고 통제집단과 비교하였을 때 학기말 과학적인 태도가 향상되었다고 가정하자. 이때 나타난 결과는 프로그램의 효과라고 하기보다는 학업성적이 뛰어난 집단을 선발하였기 때문이라고 볼 수 있다. 따라서 실험집단과 통제집단의 피험자는 동질적이어야 한다.

(7) 피험자의 탈락

피험자들이 실험과정에서 중도 탈락함(experimental mortality)으로써 실험결과에 영향을 미치는 것을 말한다. 실험과정 중에서 실험집단이나 비교집단의 어느 한편에서 피험자들이 체계적으로 탈락하면 실험결과에 편파적인 영향을 미치게 된다.

(8) 피험자의 선발과 성숙 간의 상호작용

피험자의 선발 요인과 성숙 요인 간의 상호작용(selection-maturation interaction)에 의하여 실험의 결과가 달라지는 것을 뜻한다. 실험집단과 비교집단의 피험자들이 어떤 기준이 되는 특성에서는 동질적이라고 하더라도 다른 특성, 예컨대 성장속도에 있어서는 이질적일 수 있는데, 이러한 차이가 실험결과에 큰 영향을 미칠 때가 있다. 가령, 과학 교수프로그램을 실시한 집단이 통제집단에 비해 평균연령이 6개월 이상 많다면, 이런 경우 과학적인 태도에 영향을 미치는 것이 프로그램뿐만 아니라 연령도 개입된다고 가정할 수 있다. 즉, 잠재적인 성장속도가 서로 다르기 때문에 선발과 성숙 간의 상호작용 효과가 많이 나타나게 되는 것이다.

2) 외적 타당도를 저해하는 요인

외적 타당도를 저해하는 요인이란 어떤 특수한 실험에서 얻은 실험결과를 그 실험이 진행된 맥락과는 다른 상황, 다른 대상, 다른 시기 등에 일반화시키는 데 제약을 주는 요인들을 말한다. 외적 타당성을 위협하는 요인들을 세분하여 볼 수도 있으나, 다음 네 가지 요인만을 소개하고자 한다(이종승, 1989; Cambell & Stanley, 1963).

(1) 검사실시와 실험처치 간의 상호작용효과

사전검사의 실시로 인하여 실험처치에 대한 피험자의 관심이 증가되거나 혹은 감소됨으로써 실험결과에 영향을 미치는 것을 말한다. 사전검사를 받은 피험자는 실험처치를 받지 않더라도 사전검사가 다루는 주제에 대해 갑자기 관심을 갖게 되는 경우가 많다. 예를 들어, 노인에 대한 편견을 연구한다고 가정할 때 특별한 처치 이전에 단지 노인에 대한 사전태도검사를 실시하는 것만으로도 피험자의 태도에 큰 영향을 줄 수 있다는 것이다. 사전태도검사를 실시한 후 실험의 처치로 노인에 대한 편견을 주제로 한 영화를 보여 주고 나서 그 영화가 노인에 대한 편견을 감소시키는 효과를 나타냈다면 처치의 효과뿐만 아니라 처음에 실시한 사전태도검사의 효과도 동시에 측정하고 있는 것이 된다.

(2) 피험자의 선발과 실험처치 간의 상호작용효과

피험자의 유형에 따라 실험처치의 영향이 서로 다르게 나타나는 현상을 말한다. 예컨대, 유치원에서의 자유선택활동시간의 증가가 유아의 또래상호작용에 미치는 효과를 알아보기 위해 한 유치원 아동들을 실험대상으로 선정했다고 하자. 실험집단의 유치원이 물리적 환경이 양호하고 아동의 사회경제적 수준도 높아 다른 통제집단의 유치원 아동들에 비해 효과가 높게 나타났을 경우, 그 자유선택활동의 시간을 늘림으로써 유아의 또래상호작용을 활발하게 해 주어 전국의 모든 유치원 아동에게 도움을 줄 것이라고 판단하는 것은 무리이다. 물리적 환경이 열악하고 사회경제적 지위가 낮은 집단의 유치원 아동들에게도 같은 효과를 거둘지는 의심스럽다는 것이다. 즉, 같은 실험이라 해도 피험자가 달라지거나 실험시기가 달라지거나 실험도구가 달라진다면 실험결과 역시 달라질 수 있다.

(3) 실험상황에 대한 반동효과

이것은 실험상황과 일상생활 사이의 이질성 때문에 실험의 결과를 그대로 일반화하기 어렵게 되는 것을 뜻한다. 피험자가 실험도구와 실험자를 보면서 자신이 실험의 대상이 되고 있다는 것을 강하게 의식하고 있다면 실험상황에서의 피험자의 행동은 보통 때의 자연스런 행동과는 크게 다를 수도 있다. 따라서 이와 같은 실험에서 얻은 결과를 실험적 상황에 처하지 않은 다른 대상들에게 일반화시키는 데는 제한점이 있는 것이다.

(4) 중다처치에 의한 간섭효과

한 피험자가 여러 가지 실험처치를 받는 경우에, 이전의 처치에 의한 경험이 이후의 처치를 받을 때까지 계속 남아 있음으로써 일어나는 효과를 말한다. 새로운 처치를 할 때 이전에 받은 처치효과를 완전히 제거할 수 없으므로 그 처치의 효과는 단지 일정한 순서로 여러 가지 처치를 받았던 사람에게만 기대할 수 있는 독특한 것이 될 가능성이 있다. 따라서 그러한 실험의 결과를 일반화하는 데는 문제가 있는 것이다.

4. 준실험설계

실험설계의 유형은 학자에 따라 분류에 있어 차이를 보이고 있다. 실험의 상황이 자연 상태인지, 인공적으로 통제된 상태인지에 따라 자연적 실험과 실험실 실험으로 분류되기도 하고, 실험집단의 무선화 유무와 관련하여 준실험설계(quasi-experimental design)와 진실험설계(true-experimental design)로 나뉘기도 한다. 또한 대상집단의 범위에 따라 단일집단설계와 통제집단설계로 분류될 수 있다.

실험연구가 선택한 변인 간의 관계를 명확하게 규명함으로써 다른 가설의 가능성을 배제하는 것이 목적이라고 할 때, 실제 교육현장에서 이러한 실험적 연구절차로 피험자의 무선화가 곤란하고 가외변인에 대한 엄밀한 통제가 불가능할 경우가 종종 있다. 이 경우 연구자는 진실험설계의 개략적인 자료를 구하기 위해 준실험설계를 사용하기도 하는데, 실험통제를 완전하게 이루지 못한 상황에서 자료를 수집하여 실험적 분석과 해석을 하고자 하는 절차를 일컬어 준실험설계라 할 수 있다.

준실험설계의 단점으로는 피험자들은 각기 다른 집단이나 조건에 무선적으로 배치하지 않는다는 점과 독립변인이 가외변인과 섞여 종속변인의 행동에 변화를 가져올 확률이 진실험설계보다 높다는 것이다. 따라서 해당 연구의 결과를 읽고 해석할 때는 제한점을 고려해야 한다.

준실험설계는 Cambell과 Stanley(1963)가 처음으로 명명한 유형으로, 교육현장에서의 실험이 실험실보다 자연집단인 교실에서 더 많이 이루어지고 있으며, 그래야만 실험 결과에 대한 현장 적용의 가능성이 더 높아진다는 점에 착안하여 몇 가지 설계 유형들을 소개하였다. 즉, 단일집단 사후검사 설계, 단일집단 전후검사 설계, 이질집단 사후검사

설계, 시간계열 설계, 이질통제집단 전후검사 설계 등을 들 수 있는데 실험설계를 도식
화할 때 사용되는 기호로 O는 관찰 또는 측정을, X는 실험처치 또는 독립변인을, R은 무
선표집 또는 무선배치를 의미하는 것으로 사용된다.

1) 단일집단 사후검사 설계

단일집단 사후검사 설계(one-group posttest design)는 설계의 가장 단순한 유형으로 일
면 일회적 사례연구(one-shot case study)라고 하며, 어느 한 집단의 피험자에게 실험처치
를 가하고 그 후에 피험자의 행동을 관찰하도록 하는 것이다. 이를 도식으로 나타내면
다음과 같다.

X   O

이는 단 하나의 집단에 어떤 처치를 주고 한 번만 관찰해서 효과를 알아보려는 연구설
계로, 조건의 통제가 제대로 이루어지지 않는다. 예를 들어, 한 학급을 대상으로 한 학기
동안 국어 과목에 프로젝트 교수법을 적용해 보고 학기말 그 집단에게 국어시험을 치루
어 결과를 보는 형태로, 이러한 설계의 가장 명확한 약점은 어떠한 통제도 가해지지 않
는다는 데 있다. 즉, 처치를 경험하지 않은 비교집단이 없다는 것으로 종속변인 점수(사
후 국어시험 점수)에서의 변화를 처치(프로젝트 교수법)의 결과라고 볼 가능성이 높지 않으
며, 결과에 영향을 미칠 수 있는 다른 요인이 적절히 통제되지 않았기 때문에 이 설계는
과학적으로 가치가 없다고 할 수 있다.

그러나 한편으로는 일상생활에서의 이와 같은 과학적으로 의심스러운 증거에 의존하
게 되는 경우가 많이 있기 때문에, 여기에 함축된 평범한 패러다임을 비판할 수 없고 단
지 이 설계가 과학적이라고 말하기 어려울 뿐이라는 입장도 있다(고흥화 외, 1989). 빈약
한 방법이기는 하지만 철저한 통제가 이루어지기 어려운 교육연구 분야에서는 이러한
설계형태가 가능할 수 있다고 보는 입장이다.

2) 단일집단 전후검사 설계

단일집단 전후검사 설계(one-group pretest-posttest design)는 연구대상으로 한 집단만을 선발해서 실험처치를 가하기 전에 사전검사를 하고 처치를 가한 후에 사후검사를 실시하여, 두 검사결과의 차이를 살펴봄으로써 실험처치의 효과를 검토하는 방법이다. 이를 도식화하면 다음과 같다.

$$O_1 \quad X \quad O_2$$

이것은 단일집단 사후검사 설계를 다소 개선한 것으로, 이 연구모델의 중요한 특성은 한 집단이 그 집단 자체와 비교된다는 점에 있다. 이론적으로 피험자의 특성과 연합될 수 있는 모든 독립변인이 통제되기 때문에 표면상으로는 이것이 실험목적을 달성하기 위한 좋은 방법으로 보인다(Gall et al., 1999). 그러나 결국 차이점수가 통계적으로 유의미하다 할지라도 점수의 변화에 영향을 미칠 수 있는 다른 많은 요인이 있기 때문에 상황이 그렇게 간단하지는 않다. 예를 들어, 새로운 언어교육 프로그램의 효과를 알아보기 위하여 한 실험연구를 고안한다고 가정하자. 한 집단의 아동을 선발하여 이들에게 학기 초에 언어검사를 실시하고 언어교육 프로그램을 적용시킨 후 학기말에 다시 언어검사를 실시한다. 이런 경우 사전검사와 사후검사의 평균을 내고 두 평균점수의 차에 의의가 있는지를 검증하여 언어교육 프로그램의 효과를 알아보게 된다.

이 실험에서 평균의 유의한 차이가 나타남으로써 아동이 언어점수에서 증진을 나타냈다고 하더라도, 이때의 결과를 과연 언어교육 프로그램의 효과라고 가정할 수 있는가의 문제가 생긴다. 즉, 언어교육 프로그램 이외의 다른 요인의 영향이 전혀 개입될 수 없었는가 하는 문제가 제기될 수 있다는 것이다. 즉, 이 설계의 문제점은 통제집단이 없는 것으로 이로 인해 내적 타당성을 위협하는 요인들, 즉 '역사' '성숙' '검사' '도구사용' '선발과 성숙의 상호작용' '회귀효과'의 요인이 적절히 통제되지 않을 수 있다. 따라서 이 설계 유형은 실험의 기본적인 조건을 만족시키기 어려우며 본 실험에 앞서 실시되는 예비적 연구로 적당할 수 있다.

3) 이질집단 사후검사 설계

이질집단 사후검사 설계(posttest-only nonequivalent group design)는 단일집단 전후검사 설계의 단점이 일부 보완된 것이기는 하나 실험설계로서의 구실을 충분히 할 수 없는 또 다른 이유가 있다. 이 설계에 의하면 연구자는 한 집단의 피험자들에게 실험처치 X를 경험시킨 후 실험처치를 경험하지 않은 집단과 종속변인의 측정치를 단순히 비교하는 것이다. 즉, 이 두 집단은 동질화된 집단이 아니라 실험집단과 비교를 목적으로 처치 후에 선발된 집단이다. 이를 도식으로 나타내면 다음과 같다.

$$X \qquad O_1$$
$$O_2$$

이러한 실험설계의 예는 학급이나 자연집단을 그대로 실험집단으로 택해서 연구하는 경우에 흔히 발견될 수 있다. 예컨대, 성역할과 관련 있는 영화를 본 집단과 영화를 보지 않은 집단에게 성역할 고정관념에 대한 검사를 실시한다고 할 때, 이 경우 영화관람이 성역할 고정관념에 미치는 효과를 알아보기 위하여 두 집단을 비교해 볼 수 있다.

이러한 설계의 문제점은 비교할 두 집단 간에 동질화가 이루어지지 않았다는 점으로, 가장 심각하게 내적 타당도를 위협하는 것은 '피험자의 선발과 탈락'이다. 두 집단의 측정치 사이에 차이가 있을 때 그것이 처치 때문이었는지, 아니면 처음부터 두 집단 간에 존재한 차이 때문인지 명확히 밝혀낼 수는 없기 때문이다. 또한 비록 처음에는 동질집단이었다 하더라도 각 집단에서 피험자들이 서로 다르게 체계적으로 탈락하여 나갔기 때문에 어떤 차이를 초래하였을지는 모를 일이다(이종승, 1989).

그 외에도 이 설계의 내적 타당성을 저해하는 요인으로는 '선발과 성숙의 상호작용'을 들 수 있으며, 설계에 비교할 만한 집단이 포함되어 있으므로 '역사' '검사' '도구사용'의 요인은 배제될 수 있다.

이질집단 사후검사 설계를 보완할 수 있는 가장 좋은 방법은 피험자 전체를 실험집단과 통제집단으로 무선배치하는 것이다. 무선배치 외에 다른 방법은 종속변인에 관련된 요인, 즉 연령, 성, IQ 등에 따라 피험자를 짝지어 배정하는 짝짓기 방법이 사용될 수도 있다. 그러나 짝지을 때의 준거가 되는 요인에서만 동질화가 이루어지므로 무선배치만큼 효과적이라고 할 수는 없다.

4) 시간계열 설계

시간계열 설계(time-series design)는 어느 한 개인이나 집단을 대상으로 삼아 종속변인을 주기적으로 측정하고, 이러한 측정의 시간계열 중간에 실험적 처치를 도입하는 것이다. 즉, 한 집단의 대상에게 처치를 하되 시간계열에 따라 처치 전후에 검사를 여러 번 반복실시함으로써 시간에 따른 변화를 알아볼 수 있는 설계이다(Fraenkel et al., 1996). 이를 도식화하면 다음과 같다.

$$O_1 \quad O_2 \quad O_3 \quad O_4 \quad X \quad O_5 \quad O_6 \quad O_7 \quad O_8$$

이 유형은 통제집단을 구할 수 없는 경우에 많이 사용되어 왔으며 심리치료나 행동수정 등의 분야에 적용되고 있다. 심리치료적 상황에서 한 사례나 한 집단을 대상으로 장기간에 걸친 치료의 효과를 검증하고자 할 때 빈번히 사용된다. 즉, 특정한 치료방법을 적용하고 정기적으로 대상의 반응을 관찰함으로써 그 처치가 있기 전과 후의 변화를 분석하는 것이다. 예를 들어, 일련의 학생들을 대상으로 공격행동의 출현빈도를 일정한 간격을 두고 측정한 후 사회극 놀이 훈련을 실시하고 또다시 일정 간격으로 그 학생들의 공격행동의 출현빈도를 측정하여 훈련 전후의 측정내용을 비교하여 분석하는 것이다.

이 설계의 장점은 한 집단만으로 사전-사후검사를 할 때 예측되는 문제점을 어느 정도 보완할 수 있다는 것이다. 설계에서 내적 타당도를 가장 크게 저해하는 것은 '역사' 요인으로 경우에 따라서는 '도구사용' 요인도 실험의 타당성을 의심케 하는 요소로 작용할 수 있다. 만약 종속변인을 측정하는 데 있어서 연구자의 판단이 크게 개입되어 있는 경우라면 가설을 검증하고 싶은 연구자의 소망이 변인측정에 작용했을지도 모르기 때문이다. 이 밖에 실험의 외적 타당성도 대체로 의심수준에 머물러 있는 것이 시간계열 실험설계이다.

5) 이질통제집단 전후검사 설계

이질통제집단 전후검사 설계(nonequivalent control group pretest-posttest design)는 실험대상을 무선으로 선발할 수 없는 경우 2개의 자연집단을 그대로 사용하여 한 집단에게만 처치를 함으로써 실험의 효과를 알아보고자 하는 설계로, 다음과 같이 도식화할 수 있다.

$$O_1 \qquad X \qquad O_2$$
$$O_2 \qquad\qquad O_4$$

교육연구에서 이 방법은 가장 일반적으로 사용되는 준실험설계이다. 이 설계에는 실험집단과 통제집단이 있지만 두 집단이 실험을 위하여 무선적으로 동질화된 것은 아니다. 대개는 학교나 학급과 같이 피험자 집단을 임의로 구성하기 어려울 경우, 집단을 자연상태 그대로 유지한 채 실험집단과 통제집단을 정하여 선발된 두 집단 모두에게 사전-사후검사를 실시하게 된다(이종승, 1989). 예를 들어, 한 학급의 학생들에게 수학시간에 컴퓨터 보조수업 프로그램을 실시하는 학교에서 그 학급의 학생과 프로그램을 실시하지 않는 다른 학급의 학생들에게 수학성취검사를 실시하고, 다시 1년 후에 검사를 하여 프로그램의 참여 여부가 수학성취검사의 성적에 영향을 미치는지를 연구했다고 하자.

이 같은 연구의 문제점은 프로그램에 참여한 집단과 참여하지 않은 집단의 선발에 편파성이 개입될 수 있다는 것과 이러한 선발의 편파성이 성숙의 요인과 상호작용을 일으킬 수 있다는 점이다. 비록 두 집단이 사전검사에서 동질집단으로 판단되었다 하더라도 다른 많은 점에서 차이를 보이고 있으므로, 동일한 사전검사점수를 나타내도 동질집단으로 고려될 수 없다. 이렇게 두 집단이 사전검사에서 동질화되어 있지 않음에도 불구하고 실험처치는 그 집단들 중 하나에 처치된다. 연구를 수행하는 동안 집단이 처치되는 방법에도 많은 차이가 있다. 예를 들어, 두 집단은 다른 두 교사가 있었을 것이고, 하루 중 다른 시간에 만나며, 분리된 교실에서 각기 다른 변인들에 의해 영향을 받았을 것이다. 그리고 여러 가지 가외변인과 독립변인이 섞여 있다는 것을 생각할 수 있다. 또 다른 문제점은 분포의 극단에서 참여대상을 선발하는 경우 통계적 회귀현상의 가능성도 개입될 수 있다는 것이다.

　　따라서 이상의 예와 같이 무선적으로 대상을 선발하고 배정할 수 없는 연구에서는 대상을 짝지어 배치하거나 공변량분석 등의 통계적 분석절차에 의해 설계를 보완하도록 해야 한다.

　　이상에서 살펴본 준실험설계 유형들은 타당성이라는 관점에서 문제점들을 내포하고 있는 실험설계로 인과관계에 대한 추리를 확실히 할 수 없다. 조건통제를 제대로 할 수 없는 준실험설계를 이용할 경우, 연구자들은 실험에 앞서서 미리 실험의 결과와 적대가설을 생각해 보면서 예상되는 비판에 대한 적절한 대책을 세워 둘 필요가 있는 것이다 (이종승, 1989).

 # 5. 진실험설계

　　진실험설계(true-experimental design)는 실험집단과 통제집단을 갖추고 있으며, 피험자들을 각 집단에 무선적으로 배치하는 것이 특징이다. 실험변인 외의 모든 변인을 통제할 수 있기 때문에 준실험설계에 비해 실험의 타당성이 높은 완벽한 실험설계모형이라 할 수 있다. 따라서 그 복잡성이 다소 문제되기는 하지만 실험적 연구를 하는 경우에 우선적으로 권장되는 실험설계이다. 여기에서는 가장 대표적으로 사용되고 있는 진실험설계 모형 네 가지를 소개하고자 한다.

1) 전후검사 통제집단 설계

　　전후검사 통제집단 설계(pretest-posttest control group design)는 실험연구에서 가장 많이 쓰이는 설계방안으로 다음과 같은 도식으로 나타낼 수 있다.

$$R \quad O_1 \quad X \quad O_2$$
$$R \quad O_2 \qquad\ \ O_4$$

　　통제집단을 설정하고 있는 것이 실험의 타당성을 높이는 역할을 하게 되는데 우선 가능한 한 무선적 방법으로 피험자를 표집하고, 표집한 피험자들을 실험집단과 통제집단에 무선적으로 배치하여, 실험집단과 통제집단에 각각 사전검사(O_1, O_3)를 실시한다. 일정한 기간이 경과한 후 무선적으로 한 집단을 골라(실험집단) 아무런 실험처치도 가하지 않은 다음, 실험집단과 통제집단에 각각 사후검사(O_2, O_4)를 실시하여 이들 두 집단의 사전-사후 검사치의 차이(O_2-O_1과 O_4-O_3)로써 실험처치의 효과를 평가하게 되는 것이다. 이때 실험집단의 사전-사후 검사치의 차이가 통제집단의 차이보다 통계적으로 유의미하게 클 경우, 실험처치의 효과가 있다고 말할 수 있다. 예를 들어, 성교육 프로그램이 비행청소년의 성태도에 미치는 효과를 연구하고자 할 경우 ① 40명의 비행청소년을 임의로 추출해서 두 집단에 무선배치한 다음, ② 두 피험자집단을 대상으로 먼저 성태도에 대한 사전검사를 실시하고, ③ 한 집단에게는 성교육 프로그램을 실시하고 다른 집단은 실시하지 않은 다음, ④ 질문지를 통해 각 집단의 성태도에 대한 사후검사를 실시하여, ⑤ 이들 사전-사후 검사치의 차이를 집단별로 비교해서 그 차이의 유의성을 t 검증 등의 통계적 검증방법을 사용해서 알아보면 된다.

이러한 전후검사 통제집단 설계에서는 통제집단이 있을 뿐만 아니라 피험자를 실험집단과 통제집단에 무선배치하기 때문에 '성숙' '검사' '도구사용' '통계적 회귀' '피험자 선발'과 같은 내적 타당도 저해요인들을 대부분 잘 통제하고 있으며 실험변인의 효과를 보다 정확히 알아볼 수 있다. 다시 말해서 내적 타당도가 비교적 높은 실험방안이라 하겠다.

그러나 실험집단과 통제집단을 달리 취급함으로써 생기는 문제들, 즉 검사실시시간, 검사실시환경, 검사자와 관찰자의 편견 등과 같은 변인이 작용할 여지가 있으며, 혹 실험기간이 길 경우 실험집단에서의 피험자 탈락으로 인하여 실험과정에서 두 집단의 동질성이 문제가 될 수 있다. 뿐만 아니라 이와 같은 설계에서는 사전검사 실시로 인하여 실험처치에 대한 피험자의 관심이 증가 혹은 감소됨으로써 실험결과에 영향을 미치게 되는 '검사실시와 실험처치 간의 상호작용 효과', '피험자 선발과 실험처치 간의 상호작용'에 따른 문제와 피험자가 자신이 실험대상이라는 사실을 알게 됨으로 인해 실험에 영향을 미치게 되는 실험상황에 대한 '피험자의 반동적 효과', 그리고 실험 동안의 특수한 사건과 같은 변인들로 인해 외적 타당도가 상당히 제한을 받으므로 실험결과의 일반화가 어렵다.

이 설계의 통계적 분석방법은 사전검사를 공변량으로 사용하여 사후검사들을 비교하는 공변량분석이다. 공변량분석의 기초가 되는 가정들이 만족될 수 없는 경우에는 사후검사에 대한 변량분석을 고려해 볼 수 있으며 이원변량분석도 가능하다.

2) 사후검사 통제집단 설계

사후검사 통제집단 설계(posttest-only control group design)는 전후검사 통제집단 설계와 기본형태는 같지만 사전검사는 하지 않고 단지 사후검사만을 실시하는 것을 말한다. 이 설계의 형태를 도식으로 나타내면 다음과 같다.

$$
\begin{array}{ccc}
R & X & O_1 \\
R & & O_2
\end{array}
$$

우선 피험자들을 실험집단과 통제집단에 무선적으로 배치한 후, 실험집단에는 처치를 가하지만 통제집단에는 어떠한 처치도 가하지 않은 채 그대로 두었다가 두 집단 모두에게 사후검사만을 실시하여 이 두 집단의 사후 검사치의 차이로써 실험처치 X의 효과를 알아보려는 방안이다.

사후검사 통제집단 설계에서는 무선적으로 실험집단과 통제집단을 나누고, 사전검사를 실시하지 않기 때문에 실험의 내적 타당도를 위협하는 대부분의 요인을 통제할 수 있고 사전검사와 실험처치 간의 상호작용에 의한 영향도 막을 수 있으며 아울러 시간과 노력을 절약할 수 있는 편리한 실험설계라고 할 수 있다. 그러나 사전검사가 없기 때문에 실험처치의 효과크기를 알 수 없는 단점이 있다. 따라서 사전검사가 불필요한 경우 사전검사를 실시하기 매우 어려운 경우, 적당한 사전검사를 찾지 못할 경우, 검사실시 비용이 많이 드는 경우, 피험자의 익명성이 요구되는 경우, 그리고 사전검사와 실험처치의 상호작용이 예상되는 경우 등에 유용하게 사용할 수 있는 실험방안이다(김석우, 1997).

통계적 분석은 실험집단과 통제집단의 사후검사 평균점수를 비교하는 t 검증으로 가능하며 둘 이상의 집단이 연구될 때는 변량분석이 사용될 수 있다.

3) 솔로몬 4개 집단 설계

앞의 전후검사 통제집단 설계에서 언급했듯이 사전검사는 실험처치에 대한 피험자의 관심을 증가 혹은 감소시킴으로써 실험결과에 영향을 미치게 되고 이것이 실험결과의 일반화를 제한하는 한 요인이 된다고 하였다. 솔로몬 4개 집단 설계(Solomon four-group design)는 이와 같은 사전검사의 영향을 제거하므로 전후검사 통제집단 설계의 주요 결함을 보완하기 위해 1949년 솔로몬이 고안한 설계유형이다. 이 설계방안은 사전검사를 하지 않는 2개의 집단을 첨부함으로써 전후검사 통제집단 설계와 사후검사 통제집단 설계를 통합하고 있는데 이는 통제집단에 대한 실험처치만의 효과를 평가하고, 사전검사 민감화(pretest sensitization)의 발생 여부를 결정하며, 사전검사와 실험처치 간의 상호작용으로 나타나는 영향을 평가하기 위함이다(Gall 외, 1999). 이 설계를 도식화하면 다음과 같다(김석우, 1997).

R	O_1	X	O_2
R	O_3		O_4
R		X	O_5
R			O_6

먼저, 피험자를 4개의 집단에 무선배치한 다음, 첫째 집단에는 사전검사를 하고 실험처치를 한 후에 다시 사후검사를 하고, 둘째 집단에는 사전검사를 하고 얼마 있다가 실험처치 없이 사후검사를 실시하며, 셋째 집단에는 사전검사 없이 실험처치를 가한 다음 사후검사만을 실시하고, 넷째 집단에는 사후검사만을 실시한다. 그리하여 이들 검사치들을 서로 비교해서 실험처치의 효과를 추정하게 되는데, 만약 그 검사의 결과가 $O_2 > O_1$, $O_2 > O_4$, $O_5 > O_6$, $O_5 > O_2$가 되면 실험처치의 효과가 나타났다고 결론을 내리게 된다.

이러한 실험결과의 분석을 위해서는 다음과 같은 2X2 요인 방안의 변량분석(analysis of variance)이라는 통계적 방법이 사용된다.

〈표 10-1〉	2X2 요인 방안의 변량분석

	무실험처치	실험처치	
사전검사	O_4	O_2	M_{pre}
무사전검사	O_6	O_5	$M_{non-pre}$
	M_{non-x}	M_x	

〈표 10-1〉에 제시된 바와 같이 각각의 평균치를 낸 다음 그 차이($M_{non-x}-M_x$)를 가지고 실험처치의 주효과를 측정하고, 가로 각각 평균치의 차이($M_{pre}-M_{non-pre}$)를 가지고 사전검사 유무의 차이, 즉 사전검사의 주효과를 측정하고, $(O_4-O_2)-(O_6-O_5)$로써 사전검사와 실험처치 간의 상호작용효과를 알아보게 된다. 이때 만약 사전검사가 통계적으로 유의미하다면 이는 실험처치에 관계 없이 사전검사가 종속변인에 영향을 미침을 의미하며, 상호작용이 통계적으로 유의미할 경우 사전검사와의 결합 여부에 따라 실험처치의 효과가 달라지게 됨을 의미한다.

솔로몬 4개 집단 설계는 실험의 타당성을 확보한다는 입장에서 볼 때 가장 이상적인 형태의 실험설계라고 할 수 있다. 다시 말해서 실험의 내적 타당도를 위협하는 여덟 가지 영향들을 거의 통제할 수 있고, 검사실시의 반동적 효과로 인하여 외적 타당도가 저해되는 것도 막을 수 있다. 뿐만 아니라 사전검사를 실시하지 않은 두 집단은 실험에 포함시킴으로써 실험처치 X의 주효과 이외에도 사전검사만에 의한 영향, 사전검사와 실험처치 간에 상호작용으로 나타나는 영향을 알 수 있다.

그러나 피험자의 선발과 실험처치 간의 상호작용에 따른 문제라든지 실험적 상황에 대한 반동효과의 문제는 미해결 상태로 남게 되며, 4개의 집단을 동시에 통제해야 하기 때문에 실험과정과 그 결과의 분석이 매우 어렵고 복잡하다는 단점을 가지고 있다. 따라서 솔로몬 4개 집단 설계를 이용할 경우에는 설계사용 여부를 미리 신중하게 생각해 보는 것이 좋다. 그러나 사전검사를 실시한 후 오랜 시간이 흐른 다음에 사후검사를 실시할 경우, 사전검사와 사후검사가 서로 다른 경우, 수업시간 중에 검사가 실시되기 때문에 피험자들이 지금 특별한 검사를 받고 있다는 생각을 갖지 않는 경우, 그리고 사전검사를 받았다 하더라도 그것이 사후검사에 아무런 영향도 끼치지 않는 경우에는 굳이 솔로몬 4개 집단 설계를 사용할 필요 없이 좀 더 간편한 전후검사 통제집단 설계를 이용하면 된다.

4) 요인설계

이상의 세 가지 기본설계들은 독립변인 하나만을 변화시키고 다른 부수적인 변인들이나 기타 실험조건들은 일정한 상태로 유지시켜서 그 하나의 변인이 종속변인에 미치는 영향을 보는 것들이었다. 그러나 2개의 독립변인을 동시에 고려하면서 그들 간의 상호작용을 살펴볼 수 있는 방안이 있는데 이는 곧 요인설계(factorial design)이다.

예컨대, 전통적 학습법보다는 완전학습법에 의해 과학 성적이 더욱 향상될 것이라는 연구의 경우, 앞의 세 가지 기본연구설계로는 교수방법이 과학 성적에 미치는 영향만을 볼 수 있다. 그러나 요인설계를 사용하면, 2개의 독립변인, 즉 교수방법과 학생의 적성 둘을 다를 동시에 고려하면서 그들 간의 상호작용을 살펴볼 수 있는데, 가령 적성이 높은 아동들은 전통적 학습법으로 가르칠 때 과학성적이 향상되는 반면, 적성이 낮은 학생들은 완전학습법으로 가르칠 때 효과적이라는 정보도 얻을 수 있는 것이다(김석우, 1997).

이와 같이 요인설계란 하나의 종속변인에 대한 둘 이상의 독립변인의 효과, 즉 종속변인에 대한 각 독립변인의 주효과와 종속변인에 대한 둘 이상의 독립변인 간의 상호작용 효과 둘 다를 결정하기 위하여 독립변인을 배열하는 연구의 한 구조이다(Gall 외, 1999). 이때 독립변인의 배열형태는 여러 가지가 있을 수 있는데, 즉 하나의 독립변인을 여러 조건으로 나눌 수도 있고, 2개 이상의 독립변인을 포함시킬 수 있으며, 각 독립변인을 두 가지 이상의 수준으로 변화시킬 수도 있다. 이에 따른 독립변인의 수에 의해 요인설계는 일원적 요인설계, 이원적 요인설계 및 다원적 요인설계로 나누어 볼 수 있다.

(1) 일원적 요인설계

일원적 요인설계(factorial design with one variable)란 하나의 독립변인이 두 가지 또는 그 이상의 상태를 가질 때, 이에 따른 종속변인에 대한 효과를 알아볼 경우 사용되는 실험설계를 말한다. 이를 도식으로 나타내면 다음과 같다.

$$
\begin{array}{llll}
R & O_1 & X_1 & O_2 \\
R & O_3 & X_2 & O_4 \\
R & O & & O
\end{array}
$$

실험처치수준과 검사점수 간의 관계를 알아보려고 할 경우의 예를 들어 보도록 한다. 피험자들을 3개 집단으로 동등하게 나누어 무선적으로 배치한 다음 사전검사를 실시하고, 일주일쯤 있다가 집단1은 상위불안조건에서 검사를 받게 하고, 집단2는 하위불안조건에서 검사를 받게 하며, 집단3의 통제집단에는 아무런 실험처치도 가하지 않는다. 그 다음 사후검사를 실시한 뒤에 이들 각 집단 간의 사전-사후 검사치들의 차이를 서로 비교함으로써 실험처치수준이라는 독립변인이 종속변인, 즉 검사점수에 미치는 효과를 알아볼 수 있다.

(2) 이원적 요인설계

이원적 요인설계(factorial design with two variable)는 2개의 독립변인이 그 종속변인에 미치는 영향을 동시에 연구할 때 사용되는 실험방안으로 '2×2'로 표현한다.

교수방법과 수업매체가 아동의 영어회화 학습에 미치는 효과를 연구한다고 가정할 때 교수방법으로는 전통적 학습과 새로운 학습, 수업매체로는 청각과 시청각을 각각 비교한다. 즉, 피험자를 4개 집단에 무선배치하는데 집단1에는 전통적 교수법을 사용하여 청각으로 수업하고, 집단2에서는 새로운 교수법을 사용하여 청각으로 수업하고, 집단3에는 전통적 교수법을 사용하여 시청각으로 수업하고, 집단4에는 새로운 교수법을 사용하여 시청각으로 수업한 다음, 사후검사를 실시하여 이들 검사치들을 서로 비교한다. 통계적 방법으로 이원변량분석이 사용되는데 이를 도식으로 나타내면 다음과 같다.

〈표 10-2〉 2X2 요인설계 형태의 예

		교수방법(독립변인 A)	
		전통적(A_1)	새로운(A_2)
수업매체 (독립변인 B)	청각(B_1)	(1) A_1B_1	(2) A_2B_1
	시청각(B_2)	(3) A_2B_2	(4) A_2B_2

먼저, 교수방법에 따른 영어회화 학습성취도의 차이를 알아보기 위해서는 집단1과 집단3을 합하여 평균을 내고, 집단2와 집단4를 합하여 평균을 낸 다음 서로 비교해 보면 된다. 그리고 수업매체가 학습성취도에 주는 영향을 알아보기 위해서는 집단1과 집단2를

합하여 학습성취도의 평균을 내고, 집단3과 집단4를 합하여 평균을 낸 다음 서로 비교하면 된다.

한편, 독립변인 A와 독립변인 B의 상호작용효과, 즉 교수방법과 수업매체가 상호작용하여 영어회화 학습성취에 주는 영향을 알아보려는 경우는, 첫째, [그림 10-1]처럼 상호작용효과가 없는 경우, 둘째, [그림 10-2]처럼 상호작용효과가 있는 경우이다. 이를 좀 더 자세히 살펴보면 다음과 같다.

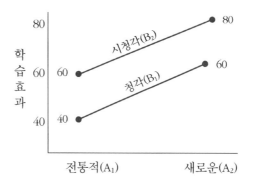

[그림 10-1] 교수방법과 수업매체의 상호작용(1)

[그림 10-1]에서는 두 가지 수업매체에 의해 두 가지 교수법 각각을 사용했을 때의 효과를 표시하는 직선이 평행을 이루는데 이는 어떤 수업매체를 사용하든 간에 새로운 수업(A_2)이 전통적 수업(A_1)보다 일관성 있게 우수한 결과를 가져옴을 의미하고 있다. 따라서 교수방법과 수업매체 간에는 상호작용이 없다. 이 경우에 A_1과 A_2 교수방법이 두 수업매체에 주는 효과의 차이, 즉 (60-40=20)과 (80-60=20)은 같다.

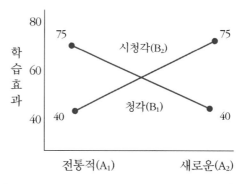

[그림 10-2] 교수방법과 수업시간의 상호작용(2)

[그림 10-2]는 두 수업매체가 얻은 효과의 직선이 교차되고 있다. 이는 전통적 수업 (A_1)에서는 시청각(B_2)을 사용하면 더 좋은 결과를 가져오고 새로운 수업법(A_2)에서는 청각(B_1)을 이용했을 때 더 좋은 결과를 가져왔음을 의미한다. 이 경우에 시청각과 청각이라는 두 수업매체가 얻은 교수법 A_1의 효과 차이(75-40=35)와 교수법 A_2의 효과 차이(40-75=-35)는 서로 다르기 때문에 교수법과 수업매체 간에는 명백한 상호작용이 있다. 즉, 같은 수업매체라도 교수방법을 달리할 경우에 그 효과가 달리 나타난다.

(3) 다원적 요인설계

다원적 요인설계(factorial design with multiple variable)는 3개 또는 그 이상의 독립변인들이 하나의 종속변인에 미치는 주효과와 상호작용효과를 알아볼 때 사용하는 실험방안을 말한다. 예를 들면, 2×2×2, 2×5×4, 2×3×3, 나아가서는 4개의 독립변인을 포함시키는 4×2×3×5 등의 요인방안도 있을 수 있다. 그러나 2×2×2 실험설계수준을 벗어나게 되면, 대표본이 요구되면서 너무 복잡하여 통계적 분석이 쉽지 않고 결과해석도 어렵기 때문에 흔히 사용할 수 있는 것은 아니다. 따라서 여기서는 2×2×2 요인설계라는 다원적 요인방안의 한 형태만을 예로 들어 보도록 하겠다.

2×2×2 요인설계는 앞의 교수방법과 수업매체를 독립변인으로 한 실험에 학생의 적성변인을 첨가시키되, 그 수준을 높은 적성과 낮은 적성의 2가지로 변화시키면 된다. 이러한 다원적 요인방안의 형태를 도식으로 나타내면 다음과 같다.

〈표 10-3〉 다원적 2X2X2 요인설계 형태의 예

교수방법		전통적 방법(A_1)		새로운 방법(A_2)	
적성수준		상위(C_1)	하위(C_2)	상위(C_1)	하위(C_2)
수업매체	청각매체(B_1)	$A_1B_1C_1$	$A_1B_1C_2$	$A_2B_1C_1$	$A_2B_1C_2$
	시청각매체(B_2)	$A_1B_2C_1$	$A_1B_2C_2$	$A_2B_2C_1$	$A_2B_2C_2$

이 표에서도 각 칸의 $A_1 B_1 C_1$, $A_1 B_1 C_2$……들은 종속변인에 대한 검사치를 말하는데, 이들 검사치들의 차이를 통해 각 독립변인의 효과와 이들 독립변인들의 종속변인에 대한 상호작용효과를 변량분석방법에 의해 알아보게 된다.

지금까지 많이 이용되는 실험방안을 준실험설계와 진실험설계로 나누어 살펴보았다. 다른 조건이 모두 같다면 실험의 타당성이 높은 것이 좋은 실험설계라 할 수 있을 것이다. 그러나 각 설계마다 제각기 장점과 단점이 있으며, 통제할 수 있는 저해요인이 있는가 하면 통제할 수 없는 요인도 있다.

따라서 실험설계에 어떤 정형(定型)이 있는 것은 아니며 연구자는 각자 계획한 연구의 이론적 준거, 문제, 가설, 처치, 측정, 실험상황, 비용, 실현 가능성, 시간 등과 같은 전반적인 고려사항을 근거로 기존의 설계 중에서 적합한 것을 골라서 이용하거나 새로 개발하여 쓸 수 있다. 단, 연구자는 현실적 여건이 허용하는 범위 내에서 실험의 타당성을 극대화시키기 위해 노력해야 할 것이다.

제11장 내용분석

1. 내용분석의 정의와 특성

1) 내용분석의 정의

내용분석(Content Analysis)은 관심 변인이나 현상을 연구하기 위하여 관찰이나 면접 등을 사용하는 대신에 사람들이 이미 산출해 놓은 텍스트를 체계적으로 양적, 질적으로 분석하는 방법이다. 내용분석에 대한 학자들의 정의를 들어 보면, 내용분석이란 '명시적인 부호화 규칙을 바탕으로 텍스트에 있는 다수의 낱말을 소수의 범주(category)로 압축하기 위한 체계적 · 반복적 기술(Krippendorff, 1980)' 혹은 '메시지의 구체적 특성들을 객관적이고 체계적으로 확인함으로써 여러 가지 추론을 만들어 내는 그 어떤 기술(Holsti, 1969)' 등으로 정의된다.

여러 학자의 정의를 종합할 때, 내용분석은 이미 만들어진 자료를 분석하여 연구한다는 공통점을 내포한다. 첫째, 면접이나 설문지, 관찰을 통한 1차 자료수집은 피면접자 혹은 관찰 대상자의 의도적 답변이나 행동 때문에 왜곡될 수 있으나 내용분석과 같은 2차 자료수집 방법의 경우 이미 산출된 자료를 기초로 분석하기 때문에 상대적으로 그러한 염려가 적다. 둘째, 내용분석은 양적 · 질적 분석을 동시에 수행한다. 내용분석은 본질적으로 텍스트의 외현적이고 현재적인 내용뿐만 아니라 문맥이나 내용 속에 숨어 있는 암묵적이고 잠재적인 내용을 함께 분석하고자 하는 것을 목적으로 한다. 이는 결과의 수량화를 통한 양적 분석과 해석적 추론을 통한 질적 분석을 함께 요구하는 것이다. 셋째, 내용분석은 좁은 의미에서 볼 때, 일종의 자료 압축기술이라는 의미로 사용된다. 전통적으로 내용분석은 방대한 문서자료를 효과적으로 요약하고자 하는 제한된 목적으로도 많이 사용되었다. 예를 들어, 조사연구나 면접 등에서는 개방형 질문에 대한 응답자료를 분류해 내는 기법으로 내용분석 기법이 활용되었다. 넷째, 내용분석은 단지 '텍스트'의 분석에만 제한하지는 않는다. Holsti의 정의에 따르면 내용분석의 기술은 텍스트 분석의 영역에만 제한되는 것이 아니라 시각적 매체로서 사진, 포스터, 그림, 청각적 매체로서 MP3의 기록내용, 라디오 프로그램, 그리고 매체의 조합으로서 TV 프로그램과 활자, MP4 파일의 기록내용, 기타 영상자료 등 부호화에 적합한 모든 자료가 활용될 수 있다. 다만 모든 자료는 재분석이 가능해야 하며 이를 위해서는 영속성이 있는 자료여야 한다.

내용분석은 인간의 의사소통 기록물(신문, 서적, 잡지, 대중매체, 연설, 편지 등)을 분석하는 간접 자료수집 방법의 하나이다. 기록뿐만 아니라 어떤 형태의 의사전달에도 적용할 수 있다. 과거에는 내용분석을 단순히 텍스트 혹은 메시지에 포함된 내용을 분석하기 위한 하나의 자료분석 기법으로 인식하였다. 그러나 최근에 이르러 내용분석 연구의 분석대상이 다양화되면서 점차 이론적 또는 방법론적 문제를 해결하는 연구방법으로 발달하고 있다. 특히 질적 연구방법이 확산하면서 내용분석 연구 또한 텍스트의 표면적인 내용을 단순히 수량화하는 양적 내용분석(quantitative content analysis)에서 벗어나, 잠재적인 내용과 맥락을 연구자의 해석학적인 관점에서 다루는 질적 내용분석(qualitative content analysis)으로 확장되고 있다.

내용분석 연구가 근간으로 삼는 텍스트의 단어와 문장은 인간이 만든 중요한 산물이다. 따라서 사람들이 말하고 기록한 것 모두는 개인과 사회적 과정에 대한 훌륭한 증거원천이 될 수 있다. 예를 들어, 심리학자는 주제통각검사(Thematic Apperception Test: TAT)를 실시한다. 이는 TAT에서 산출된 이야기의 내용을 분석해 봄으로써 피험자의 생활사, 가치관, 욕구, 방어기제, 삶의 관심사를 분석할 수 있다고 믿기 때문이다. 이러한 이유로 내용분석 연구방법은 현재 교육학, 사회학, 사회복지학, 심리학, 경영학, 언론학, 정치학, 행정학 등에 이르기까지 다양한 학문 분야에서 활발히 사용된다.

(1) 양적 내용분석

텍스트의 양적인 분석에 초점을 맞춘 내용분석을 양적 내용분석(quantitative content analysis)이라 한다. 초기 양적 내용분석의 예로는 Berelson과 Salter(1946)의 연구를 들 수 있다. Berelson과 Salter는 미국의 잡지에 실린 이야기의 주인공들이 어떤 계층에 속하는지 조사한 후, 미국 인구의 실제 분포와 비교하여 그 분포를 백분율로 나타냈다. 그들은 이 분석을 통해 미국 잡지에 등장하는 이야기의 주인공들은 주로 백인 계층이며, 전체 인구 중 백인 계층이 차지하는 분포도보다 훨씬 높은 빈도로 나타나고, 그 이외의 계층은 대중매체에서 차지하는 빈도에서 열세를 보인다는 것을 입증하였다(Mayring, 2007). 이러한 양적 내용분석은 제2차 세계대전 이후 경험적 사회과학의 연구방법으로 발전하였다. 이는 내용분석이 단순한 빈도수의 측정에서 벗어나 주제의 평가와 같은 가치지향적 분석을 시도하는 데 영향을 주었다. 양적 내용분석은 분석대상 자료의 명백한 의미에 초점을 맞추며 자료의 맥락을 덜 고려한다. 또한 신뢰도를 엄격하게 처리하며 신뢰도 확인을 타당도 확인보다 더 중요시한다.

(2) 질적 내용분석

질적 내용분석(qualitative content analysis)은 단순한 빈도수의 분석이 아닌 텍스트의 내용에 대한 분석이 더 많이 이루어지는 내용분석 방법으로, 대개 QCA라 칭한다.

QCA는 연구자가 포착하고자 하는 현상을 파악하기 위해 수집한 질적 자료를 분석하는 연구방법론이다. 이를 위해 연구자는 코딩 프레임(coding frame)을 구성하고 수집한 자료를 각각의 카테고리로 분류하여 자료가 가지는 의미를 파악하고자 한다. QCA 연구방법은 대부분 텍스트의 질적인 특성이나 의사소통에 관해 관심을 가진다. 이때 QCA의 분석대상이 되는 자료들은 개방형 연구질문, 이야기체의 응답, 공식 및 비공식 인터뷰, 초점집단인터뷰, 잡지, 책, 매뉴얼과 같은 인쇄매체 등으로 그 범위가 넓다.

QCA는 양적 내용분석과 같이 단순히 단어의 빈도수를 세는 것을 넘어 분석의 대상이 되는 질적 자료들의 의미를 파악하는 것까지를 그 목적으로 한다. 이 과정에서 QCA는 수집된 다양한 질적 자료의 맥락적 의미를 연구자의 연구문제에 맞추어 압축하고 축약한다. 이를 통해 연구자는 방대한 질적 자료 안에서 본인이 파악하고자 했던 현상의 의미를 파악하게 된다. 질적 연구는 해석과정에서 자료의 양이 방대해지므로, 연구자의 시간 소모가 크며, 이로 인해 체계적인 연구가 어렵다는 단점을 가지고 있었다. 하지만 QCA는 이러한 질적 연구방법론의 단점을 보완할 수 있다. 연구자는 QCA를 사용해 방대한 질적 자료의 양을 늘리기보다는 연구질문에 맞추어 축약함으로써 연구자가 연구하고자 하는 주제에 대한 결론 도출을 쉽게 할 수 있다. 이러한 측면에서 QCA는 현상의 의미를 이해할 수 있는 지식을 제공하는 데 연구목적이 있다. QCA는 자료의 잠재된 의미에 초점을 맞추며, 자료분석 시 맥락에 더 주목한다.

2) 내용분석의 특성

첫째, 내용분석은 앞서 언급한 것처럼 질문지나 검사 혹은 관찰과 같은 방법을 통해서는 필요한 정보를 얻기 힘든 상황, 예컨대 역사적 고찰을 한다든지, 사망했거나 접근하기 힘든 인물에 관한 연구 또는 어떤 정책내용이나 교육 프로그램의 내용에 관한 평가연구를 할 때 많이 활용된다. 그렇다고 내용분석 연구방법이 연구대상자에 직접적인 접근이 가능할 때는 사용할 수 없다는 의미는 아니다. 연구대상자의 행동, 태도, 가치관 등을 일정한 기간 계속해서 측정할 때 자연스럽고 솔직한 반응을 얻기 어렵게 된다. 이처럼 설문지를 이용한 조사방법이나 실험방법이 적용될 수 있는 경우에도 오히려 연구대상자가 남겨 놓은 자료를 토대로 내용분석을 하는 것이 더 정확할 수 있다.

둘째, 내용분석은 분석자료 자체가 말이나 글로 작성된 문헌인 경우, 분석자료가 방대한 경우, 그리고 실증적 자료에 관한 보완적 연구가 필요한 경우 보다 효과적으로 활용될 수 있다. 내용분석은 다양한 형태의 자료분석에 활용되지만 가장 흔히 활용되는 장면은 역시 언어나 문헌자료의 분석에 있다. 예를 들어, 교과서 내용에서 나타나는 선입견이나 편견, 이데올로기 분석, 논설이나 수필, 시(詩)에 나타난 저자의 의도, 생각, 신념에 대한 분석, 교사와 학생의 대화분석 등이 내용분석에 사용되는 대표적인 활용 예이다. 분석할 자료가 방대할 때도 내용분석 방법이 요구된다. 신문, 잡지, 방송내용 등을 모두 동시에 연구하고자 하는 경우 이를 모두 연구하는 것은 거의 불가능하다. 이때 내용의 일부를 표집하여 내용분석을 수행함으로써 전체적인 경향을 파악할 수 있다. 내용분석은 실험연구 등에서 검사 등을 통하여 얻은 자료를 보완할 목적으로 사용될 수 있다. 상담 처치 프로그램의 효과연구에서 프로그램의 효과는 사전-사후에 얻어진 검사점수뿐만 아니라, 처치과정에서 상담자와 내담자가 나눈 대화내용을 녹음하고 이를 분석함으로써 연구결과를 보완할 수 있다.

셋째, 내용분석은 객관적 · 체계적 · 양적 · 질적 분석방법을 병행하여 사용한다. 객관적이란 그 내용을 다른 사람도 같은 방법을 사용하여 분석해도 같은 결과를 얻을 수 있다는 것을 의미하며, 체계적이란 일정한 과학적 절차에 의해 분석하는 것을 의미한다. 이는 내용분석 과정에서 명확한 범주, 코딩 규칙의 설정에 기인하는 것이다. 특히, 자료의 성격을 양적 자료(수치화된 자료)와 질적 자료(텍스트 자료)로 구분할 때, 내용분석의 대상이 되는 의사소통의 기록물은 질적 자료이지만 내용분석은 이를 양적인 자료로 전환하여(계량화) 통계적 분석을 수행하기도 하며, 그 자체로 해석적 분석을 하기도 한다. 양적 분석은 내용분석이 개방적 설문지를 이용하는 조사연구와 같은 양적 연구의 한 부분으로 수행될 때 많이 취하는 방식이며, 질적 분석은 분명히 파악될 수 있는 드러난 내용뿐 아니라 문맥이나 내용 속에 숨어 있는 잠재적 내용(latent content)도 코딩하여 분석한다. 이러한 특성 때문에 최근 들어 연구동향 분석에서 내용분석 연구방법이 자주 활용된다.

 ## 2. 내용분석의 유형

내용분석의 유형은 연구의 초점이 단일개념의 분석에 관심을 두느냐, 개념 간의 관계분석에 초점을 두느냐에 따라 개념분석 연구와 관계분석 연구로 구분할 수 있다(Busha & Harter, 1980). 그뿐만 아니라 텍스트를 의사소통이라는 관점에서 분석할 경우 의사소통의 현재 특성에 관한 연구, 의사소통의 선행요인에 관한 연구, 의사소통 결과 및 효과에 관한 연구 등으로 구분할 수 있다. 개념분석 연구와 관계분석 연구의 차이는 단순히 연구자가 단일개념에 관심을 두느냐 혹은 개념 간의 관계에 관심을 두느냐에 있다.

1) 개념분석 연구와 관계분석 연구

개념분석은 내용분석이 전통적으로 추구해 온 연구목적에 속한다. 여기에서 연구자의 기본관심은 어떤 하나의 개념이며 텍스트의 내용분석을 통해서 개념과 관계된 단어나 문장 등이 얼마나 빈번하게 사용되었는지를 검토하는 것이 주목적이다. 따라서 연구자는 개념과 관계된 단어나 문장 등의 수량화에만 관심이 있으며 개념 간의 관계분석을 위한 단어 간의 관계에는 관심이 없다.

반면, 관계분석 연구는 개념분석을 바탕으로 텍스트에 있는 개념 간의 관계를 탐색하고자 하는 연구를 말한다. 이를 위하여 내용분석에서는 탐색하고자 하는 2개 이상의 개념을 결정하고, 부호화 규칙을 설정하는 한편, 각 개념을 나타내는 단어나 문장 등과 같은 분석단위에 따라 내용을 분석하게 된다. 그 결과, 2개 이상의 개념을 나타내는 단어와 문장이 동시에 관찰된다면 이를 근거로 개념 간의 관계를 유추하게 된다. 그러므로 단일

개념분석의 경우 기술 통계적 방법을 더 많이 활용하며 관계분석 연구의 경우 이론적 · 해석적 방법을 더 많이 활용한다.

2) 의사소통의 현재적 특성에 관한 연구

텍스트를 의사소통이라는 관점에서 볼 때, 의사소통의 현재적 특성에 관한 연구는 그 내용이 누구에게(to whom), 무엇을(what), 어떻게(how) 전달하고 있는지 텍스트가 지닌 현재적 특성을 분석하는 연구를 말한다. 이와 같은 연구에서는 텍스트의 내용을 객관적으로 분석하는 것이 더 중요하다.

교육학 분야에서의 내용분석의 예를 들어 보면, EBS 교육방송 프로그램의 주간 혹은 월간 편성표를 확보하여 이 프로그램들이 누구(유치원생, 초등학생, 중 · 고등학생 등)를 주 시청자로 삼아, 무엇(교양, 교과학습, 자격증 취득 강의 등)을 어떻게(강의, 토론, 다큐멘터리 등) 전달하고 있는지 분석할 수 있다. 또한 초등학교 4학년 도덕 교과서 분석을 통하여 무엇(공공질서, 가족생활, 효, 국가관 등)을 어떻게 전달하며, 한국 전래동화를 분석함으로써 등장인물이 누구인지, 주제가 무엇인지 등을 분석할 수 있다. 여기에서 누구, 무엇, 어떻게 등은 연구자의 설정에 따라 범주가 달라질 수 있다. 예를 들어, '어떻게'라는 것은 '전달방식'이라는 의미로 정의하여 훈화, 설득, 비유, 설명 등으로 범주화될 수 있으며 혹은 '문체'라는 의미로 정의하여 문장의 길이, 구문, 수사법 등의 관점에서 분석할 수도 있다.

3) 의사소통의 선행요인에 관한 연구

의사소통의 선행요인에 관한 연구는 누구(who)에 의해 텍스트의 내용이나 메시지가 만들어졌는지, 왜(why) 그러한 메시지를 고안하여 전달하고자 하였는지를 분석하는 연구를 말한다. 이러한 연구는 텍스트의 객관적인 분석을 넘어 연구자의 전문적 식견, 경험, 추론 능력을 요구한다. 예를 들어, 사회 지도층 인사나 유명한 정치가의 연설문, 저서, 신문에 투고한 글 등을 분석하여 이들의 성향, 가치관, 신념 등을 추리하는 경우, 그리고 인터넷 게시판의 글이나 화장실의 낙서, 뉴스나 보도자료에 대한 댓글 등을 수집함으로써 글쓴이들의 특징이나 성향을 파악하거나, 전달하고자 하는 내용이 무엇인지를 분석하는 경우를 들 수 있다. 또한 문학, 역사학 분야에서 민담이나 노동요 등을 시대 변천에 따라 수집함으로써 문화적 양태와 내용의 변화 간의 관계를 추론하는 연구 또한 이에 해당한다.

4) 의사소통의 결과 및 효과에 관한 연구

의사소통의 결과 및 효과에 관한 연구는 텍스트를 분석함으로써 어떤 결과나 효과(with what effects)를 가져왔는지를 분석하는 연구를 말한다. 연구자는 텍스트가 내포한 의미나 효과에 관한 이론적·경험적 연구를 체계적으로 고찰할 수 있어야 하며, 연구를 통해 어떤 결과가 나타날지 예견할 수 있을 정도의 통찰력을 보유하고 있어야 한다. 예를 들어, 일반 시민을 대상으로 하여 TV 뉴스나 광고방송에 대한 반응을 수집하여 이를 내용분석하거나, 상담 장면에서 내담자의 언어적 반응을 수집하여 상담의 효과를 분석하는 연구가 이에 해당한다. 연구자는 텍스트 속에서 나타날 수 있는 결과와 효과에 대하여 사전에 아무런 가설 없이 분석에 임할 수도 있으나, 예상되는 결과와 효과에 대하여 사전에 구체적인 분석범주를 설정한 후, 분석할 수도 있다.

 ## 3. 내용분석의 절차

1) 연구문제 설정

내용분석을 사용하려는 취지에 맞는 연구문제를 설정한다. 내용분석법이 아니고는 탐구할 수 없거나 다른 자료수집 방법보다는 내용분석법이 더 적절한(혹은 효율적인) 주제를 연구문제로 정한다. 연구자는 사전에 주어진 연구문제를 충분히 검토하여 과연 내용분석 방법이 적합한 것인지를 살펴보아야 한다. 이를 위해서는 연구가 취하고자 하는 궁극적인 목적과 함께 내용분석 방법이 지닌 특징과 장단점을 자세히 검토해야 한다. 비록 내용분석 방법이 적합한 것으로 여겨진다고 하더라도 자료에 대한 접근성이 지극히 제한되어 있거나 충분한 자료를 구할 수 없다고 한다면 연구결과 또한 미약할 수밖에 없기 때문이다. 연구자는 관련 분야의 이론과 연구를 충분히 읽어 보아야 한다.

내용분석이 적합한 연구문제의 예

- 빈곤에 대한 언론의 묘사가 IMF를 전후로 어떻게 달라졌는가?
- 1970년대 이후로 대통령 선거 공약에 나타난 사회복지정책의 내용이 어떻게 변해 왔는가?
- 역대 대통령 취임사에 나타난 대통령의 정부 역할에 대한 인식은 어떠했는가?
- TV 프로그램에서 정신장애인을 어떻게 묘사하고 있는가?
- 「형법」과 「민법」 중에서 남녀를 더 구분하는 것은 어느 법인가?
- 주요 일간지에서 보편적 복지에 관한 인식이 지난 10년간 어떻게 변해 왔는가?

2) 모집단 규정과 표본 선정

내용분석의 실질적인 첫 단계는 분석될 내용의 전집인 모집단을 규정하고 대표적인 표본을 선정하는 일이다. 이때, 모집단은 연구자가 분석대상으로 하고자 하는 모든 자료를 말한다. 즉, 내용분석을 위한 자료로 신문 기사, 교과서, 동화, 만화, 비디오테이프, 학술논문, 학위논문 등 그 종류와 범위를 한정하고 분석을 위한 표본을 제한적으로 추출하는 것이다. 모집단은 연구주제와 관련하여 설정해야 한다. 예를 들어, '이 연구는 2022년 1월 1일부터 6월 30일까지 서울특별시의 주시청 시간대 TV 광고 방송에 관해 연구한다.' 또는 '이 연구는 2022 개정 교육과정에 따른 초등학교 5, 6학년 교과서에 나타난 학교 진로교육 목표와 성취기준에 관해 연구한다.'와 같이 관련된 모집단에 대해 적절히 정의를 내릴 필요가 있다. 또한 내용분석을 위한 모집단의 결정에는 연구주제의 범위와 연구기간이라는 두 차원이 고려되어야 한다.

만약, 모집단의 사례 수가 많으면 표집을 통해 줄일 수 있다. 이 단계에서는 먼저 표집단위와 사례 수를 결정하고 표집방법에 따라서 표본을 추출한다. 전체를 대표할 수 있는 일부를 표본으로 선정하고, 이 표본을 분석하여 결과를 모집단으로 일반화시키게 된다. 표집단위는 단어, 구, 문장, 문단, 절, 장, 책 전체, 작가 등이 될 수 있고, 어떤 수준에서도 표집이 가능하다. 앞서 규정된 모집단에 대한 표집틀(sampling frame)을 구하고, 표집방법을 정해 표본추출을 한다. 연구에서 분석할 표본추출의 과정은 일반적인 표집원리와 절차를 그대로 사용하지만, 방대한 문헌자료를 대상으로 표집할 때에는 의도적 표집을 하거나 다단계 표집을 하는 경우가 많다. 예를 들어, 신문을 분석하고자 하는 경우 어느 신문, 어떤 호, 어느 기간으로 의도적으로 제한하거나 먼저 시간 단위로 몇 년 치 또는 몇 달 치 등으로 나눈 다음 어느 면, 어떤 기사를 표집하며, 나아가 어느 문장이나 행에 이르기까지 다단계로 표집할 수 있다.

3) 분석범주의 설정

　표집방법이 선정되면 연구문제와 관련하여 구체적으로 어떠한 내용을 무엇을 기준으로 분석할 것인가를 결정해야 한다. 이를 위하여 분석범주(category)를 설정한다. 분석범주는 분석하고자 하는 내용을 분석하는 기준 또는 분류 항목을 말한다. 내용분석 연구에서 범주는 이론이나 검증되어야 할 가설을 반영하기 때문에 분석에서 가장 중요한 부분이다. 분석대상이 되는 자료로부터 다양한 범주 항목을 도출할 수 있다. 예를 들어, 역대 대통령 취임사의 내용을 분석한다고 하자. 연설문의 내용이 '경제성장'과 '사회복지' 중 어느 범주에 속하는지 분류한다면 범주는 '경제성장'과 '사회복지'가 된다. 교과서에 나타난 성역할의 변화를 분석하고자 한다면, 남성의 역할, 여성의 역할, 남녀 공통의 역할에 따라 3개 범주로 설정할 수 있을 것이다.

　연구에 따라 범주설정을 위한 기준이나 구체적인 범주항목은 너무나 다양하므로 일반적으로 말할 수는 없다. 다만 비교적 자주 발견되는 몇 가지를 예로 들어 보면, 텍스트의 내용에 따라 주제(애정, 출세, 도덕 등), 찬반의 태도, 가치나 욕망, 목적 실현의 방법(협력, 회유, 폭력 등의 범주), 인물의 속성이나 성격, 가치(권력, 정직, 존경, 애정 등의 범주), 성, 나이, 직업과 같은 인구통계학적 배경 등에 따른 범주 등이며, 내용의 형식에 따라서는 문장의 형태(평서문, 명령문, 의문문 등의 범주), 비유 형식(은유, 직유, 의인화 등), 문장의 길이 등이 범주 구분을 위한 기준으로 사용된다.

　내용분석 절차 중에서 가장 중요한 단계는 적절한 분석범주를 설정하는 일이다. 내용분석 연구의 성패는 분석범주가 연구문제와 분석자료에 얼마나 적합하게 설정되었느냐의 여부에 달려 있다.

분석범주의 조건

① 적합성
　분석범주들은 주어진 연구목적 또는 연구문제에 적합해야 한다. 이를 위해서는 변인에 대한 구체적이고 정확한 개념적 정의와 조작적 정의를 내림으로써 연구하고자 하는 변인 또는 개념을 대표할 수 있는 타당성을 지니게 된다.

② 포괄성

범주는 포괄적이어서 분석될 항목이 빠짐없이 포함되도록 설정해야 한다. 이는 분석항목이 특정한 분석범주 중 하나에 반드시 포함되어야 한다는 의미이다. 예를 들어, 동화의 주제를 분석하여 10개 범주로 분석한다고 하였을 때 표집된 모든 동화가 특정한 주제로 10개 범주에 반드시 포함되어야 한다.

③ 상호배타성

분석되는 자료가 하나 이상의 범주에 해당하여서는 안 된다. 어떤 항목이 2개 이상의 유목에 동시에 포함될 수 있는 경우가 발생한다면 이는 범주가 상호배타적으로 설정되지 않았기 때문일 것이다.

④ 독립성

어느 한 범주에서 이루어진 자료의 분류가 다른 범주의 값에 영향을 미쳐서는 안 된다.

⑤ 단일분류원칙

분석범주는 개념상 서로 같은 수준이어야 하며, 다른 수준의 분석과 혼합되어서는 안 된다. 예를 들어, 소설 속 주인공의 성격특성을 분석하는 데 있어서 분석범주를 친절성, 정의감, 책임감, 의지력, 신앙심으로 구분하였다면 신앙심의 경우는 나머지 다른 범주와 같은 차원이나 기준이 아닐 수 있다.

4) 분석단위의 설정

분석단위는 내용 범주에 집어넣어 집계할 수 있는 의사소통의 단위를 말하는 것으로, 부호화(coding)의 단위가 된다. 분석단위에는 기록단위(recording unit)와 맥락단위(context unit)가 있다.

(1) 기록단위

기록단위는 기록만 함으로써 자료가 수집되는 경우로, 분석하고자 하는 내용의 특정 요소가 한 번 나타남을 말해 주는 최소의 분석단위를 말한다. 예를 들어, 소설에 대해 내용분석을 한다고 가정할 때 인물이 기록단위인 경우 범주가 다음과 같다면 소설에 등장하는 인물별(→ 기록단위)로 다음 각 범주(→ 분석범주)의 어디에 해당하는지를 코딩하게 된다.

성별 __① 남성   __② 여성
성향 __① 보수적   __② 중도   __③ 급진적

각 인물에 대해 코딩한 후 분석하면 남성은 몇 명인지, 여성은 몇 명인지, 보수적인 성향의 인물은 몇 명인지 그 빈도를 확인할 수 있다. 단어, 주제, 인물, 문장과 단락(문단),

항목(품목, item), 공간 또는 시간 등이 기록단위가 될 수 있다.

　내용분석에서 분석단위로 많이 활용되는 단위는 다음과 같다.

- 단어: 내용분석에서 널리 사용되는 최소 분석단위로, 특히 컴퓨터를 이용하여 분석할 때 쉽게 사용할 수 있다. 단어는 단위 간 명백한 구분이 가능하다는 장점이 있지만, 자료수집의 양이 많아진다는 단점도 내포한다.
- 문장이나 단락: 문장이나 단락 역시 단어처럼 기술적으로 구분하기가 쉽다. 그러나 하나의 문장이나 단락 속에 하나 이상의 주제가 포함되어 있다면 범주를 나누기 어려워, 부호화에 문제가 있을 수 있다. 즉, 상호배타성이 충족되지 않으면 분석단위로 적절하지 않음을 염두에 두어야 한다.
- 주제: 텍스트에 포함된 태도, 가치, 신념 등을 연구하는 경우, 단어를 분석하는 것보다 문장이나 단락에 내포된 주제를 분석하는 것이 때로는 효과적일 수 있다. 이 경우, 문장이나 단락을 분석단위로 할 때에 비해 자료수집의 양이 줄어든다는 장점이 있다. 그러나 주제를 구분하는 경계가 불명확해서 연구자의 주관적 판단이 개입될 가능성이 있다. 또한 주제는 여러 주제를 포함하고 있는 경우 중심적인 주제를 가려내기가 어렵다. 이 때문에 신뢰도가 낮아질 수 있다. 그런데도 대규모 자료를 다룰 때 주제는 가장 의미 있는 분석단위일 수 있다.
- 인물: 인물을 분석단위로 삼을 수 있는 자료는 비교적 한정된다. 예를 들어, 소설, 희곡과 같은 문학작품이나 동화, 만화, 영화, 대본, TV, 보도물 등이다. 인물은 경계선이 뚜렷하고 구별이 분명하며 구체적인 분석단위라는 특징이 있다. 직업, 성, 나이 등과 같은 범주를 사용하면 수량화하기도 쉽다.
- 항목: 연구자의 관심에 따라서는 항목이 분석단위가 될 수도 있다. 여기서 항목이란 한 편의 영화, 한 권의 책, 한 편의 논문, 하나의 TV 혹은 라디오 프로그램, 한 편의 이야기, 노래 한 곡 등과 같은 단위를 일컫는다. 항목을 분석단위로 설정하여 내용분석을 수행하는 것은 가장 손쉬운 방법일 수 있으나, 단점도 있다. 첫째, 항목을 분석단위로 삼을 수 있을 만큼 자료가 충분해야 한다. 둘째, 각 항목 내의 세부 내용분석은 의미가 없다는 전제가 있어야 한다.
- 시간, 공간, 면적의 측정치: 분석단위로 내용에 대한 실제 물리적 측정치를 사용하는 것을 말한다. 예를 들어, 인쇄물의 지면, 단락의 수, 방송된 시간의 양 등을 분석단

위로 사용하는 경우이다. 계산하기 쉬우며 구체적인 단위라는 장점이 있으나 활용할 수 있는 자료의 종류가 제한적이라는 단점이 있다.

(2) 맥락단위

출현 빈도만 가지고는 메시지의 진의를 파악할 수 없어 맥락까지 고려해야 할 때 맥락단위를 분석하게 된다. 예를 들어, 단어가 기록단위라면 그 단어의 의미 파악을 위해 한 개 혹은 몇 개의 문장으로 된 단락을 맥락단위로 규정할 수 있다. 즉, 어떤 한 단위가 어느 범주에 속하는지 분간하기 어려울 때는 그 단위가 발견된 맥락을 함께 고려할 필요가 있다. 그런 점에서 맥락단위는 기록단위의 성격을 좀 더 명확히 하고자 검토하는 내용의 최대 단위라 할 수 있다. 달리 말하면 맥락단위는 적어도 기록단위보다 더 큰 것이어야 한다. 맥락단위 역시 일관되게 적용하기 위해서는 사전에 설정할 필요가 있다. 모든 기록단위나 범주체계에서 맥락단위가 있어야 하는 것은 아니다. 맥락단위 분석은 기록단위에 비해 어렵기도 하고 시간도 많이 소요된다.

5) 신뢰도와 타당도 점검

내용분석 연구 또한 연구의 신뢰도와 타당도를 확보하는 것이 중요하다. 내용분석 연구에서는 연구문제에 따라 설정한 개념이나 범주의 모호성이 증가할수록 신뢰도와 타당도 문제가 발생하게 된다(Weber, 1990).

먼저, 신뢰도는 같은 내용을 한 사람이 여러 번 반복하거나 여러 사람이 각각 분석했을 때 같은 결과를 가져오는 정도를 말하는 것으로, 분석자의 기능, 판단력, 경험 또는 범주화의 명확성, 부호화 및 자료 자체의 명확성 등에 의하여 크게 좌우된다. 내용분석으로부터 타당한 추론을 끌어내기 위해서는 내용의 분류 절차가 일관성의 의미에서 신뢰할 수 있어야 한다. 분석대상이 되는 내용이나 주제는 코딩하는 사람에 따라 다른 해석의 여지가 많으므로 연구자는 정의를 분명하고 구체적으로 해야 한다. 코딩은 시간이 가장 많이 걸리는 부분이며, 코딩을 담당하는 코더(coder, 코딩하는 사람)들을 잘 훈련하는 일은 분석의 신뢰도를 높이는 데 매우 중요하다. 이에 비해 타당도는 연구문제에서 설정한 추상적 개념과 내용분석에서 설정한 범주 간의 대응성이 높으면 타당성이 있다고 간주한다. 특정 자료에 근거한 결과의 타당도를 확보하는 한 가지 방법은 가능한 한 다양한 자료 출처원을 사용하는 것이다. 하나의 현상이나 개념을 측정하기 위하여 여러 유형의 자료를 이용하는 삼각측량기법(triangulation)은 질적 연구에서는 타당도를 확보하기 위한 가장 보편적인 방법이다.

부호화 과정에서 신뢰도를 확보하기 위하여 평정자 내 신뢰도(intra-rater reliability)와 평정자 간 신뢰도(inter-rater reliability)라는 두 가지 방법을 사용할 수 있다(Stemler, 2001).

(1) 평정자 내 신뢰도

평정자 내 신뢰도는 한 사람이 동일 자료를 반복해서 부호화하여 일치도를 알아보는 방법으로, 안정성(stability)의 판단 근거가 된다. 이는 시점 간 비교로 주로 이루어지며, 한 명의 분석자가 같은 코딩 프레임을 사용하여 같은 코딩의 단위를 분석하는 것을 의미한다. 이때 신뢰도에 기반이 되는 개념은 안정성이다. 한 명의 연구자에 의한 분석의 결과는 시간이 지나도 같은 결과를 도출해야 한다. 평정자 내 신뢰도 평가 방식은 제삼자를 이용해서 같은 원자료의 10% 범위에서 무작위로 추출한 요소들에 대해 시간의 차이를 두고 분석해 이를 통한 일치도를 확인하는 방법으로, 잘 사용하지 않는다.

(2) 평정자 간 신뢰도

평정자 간 신뢰도는 동일 자료를 두 사람이 서로 부호화하여 같은 범주로 분류되는지를 알아보는 방법으로, 재생산 가능성(reproducibility)의 판단 근거가 된다. 이 경우 신뢰도는 평정자 간의 동의율로 나타낸다. 연구자 간 비교는 복수의 분석자가 독립적으로 코딩(blind coding)을 한 후 그 결과를 비교하는 것을 의미한다.

내용분석에서 연구자의 주장에 대한 신뢰도를 높이기 위해서는 다른 사람들도 같은 현상에 대해 같은 해석을 해야 한다. 즉, 이 자료는 같은 공동체 안에 있는 사람들에게 같은 의미가 있음을 입증해야 한다는 것이다. 복수의 분석자가 해석상의 불일치를 가져왔다는 것은 그 해석이 모호하며, 연구자의 결과가 신뢰성을 가지지 않았다는 것을 의미한다. 따라서 내용분석 연구에서는 해석상의 모호함을 최소화하기 위해 신뢰도 계수를 산출한다. 평정자 간 신뢰도 평가 방식에는 Holsti의 신뢰도 계수, Scott's pi, Kripperdorff' alpha, Cohen' kappa 등의 네 가지가 있다.

첫째, Holsti의 방식은 단순 합치도만을 보는 것으로 일치도에 대한 백분율을 통해 명목적 자료의 신뢰도를 결정한다. 하지만 이는 계산이 간단하고 쉽지만, 우연의 일치를 제거하지 못해 신뢰도가 다소 떨어질 수 있는 단점이 있다.

$$\text{Holsti의 신뢰도 계수} = \frac{2 \times \text{평정자 간 일치한 코딩 수}}{\text{평정자 1이 코딩한 수} + \text{평정자 2가 코딩한 수}} \times 100$$

앞선 수식에 따르면 연구에서 수행된 코딩의 신뢰도가 높을수록 결과가 100%에 가깝게 도출된다.

둘째, Scott's pi는 현재 가장 많이 사용되고 있는 신뢰도 계수로, Holsti 방법의 단점을 보완하여 범주의 수는 물론 확률빈도까지 교정해 준다. 예를 들어, 6개의 범주에서, 각 항목의 일치도 비율이 30%, 20%, 20%, 15%, 10%, 5%라고 하자. 이때 기대된 일치도 비율은 6개 범주의 각 비율을 제곱한 합이므로, 기대된 일치도% = (.3)(.3) + (.2)(.2) + (.2)(.2) + (.15)(.15) + (.1)(.1) + (.05)(.05) = .20이 된다. 만약 평정자 간 분류의 일치도가 90%였다면 Scott's pi = (.9−.2)/1−.2로 .875가 된다.

$$\text{Scott's pi} \atop \text{신뢰도 계수} = \frac{\text{관찰된 일치도 \%} - \text{기대된 일치도\%}}{1 - \text{기대된 일치도\%}}$$

셋째, Kripperdorff's alpha는 명목형, 서열형, 등간 및 비율척도의 데이터는 물론, 결측자료도 처리한다는 장점이 있다. 표본의 수가 크거나 평정자의 수가 3인 이상일 경우 주로 사용하며, SPSS and a macro, 또는 http://dfreelon.org/utils/recalfront에서 평정자간 신뢰도를 구할 수 있다.

넷째, Cohen's kappa는 SPSS 통계 패키지의 교차분석 Tab에서 구할 수 있는데, 그 결과에 대한 해석은 다음과 같다. 신뢰도를 보고할 때, 전체 신뢰도만 제시하기보다는 전체 신뢰도와 각 분석범주별 세부적인 신뢰도를 동시에 보고하는 것이 의미 있다.

0~.2: Slight (약간 일치)
.2~.4: Fair (어느 정도 일치)
.4~.6: Moderate (적당한 정도로 일치)
.6~.8: Substantial (상당히 일치)
.8~1: Almost perfect (거의 완벽히 일치)

6) 자료분석

설정된 범주에 따라 부호화된 누적 자료는 연구의 성격에 따라 양적 혹은 질적 분석의 과정을 거친다.

양적분석의 일반적인 방법은 각 범주별로 포함된 분석단위를 수량화하는 것이다. 가장 많이 사용되는 네 가지 수량화 방법과 각각의 활용 예를 제시하면 다음과 같다.

첫째, 일차적으로 각 범주별로 속성을 나타내는 분석단위 요소가 나타나 있는지 그렇지 않은지를 파악함으로써 설정한 범주의 존재 여부를 판단하는 자료로 사용할 수 있다. 예를 들어, 초등학생 대상 장애이해교육에 활용된 동화의 내용분석에서 지체장애, 시각장애, 청각장애, 언어장애의 속성을 나타내는 요소는 등장하는 데 비해, 지적장애, 자폐스펙트럼장애는 나타나지 않음을 발견하였다. 연구자는 이러한 연구결과에 기초하여 장애이해교육에 활용된 동화의 주인공들은 시각장애인, 청각장애인, 언어장애인으로 제한적으로 나타난다고 결론지을 수 있다.

둘째, 각 범주별로 단순히 속성을 나타내는 분석단위 요소의 출현 여부만을 판단하는 것이 아니라, 분석단위 요소가 나타나는 횟수(빈도)를 계산함으로써 범주 간 상대적인 비교를 할 수 있다. 앞선 예에서 만약 지체장애의 속성을 나타내는 요소의 수가 청각장애의 속성을 나타내는 요소의 수보다 많은 것으로 확인되었다면, 연구자는 이러한 결과에 기초하여 장애이해교육에 활용된 동화가 장애의 유형 중 지체장애인을 주로 다루고 있다고 결론지을 수 있다.

셋째, 각 범주별 시간과 공간의 상대적 크기를 파악함으로써 어떤 내용범주나 분석단위가 상대적으로 더 혹은 덜 강조되는지 그 정도를 알기 위해 특정한 내용에 할애된 지면의 크기, 할애된 시간 길이 등을 측정하는 분석도 가능하다. 예를 들어, 고등학교 세계사 교과서 5종을 분석하였더니 고대사, 근대사, 현대사와 비교해 중세사에 가장 많은 지면을 할애하고 있음을 발견하였다거나, TV 프로그램을 분석하였더니 영화, 스포츠, 문화, 드라마, 시사교양 프로그램 중 시사교양 프로그램의 방송시간이 가장 짧았음을 밝혀내는 경우가 이에 해당한다. 연구자는 이러한 결과에 기초하여 세계사 교과서와 TV 프로그램의 편중 현상에 대해 문제를 제기할 수 있게 된다.

넷째, 각 범주가 태도, 가치, 성향 등을 나타내는 경우 강도의 정도를 분석함으로써 태도나 가치를 비교할 수 있다. 예를 들어, 어린이들의 시청률이 20% 이상인 TV 만화영화

10편을 선정하여 각각 10회분을 시청하고 회별로 내용에서 나타나는 폭력성의 정도를 '전혀 폭력적이지 않음(0)'에서 '매우 폭력적임(5)'까지의 서열척도를 사용하여 분석하는 경우가 이에 해당한다. 이러한 결과에 기초하여 연구자는 가장 폭력성이 심한 만화영화와 그렇지 않은 만화영화를 파악해 낼 수 있게 된다. 이 분석방법은 서열척도 혹은 등간척도를 활용할 수 있는 분석법이라는 점에서 내용분석에 있어 가장 수량화의 수준이 높은 분석기법이라 할 수 있다.

양적 내용분석의 예

- 보편적 복지에 대한 한국사회의 인식변화를 알아보고자 과거 10년간 한국의 주요 일간지 보도자료 분석
- 장애인에 대한 인식의 변화를 알아보기 위해 지난 20년간 개봉된 영화 중 장애인이 등장하는 영화 분석
- 지난 20년 동안 A 신문의 사회면 기사를 자료로 노인에 대한 인식변화 연구
- 코로나19 감염병 위기에 관한 언론보도의 양적 특징 분석
- 2007 개정부터 2015 개정 교육과정시기까지 학교 현장에서 사용되는 사회과 교과서 34종에 나타난 노동 인권교육 내용 분석
- 교육과정 개정시기별 가정교과 가족 분야의 내용변천에 관한 연구

질적 내용분석의 예

- 호텔 이용자들이 지각한 고객가치를 살펴보고자 온라인상에 남겨진 호텔 이용후기 분석
- 부당한 표시 · 광고에 의한 손해배상책임의 법리적 특성을 살펴보고자 대법원 판례 분석
- 만성피로증후군의 특성을 이해하고자 온라인 커뮤니티에 서술한 환자들의 커뮤니케이션 분석
- 전문간호 역량의 실제적 의미를 파악하기 위해 한국간호행정학회 학술지에 수록된 논문 분석
- 2015 개정 실과 교육과정에 따른 실과 교과서 식생활 영역의 학습내용 분석

 ## 4. 내용분석 연구의 장단점과 유의점

내용분석 방법은 이미 산출된 방대한 자료들을 의사소통 모델을 이용함으로써 체계적으로 분석할 수 있도록 해 준다는 장점이 있지만, 자료의 수집과 분석과정에서 항상 신뢰도나 타당도 문제에 직면할 수 있다. 내용분석 연구가 지닐 수 있는 장단점과 함께 연구설계 시 몇 가지 유의해야 할 사항을 차례로 제시하면 다음과 같다.

1) 내용분석의 장점

첫째, 내용분석에서 사용하는 모든 유형의 텍스트는 직접적인 의사소통의 도구들이다. 따라서 내용분석 방법은 의사소통의 양태를 살펴볼 수 있도록 해 줌으로써 사회적 상호작용의 중심적 국면들을 보다 직접적으로 파악할 수 있게 해 준다.

둘째, 내용분석은 이미 산출된 자료를 사용하기 때문에 역사 연구에 유용하게 응용될 수 있다. 직접적 자료수집 방법으로는 수집할 수 없는 자료분석이 가능하며, 과거의 여러 문헌이나 매체의 분석을 통해 장기간에 걸쳐서 발생하는 과정을 연구할 수 있다. 따라서 역사연구 등 소급조사가 가능하다. 내용분석에서는 어느 정도의 시행착오가 용납될 수 있으며, 오히려 이러한 시행착오를 통해서 보다 정교한 측정과 분석이 가능해진다. 이것이 가능한 이유는 측정대상이 문자화된 자료라는 데 있다.

셋째, 다른 연구에 비하여 안정성이 높다. 질문지를 사용한 조사연구나 실험연구의 경우, 오류나 실수가 있을 때 자료수집이나 실험을 처음부터 다시 수행해야 한다. 그뿐만 아니라 설문조사나 인터뷰 등은 한 번 시도하고 나면 동일한 대상에 대해 반복적인 조사를 수행하기가 사실상 곤란하다. 그러나 내용분석 연구는 자료를 재분석함으로써 오류를 수정할 가능성이 크다. 내용분석은 연구가 잘못되었을 경우 조사연구의 일부나 전부를 다시 시작하는 것이 다른 연구방법보다 쉽기 때문이다. 아울러 연구자가 원하면 언제든지 재코딩을 통해 코딩의 일관성을 확보할 수 있다.

넷째, 관찰이나 면접방법이 아닌 이미 산출된 자료를 사용하기 때문에 연구자가 연구대상에 영향을 미치지 않는다. 즉, 조사 자체에 대한 반응성이 거의 문제가 되지 않으므로, 비반응적 · 비관여적 연구방법에 해당한다.

다섯째, 다양한 심리적 변인을 효과적으로 측정할 수 있다. 관찰이나 단순조사 등의 방법만으로 측정하기에 어려운 개인의 신념, 가치, 욕구, 태도 등을 연구대상자가 산출해 놓은 자서전, 편지, 일기 등을 통하여 분석할 수 있다.

여섯째, 실험연구, 조사연구, 사례연구 등 다른 유형의 연구와 함께 사용하거나 응용할 수 있다. 실험연구, 조사연구에서는 사전-사후검사점수나 폐쇄형 설문지에 대한 응답자료에 더하여 피험자와의 대화나 소감문, 개방형 질문에 대한 응답자료 등을 수집함으로써 내용분석을 수행할 수 있다.

2) 내용분석의 단점

첫째, 표본 크기가 클 경우, 분석하는 데 시간과 노력이 많이 든다. 경우에 따라 과도한 시간 소모를 초래할 수 있다. 불필요하거나 타당하지 않은 자료를 수집함으로써 재수집 절차를 밟거나 혹은 타당한 자료를 수집하였다 하더라도 분석단위를 단어나 용어 등으로 설정하는 경우 오랜 시간이 소요될 수 있다.

둘째, 분석대상이 되는 자료가 기존의 자료이므로 영향력이 큰 외생변수를 통제할 수 없다. 따라서 인과관계를 증명하는 데 적절하지 않다. 내용분석을 통하여 단일 개념을 분석하는 경우가 아닌 특히 관계분석이 요구되는 경우 높은 수준의 해석능력을 요구하며 오류 가능성을 피하기 어렵다.

셋째, 범주의 설정, 분류방법 등에서 이론적 기초가 없거나 자의적인 경우가 많아 내포된 관계들과 영향에 대하여 유의미한 추론을 이끌어 내는 시도가 어렵다. 부호화 과정에서 오류가 발생할 수 있으며, 이 때문에 분석결과의 신뢰도에 문제가 있을 수 있다. 따라서 평정자의 수, 평정자의 훈련 여부, 신뢰도계수(Holsti의 합의의 계수, Scott's pi, Krippendorff's alpha, Cohen's kappa 등)를 밝히는 것이 중요하다.

넷째, 본질적으로 자료의 축소기법이기 때문에 복합적인 텍스트를 과도하게 단순화할 수 있다.

다섯째, 텍스트를 생산한 맥락과 텍스트가 생산된 이후의 사태를 경시할 수 있다.

여섯째, 내용분석이 가능하기 위해서는 어떤 양식으로든 기록이 되어 있어야 하고 기록에 남아 있지 않은 것은 분석할 수 없다. 연구대상이 텍스트로 기록되어 있거나 텍스트로 전환할 수 있는 자료에 국한되며, 경우에 따라 분석할 자료를 구하기 어려운 경우가 많다.

일곱째, 실제적인 타당도를 확보하기 어렵다. 예를 들어, 과거 특정 시대 문화에 대한 기록을 분석했다고 하자. 남아 있는 역사적 기록이 그 시대의 문화를 제대로 반영하는 자료인지 아닌지를 확인하기가 어렵다. 만일 남아 있는 기록이 당시의 상황을 제대로 반영하지 않는 문헌이라면 내용분석의 타당도는 떨어질 수밖에 없다.

3) 내용분석 수행 시 유의할 점

내용분석 연구를 수행하고자 하는 경우 다음과 같은 사항에 특히 유의해야 한다.

첫째, 내용분석의 경우 텍스트로 기록된 정보 혹은 기록할 수 있는 정보로 제한되므로 연구자들은 우선 자료가 갖는 성질을 반드시 고려해야 한다. 자료의 성질은 전집에 대한 일반화 가능성에 영향을 미칠 것이며, 또한 자료의 성질은 표집과 부호화, 범주화, 계산 절차 등에 의해서 자료의 신뢰성 문제가 제기될 수 있다. 따라서 신뢰성 문제를 해결하기 위해서는 범주를 여러 가지 유형으로 규정하는 것이 가장 확실한 해결책이 될 수 있다. 또한 범주-부호화 절차의 개발에 있어서, 평정자 간 신뢰도와 평정자 내 신뢰도가 높을수록 바람직하므로 평정자가 많을수록 좋을 것이다.

둘째, 분석대상의 표집에 관한 문제를 들 수 있는데, 모집단 자료에서 본질적인 것으로 보이는 기록물이 빠지는 경우 내용분석은 자칫 포기될 수 있음을 염두에 두어야 한다. 때에 따라서는 중요한 텍스트를 함축하고 있으나 분석에서 사용할 자료 정의와 일치하지 않는 경우 과감히 버릴 수도 있어야 한다. 더불어 어떤 기록물들은 문장이 빠지거나 내용이 모호하여 부호화가 불가능할 수 있다는 것 또한 유념해야 한다.

셋째, 내용분석을 통해 산출된 빈도, 평균 등의 측정치가 실제로 내용을 얼마나 정확히 반영하고 있느냐가 문제이다. 비록 내용분석이 특정한 의사소통 메시지들이 담고 있는 의미, 함축된 방향, 강도 등에 대하여 수량화할 수 있는 절차를 포함하고 있긴 하나, 텍스트가 복합적일수록 더욱 타당성 문제를 일으킬 수 있는 것이다. 내용분석 연구를 수행하고자 할 때 항상 텍스트의 분석 가능성을 염두에 두어야 한다.

4) 내용분석의 평가 준거

- 자료가 내용분석 방법을 적용하기에 적절한 형태를 갖추고 있는가?
- 연구자는 표본추출을 위한 모집단 규정의 근거를 가지고 있는가?
- 표집단위와 표본의 규모는 적절한가?
- 분석범주는 연구목적에 부합하는가?
- 분석범주는 포괄성과 상호배타성의 원칙을 반영하고 있는가?
- 측정단위와 계량화의 유형이 명확히 제시되었는가?

- 분석범주, 측정단위, 계량화 유형 등에 관한 부호화 지침이 마련되었는가?
- 부호화에 앞서 예비조사를 실시하였는가?
- 부호화 결과에 대한 신뢰도는 제시되었는가?
- 부호화 결과에 대한 타당도는 제시되었는가?
- 연구목적에 부합하고, 코딩한 자료의 성격에 맞는 분석방법을 사용하였는가?
- 분석결과에 대한 해석은 적절한가?

제12장   델파이 방법

델파이 방법(Delphi method/technique)은 집단조사방법의 한 유형으로, 예측하려는 문제에 관하여 전문가 집단의 상호작용을 통해 견해를 도출하는 것을 목적으로 한다.

델파이 방법은 집단조사 방법의 하나인 초점연구와 달리 집단 참여자들이 대면 관계를 형성하지 않고, 익명으로 집단을 상호작용하게 한다는 점이 특징이다. 그리고 수차례 반복되는 과정을 통해서 집단 참여자가 다른 참여자의 견해를 공유하며 자신의 의견을 수정해 나갈 수 있기 때문에, 일반 서베이(survey) 방법과도 구분된다.

대면으로 집단을 구성하지 않고 우편이나, 팩스, 이메일 등으로 정보를 교환함으로써 참가자가 대면 상황에서 겪을 수 있는 중압감 등에서 문제 해결을 위한 창의적인 아이디어를 자유롭게 제시할 수 있다.

이 장에서는 델파이 방법의 정의와 특성, 연구 유형, 연구의 수행절차, 그리고 델파이 연구가 갖는 장단점과 유의점으로 구분하여 차례로 살펴본다.

 1. 델파이 방법의 정의와 특성

1) 델파이 방법의 정의

'델파이(Delphi)'라는 명칭은 고대 그리스 신화에서 아폴로 신이 미래를 통찰하고 신탁을 하였던 델파이 신전에서 유래되었다. 이는 한정된 정보에 기초해서 다수의 전문적인 경험과 직관, 통찰력을 효과적으로 모으는 방법을 상징적으로 나타내는 용어가 되었다.

델파이 방법은 1948년 경마결과 예측을 위해 처음 실시된 이후에 미국 랜드연구소(Rand Corporation)에 의해서 발전되었다. 1950년대 초 긴급한 국방문제(소련의 원자탄 보유량 추정 등)를 해결하기 위해, 대면 토의의 제한점을 보완하여 전문가들의 합의를 도출하기 위해 최초로 사용하였다(이종성, 2001). 이후 1960년대 중반에 이르러 미래 연구의 한 방법으로서 전문가들의 합의된 견해를 이끌어 내는 방법으로 사용되었다.

그 후 델파이 방법은 교육, 공중위생과 같은 영역의 정책수립을 위해 다양하게 활용되었다. 최근에는 생활의 질, 미래과학, 컴퓨터 공학 발전 등을 예측하는 데 널리 활용되고 있다. 대표적인 것이 1964년 랜드연구소에서 출간한 『장기 예측 보고서』이다(Gorden & Helmer, 1964). 이 보고서의 목적은 과학과 공학을 중심으로 한 장기 발전의 방향과 사회와 세계에 대한 그 영향을 평가하고자 하는 것이다.

델파이 방법은 집단 참여자가 집단활동을 통해 특정 문제(issue)에 대해 견해를 일치시키도록 이끄는 방법이다. 델파이 방법의 가장 큰 특징은 앞에서 설명한 바대로 집단 참여자들 사이에 물리적 대면 관계를 형성하지 않으면서 집단으로서 활발한 상호작용을 가능하게 한다는 데 있다. 일반 서베이 방법과는 달리 수차례 반복되는 조사과정을 통해 참여자가 다른 참여자의 의견을 공유하면서 자신의 의견을 수용할 수 있다는 점에서도 특징적이다.

델파이 방법은 물리적인 대면 관계에서 오는 책임감이나 중압감에서 해방될 수 있도록 하면서, 참여자들로부터 특정 문제에 대해 문제해결, 기획, 의사결정을 용이하게 하는 정보와 판단을 자유롭게 이끌어 내는 것을 목적으로 한다(Witkin & Altschuld, 1995).

2) 델파이 방법의 특성

델파이 방법은 구성원이 대면으로 대화를 통해 진행하는 위원회, 토의와 같은 회합 등의 전통적이고 전형적인 의견 수렴 방법의 문제점을 최소화하기 위해 개발된 방법이다. "한 사람보다는 두 사람의 의견이 정확하다."는 계량적 객관성의 원리와 "다수의 판단이 소수의 판단보다 타당하다."는 민주적 의사결정 원리를 토대로 하고 있는 전통적인 의사결정 방법은 몇 가지 문제점이 있다. 먼저 지배적인 개인의 영향에 좌우될 경향성이 있다. 예를 들어, 상위 직급자가 주장하는 방향으로 의견이 수렴될 가능성이 크다. 또한 문제해결과 무관한 집단적 관심이나 개인적인 편견이 의사결정 과정에 개입되는 경우가 잦다. 그리고 집단압력 등에 의해 개인의 의견이 무시될 가능성도 존재한다. 이는 체면상의 이유나 감정적인 문제로 이어져 전문가의 냉철한 판단을 저해할 뿐 아니라 자신이나 다른 사람의 의견을 쉽게 수정하거나 반박하지 못할 수 있다. 델파이 방법은 패널이나 위원회 같은 직접적인 토론을 체계적으로 구성된 질문지 등을 사용해서 정보와 의견을 교환할 수 있도록 대신한 방법이다. 따라서 면밀하게 계획되어 실시되는 익명의 반복조사는 참여자들이 직접 모여서 논쟁을 거치지 않고도 집단 참여자의 합의를 이끌어 낼 수 있다. 반복해서 실시하는 설문방식은 특히 전문가 집단의 의견을 집약해 내는 데 효과적인 방법으로 알려져 왔다.

델파이 방법은 다음과 같은 경우에 유용하다. 첫째, 특정한 주제에 대해 전문가 집단의 합의된 견해를 도출하고자 할 때이다. 둘째, 대면적인 만남이 없는 상태에서 집단적인 상호작용을 하고자 할 때이다. 셋째, 반대 견해를 가진 참여자들이 직접적으로 맞대응하는 것을 피하고자 할 때이다.

이렇듯 델파이 방법은 전문가를 소집해서 회의를 개최하는 데 드는 시간과 경비에 소요되는 경제적인 부분에서 효율성이 높다고 할 수 있다. 그리고 정책과제 등에서 자기주장만으로 해결하려는 지배적인 개인이 있거나 자기의 주장을 굽히지 않으려는 성향을 가진 개인이 많은 집단에서도 효과적이다. 따라서 델파이 방법은 전문가 집단으로부터 아이디어를 신속하게 수집할 수 있는 효율적인 방법이라고 할 수 있다.

델파이 방법의 특성 세 가지를 살펴보면, 다음과 같다. 첫째, 설문지, 컴퓨터 시스템과 같은 형식이 갖춰진 의사소통 도구를 사용해서 집단 참여자들의 의견을 취합함으로써 지배적인 개인의 영향을 감소시키고, 반대 의견에 대한 논쟁을 감소시킬 수 있다. 둘째, 지난 회차의 설문에 대한 답변결과를 요약하여 참여자들에게 전달하는 계속적인 설문조사를 실시함으로써 핵심 문제로부터 벗어나는 것을 방지할 수 있다. 셋째, 동조에 대한 집단 압력을 피할 수 있고, 각 개인의 의견을 종합 요약하여, 그 결과를 참여자들에게 각각 공유함으로써 집단의 반응이 반영된 결과가 제시될 수 있다.

델파이 방법에서 집단은 촉진자(facilitator)와 참여자(panel)로 구성된다. 촉진자는 전문가, 참여자, 패널의 응답을 연결하고 촉진한다. 참여자는 문제의 사안에 대해 전문적인 견해나 지식을 가진 사람들이다. 델파이 방법을 운영하기 위한 델파이 집단의 주요 특징은 다음과 같다.

첫째, 모든 참여자는 익명성을 유지한다. 최종 보고서의 완성 이후에도 공개되지 않는다. 이것은 집단 역동에 의해 우위에 있는 사람이 논의과정을 독점하는 것을 방지할 수 있고, 대면 집단에서 체면 등으로 참여자가 자신의 의견을 고집부리거나, 리더의 역할을 하는 참여자의 의견에 지나치게 동조할 수 있는 것도 방지할 수 있다. 그래서 시류 편승 효과나 후광 효과를 최소화시키고 자신의 의견을 자유롭게 주장할 수 있는 것에 도움이 된다.

둘째, 구조화된 방식을 사용해서 정보의 흐름을 조절한다. 촉진자는 개별 참여자들에게 제공한 설문지 조사를 통해 정보를 얻는다. 수집된 정보는 정리, 요약되어 참여자들에게 회신되고, 참여자들은 회신내용을 검토하고 수정된 자신의 의견을 다시 설문지 답변을 하여 회신한다. 이렇게 구조화된 정보수집 방법은 전문가들에게 대면 회의를 통해 의견을 나누는 등의 에너지, 시간 등의 소요에 노력을 더 들이지 않으면서 다른 참여자들의 의견을 고려해서 필요한 상호작용을 할 수 있기 때문에, 문제에 대한 판단을 보다 냉철하게 할 수 있다.

셋째, 여러 차례에 걸친 설문지 조사와 응답을 통해 참여자들은 자신의 응답뿐만 아니라 다른 전문가들의 응답내용도 알 수 있다. 매 회기 설문조사가 완료되면 촉진자가 집단 전체의 응답을 정리, 요약해서 다음 설문지에 함께 포함시켜서 다음 회기 조사를 하기 때문이다. 이러한 과정에서 여러 차례 규칙적인 피드백을 받게 되면서 참여자들은 다른 사람의 의견을 고려해 가면서 언제든지 자신의 생각과 의견을 수정할 수 있다.

따라서 델파이 방법은 공공 정책의 이슈에서의 의사결정을 위해 많이 사용되어 왔으며, 이는 공공정책 분야에서 익명성을 보장하면서 자유로운 의견 교환을 가능하게 한다는 점에서 유용하다. 최근에는 공공정책뿐 아니라 민간 전반에 걸쳐, 보건, 교육, 복지, 경제 분야로 확산되어 사용되고 있다.

 ## 2. 델파이 방법의 유형

1) 델파이 연습

델파이 연습(Delphi Exercise)은 종이와 연필을 사용하여 진행한다. 그 과정은 다음과 같다. 소집단의 모니터 팀 또는 추진팀이 구성되어, 정보를 요청하고 회수하는 과정을 조직하고 대집단의 참가자 패널을 구성한다. 소집단의 모니터 팀은 대집단의 참가자들에게 보낼 질문지를 개발한다. 최초의 질문지를 대집단 참가자에게 발송하고, 대집단의 참가자들은 질문지를 받아 작성한 후 소집단의 모니터 팀에게 회신한다. 질문지가 회신되면, 그 결과를 정리하고 요약한다. 그리고 그 결과를 바탕으로 새로운 질문지를 제작해서 동일한 참가자들에게 발송한다. 참가자들에게 다른 사람들의 아이디어를 참고하여 자신의 생각을 수정, 가감하여 구체화된 아이디어의 장단점과 코멘트를 응답하도록 한다. 참가자들이 질문지를 회신하면 그 결과를 다시 정리하고 요약한다. 이 과정은 일반적으로 특정한 아이디어가 합의에 도달할 때까지 진행된다.

2) 델파이 회의

델파이 회의(Delphi conference)는 대집단 참가자의 의견을 정리하고 요약할 수 있는 프로그램이 내장된 컴퓨터가 모니터 팀의 역할을 대신하는 것이다. 이때 참여하는 대집단의 전문가 패널들은 각각의 단말기를 통하여 응답하고 그 결과를 컴퓨터가 처리하기 때문에 델파이 연습에 비해 델파이 질문의 단계별 결과 처리 및 요약에 소요되는 시간이 줄어든다는 장점을 가진다(Linston & Turoff, 1975).

3. 델파이 방법의 절차

1) 델파이 추진팀 구성

델파이의 촉진자와 조정자 역할을 하는 추진팀(모니터 팀)을 구성한다. 촉진자는 정보를 요청하고 회수하는 과정을 구조화하고, 참여자와의 의사소통에 대한 주된 관리를 하게 된다. 촉진자와 각 참여자들은 구조화된 의사소통을 통해 서로 연락한다.

2) 전문가 집단의 선정

연구의 성패를 좌우할 만큼 중요한 단계가 전문가의 선정이다. 전문가는 연구에 참여해서 공헌할 수 있는 모든 사람을 포함하는데, 이때 전문가는 실무경험이 풍부한 전문인을 말한다.

연구의 주요 문제, 즉 연구주제와 관련된 전문가를 선정할 때는 참여자의 수, 참여방법, 참여자의 대표성, 적절성, 전문적 지식, 참여 성실성 등을 고려한다.

이때 참여자는 10~15명이면 대개 충분하지만, 경우에 따라서 보다 많은 수의 참여자가 필요할 수도 있다.

3) 1차 델파이 조사

추진팀은 첫 회차 델파이 설문지를 개발한다. 이 설문지를 전문가 집단 참여자들에게 발송하고 응답하도록 한다. 이때는 개방형 또는 구조화된 응답형 중에서 한 가지를 작성할 수 있다. 특히 개방형 설문지는 특히 전문가들이 문제에 대해 가지고 있는 나름대로의 생각들을 알아보고 이를 토대로 의견을 수렴할 때 적합하다. 개방형 설문지를 통해 참여자들에게 가능한 한 많은 아이디어를 자유롭게 제안해 줄 것을 요청한다. 개방형 설문지에는 참여자가 맞고 틀린 것에 대한 고민 없이 응답할 수 있도록 하는 것이 중요하다. 예를 들어, 간단한 문장으로 표현하도록 요청하는 것도 좋다. 이때 설문지는 익명을 원칙으로 하여 회신하도록 한다.

4) 2차 델파이 조사

1차 조사에서 응답한 설문조사 결과를 분석하고 요약하여 응답리스트를 작성한다. 이 과정에서 가능하면 촉진자의 임의성이나 편향성이 개입될 가능성을 고려하여 주의하도록 한다. 이 응답리스트는 2차 델파이 조사 질문지와 함께 동일한 참여자에게 발송한다. 참여자들에게 응답리스트에 포함된 각각의 아이디어를 구체화하고, 각 아이디어의 장단점 등에 대해 코멘트를 해 줄 것을 요청한다. 새롭게 추가될 아이디어가 있으면 제시할 수 있도록 한다. 다른 참여자의 아이디어를 참고하여 자신의 생각을 수정할 수 있다. 이때 수정된 의견에 대해 수정 이유에 대해 밝혀 주기를 요청한다. 만약에 극단적인 답변이 있다면 또한 그 이유를 제시해 주기를 요청할 수 있다. 1차 델파이 조사와의 시간적 간격이 차이가 날수록 반응의 차이를 유발할 수 있으므로, 시간적 지체를 유의해야 할 것이다.

〈표 12-1〉 델파이 조사 안내 예시

델파이 참가자 모집을 위한 개인 연락 샘플

안녕하세요. 저는 ＿＿＿＿＿＿＿의 ＿＿＿＿＿＿입니다.

＿＿＿＿＿＿주 협력 확장 사무소는 주의 변화하는 요구 사항을 충족하는 데 있어 효율성을 보장하기 위해 장기적인 계획 활동을 시작할 예정입니다. 이는 위스콘신 대학교의 방향 및 자원 할당을 관리하는 주 전체 과정의 일부입니다.

이러한 활동의 일환으로 주에 대해 알고 있는 귀하와 같은 분들에게 ＿＿＿주의 요구사항, 우려사항 및 자산을 파악할 수 있도록 도움을 요청 드립니다. 귀하는 이 과정에서 주의 이익을 대표하는 분으로 지명되었습니다. 귀하의 의견은 저희 주의 미래를 도모하는 데 도움이 될 것입니다. 귀하의 참여에는 두 가지의 다른 질문에 대한 응답이 포함됩니다. 총 소요시간은 1시간을 넘지 않을 것입니다. 설문지를 우편으로 받으시거나 전화 인터뷰 또는 미팅시간을 정하실 수 있습니다. 전체 과정은 ＿＿＿＿＿＿까지 완료할 것으로 예상되며 결과에 대한 보고서를 전달해 드릴 예정입니다.

참여할 의향이 있으십니까?

(참여하실 경우 우편, 전화 또는 직접 방문 중 원하는 방법을 선택하십시오.)

질문이 있으십니까?

며칠 내로 추가 설명이 포함된 우편을 전달해 드리도록 하겠습니다.

감사합니다.

델파이 소개 우편 샘플

날짜

＿＿＿＿＿＿＿＿

＿＿＿＿＿＿＿＿

＿＿＿＿＿＿＿＿

＿＿＿＿＿＿ 귀하

＿＿＿＿＿＿주 확장 서비스 계획 과정에 흔쾌히 참여해 주셔서 감사합니다.

귀하는 ＿＿＿＿＿주의 우려사항, 요구사항 및 자산을 알아보는 데 도움을 주시는 ＿＿＿＿＿＿주의 참여자 분들 중 한 명입니다. 귀하는 세 가지 핵심 질문에 중점을 둔 2개의 우편물을 받을 것입니다.

- 현재 주에 대한 요구사항 및 우려사항은 무엇입니까?
- 귀하는 어떤 자산을 보유하고 있습니까?
- 앞으로 어떤 주가 되었으면 합니까?

첫 번째 설문지에 대한 응답을 요약하여 두 번째 설문지의 기초를 구성합니다.

이 과정에 참여하는 데 1시간을 넘지 않을 것으로 예상됩니다. 전체 결과는 _____까지 완료될 것으로 예상되며 결과에 대해 전달받으실 수 있습니다. 귀하의 자발적인 헌신은 저희 주 및 주 전역에서 사람들이 직면한 문제를 알아내는 데 큰 도움이 됩니다.

질문이 있으신 경우 _____로 연락 주십시오. 귀하의 관심과 참여에 감사드립니다.

감사합니다.

주 사무소 부서장, 감독위원회 위원장

첫 번째 설문지와 함께 보내는 우편 샘플

날짜

_____

_____

_____

_____ 귀하

확장 프로그램 계획 활동에 대한 첫 번째 설문지를 동봉합니다. 귀하는 의견을 제공하는 소수의 사람들 중 한 분이므로 귀하의 응답은 중요합니다. 질문이 있으신 경우 _____로 연락 주십시오.

동봉된 설문지를 _____까지 보내 주시기 바랍니다. 귀하의 편의를 위해 주소 및 우표가 찍힌 봉투를 함께 보내 드립니다.

감사합니다.

주 사무소 부서장, 감독위원회 위원장

두 번째 설문지와 함께 보내는 우편 샘플

날짜

_____

_____

_____

_____ 귀하

첫 설문지에 대한 응답 및 확장 계획 과정에 참여해 주셔서 감사합니다. 귀하의 지속적인 참여는 매우 중요합니다. 저희가 처음에 언급했듯이 이 과정에는 일련의 두 가지 질문이 포함됩니다. 귀하와 다른 응답자들이 첫 번째 설문지에서 제공한 내용을 바탕으로 한 두 번째 설문지를 동봉합니다. 이제 저희는 주 거주민에 대한 중요성을 명확히 하기 위해 항목의 우선순위를 정해야 합니다.

_____까지 주소 및 우표가 찍힌 봉투를 이용하여 귀하의 설문지를 보내 주십시오. _____까지 정보를 분석하고 결과를 알려 드리겠습니다.

감사합니다.

주 사무소 부서장, 감독위원회 위원장

---

5) 3차 델파이 조사

2차와 동일한 절차를 반복한다. 다만 조사를 어느 단계까지 계속할 것인지를 결정해야 한다. Cyphert와 Gant(1970)은 대체로 최종 제시한 의견의 99%가 3차 조사에서 나타났다고 한다. 따라서 3차 이상의 조사를 할 것인지에 대해서는 신중한 조사가 필요하다. 3차 조사까지 완료되었다 하더라도 필요하다면 다시 한번 설문지를 보내어 마지막 수정 기회를 가질 필요가 있다.

3차 설문지에 대해 응답한 결과는 2차와 마찬가지로 정리와 요약과정을 거친다. 이전 응답에서 제시된 각각의 아이디어에 대한 강점과 약점, 실행 가능성 등에 대해 참여자들이 평가한 것을 정리해서 분석, 요약하고 새로운 아이디어도 포함한다. 이 과정에서 당초 기대했던 정도의 합의된 의견이 도출되었으면, 보고서 작성의 단계로 넘어간다. 의견 합치가 되지 않았다고 판단된다면, 4차 설문지, 즉 설문응답과 의견 수렴의 단계를 반복한다. 이때는 연구자나 추진팀이 의견합치에 대한 기대수준을 어느 정도로 설정했는지에 따라 델파이 설문단계를 추가하거나 의견이 충분히 합치되었다고 판단하여 보고서를 작성하게 된다.

6) 보고서 작성

특정한 아이디어가 높게 평가되어 합의된 의견이 도출된다면, 델파이 의견 수렴은 종료된 것으로 결정된다. 델파이 설문의 최종 결과물은 연구의 목적과 성격에 따라 달라질 수 있다. 일차적으로 도출된 아이디어 항목들에 대한 각각의 강점과 약점을 기술한 리스트가 최종 결과물이 된다. 여기에 추가해서 추진팀이 각 아이디어의 우수한 정도에 대해 집단의 의견을 공식적인 방법으로 평가해 볼 수 있다. 예를 들어, 각 참여자들에게 도출된 아이디어 가운데 가장 마음에 드는 5개의 아이디어를 확인하도록 하고, 이들에 대해 각자 최하 1점에서 최고 5점까지 평가하도록 하는 것이다. 이를 통해서 결과보고서로 각 아이디어에 대한 우선순위의 빈도와 평점의 합을 함께 보고한다. 이 결과보고서는 참여자 집단과 반드시 공유되어야 한다. 델파이 방법의 조사과정은 크게 다음과 같은 흐름도에 따라 진행된다.

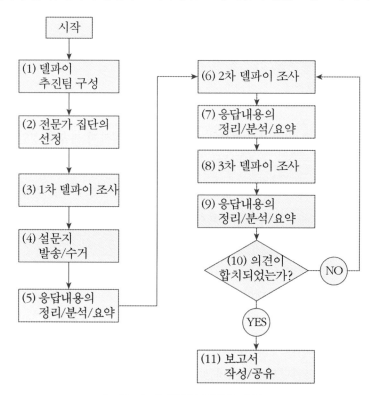

[그림 12-1] 델파이 방법의 흐름도

4. 델파이 방법의 활용 분야

델파이 방법의 활용은 탐색적(exploratory) 측면과 규범적(normative) 측면으로 구분된다(weaver, 1972). 탐색적 연구는 응답자들이 예상하는 미래를 그리는 것이고, 규범적 연구는 응답자들이 원하는 미래의 계획을 수립하도록 설계하는 것이다. 사회과학 분야의 경우 대부분 규범적인 연구를 하게 된다.

델파이 방법의 적용이 가능한 일반적인 영역은 다음과 같다(Turoff).

- 예측
- 역사적 사건의 중요성 검토
- 현재와 역사 자료의 취합
- 체계 모형(system model) 구조의 통합
- 잠재적 의사결정과 정책 선택에 대한 찬성과 반대 의견 파악
- 경제적 또는 사회적 현상에 대한 인과관계 탐색

구체적인 활용 분야는 다음과 같다(Weatherman & Swenson, 1974).

- 예측조사: 현재를 토대로 예측할 수 있는 미래의 여러 가지 발전 추세를 예측하는 것에 적용이 가능하다. 예를 들어, 사회적 · 기술적 혁신의 대안에 대한 규명과 각 대안의 발생확률 및 발생시기 예측에 활용할 수 있다. 특히 현재 상황이 복잡하거나 시간이 제한되어 전문가의 의견에 의존할 수 밖에 없을 때 더욱 유용하다.
- 전략조사: 교육 등 여러 분야에서 프로그램을 계획하는 데 활용될 수 있다. 여러 가지 대안 중 주어진 목적 달성을 위한 최적의 전략을 정하는 자료수집의 방법으로 활용될 수 있다. 즉, 비용, 실천 가능성, 성공 확률 등 여러 가지 요소를 고려하여 어떤 프로그램이 가장 유용한가를 전문적으로 판단하는 데 활용할 수 있다.
- 선호도조사: 미래에 "어떤 일이 일어날 것이다."보다는 "어떤 일이 일어나야 한다." 또는 "어떻게 되어야 한다."라는 측면에서 미래에 대한 선호도를 측정하는 데 유용한 방법이다. 특히 교육이나 체육 분야에서 활용되는 사례가 이 경우에 해당된다. 예를 들어, 교육목적을 설정하거나 교육에 대한 투자를 할 경우 우선순위를 결정할

때 미래에 대한 당위적 소망에 대해 전문가들의 선호도를 조사할 필요가 있다. 이러한 요구사정(needs assessment)의 도구로서 유용한 가치를 가진다.

● 교육적 도구로서의 활용: 학생들에게 여러 개의 각각의 정보를 취합해서 어떤 합리적인 결정을 하게 하는 하나의 사고의 틀을 제공할 수 있다. 다른 도구와 함께 사용하는 델파이 방법은 학생들에게 생각하는 방법을 가르쳐 줄 수 있는 매우 적절한 도구가 될 수 있다.

5. 델파이 방법의 장단점과 유의점

델파이 방법의 장단점과 함께 연구에서 유념해야 할 몇 가지 유의사항을 제시하면 다음과 같다.

1) 델파이 방법의 장점

첫째, 시간과 노력을 줄이고, 초점에서 벗어나지 않으면서도 여러 전문가에 의한 핵심적인 상호작용을 증가시킬 수 있다. 익명을 전제로 하는 델파이 방법은 참가자들이 자신의 의견을 변호하려고 하기보다는 합리적인 아이디어에 집중할 수 있게 한다.

둘째, 경제적이다. 참여하는 전문가 개인의 시간을 비교적 적게 요구하고, 실제 대면으로 진행되지 않기 때문에 회의비, 여비 등의 경제적 지출을 최소화할 수 있다. 또한 멀리 떨어져 있는 다양한 분야의 여러 전문가를 참여시킬 수 있어서 경제적으로 효율적이면서 다양한 의견 교환을 가능하게 한다.

셋째, 참가자들 상호 간의 의견 교환을 위한 시간이나 횟수의 제약을 적게 받는다. 대면 관계에서와 달리 다른 전문가의 반응을 참고하여 질문과 응답을 반복할 수 있으므로, 자신의 의견을 수정, 가감하여 가장 합리적인 결론에 효율적으로 이르게 된다.

넷째, 여러 전문가의 의견을 통계적인 방법을 통해 정리, 요약하여 피드백으로 제공한다. 이는 각 전문가보다 정확하고 과학적인 근거에 따라 자신의 의견을 정리할 수 있도록 돕는다.

2) 델파이 방법의 단점

첫째, 익명으로 받게 되는 의견의 신뢰성에 문제가 있을 가능성이 있다. 전문가 의견을 익명으로 받게 되면서 그 의견이 얼마나 성실하고 신뢰성이 있느냐는 전적으로 참가자의 책임이 된다. 대면 관계에서와 달리 참가자의 태도와 자세를 확인할 수 없다.

둘째, 질문지의 회수율이 낮다. 서베이 연구와 마찬가지로 일반적으로 질문지 응답 회수율이 낮다. 이는 질문지 조사가 반복되면서 더욱 낮아진다. 이때 응답을 하지 않은 전문가의 의견이 포함되지 않은 결과를 전체 대집단의 합의로 보아야 할 것인가 하는 부분이 문제로 남는다.

셋째, 전체 과정에 소요되는 시간이 비교적 길다. 설문지 조사를 반복하는 과정으로 진행되기 때문에 단기간에 수행되어야 하는 연구에는 부적합하다. 또한 조사를 반복하면서, 그 사이의 시간적 간격이 전문가 의견의 연속성을 방해하여 피상적으로 만들 수도 있다.

3) 델파이 방법 수행 시 유의할 점

델파이 방법의 수행 시 특히 유의하여야 할 사항을 제시하면 다음과 같다.

첫째, 패널을 선정할 때, 문제 분야의 사전분석을 바탕으로 해서 필요로 하는 전문성의 범주를 결정하고, 각 범주 내에서 최고의 전문가를 선택하는 것이다. 이때 전문가 집단의 추천을 받는 것이 좋다. 전문 영역 내의 전문가들에게 그 분야의 최고 전문가를 두 사람 이상 추천하도록 요청한다. 그 결과 가장 많이 지명을 받은 전문가 순으로 전문가 패널 집단을 구성한다.

둘째, 질문지를 제작할 때 규범 델파이 방법이나 정책 델파이 방법에서는 1회차 질문을 구조화된 질문지로 사용하여 효율성을 높일 수 있다. 또한 예측형 델파이 방법에서는 1회차 질문지를 백지로 된 형태로 사용하여 패널에 속한 전문가들의 직관적인 의견을 구할 수 있고 2회차에서는 전문가들이 예측한 항목들이 포함되게 되어, 전문가 패널의 참여 동기를 높일 수 있다. 그리고 델파이 폐쇄형 문항 개발 시에는 모든 참가자의 응답이 포함될 수 있도록 충분한 문항을 확보해야 한다.

셋째, 신뢰도 추정을 위한 적절한 방법을 사용해야 한다. 델파이 방법의 신뢰도를 추정하는 데는 전통적인 신뢰도 방법인 재검사 신뢰도 또는 동형검사 신뢰도가 적절하지 못하다. 델파이 방법의 신뢰도는 일반화 가능도 이론에 기초한 일반화 가능도계수(generalizability coeffecient)를 추정할 수 있다. 일반화 가능도 이론은 측정 조건에 따라 다양한 선형 모형을 가정하고 분산분석 절차를 적용하여 다양한 오차원과 일반화 가능도 계수를 추정한다(이종성, 1988).

넷째, 타당도를 추정하는 데 있어서 보다 정확하고 세밀한 표준을 마련해야 한다. 델파이 방법의 타당도는 전문가의 의견 수렴과 합의로 추정된다. 그러나 합의가 예측이 적중한다는 증거라고 할 수는 없지만, 정확한 답이 없는 상태에서 전문가들이 의견을 합의해 나가는 것을 통해서 미래를 예측하는 연구방법으로써, 합의를 해 나가는 과정에서 패널의 대표성을 요구하는 외적 타당도와 질문지 설계 및 시간 변화에 따른 역사성 등을 고려하는 내적 타당도를 고려하여 신중하게 해야 할 것이다.

4) 델파이 방법의 평가준거

- 연구목적이 델파이 방법을 사용하기에 적절한가?
- 연구목표에 따라서 전문가 집단이 적절하게 구성되었는가?
- 설문지 내용이 연구목표에 맞고 적절하게 구성되었는가?
- 설문지가 연구내용을 모두 포괄하면서 적절한 문항수로 구성되어 있는가?
- 의견 일치의 수준을 어떤 정도에서 결정하였는가?
- 설문지에서 연구문제와 내용에 대해서 전문가들에게 충분히 설명하고 있는가?
- 1차 델파이 응답내용을 적절하게 분석하여 2차 델파이 설문지 조사에 반영하고 있는가?
- 2차 델파이 응답내용을 적절하게 분석하여 3차 델파이 설문지 조사에 반영하고 있는가?
- 델파이 결과 보고서에서 합의된 의견이 적절하게 도출되었는가?

제3부 질적 연구방법

제13장 Q 방법론

1. Q 방법론의 정의와 특성

1) Q 방법론의 정의

Q 방법론은 인간의 가치나 태도, 신념과 같은 주관성을 과학적으로 측정하는 연구방법으로 질적(qualitative) 연구와 양적(quantitative) 연구의 장점을 결합한 접근방법이다(Dennis, Goldberg, 1996). R 방법이 "모집단에서 추출되어 m 테스트에서 측정된 n명의 개인에 관한 것"이라면, Q 방법은 "m명의 개인에 의해 척도화되고 측정된 n개의 상이한 텍스트(수필, 사진, 특성이나 측정 가능한 자료)에 관한 것"으로 구분된다.

Q 방법론은 기존 변수들의 탐색이나 관계 설정을 통해 파악할 수 없었던 인간의 심리 반응, 즉 주관적 영역에 대한 반응을 객관적으로 측정하고자 시도되었다. 즉, 개인의 주관적 인식에 초점을 맞추어 어떤 대상이나 현상에 대한 개인들의 총괄적인 인식의 모습을 자세히, 그리고 더 객관적인 방법을 통하여 도출해 내려는 조사방법이다. Q 방법론이 적용되는 영역은 자아(self)와 관련된 모든 영역이다. 즉, 여론, 태도, 선호, 사고, 행동, 집단, 역할, 문화, 사회화, 의사결정, 선전, 가치, 신념, 성격, 의사소통, 문학, 이미지, 아이디어 등 자아가 포함된 연구에 유용하다(황상민, 최윤식, 2010).

이때 주관성이란 특정 대상이나 이슈에 대해 각 사람이 가지고 있는 믿음, 태도, 가치 등을 반영한다. 주관성을 객관화하는 일반적인 방법은 사람들이 특정 대상이나 이슈에 대해 보이는 반응을 탐색하는 것이다. 즉, 서로 유사한 반응을 하는 사람들끼리 모으고, 이 사람들이 보이는 반응의 내용이 무엇인지를 확인하는 것이 바로 주관성을 객관화하는 방법이다.

어떤 사안에 대하여 과거 권위주의 시절처럼 절대적으로 권위 있는 사람의 생각이나 이론이 진리라고 믿을 때는 주관성의 탐색이 필요 없다. 그런데 각기 다른 생각 때문에 혼란스러울 때, 그 생각을 정리하고 차이에서 오는 갈등을 해결하고자 할 때, 상황이 어떻게 돌아가고 있는지 알고 싶을 때 주관성에 관한 연구가 더욱 필요해진다. 예를 들어, 학교현장에서 학생, 교사 또는 학부모의 인식, 가치, 태도, 신념과 같은 개념을 객관적으로 연구할 수 있으며, 가설 생성을 위한 탐색적 연구와 이론의 검증과 같은 확인적 연구에서도 적용될 수 있다. 많은 수의 표본을 대상으로 한 R 방법론과 비교해 Q 방법론은 개인이나 소집단에 대한 깊이 있는 탐구가 가능하다는 점에서 연구대상의 행동 연구에 대한 유용성이 매우 높다. 개인의 주관성을 바탕으로 한 연구대상의 특성과 차별성을 이해하는 데 유용하다. 1935년에 물리학 분야에서 심리학을 응용한 Q 방법론은 이를 분석할 수 있는 컴퓨터 패키지의 보급과 더불어 사회과학 전반에 걸쳐 그 활용이 확산되어 가고 있다.

개인마다 환경(circumstance), 대상(objects) 및 특성(attribution)에 대한 표현 방식과 특정 상황에 대한 지각 상태는 상이하다. 즉, 동일한 환경 상태 혹은 대상 및 특성에 대하여, 개인마다 본인의 관점에서 지각하고 판단하게 된다. 특정 연구에서 이러한 개인의 주관성을 고려하지 못하고, 객관적이고 획일적인 연구방법을 고려한다면 연구결과의 편의(bias)가 발생하게 된다. 이러한 문제점들을 보완하기 위하여 Q 방법론은 환경, 대상 및 특성에 반응하는 개인의 주관적인 지각, 태도와 행동 등을 반영할 수 있는 과학적인 연구방법이다. Q 방법론은 개인마다 특정 환경에서 대상을 지각하는 서로 다른 반응 간의 요인분석과 요인배열을 통한 상관을 제시하면서, 피검자 개개인과 요인을 이루고 있는 개인 군집(personal clusters)을 분석하는 것이다. 요약하면, Q 방법론은 인간의 태도와 행동을 연구하기 위해 철학, 심리학, 그리고 통계학과 관련된 아이디어를 통합한 방법론으로 상관분석과 요인분석을 적용하여 인간의 주관성을 정량적으로 분석할 수 있는 특수한 통계기법이다.

그동안 심리학, 사회복지학, 신문방송학, 행정학, 정치학 분야 등에서는 Q 방법론을 활용한 연구가 활발히 이루어져 왔으나 그 외 학문 분야에서는 상대적으로 활용도가 낮았다. 이는 그동안 사회과학 연구의 흐름을 주도해 온 논리실증주의의 객관성 중심 사고가 큰 영향을 미쳤기 때문이다. 대부분의 사회과학 연구에서는 독립변수와 종속변수의 관계를 살펴보는 데 초점을 두는 연구가 주를 이루었다. 이에 비해 개인의 주관성이 반영되어 나타나는 다양한 자극에 대한 개인 내 반응의 차이에 관한 연구는 미미한 실정이었다. 그러나 사회과학 분야에서 주요 연구대상이 되는 인간의 특수성은 바로 개별 주체들이 가지고 있는 주관성에 있다는 점에서 주관성 연구는 사회의 제현상을 바라보는 개인의 인식을 설명하기 위한 필수적인 과제가 되었다. 객관적인 절차에 의해 연구하기 어려운 인간의 인식, 가치, 태도, 신념과 같은 주관성을 체계적으로 연구할 수 있다는 점에서 최근 Q 방법론을 활용한 연구들이 증가하는 추세이다.

2) Q 방법론의 특성

Q 방법론이 여타의 연구방법과 구별되는 특징들을 구체적으로 살펴보면 다음과 같다.

첫째, 행위자가 스스로 조작하는 과정인 Q 분류(Q-sort) 과정을 통해 설명과 이해의 구분을 희석한다. 어떠한 감정이든 좋은 것과 싫은 것, 찬성과 반대의 양극으로 나뉘며, 그 사이에는 무감정이 있는데 그 모양은 통계적인 정규분포 형태를 보이는 경향이 있다(김헌수, 원유미, 2000). 진술문, 사진 혹은 문자 등으로 이루어진 Q 카드는 객관적인 구조물인 분포도(Q grid) 안에 강제 분포화시키는 과정을 통하여 대상자 스스로 주관을 찾아나가는 과정에 참여하게 된다. 종종 Q 방법론의 강제 분포에 대한 오해가 있는데, 이 방법론의 초점은 한 사람이 연구문제를 찬성하는가 반대하는가에 있지 않고 어떻게 마음속에서 순서를 정하는가에 있다. 따라서 구조화된 강제 분포는 인간의 주관성을 평가해나가는 하나의 과정이라고 여겨야 할 것이다.

둘째, 참여자가 보여 주는 자결성(自決性, operant)은 Q 방법론의 큰 특성 중 하나이다. 참여자가 진술문을 정규분포가 되도록 분류 판에 분류하는 단계로 이를 Q 분류라고 한다. 이때 Q 방법론의 특징 중 하나인 자결성이 나타난다. 김홍규(1996)는 연구대상자가 자신의 언어로 자신을 드러내고 스스로 결정한다는 의미에서 Q 방법론을 자결적(operant)이라고 언급한 바 있다. 다시 말해, 행위자 스스로 자극들(진술문)을 비교하여 순서를 정함으로써(Q-분류) 이를 모형화시키는 과정을 통해, 연구대상자 자신의 언어로 자신을 드러내고, 행위자 스스로 결정하고 표현해 가는 것이다(이도희, 이동규, 2005). 이러한 과정은 객관과 주관의 차이를 희석할 수 있게 해 주며, 인문학에서 요구하는 인간존재의 다층성과 다면성을 탐구할 수 있게 한다.

셋째, 연구의 목적은 주관적 경험의 이해에 있다. 통계적인 과정을 통해 범주화하지만, 그 결과를 일반화하는 것이 아니라 참여자의 주관적 다양성과 깊이를 이해하는 데 있다고 할 수 있다.

넷째, Q 방법론은 발견적 추론이다. 발견은 이미 존재하는 가설을 설정하고 검증해 나가는 연역적 방법보다 선행하는 것으로, 실증적인 이론적 근거가 없거나 개념적으로 개발 중인 현안을 탐색해 나가는 데 이상적이다.

다섯째, Q 방법론은 양적 분석과 질적 분석 모두 가능하다. Q 방법론이 통계적 분석력을 갖고 있다는 점은 양적인 분석의 측면이라 할 수 있다. Q 방법론에서 다루는 프로그램인 QUANL PC program, PQ method를 통하여, 개인의 현상학적 세계를 구체적으로 분류하여 알아볼 수 있다. Q 방법론은 기존 R 방법론에서 다루는 통계 프로그램과 같이 유의성을 살펴보고 결과를 일반화하는 프로그램과 달리 주관의 세계를 보다 객관화하는 데 도움을 준다는 면에서 의미가 있다. 그뿐만 아니라 양적 연구방법과 마찬가지로 연구과정에서 연구자 개입이 이루어지지 않으며, 연구대상자가 항목을 분류해 나가는 Q 분류 동안 연구자는 대상자를 객관적으로 바라보는 관찰자 입장이라는 점은 Q 방법론이 갖는 특징 중 하나이다. 특히 연구결과물의 도출에 연구자의 편견이 개입되어 이루어지지 않는다는 점은 양적 연구의 측면이라 할 수 있다. 이에 더해, 연구자의 관점은 질적 연구의 성격도 갖고 있다. 연구방법이 행위자 중심에서 출발하여 연구 결과 도출에 이르기까지 사회현상을 행위자의 관점에서 파악하고자 하는 것은 질적 연구와 비슷하다. Q 방법론 역시 질적 연구와 같이 연구대상자의 심리적 속성을 파악할 수 있다. Q 분류 중 자연스럽게 이루어지는 면담내용은 녹취되거나 자료화될 수 있으며, 이는 연구내용 속에서 직접 인용을 통해 심리적 속성을 보다 구체적으로 나타낼 수 있다. 또한 연구대상자 역시 진술문을 구조화하는 과정에서 평소에 감지하지 못했던 심리적 속성들을 파악할 수도 있다.

3) Q 방법론과 R 방법론의 차이

사회과학의 연구방법에서 자연주의에 근거한 실증주의적 연구는 객관성의 원리를 중심으로 보이는 세계를 계량적으로 설명했지만, 반자연주의 혹은 인본주의에 입각한 해석학, 현상학, 비판이론 등은 인간의 주관성을 강조하고 세계를 질적으로 이해하는 데 초점을 맞추었다(이도희, 2017). 그러나 이러한 이분법적 구조와 대립의 양상은 생산적이지도 명료하지도 못하여 이후 객관과 주관의 긴장을 해소하는 방법으로써 Stephenson

은 Q 방법론을 통해 이를 완성하고자 하였다. Stephenson(1982)은 'abduction'을 과학 세계에서 인간 주관성의 창의적이며 언어적 측면을 반영하는 것으로 설명하였다. 때문에 Q 방법론은 과학적 발견으로서의 새로운 길을 열어 주고 있는 '발견(abduction)'에 초점을 두고 있는 접근방법이다.

Q 방법론은 응답자 스스로가 진술문을 비교하여 순서를 정하는 과정에서 자신의 주관을 스스로 드러내게끔 한다. 즉, Q 방법론은 '외부로부터 설명(expression)'하는 방법이 아니라 '내부로부터 이해(impression)'하는 접근방법이다. 연구자의 가정이 아니라 행위자의 관점에서부터 Q 방법론은 시작된다. 따라서 Q 방법론에서 사용되는 진술문(statement)은 모두 응답자의 자아참조적(self-referent) 의견 항목으로 구성되어 있다(김홍규, 1992).

기존의 연구방법은 연역과 귀납을 이용해 이론에서 가설을 만들어 이를 검증하려는 가설연역적(hypothetic-deductive) 방법을 사용하고 있지만, Q 방법론은 관찰을 통해 가설을 만든다. 즉, 기존의 R 방법론(Pearson Correlation의 "R"에서 유래함)이 '가설로부터 시작하는 논리'라고 한다면 Q 방법론은 '가설로 향하는 논리' 또는 가설 발견의 논리이다. 따라서 'abduction'은 연역적 방법보다 선행해야 한다(Brown, 1996). 이것은 우리가 무엇을 설명하기에 앞서 무엇이 일어나고 있는가를 이해해야 하는 논리와 같다. R방법론과 Q 방법론을 비교해 보면 다음과 같다.

첫째, R 방법론은 연구대상의 배경 특성, 예를 들어 지적 능력, 학력수준, 나이, 성별 등의 인구사회학적 특성 간의 구조적 특성을 발견하는 데 사용된다. 이를 위해 연구자는 연구의 핵심이 되는 주요 변수를 측정하기 위해 개념적 정의를 토대로 조작적 정의를 시도한다. 그리고 기존에 개발된 측정도구 중 신뢰도와 타당도가 확보된 측정도구로 연구대상자의 인식이나 태도, 행동 등을 측정한다. 이에 비해 Q 방법론은 연구대상자의 특정 주제에 대한 주관적 의견이나 인식의 구조를 확인하는 데 사용된다. Q 방법론은 R 방법론처럼 연구자가 사전에 변인에 대한 조작적 정의와 척도를 결정하지 않고, 연구대상자가 자율적으로 특정 주제에 관한 연구대상자의 의견을 표시한다. 따라서 Q 방법론은 연구대상자의 주관적 구조, 즉 특정 주제에 대한 유사한 견해를 가진 집합(concourse)을 추출하게 된다.

둘째, R 방법론은 연구대상자에게 객관적인 응답(Yes, No 혹은 1, 2, 3, 4, 5 등)을 요구하는 반면, Q 방법론은 연구대상자에게 주관적인 응답(신념, 태도, 가치 등)을 요구한다.

즉, R 방법이 행태주의적 관점을 반영한다면, Q 방법론은 현상학적 관점을 반영한다.

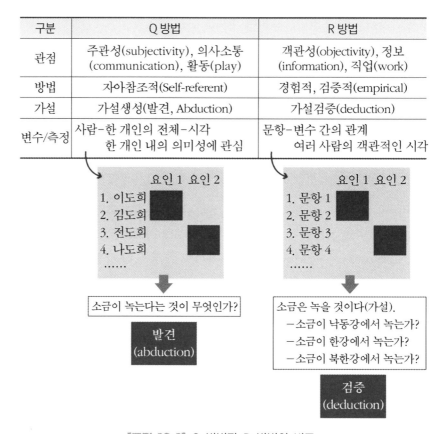

구분	Q 방법	R 방법
관점	주관성(subjectivity), 의사소통(communication), 활동(play)	객관성(objectivity), 정보(information), 직업(work)
방법	자아참조적(Self-referent)	경험적, 검증적(empirical)
가설	가설생성(발견, Abduction)	가설검증(deduction)
변수/측정	사람–한 개인의 전체–시각 한 개인 내의 의미성에 관심	문항–변수 간의 관계 여러 사람의 객관적인 시각

[그림 13-1] Q 방법과 R 방법의 비교

출처: 이도희(2017).

셋째, R 방법론에서는 모집단을 대표하는 표본을 연구대상으로 선정하여 연구대상의 배경 특성을 유형화하는 포괄적인 연구에 사용하는 것에 비해 Q 방법론은 소수의 대상 (1인 이상)에 관한 심층적 연구에 사용된다.

Q 방법론의 효용성과 실용성을 강조하는 학자들은 과학적 지식 창출이라는 명분 아래 R 방법론에 지나치게 경도된 학계의 풍토를 우려한다. 이들은 R 방법론에 기초한 지식이 사회의 현상과 상황에 적절하지 못한 잘못된 정보를 제공함으로써 정책 의사결정 과정에서 오류를 낳게 할 수 있음을 지적하고 있다. 특히 사회과학 연구에서는 학생, 교사, 학부모 등의 주체별로 주관적 영역의 확장이 필요함을 지적하고 있다. 왜냐하면 이

분야의 각 주체는 실제의 정책과정에서 다양한 가치, 의견 및 견해들이 대립하고 있는 것이 보편적이기 때문이다. Q 방법론을 활용하면 이러한 다양한 가치, 의견 및 견해 등을 발견하고 시사점을 끌어낼 수 있다는 장점이 있다.

Brown(1996)은 Q 방법론이 개인의 주관성에 본질을 두고 있는 과학적 접근법임을 강조한다. 여기서 과학적이라는 의미는 체계적이고 객관적인 방법을 적용한다는 의미이며, 구체적으로는 요인분석이라는 통계적 방법을 사용하는 것이다. R 방법에서의 요인분석은 변수를 요인화하는 반면에, Q 방법에서의 요인분석은 사람을 요인화하는 것이다. 그러나 두 방법의 차이가 단순히 변수와 사람을 전치하는 것이 아니라 "개인 간에 차이가 있는 인간의 특성으로부터 고유한 자기 준거를 가지고 있는 개인이 제시된 자극에 대해 보이는 생각과 반응"으로 관점을 전환하는 것이다. 특히 Q 방법에서는 자극들에 대해 개인이 느끼는 인정과 비인정감, 기쁨과 불쾌함과 같은 감정이 핵심을 이루며, 이러한 주관성은 관념적이라기보다는 구체적이며 즉각적으로 경험할 수 있는 것이다. 이러한 측면 때문에 Q 방법이 주관성에 관한 연구를 수행하기 위한 객관적인 방법론으로 인식되고 있다.

Q 방법에 요인분석이 관련되어 있으므로 정량적 요소와 관련된 것으로 생각하는 경우가 많으나, Stephenson은 개발 당시 미학적 판단, 시의 해석, 조직 역할의 인식, 정치적 태도, 건강의 사정, 죽음의 경험, 인생관과 우주관에 내포된 주관성을 밝히는 방법을 제공하는 데 유용성이 있다고 하였다. 실제로 Q 방법론은 인간의 인지, 의식, 의지를 파악하는 연구뿐 아니라 화술, 강연, 해석학, 매체, 문학 비평, 의사결정 분야까지 포함한다. 또한 주관적인 의사소통이 가능하다면 정신 영역에 속하는 현상에도 적용할 수 있다. 이와 관련하여 Dennis와 Goldberg(1996)는 Q 방법이 정성적인 연구와 정량적인 연구의 장점을 결합한 것이라고 하였으며, Sell과 Brown(1984)은 양자를 연결하는 가교를 제공하는 도구로 보기도 하였다. Q 방법은 개인의 주관성에 관한 객관적인 접근방법이라는 특성으로 말미암아 최근 들어 그 적용 범위가 확대되고 있는 연구방법론이다.

2. Q 방법론의 표본 유형

1) 자연 표본과 기성 표본

(1) 자연 표본

자연 표본(naturalistic sample)은 연구대상자의 여론, 구술 또는 작성 문헌을 통해 직접 Q 진술문을 얻어 낸다. 이는 Q 분류를 수행하는 개인의 의견에 비추어 문항이 반응자와의 의사소통과 피험자의 의견을 바탕으로 만들어진 것이다. 피험자는 Q 진술문이 내포한 뜻을 쉽게 이해할 수 있어 Q 분류를 더 쉽게 행할 수 있다. 자연 표본의 장점은 외적 준거 체제로부터 나오는 변질된 의미가 아니기 때문에 반응자의 의미를 흐리게 하거나 왜곡하는 위험을 줄일 수 있고, Q 분류하는 피험자의 의견이 직접 반영할 수 있다. 자연 표본의 진술문은 면접, 지필(수필 등), 신문 사설, 잡지와 신문의 편집자들에게 온 편지, TV와 라디오의 좌담 및 여론, 토크쇼 등의 자료 등에서 추출된다.

(2) 기성 표본

기성 표본(ready made sample)은 연구대상자의 의사와 상관없이 다른 자원에서 Q 진술문을 취합한다. 기성 표본의 종류는 의사 자연적 Q 표본(quasi-naturalistic Q sample), 전통적인 등간척도에서 추려낸 Q 표본(conventional rating scale), 표준화 Q 표본(standardized Q sample), 혼합 Q 표본(hybrid category) 등으로 구분된다.

첫째, 의사 자연적 Q 표본은 면접법을 활용하는 자연 표본 방법과 유사하다. 면접법과의 차이점은 연구하려는 대상의 외적 자원(source external to the study)을 바탕으로 하여 개발한다는 점과 면접법의 Q 표본이 연구에 참여하는 피험자로부터 직접 진술문을 취합하는 점에서 차이가 있다. 의사 자연적 Q 표본은 연구에 참여하지 않은 사람들로부터 Q 진술문을 취합하는 것을 의미한다.

둘째, 전통적인 등간척도에서 추려 낸 Q 표본은 등간척도의 설문문항을 Q 문항으로 변환하여 Q 표본을 개발 연구하는 것을 의미한다. 예를 들어, Laing, Philipson, Lee(1966)의 연구에 활용된 대인인지 척도로 대인인지 Q-set(interpersonal perception method Q-set)를 개발한 것을 예로 들 수 있다.

셋째, 표준화 Q 표본(standardized Q sample)은 기존의 표준화된 척도의 검사지 문항을 기초로 하여 Q 표본을 만드는 방법이다.

넷째, 혼합 Q 표본(hybrid category)은 자연 표본과 기성 표본을 결합하는 방법이다. 예를 들어, Brown과 Ellithorp(1970)가 수행한 MaCarthy의 지지자들에 관한 연구, Suppasarn과 Adams(1984)가 수행한 TV 폭력성에 대한 태도 연구, Kinsey와 Taylor(1982)가 수행한 정치변화연구 등은 연구참여자 인터뷰와 동시에 기존의 척도 문항을 활용한 혼합 Q 표본에 해당한다.

2) 구조화 표본과 비구조화 표본

(1) 구조화 표본

구조화 표본(structured sample)은 비구조화 표본보다 좀 더 체계적으로 표집하여 비구조화 표본의 한계인 편향을 제거한 것이다. 구조화 표본은 이론의 가설에서 출발하여 이론을 검증하는 표본 구축방법이다. 구조화 표본은 Fisher의 실험설계(Fisherian experimental design)의 원칙을 따르며 이론이나 가설의 특정 변인들이 항목 선정 시 개입된다. 바꾸어 말해, 모든 항목은 하나 혹은 그 이상의 수준으로 나뉘게 된다. 예를 들어, 사진이 표본인 경우, 사람이 포함된 사진과 그렇지 않은 사진으로 구조화할 수 있다. 이때 사진 항목은 '사람(people)'과 '사람 아님(non-people)'으로 분류된다. 선행연구에서 사람이 포함된 사진은 그렇지 않은 사진보다 더 선호된다는 것이 일관되게 나타나기 때문이다. 이처럼 구조화 표본은 주로 특정 이론을 검증할 때 종종 사용한다.

(2) 비구조화 표본

비구조화된 Q 표본은 주로 사람들의 유형(type)을 확인하고, 기술하며, 설명하는 목적이거나 연구자가 어떤 이론적인 시각을 가정할 수 없을 때 사용한다. 예를 들어, 광고주는 어떤 유형의 사람들이 특정 새 상품에 가장 관심을 두는지 등 시장세분화를 원할 때 사용할 수 있다. 또는 어떤 종류의 캠페인이 어떤 유형의 유권자들에게 가장 잘 소구될지 탐색하고자 할 때 사용한다.

비구조화 표본(unstructured sample)은 하나의 변수 또는 하나의 영역만을 진술하는 일련의 Q 진술문으로 구성된다. 이는 직접 주제에 타당하다고 여겨지는 문항이 임의로 선택되고, 표본은 어떤 영역이 과소 표집되면서 최종 Q 표본에 우연히 어떤 편향이 가능해지는 것이다. 그리고 연구목표와 관련된 변인을 영역이나 차원으로 분류하지 않을 수 있다. 비구조화 표본의 예는 Rogers의 자아지각 Q 표본(self perception Q-set)을 들 수 있다. 이는 자아를 신체, 가족, 도덕, 사회 등 어떤 영역이나 차원으로 구분하지 않고, 하위변인으로도 나누지 않으며 하나의 넓은 변인으로 보았다.

비구조화된 Q 표본 추출방법에는 단순 무작위 표집과 체계적 표집이 있다. 먼저 단순 무작위 표집은 절차상 가장 간단하며 연구자 주도의 표집 선정에 따른 편견에서 벗어난다는 장점을 가진다. 김홍규(2007)는 단순 무작위 표집에 대해 난수표를 이용한 진술문 선정을 예시하였다. 다만 무작위 표집은 표본크기를 연구자가 임의로 결정해야 하고, Q 모집단의 본질적인 특성을 간과할 수 있다는 단점이 있다. 체계적 표집은 이론적 근거가 뒷받침되었을 때 개념의 의미 차원 등을 고려해 구조화된 표본에 가깝게 Q 표본을 선정하는 것을 의미한다. 비구조화된 주제별 체계적 표집방법에서 범주에 해당하는 진술문 비율에 따라 Q 모집단을 Q 표본으로 전환하는 것은 R 방법에서의 비례적 층화표집(stratified proportional random sampling)과 유사하다(김홍규, 2007). 가령, 어떤 범주 하나에 포함된 진술문이 모집단 전체 진술문의 20%를 차지한다면 Q 표본 전체에서도 20%가량의 진술문이 배정되도록 진술문을 선정할 수 있다.

비구조화 표본은 해당 주제에 관한 선행연구가 충분하지 않아서 모집단을 대표하는 항목을 규정하는 차원이나 요인이 결정되지 않을 때 사용된다. 예를 들어, 증세에 대한 태도를 연구하려고 하는데, 증세 태도를 명확히 분류하는 차원이 생각나지 않거나 혹은 어떤 차원들이 서로 중복될 경우가 이에 해당한다. 비구조화된 진술문의 장점은 큰 노력 없이 하위주제의 범위까지 항목을 만들 수 있어서 주어진 주제에 대한 상세하고 합리적인 고찰이 가능하다는 점이다. 이에 비해 주제를 구성하는 요인이 불충분하고 지나친 표집 때문에 확실한 차원이나 영역의 결정이 불가능할 수 있다는 단점 또한 내포한다. 그뿐만 아니라 Q 분류의 항목이 한쪽으로 치우쳐 버리는 경향이 있다는 점도 연구의 제약으로 작용한다. 따라서 이러한 문제를 해결하기 위해 모집단과 항목 선택의 기준을 명확히 하고, 가능한 한 항목을 유목화할 필요가 있다.

3. Q 방법론의 절차

1) 연구문제 설정 및 Q 진술문(Q statements)의 작성

Q 방법론의 절차는 Q 방법론에 적합한 연구문제 설정에서 시작한다. 다만, Q 방법론은 연구가설을 제시하고 이를 검증하지 않으며, 연구주제와 관련하여 Q 진술문을 작성하는 것에서부터 연구가 이루어진다. 이 단계에서는 보통 연구대상자들에 대한 인터뷰를 시행하게 된다. 연구자는 인터뷰를 통해 Q 진술문(Q statements) 또는 Q 분류 항목(Q-sort items)을 작성한다. 만일 현재 시행되고 있는 사회복지정책에 관한 인식을 조사하는 연구라면, 먼저 연구대상자들이 이에 대하여 어떻게 생각하는지 인터뷰를 통해 생각, 태도, 경험을 듣고, 짧은 문장으로 만드는 것이다. 연구자는 이때 사람들의 광범위하고 다양한 생각이 포함하도록 Q 분류 항목을 구성하게 된다.

Q 문항은 특정 현상에 대한 진술을 의미한다. 문항에 사용되는 문장은 반드시 사람들이 일상적으로 사용하는 언어로 표현해야 하며, 기존 문헌검토를 통하여 기본적인 Q 문항을 뽑고 소수의 사람을 대상으로 심층 면접을 시행하여 Q 문항을 선정한다. 선정한 Q 문항을 진술문으로 만든 후 소수의 사람을 대상으로 사전 조사를 시행하고, 사전조사 후 문제점을 보완하여 최종문항을 설정한다. 동의하는 정도에 따라서 11점까지 척도화할 수 있다. 문항 수는 일반적으로 60개 항목에서 90개 정도가 적당하다.

Q 방법론이 적합한 연구문제의 예

- 비대면 원격수업에 관한 대학생들의 주관적 인식은 어떠한 유형으로 분류될 수 있으며 각각의 유형은 어떠한 특징을 가지는가?
- 노인복지관 종사자의 코로나19에 관한 인식 유형은 어떻게 구분되며, 유형별 특성은 어떠한가?
- 도시재생사업에 대한 지역주민의 주관적 인식은 몇 개로 유형화되며, 각 인식 유형별 차이점과 공통점은 무엇인가?
- 4차 산업혁명 시대 인재상에 대한 교사들의 특성은 몇 개로 유형화되는가?
- 밀레니얼세대의 노후 준비에 대한 주관적 인식은 몇 개 유형으로 구분되며 유형별 특성은 어떠한가?
- 20대 청년세대의 페미니즘에 대한 태도는 어떻게 유형화할 수 있으며, 각 유형은 어떤 특징과 의미를 지니는가?

Q 진술문 작성은 Q 방법론을 활용하는 데 있어서 가장 중요한 부분이다. Q 진술문 작성은 연구설계의 방법에 따라 구조적 표본과 비구조적 표본으로 구분되며, 진술문의 출처에 따라 구술형(자연 표본)과 추출형(기성 표본)으로 구분된다.

구조적 방법에 따른 Q 진술문은 Fisher의 실험 및 분산분석 설계원리(Fisherian Experimental and Analysis of Variance Design Principle)에 따라 작성된 것을 의미한다. 구조적 방법으로 진술문을 작성하는 것은 이론을 구축하는 것이다. 개인들의 특성을 측정하는 도구를 구축하는 대신에 연구대상자들을 통해 기존의 이론을 형상화하게 된다. 구조적이든, 비구조적이든 Q 진술문은 연구주제에 대표적이고 포괄적인 내용을 담고 있어야 한다는 점에는 차이가 없다.

구술형은 연구대상자와의 면접에 따라 진술문을 작성하는 것이며, 추출형은 기존의 문헌이나 신문 기사 등에서 추출하는 것을 의미한다. Q 진술문의 중요한 구분은 구조적·비구조적 표본의 여부이다. Q 방법론을 이용한 연구도 귀납적·연역적 논리의 적용이 가능한데 이러한 적용은 진술문의 작성방법에 따라 결정된다. 비구조적 연구방법은 특별한 연구설계가 없고 연구주제와 관련된 문장을 종합하는 것이다. 이론적으로 연구주제와 관련된 모든 문장이 Q 진술문이 될 수 있다. 수많은 진술문을 작성한 후 대표적 진술문을 선택하는 방법이 좋다.

많은 연구자가 연구방법론으로 Q 방법론을 선택하는 이유는 연구참여자의 주관성과 본질적인 의미에 더 심층적으로 접근할 수 있는 연구방법이기 때문이다. 즉, 방법론적 측면에서 Q 방법론은 기존의 연역적인 가설에 따른 계량적 결과들을 도출하는 방법과 달리, 개별 행위자들의 다양한 주관적 평가, 태도, 가치, 의미 등을 추출할 수 있다는 점에서 장점이 있다. Q 진술문 작성에서 가장 중요한 부분은 행위자의 관점에서 출발하며 인간 개개인별 주관성 구조에 부응하는 상이한 주관성의 유형화 및 상호관계성 분석이 가능할 수 있는 진술문 작성이 필요하다. 그러기 위해서는 피험자의 다양한 의견을 수렴할 수 있고, 각각의 유형별 특성을 파악할 수 있는 진술문 작성이 되어야 한다.

Brown(1980)은 모집단으로부터 추출된 Q 표본의 수는 40~50개가 적당하다고 하였으며, 선정된 각 진술문을 두꺼운 종이를 사용하여 Q 카드로 만들 것을 제안하였다.

> **Q 진술문 작성 시 유의할 사항(김흥규, 2007)**
>
> ① 모든 항목은 연구주제와 관련성이 있어야 한다.
> ② 모든 항목은 자아지시적이어야 한다. 모든 항목에 '나'(예컨대, 내가 생각할 때 ○○○하다 혹은 나는 ○○○라고 생각한다 등)를 포함할 수 있으면 된다.
> ③ 진술문은 그것을 분류하는 피험자를 고려해 작성한다. 피험자의 수준에 맞는 단어를 선정하고, 난해하거나 모호한 문장을 피하며 가능한 한 구어체를 따르되 문법에 맞아야 한다.
> ④ 하나의 진술문은 하나의 아이디어를 담고 있어야 한다. 물론 비교하기 위한 목적으로 한 진술문에서 2개 이상을 포함할 수는 있으나 통상적인 것은 아니다. 예를 들어, "나는 파티에서 와인을 대접하길 좋아하는데, 와인은 손님들에게 좋은 인상을 주며 다른 혼합주(칵테일 등)보다 간편하기 때문이다"라는 진술문에 대해 피험자는 파티에서 와인을 대접하기를 좋아하는데 그것이 간편하기 때문은 아닐 수 있다. 이 때문에 해당 진술문은 중립에 놓일 가능성이 있다. 이러한 피험자는 때로는 이 진술문을 매우 부정적인 곳에 분류할 수 있는데, 이는 결국 피험자가 파티에서 와인을 대접하는 것을 매우 싫어한다는 잘못된 해석을 초래하기도 한다.
> ⑤ 한 진술문이 단순히 다른 진술문에 반대되는 경우 이것을 피하는 것이 바람직하다. "나는 와인을 좋아한다."와 "나는 와인을 좋아하지 않는다(혹은 싫어한다)." 모두를 포함할 필요가 없다. 어느 진술문이든 하나를 "동의한다." 혹은 "동의하지 않는다."라는 연속선상에 위치시킴으로 와인을 어느 정도 좋아하는지를 알 수 있기 때문이다.

2) 연구대상자(P sample) 선정

Q 방법론에 있어서 P 표본(P sample)은 작성된 Q 표본을 분류하는 연구대상자를 의미한다. P 표본을 선정할 시 연구결과의 일반화가 목적이 아니라 현상에 대한 이해가 목적이기 때문에 표본의 수나 표본을 선정하는 방법은 따로 없다. 하지만 많은 연구에서 연구대상자 수를 살펴보면, 연구주제에 따라 다르지만, 보편적으로 1명 이상 50명 이하로 구성되어 있다.

Q 방법론은 개인 간의 차이(inter-individual differences)가 아니라 개인 내의 중요성의 차이(intra-individual difference in significance)를 다루는 것이므로 P 표본의 수에 아무런 제한을 받지 않으며 오히려 P 표본이 커지면 한 요인에 여러 사람이 편중되어 그 특성을 명확하게 파악할 수 없는 통계상의 문제가 발생할 가능성이 있으므로 소표본이론(small sample doctrine)을 따르게 된다(김흥규, 2007).

Q 방법론에서 P 표본 선정은 연구결과의 현상에 대한 이해에 영향을 미친다. 연구주제에 따라 표본 수나 표본을 선정하는 방법이 상이하다. 보편적으로 연구대상자 수에 따라 심층적 연구(intensive study)와 포괄적 연구(extensive study)로 구분할 수 있다. 심층적

연구는 1명의 연구대상자에게 상이한 상황을 부여한 후 상이한 상황 간의 관계를 분석하는 연구이고, 포괄적 연구에는 P 표본이 30명 이상이 되는 수준을 의미하면서, 이러한 표본들이 연구주제와 관련하여 대표성과 연구 질을 높이는 데 영향을 미치게 된다. 따라서 P 표본 선정에 있어서는 연구주제에 부합하는 연구대상자의 평가, 태도, 가치, 의미 등의 주관성을 반영할 수 있게 하는 것이 중요하다. 이와 관련하여 김흥규(2007)는 P 표본을 50명 내외로 선정할 것을 제안하였다.

Q 방법론에서는 P 표본이 Q 요인이 되기 때문에 연구자가 작성한 진술문을 잘 반영할 수 있는 P 표본 선정이 중요하다. 이를 반영하기 위해서는 다양한 참고문헌과 선행연구를 고찰한 후 P 표본을 선정해야 한다. 진술문 표본은 전체적으로 모든 의견을 포괄하고, 부정, 중립, 긍정의 균형을 이루도록 [그림 13-2]와 같이 배치한다.

Q 방법론은 개인 간의 차이(inter-individual differences)가 아니라 개인 내의 의미 있는 차이(intra-individual difference in significance)에 주목하므로 P 표본의 수에 제한을 받지 않는다. 또한 Q 연구방법론을 활용한 연구의 목적은 표본의 특성으로부터 모집단의 특성을 추론하는 것이 아니기 때문에 P 표본의 선정도 확률적 표집방법을 따르지 않는다. 이와 같은 기준을 적용하여 P 표본을 선정하여야 한다.

구분	전혀 그렇지 않다			중간 수준			매우 그렇다
입력점수	1	2	3	4	5	6	7
카드 수	2	3	3	4	3	3	2

[그림 13-2] Q 분류의 분포와 점수구성

3) Q 분류

Q 분류 작업은 연구참여자들이 Q 표본을 분류하는 절차이다. Q 분류에서 핵심은 응답자가 Q 문항을 어떻게 분류하게 할 것인가이다. 응답자는 각 문항을 읽고 자신의 동의하는 정도를 점수별로 분류하게 된다. 제시방법으로는 응답자에게 Q 문항 카드를 써서

제시할 것인지, 또는 일반적인 설문지에 제시할 것인가가 문제이다. 이때 Q 진술문을 분류하는 방법은 강제분포(forced distribution)와 자유분포(unforced distribution)로 구분된다. 강제 분포는 연구대상자에게 연구자의 연구설계에 따라 Q 진술문을 일정한 숫자대로 강제로 배분하는 방법이며, 정규분포 형태로 설계되어 있다. 자유분포는 연구대상자의 자유의사에 따라 Q 진술문을 분류하는 방법이다.

연구자는 연구설계에 따라 작성된 지침을 연구대상자에게 제시하고, 연구지침에 따라 Q 진술문을 분류해 달라고 요청한다. 이 절차는 연구참여자가 Q 표본의 항목 중 자신의 주관적 평가, 태도, 가치, 의미 등에 가장 근접하는 내용을 모형화하는 것이다. 이를 위해 연구대상자들이 진술 항목들을 숙지한 후 선택한 번호들을 분포도 속에 기록하도록 요구한다. 일반적으로 연구대상자에게 Q 분류 자료를 얻는 과정은 표본에 속한 피험자에게 Q 진술문 카드를 주고, '부정(전혀 그렇지 않다)' '중립(보통)' '긍정(매우 그렇다)'으로 분류된 3개의 그룹에 각각 자신의 주관적 의견들을 표현하도록 한다. 그다음 긍정 진술문 중에서 가장 긍정적인 의견들을 차례로 선택하여 바깥에서부터 안쪽으로 분류 작업을 진행하여 중립 부분에서 정리하여야 하며, 이와 유사하게 부정 진술문들을 분류한다. Q 분류를 마치고 나면, 가장 긍정한다고 응답한 진술문 2개와 부정한다고 응답한 진술문 2개를 선택하여 그 이유를 주관식 응답 형태로 나타낼 수 있도록 해야 한다. 연구대상자의 주관식 응답은 추후 최종 도출된 요인의 해석에 유용한 정보를 제공해 줄 수 있기 때문이다.

4) 자료 처리 및 분석

연구대상자가 분류하여(sorting) 부여받은 문항별 점수는 수치화하여 분석 프로그램에 따라 유형을 분류한다. 우선, [그림 13-2]와 같이 Q 표본 분포도에서 가장 부정적인 경우를 1점으로 시작하여 2점, 3점, 4점, 5점, 6점, 7점 등으로 부여하여 점수화한다. 이상과 같이 추출된 분포별 점수 및 진술문 수는 번호순으로 코딩한 후 PQ method나 QUANL PC program으로 처리하여 그 결과를 유형별 요인가중치(factor weight)로 정리하게 된다. Q 분류의 목적은 요인분석을 위한 것이다. Q 요인분석(Q-factor analysis)은 일반 요인분석과 달리 피험자들의 변인을 본다. 피험자들이 공유하는 주관적 관점에 따라 몇 개의 집단으로, 어떻게 나뉘는지 보기 위함이다. 이렇게 얻은 Q 요인분석의 결과는 주제에 대한 유사한 믿음을 가지거나 사고하는 집단의 수와 종류, 내용 등에 관한 정보를 제공한다.

PQ method는 웹사이트(http://schmolck.org/qmethod/downpqwin.htm)에서 다운로드가 가능하며, QUANL PC program은 주관성 학회 회원 가입 후 학회 홈페이지(www.kssss.org) 자료실에서 다운받을 수 있다.

QUANL PC program은 연구자가 연구주제에 관해 이론적 틀을 가지고 있지 않거나 연구대상자들의 견해를 감지하지 못한 경우 유용하게 사용될 수 있는데(김홍규, 2007), 요인가중치는 각 유형에 속한 응답자들의 설명력을 의미한다. 즉, 유형별로 제시된 개인별 가중치가 높게 나타날수록 그 유형의 설명력은 높은 것으로 해석할 수 있다. 이와 함께 Q 진술문의 유형별 표준점수(Z-score)를 분석하고 이에 대해서는 각각의 사례에 대한 유형 및 특성 분석을 통해 더 구체적으로 논의해야 한다.

 ## 4. Q 방법론의 장단점과 유의점

1) Q 방법론의 장점

첫째, 특정 연구주제에 대한 인식의 범위가 제한되지 않는다는 점이다. R 방법론에서 연구자는 사전에 변수를 결정하고, 이를 조작적으로 정의하는 절차를 거치지만, Q 방법론에서 연구자는 피험자의 생각, 견해, 의견을 광범위하게 분석할 수 있다.

둘째, 심리적 세분화에 유용하다. Q 방법론은 주관성의 구조를 파악하고 그것의 유사성에 따라 사람들을 묶어 주기 때문에 심리적 세분화에 도움을 줄 수 있다. 사회과학에서 분석의 대상이 되는 평가기준, 당사자의 욕구, 정책에 대한 태도나 견해 등은 고정된 것이 아니라 지속해서 변화하기 때문에 당사자들의 심리적 다양성 및 견해를 들여다보는 것은 의미 있는 활동이 될 수 있겠다. 이러한 당사자의 주관성(subjectivity)은 어떠한 견해를 많이 갖고 있느냐보다는 어떠한 견해를 다양하게 갖고 있느냐의 측면에서 필요한 부분이다.

셋째, 가설 발견적 연구는 물론 이론검증에도 유용하다. 이론 혹은 이론의 측면을 유목화(categorize)할 수 있고, 그 유목을 표현하는 문항을 구할 수 있다면 Q 기법은 이론검

중에 강력한 방법이 될 수 있을 것이다. 피험자가 연구대상에 대한 의견을 표시하고, 판단하기 때문에 연구자가 변인을 선정하고 조작적으로 정의하는 R 방법론과 비교하면 연구자의 자의적 판단이 개입될 여지가 줄어든다.

넷째, 효과검증 연구에 유용하다. 질적 연구 결과물을 확장하여 Q 방법론에 적용하여 심층 면접 내용을 Q 분류함으로써 질적 연구의 결과물을 좀 더 과학적으로 객관화시킬 수 있다. Q 방법론에서는 연구대상자의 인원을 확대한 후, 질적 연구 과정에서 얻어진 자료(1차 연구)를 항목화하여 Q 분류(2차 연구) 적용을 통해 어려움 해결 유형을 보다 객관적으로 확인하고 검증할 수 있으리라 생각된다.

다섯째, Q 방법론은 언어적 · 비언어적 의사소통이 가능하다면 모든 대상이 탐구의 대상이 될 수 있다. 자신의 경험을 말로 표현하는 데 어려움이 있는 아동들에게 질적 연구를 시행하는 것은 어렵지만 일상의 사물이나 그림으로 Q 분류하도록 하는 것은 가능하다는 점에서 취학 전 아동의 심리적 현상을 연구하는 것도 가능하다.

여섯째, 개인 내적 항상성 계수(intra individual consistency coefficient)를 통해 개인 내적 항상성을 측정할 수 있으며, 연구대상자의 개인 간 상관을 구함으로써 상호작용적 개인 유형 또한 알 수 있다.

2) Q 방법론의 단점

첫째, 연구자 편향(researcher bias)에 관한 문제는 항상 존재한다. 이것은 질적 연구가 주로 비판받는 부분이기도 하다. Q 방법론에서 피험자가 Q 분류에 참여하는 동안 연구자는 외적 관찰자의 상황에 있지만, 모집단에서 추출된 진술문 중 Q 표본을 선정하는 데는 주관적인 과정이 이루어진다. 따라서 연구자 편향을 줄이기 위해서는 Q 표본을 준비하는 Q 모집단 확보에 신중할 필요가 있다.

둘째, 연구결과의 신뢰성을 확보할 수 없다. 진술문에 대한 대상자의 1회 반응이 연구결과의 기초가 되기도 하고, 7단계 이상으로 분류된 분포도(Q grid)에 분류하는 것이 신뢰성을 저하할 수 있다. 이러한 문제점을 극복하기 위해서 Pease, Boger, Melby, Pfaff, 그리고 Wolins(1989)는 Q 분류의 검사−재검사 신뢰도를 검증하기 위하여 30명을 대상으로 하여 2주간의 간격을 두고 Q 분류를 하도록 하였고, 그 결과 피험자 내 상관은 .72인 것으로 보고한 바 있다.

셋째, 정규분포화하기 위해 연구대상자들이 강제선택을 한다. 이는 오히려 개인의 독특성과 빈도에 대한 중요한 정보를 잃을 수 있으며, 이러한 강제분류는 변량분석의 기초가 되는 독립성의 가정을 위반하는 것이라 할 수 있다(김헌수, 원유미, 2000). 이에 관하여 Brown(1980)은 강제분류는 자유분류와 비교해 볼 때 통계적 결과에서 별로 차이가 없다고 주장하기도 하였다.

넷째, 연구대상자 수가 적다는 점에서는 비용, 시간이 절약되지만, 최대 약점은 연구결과의 일반화 문제이다. Q 방법론의 표본 수가 R 방법론과 비교하면 매우 적다. R 방법론에서는 표본의 크기를 증가시킴으로써 연구결과의 일반화를 높일 수 있으나, Q 방법론은 그렇지 못하다. 피험자 선정 방법도 문제이다. Q 방법론은 무작위 표본(random sample)을 대상으로 선정하여 연구대상의 배경 특성을 유형화하는 포괄적인 연구가 될 수 없다는 것이 최대의 약점으로 거론된다.

다섯째, Q 기법의 연구결과를 가지고 질적인 면을 일반화할 수는 있지만, 어느 특성에 어떤 종류의 사람들이 몇 퍼센트(%) 속해 있는지 등의 양적인 면을 일반화하는 데는 주의해야 한다.

이와 같은 Q 방법론과 관련된 논쟁은 Stephenson이 1935년에 Q 방법론을 창안한 이래 끊임없이 계속되고 있다. 특히 Q 연구결과의 일반화, Q 분류방법, Q 통계학적 분석 방법 등은 여전히 논쟁 중인 대목이다. Q 방법론을 활용한 연구의 일반화 문제는 다양한 연구주제에 부합하는 연구목적을 달성할 수 있는지에 관한 연구자의 역량에 달려 있다. 만약 다수의 연구대상자가 포함되어야 하는 연구일 경우에는 무작위 추출에 의한 많은 표본을 선택하여야 한다. 하지만 이에 관한 문제는 비단 표본 선택에서 접근으로만 해결할 수 있는 문제는 아니다. 연구자가 Q 방법론을 활용하여 이러한 문제점을 해결하기 위한 연구방법 또한 존재한다. Brown(1996)은 50명을 대상으로 조사하여 나타나는 연구결과는 천 명 혹은 만 명을 대상으로 했어도 마찬가지라고 보았다. 그러므로 하나의 비슷한 특징을 가진 사람들끼리 묶어서 하나의 개념으로 규정짓는 데 Q 방법론이 효과적임을 알 수 있다.

Q 방법론은 주관성의 연구접근법이므로 여론, 태도, 집단, 역할, 문화, 사회화, 의사결정, 선전, 가치, 신념, 성격(personality), 문학, 이미지, 아이디어 등 자아(self)와 관련된 모든 영역에 접근할 수 있다. Q 방법론에 관하여 더 자세히 알고 싶다면 『주관성 연구』학술지를 참고할 것을 권한다.

3) Q 방법론 연구 수행 시 유의할 점

Q 방법론 연구를 시행하고자 하는 경우 다음과 같은 사항에 특히 유의해야 한다.

첫째, 구조화 표본과 비구조화 표본의 도출방법이 구체적으로 제시될 필요가 있다. 이론에 대한 의존 정도뿐만 아니라 이 연구에서 제안한 타인의 관점을 반영하는 정도도 함께 반영된 Q 표본 구축방법이 안내되어야 할 것이다.

둘째, 연구의 신뢰도 확보를 위한 이론적 강조사항, 신뢰도 검증을 위한 pilot test, 1차 Q 표본에 대해 두 차례의 예비 조사에 의한 신뢰도(검사−재검사) 확인, FGI를 실시하여 Q 표본 확정 등 예비 조사나 검사−재검사를 연구실행 과정에서 충분히 고려하는 것이 필요하다.

셋째, 연구의 타당도 확보를 위해 P 표본에 해당하는 대상자들에게 진술문의 이해도와 명확성 검증, 문헌과 전문가 자문을 통한 범주화의 타당성 검토 등 Q 방법론 실행과정에서 타인의 관점을 접목하기 위한 장치들에 대한 정보가 제공되어야 할 것이다.

4) Q 방법론의 평가 준거

- 연구목적과 연구문제가 Q 방법론을 적용하기에 적절한가?
- P 표본을 추출하기 위한 모집단 규정의 근거를 가지고 있는가?
- Q 표본의 선정과정은 적절한가?
- Q 표본의 분류과정은 적절한가?
- 분석을 위한 통계 프로그램이 제시되었는가?
- Q 표본의 신뢰도 검사결과는 제시되었는가?
- Q 표본 분석과정에서 요인분석은 적절히 수행되었는가?
- 분석결과에 대한 해석은 적절한가?

제14장 근거이론

1. 근거이론의 정의와 특성

1) 근거이론의 정의

근거이론(grounded theory)은 현실에 기반한 자료(data)에 근거(grounded)하여 귀납적 발견의 맥락에서 '이론'을 도출할 것을 제안하는 질적 연구의 방법론적 전통이다. 때로는 그렇게 도출된 이론 그 자체를 아울러 의미하는 개념으로 정의하기도 한다. 근거이론은 1967년 미국의 Glaser와 Strauss가 저술한 『근거이론의 발견(The Discovery of Grounded Theory)』이라는 책을 통해서 질적 연구방법의 한 형태로 널리 알려지게 되었다.

근거이론에서 말하는 근거(grounded)란 관심 주제 현상에서 수집한 실증 자료에 근거하여 이론을 도출한다는 점을 의미한다. 이 때문에 근거이론은 귀납적 성격의 이론을 발견, 혹은 생성해 내는 연구방법이다. 이론(theory)이란 연역적 추론에 의해서 연구자가 논리적으로 구안해 낸 이론이라기보다, 구체적인 현상을 관념적인 개념(concept)을 통해 추상화하여 포착하고, 이들 개념과 개념 간의 관계성(relationship)을 기술(statement)의 형식으로 표현하는 것을 의미한다. 따라서 근거이론에서 언급하는 이론은 모종의 현상에 대한 다양한 예측이 가능하도록 돕는 이론이라기보다, 복잡하고 다양한 실제 맥락에서 전개되는 구체적인 현상을 정확하게 설명하고 심층적으로 이해할 수 있도록 돕는 실질적 수준의 이론(substantive theory)으로서의 성격이 강하다. 이러한 근거이론의 목적은 이론적 개념과 개념 간 관계를 포착함으로써 관심의 대상이 되는 현상이 작동하는 추상적 원리나 이론을 발견해 내는 데 있다. 그러므로 근거이론은 다음과 같은 일련의 물음에 기초하여 정돈해 가는 질적 연구의 유형이라고 할 수 있다(유기웅, 정종원, 김영석, 김한별, 2018).

- 탐구 주제 현상에 존재하는 행위자들은 어떤 작용/상호작용을 보이는가?
- 연구참여자의 작용/상호작용은 시간 흐름에 따라 어떻게 드러내는가?
- 연구참여자의 작용/상호작용은 어떤 조건에 의해 나타나는가?
- 연구참여자의 작용/상호작용에 의해 어떤 결과가 나타나는가?
- 이상의 물음에 대한 답들은 어떻게 통합되어 구성될 수 있는가?
- 이상의 물음에 대한 답들을 통합하여 정리하였을 때, 그것은 결국 어떤 의미인가?

근거이론은 상징적 상호작용에 근간을 두고 있다. 상징적 상호작용은 다음의 세 가지 이론적 기초에 근거한다. 첫째, 인간은 스스로 설정한 목표의 의미에 기초하여 행동한다. 둘째, 그러한 목표의 의미는 사회적 과정을 통하여 형성되고 변형되며 유지된다. 셋째, 인간은 해석적 과정을 통해 능동적인 의미를 사용하게 된다.

이러한 이론적 기초에 근거할 때, 근거이론의 기본 원칙은 다음과 같다. 첫째, 사회과학의 목표는 인간 행동의 의미 체계를 조직하고 발견하는 데 있다. 둘째, 사회과학의 목표는 언어적인 상호작용을 통하여 형성된다. 셋째, 언어적인 상호작용 및 이것의 상징적 의미는 해석적 과정을 통하여 사회과학의 목표가 도출된다. 근거이론은 이러한 기본 원칙을 근간으로 사회현상의 환경, 조건 및 조건형성의 과정까지 포괄하게 되는 것이다. 즉, 사회 안에서 인간의 행동은 '기계적 작용'이라기보다 '형성적 작용'이기 때문에 인간의 행동을 이해하기 위해서는 어떤 의미에서 왜 그렇게 행동하는지 살피는 것이 중요하다. 이런 의미에서 Blumer (1969)는 근거이론에 기초하여 인간행동 연구를 수행할 때는 인간행동이 가지고 있는 과정적 성격과 대상자에 대한 공감에 기초한 내적 성찰이 선행되어야 함을 강조했다.

2) 근거이론의 특성

Glaser와 Strauss가 1967년에 『근거이론의 발견』을 처음 출간한 이래 수많은 연구자가 근거이론 연구방법의 기법과 개념을 더 발전시켜 왔다. 다른 사회과학 연구방법들과 비교할 때, 근거이론 연구방법은 다음과 같은 특성을 가진다.

첫째, 근거이론은 이미 개발된 이론과 이론에서 비롯되는 개념적 틀을 가지고 연구문제와 가설을 검증하기보다는 새로운 이론을 생성하는 데 초점을 둔다. 즉, 양적 연구방법으로는 설명하기 힘든 행위자의 행위, 경험, 사건 또는 현상의 과정 등에 대한 심층적 이해와 이러한 사회적 현상을 설명할 수 있는 실질적 이론 제시가 가능하다. 따라서 근거이론은 자료수집에 있어서, 주어진 상황을 대상자가 보는 그대로 보기 위해 인위적으로 조작한 환경보다는 있는 그대로의 환경을 선호한다. 따라서 개인 인터뷰, 초점집단 인터뷰, 참여자 관찰, 문서분석, 개인적 경험 등 다양한 방법을 사용해 자료를 수집한다.

둘째, 다른 방법들이 제한된 자료수집 방법만을 사용하는 것과 비교해 근거이론은 다양한 종류의 자료수집 방법을 사용하기 때문에 인간의 행동이 발생하고 형성되는 사회적 상황을 더 자세히 관찰할 수 있다는 장점을 가진다.

셋째, 근거이론은 연구자가 이론적 민감성을 가지고 행위자의 다양한 경험 세계와 과정에 관한 자료를 수집한다. 그리고 이론적 표집, 코딩, 지속적 비교, 메모, 핵심 범주 분류, 패러다임 모형의 도출 등 행위자의 경험과정으로 원인, 결과, 차이점, 강도, 깊이, 각 요소 간의 영향을 주고받는 관계 등을 체계적으로 분석하여 하나의 새로운 이론으로 생성해 나간다. 따라서 근거이론은 어떤 현상에 적합한 개념적 틀이 아직 명확하게 확인되지 않고, 개념 간의 관계에 대한 이해가 부족하거나 특정한 문제에 대한 반복 연구가 수행되지 않아 적합한 변인과 적합하지 않은 변인들을 결정할 수 없을 때 사용 가능한 연구방법이다.

넷째, 근거이론 연구방법은 다른 질적 연구방법과 마찬가지로 현상 기술과정을 포함하지만, 자료의 해석에 더 주안점을 둔다. 따라서 근거이론 분석의 초점은 실제 자료에 기반을 둔 이론개발에 있으며, 이 과정은 자료의 수집, 분석, 그리고 이론적 구성과정에 치중한다.

다섯째, 일반적인 질적 연구방법이 사실의 발견이나 정확한 기술에 초점을 둔다면, 근거이론은 추상화, 즉 이론형성에 주요 목적을 두고 이를 위해 현장에서 얻은 질적 정보들을 개념화하는 과정에 초점을 둔다. 따라서 자료로부터 점차 추상화된 범주를 도출해나가는 체계화되는 과정이며 이론 발전을 위한 방법론이라는 것이 근거이론의 구별되는 특징이다.

여섯째, 근거이론은 주어진 환경에서 인간의 상호작용을 설명하는 것에 그 목적을 두고, 연구참여자의 견해에 지속적인 관심을 가지고 연구를 진행해 간다. 이때 연구자는 '인간이 자신의 세계를 다루기 위해 사용하는 과정과 의미가 무엇인가?'에 질문하고 답하는 과정을 지속해서 수반하게 된다. 근거이론은 참여자들의 경험 세계에서 밝혀진 현상 간의 관계나 의미, 적응, 과정을 이해할 때 도움을 받을 수 있을 뿐만 아니라(Grbich, 2012), 시공간적으로 개인의 경험이 어떻게 구조화되는가를 살펴볼 수 있다. 또한 상황모형을 통해 시공간적 맥락에서의 관련성을 조직적이고 체계적으로 탐색하고 분석할 수 있다.

일곱째, 근거이론의 이론적 기여(theoretical contribution)는 기존의 이론적 개념들이 잘 포착하지 못하였던 현상에 대한 새로운 개념적 범주의 제시, 혹은 기존의 이론적 개념 간의 상호관계에 대한 새로운 규명의 두 가지 차원에서 이루어진다. 이때 전자를 '개념적 이론화', 후자를 '관계적 이론화'라고 부른다(권향원, 최도림, 2011). 좋은 근거이론은 개념적 이론화와 관계적 이론화에 이바지함으로써 현상에 대한 앎의 지평을 확장해 준다.

근거이론이 적합한 연구문제의 예

- 이혼 여성의 이혼 후 적응과정은 어떠한가?
- 사회복지사의 소진으로부터의 회복과정은 어떠한가?
- 고등학생들의 학교 중도 탈락 후 재입학 과정은 어떠한가?
- 내담자의 자살 위기와 사건을 경험한 상담자의 극복과정은 어떠한가?
- 발달장애 자녀를 둔 어머니의 장애 수용과정은 어떠한가?
- 중장년의 비자발적 퇴직 경험과 진로 대처과정은 어떠한가?
- 미혼 여성에서 기혼 여성으로의 이행에서 심리적 변화과정은 어떠한가?

여덟째, 근거이론은 연구과정 동안 체계적인 자료수집, 분석, 그리고 최종적인 이론이 서로 밀접한 관계를 갖도록 연구자가 이론적 민감성을 가지고 이론적 표집, 지속적 비교, 메모, 코딩 등을 통해 체계적으로 이론을 개발하는 것이다(Strauss & Corbin, 1998). 이론적 표집(theoretical sampling)은 연구자가 개념에 근거하여 표본을 추출하는 것을 의미하는 것으로 개념의 속성을 변화시키는 차원의 범위 및 다양한 조건을 탐색할 목적에서 이루어진다. 표본추출은 자료를 수집하고 분석해 나감에 따라 더 목적적으로 되고 초점이 맞춰지게 되며 모든 범주가 포화할 때까지 진행된다. 지속적 비교방법(constant comparative method)은 자료를 수집하고 분석해 나가는 과정에서 출현한 개념들을 이전에 나온 개념들과 계속 비교해 가면서 차이점과 유사점을 찾아내고 범주화해 가는 것을 말한다. 이때 개인이나 사례들을 비교하는 것이 아니라 개념을 비교하는 것으로, 이 개념이 얼마나 자주 출현하며 다양한 조건에서 어떻게 보이는가에 관심을 둔다(Strauss,

Corbin, 1998). 이러한 과정은 계속해서 되풀이되어 자료에 대한 재검토를 통해 더는 새로운 통찰을 만들어 내지 못할 때까지 계속된다. 근거이론 방법론의 과정은 경험적 자료로부터 개념을 형성하고 개념을 개발하여 개념들의 수정, 통합을 통해 실제적 이론을 개발하는 것이다. 따라서 새로운 이론을 개발하는 데 적합한 연구방법이다.

아홉째, 근거이론의 근간은 해석학적 관점에 두고 있으면서도 실증주의적 전통을 접목하려 시도한다. 근거이론은 질적 연구방법의 철학적 배경이 그러하듯 해석학적 패러다임을 주요 기반으로 하여 인간의 주관성을 인정하고 개개인의 행동에 담긴 주관적 의미 파악을 중요시한다. 특히 상징적 상호작용론에 따른 지적 전통에 기반하기 때문에, 환경의 자극을 개인이 어떤 의미로 해석하는지를 복합적인 상호작용 과정으로 바라보고, 개인의 언어와 행동 등을 면밀하게 분석함으로써 이를 파악하고자 한다. 특히, 질적인 정보분석의 과정을 보다 체계화하고 가시화하고자 노력함으로써 실증주의적 전통과의 접목을 시도한다. 근거이론은 질적 정보를 개념화 작업을 통해 연구자의 해석에 기반한 이론을 형성하고자 하므로, 여러 가지 질적 연구방법 중에서도 객관성을 지향하는 연구로 분류되고 있다.

근거이론은 주관적 경험을 다루며 행위자들의 해석과 시각에 주목하여 주로 해석학적 전통의 학자들에 의해 사용됐다는 점에서 해석학적 패러다임에 속하는 질적 연구방법의 하나이지만, 보편적인 질적 연구방식과는 구별되는 특징을 가진 연구방법이다. 면밀한 사례기술과 정확한 사실 확인의 지향보다 행위의 유형화와 같이 추상화를 통한 이론형성이 더욱 중요한 목적이다. 따라서 연구자는 연구참여자가 의미 있게 받아들이는 중요사항이나 문제점을 연구참여자의 관점에서 파악해야 한다. 이를 위하여, 실제 현장에서의 깊이 있는 자료수집을 위해 면접이나 관찰기법 등의 방법이 활용될 수 있고, 그밖에도 여러 종류의 통계자료, 기록물 등 가능한 모든 자료가 수집과 해석의 대상이 될 수 있다.

3) 근거이론의 학파

일찍이 Glaser와 Strauss는 『죽음의 인식(Awareness of Dying)』(1965)을 출간하면서, 학계에 지배적이었던 양적 연구의 전통에 대해 의문을 제기하고, 질적 연구 패러다임에 관한 관심을 제고시켰다. 근거이론에서는 데이터로부터 이론을 도출하고자 하는데, 이는 이론을 기반으로 하여 가설을 세우고, 그 가설을 데이터를 가지고 검증하는 실증주의적 패러다임을 기반으로 하는 양적 연구방법과는 정반대의 관점을 취한다. 근거이론 전통에서는 이미 형성된 이론을 데이터를 통해 검증하는 양적 연구방법과는 달리 데이터를 기반으로 하여 연구자가 그 데이터를 설명할 수 있는 이론을 형성하는 것을 목적으로 한다. 여기서 이론이란 양적 연구 전통에서 이야기하는 일반화되고 공식적인(formative) 이론이 아니라, 데이터를 설명할 수 있는 실질 이론(substantive theory)을 말한다.

일반적인 질적 연구방법이 단지 대상에 대한 이해와 해석을 바탕으로 두꺼운 기술(thick description)을 목적으로 한다면, 근거이론에서는 구체적이고 경험적인 현실/자료를 기반으로 그에 대한 기술을 한 후, 그 기술된 개념을 가지고 개념 사이의 관계성을 구축함으로써 그 자료를 설명할 수 있는 이론을 형성하고자 한다. 그리고 질적 연구방법의 데이터 분석이 자의적이고 그 연구과정이 제대로 드러나지 않는 점에 주목하여, 근거이론에서는 질적 코딩을 하고, 이를 주제별로 범주화하는 등의 연구절차를 상정하고, 연구절차를 상세하게 제공하여 타당성 있는 분석방법을 제시한다. 이러한 점에서 기존의 질적 연구방법이 방법론적 측면에서 미처 다루지 못했던 부분을 보완한다. 이처럼 근거이론은 양적 패러다임과 다른 이론적 견해를 밝히면서도, 방법론적 측면에서 기타 질적 연구방법이 갖는 약점을 보완하려고 시도한다. 물론 근거이론의 분석적 방법과 접근이 다소 실증주의적이라는 비판도 있으나 근거이론이 갖는 방법론적 함의가 있으므로 질적 연구자들 사이에서 영향력 있는 방법으로 간주되고 있다.

물론 이러한 인기와는 별도로 과연 근거이론이 무엇인가에 대한 논쟁은 근거이론 연구자들 사이에서 계속되고 있다. 이는 근거이론의 연구 절차와 코딩, 그리고 더 나아가 과연 무엇이 근거이론인가와 관련되며, 여러 근거이론가의 연구방법론적 차이에서 비롯된다.

(1) 실증주의적 근거이론-Glaser 학파

1세대 대표학자인 Glaser는 데이터로부터 도출되는 이론에 큰 비중을 둔다. 그는 근거이론이란 자료에 근거한(grounded) 이론(theory)을 형성하는 방법론이라고 하면서 자료로부터 나오지 않은 이론이란 무의미하다고 주장하였다. 자료만을 지나치게 강조한 나머지, 문헌연구도 필요 없다고 설명하며, 자료를 충분히 수합하고 이를 연구자가 창의성을 가지고 분석을 하면 자료로부터 이론이 '발현'될 것이라고 설명한다. 근거이론의 핵심은 자료로부터 귀납되는 이론의 형성에 있으며, 이것은 자료로부터 발현 또는 출현하게 되는 것이라고 주장한다.

Glaser는 자료만을 지나치게 중시한 나머지, 자료를 이해하기 위한 사전작업인 문헌연구도 하지 말 것을 강조하지만, 막상 연구자가 문헌고찰 등의 사전준비 없이 어떻게 연구할 것인가에 대해서는 별다른 지침을 주고 있지 않다. 실제로 연구자가 문헌의 도움 없이 자료만을 가지고 분석을 하고 이론을 형성하는 것은 매우 어려운 일이다. 이 때문에 한국 사회과학계에서 출간된 논문들을 살펴보면, Glaser의 입장에 대해서는 근거이론의 이론적 논의 부분에 대해서 언급하는 예는 있으나, 실제로 이를 기반으로 데이터를 분석하는 경우는 거의 없다는 점이 발견된다(김인숙, 2012).

(2) 상징적 상호작용주의 근거이론-Strauss 학파

Glaser와 입장의 차이를 보인 Strauss의 경우에는 Corbin과의 저작 『질적 연구의 기초: 근거이론의 과정과 기법(Basics of Qualitative Research: Grounded theory Procedures and Techniques)』(1990)에서 근거이론 방법론을 가지고 실제 연구에서 어떻게 연구를 진행해야 하는가를 논의하였다. Glaser는 "데이터가 전부(Data is all)"라고 하면서, 데이터(객관적 자료)로 세계를 파악하는 것이 가능하다고 본 실증주의적 존재론을 취한다. 반면, Strauss는 "데이터(사회 현상)는 복잡하고, 끊임없이 상호작용하면서 변화해 가는데, 이를 설명하기 위해 연구자는 데이터를 중시하는 한편, 데이터를 넘어서서 연구자의 경험적 지식을 활용하고 창의력을 발휘해야" 할 것을 주장한다. 이를 통해 Strauss는 자신의 견해가 Glaser의 실증주의적 존재론과 다름을 분명히 하고 있다. 데이터가 전부가 아니라고 생각했기 때문에, Glaser처럼 자료로부터 자연스럽게 이론이 발현되고 출현한다고 믿지 않았다. 대신에 연구자가 자신의 가치를 기반으로 자료를 분석하는 과정을 거치면서 이론을 형성해 간다고 주장하였다. 그리고 이론을 형성해 가기 위한 자료분석 과정을 설명하면서, 체계적이고 명시적으로 연구를 진행하는 방법과 절차를 제시하였다.

Strauss와 Corbin은 실제로 어떠한 절차를 거쳐 분석을 진행할 것인가를 체계적으로 설명함으로써 자의적이고 모호한 데이터 분석과정에 대한 지침을 제공하고 있다. 연구절차는 코딩작업에 대한 설명으로 분명하게 나타나는데, 그들은 이 코딩작업을 개방 코딩(open coding), 축 코딩(axial coding), 그리고 선택 코딩(selective coding)으로 나누어 단계적으로 설명하고 있다. 개방 코딩은 자료에서 개념을 확인하고, 개념들의 속성과 차원을 발견하는 분석과정으로 정의되는데, 이는 원자료로부터 개념을 도출하여 한층 추상화된 범주를 발견하는 것을 말한다. 개방 코딩으로부터 도출된 범주는 범주끼리의 관계성을 (연구자가 개입함으로써) 만들게 되는데, 이 과정을 축 코딩(axial coding)이라 한다. 이는 개방 코딩을 통해 출현된 범주들을 패러다임 모형이라는 틀에 맞게 연결하는 과정이다.

Strauss(1987)에 따르면, 우리가 경험하는 모든 사회현상은 발단의 원인과 맥락의 결과로 발생하며, 이렇게 발생한 현상은 문제를 해결하고자 하는 전략의 적용에 따라 다른 결과를 초래한다고 보았다. Strauss는 이러한 여섯 가지 유형의 상호작용이 모든 사회현상을 설명할 수 있다고 보았다는 점에서 하나의 거대한 '패러다임적 모형'이라고 명명한 것이다. 패러다임 모형은 중심현상을 기본 축으로 중심현상을 끌어내는 인과적·맥락적·중재적 조건, 그리고 중심현상이 발전해 가는 양상, 즉 상호작용 전략 및 결과 등의 틀로 이루어진다. 이러한 축 코딩의 과정은 모형이 제시된다는 점에서 연구자에게 매우 매력적으로 다가온다. 이것은 질적 연구를 처음 접하는 연구자들에게는 더욱 그러한데, 모호한 데이터 분석의 과정에서 분석의 지침이 되는 패러다임 모형이 제공되고, 이 틀에 맞추어 자신의 이야기를 구성하면 되기 때문이다. Strauss와 Corbin의 방법론, 더 나아가 이들이 제안하는 근거이론 방법은 근거이론 전체에 대한 비판의 소지가 되기도 한다. 축 코딩 과정은 미리 모형을 제시함으로써 연구자가 자료로부터 이론을 창조적으로 형성할 수 있는 여지를 없애 버리기 때문에 개념적 서술을 넘어서 이론을 형성하는 데 방해가 된다는 것이다. 특히 Glaser는 축 코딩 과정에 대한 Strauss의 견해를 강력히 비판한다. 근거이론은 지속적 비교를 통해 이론이 출현하도록 해야 하는데 축 코딩 과정은 이론의 출현에 의한 이론형성이 아니라 개념의 조작적 단계에 불과하므로 그 틀 안에서는 이론의 형성이 이루어질 수 없다는 것이다.

(3) 구성주의 근거이론—Charmaz 학파

Charmaz는 1세대 근거이론가인 Glaser와 Strauss의 제자인 2세대 근거이론가로, 수정주의적 근거이론을 제시하였다. 그는 전통적인 1세대 근거이론가들, 그중에서도 Glaser가 '진짜' 실재(a 'real' reality)가 있다고 믿는 실증주의적 견해를 받아들인다는 점을 비판한다. 객관주의적 존재론 입장의 Glaser뿐 아니라, 그와 입장을 달리한 Strauss와 Corbin도 연구자의 가치를 중시하기는 하지만, 여전히 자료의 객관성과 코딩에 집중하기 때문에 결국은 객관주의적 근거이론에 머물고 있다고 비판한다. Charmaz는 1세대 근거이론이 나온 이후 근거이론을 활용하는 연구자들이 구성주의, 페미니즘, 포스트모더니즘 등의 영역에서 받아들여지고 있는 존재론적·인식론적 입장에 적합하도록 근거이론의 방법론을 계속해서 수정해 왔다는 점을 지적한다. 그리고 질적 연구 패러다임에서는 '객관적 실재'가 존재한다고 보기 어려우므로 존재론적·인식론적 입장은 수정되어야 한다고 주장한다.

이러한 Charmaz의 구성주의적 근거이론은 실용주의와 상대적 인식론에 기반하고 있는 것으로 1세대 근거이론가들의 입장과는 거리를 두고 있다. 또한 그는 어떤 이론이 '발견'된다는 것이 있을 수 없다고 한다. 그러면서 Charmaz는 데이터가 연구자에게 주어지는 것이 아니라 연구자와 연구참여자의 상호작용으로 함께 만들어 가는 것이며, 이론도 마찬가지로 참여자와 연구자의 협업으로 만들어진다고 주장한다. 이 과정에서 연구자와 참여자는 동등한 위치이지, 연구자가 데이터를 수집하는 과정에서 데이터로부터 분리되고 이 과정에서 데이터를 제공하는 연구대상자들에게 권력을 갖는 존재는 아니라고 강조한다. 이 대목에서 Charmaz는 연구참여자보다는 연구자의 가치와 창의력을 강조하는 Strauss나 Corbin과 구분된다.

Charmaz로 대표되는 구성주의 근거이론은 기존의 근거이론과 다음과 같은 점에서 차이가 있다. 첫째, 실재는 복수이고, 과정적이며, 구성된 것이다. 둘째, 연구의 과정은 상호작용을 통해서 나타난다. 셋째, 연구참여자와 연구자가 처한 상황을 모두 고려한다. 넷째, 연구자와 연구참여자가 함께 자료를 구성하므로, 자료는 연구과정의 산물이지, 단순히 관찰된 대상물이 아니다. 구성주의 근거이론은 항상 가치 입장(value positions)을 반영하며, 이 입장을 확인하고, 그 비중을 가늠하는 일이 연구의 중요한 부분을 이룬다. 따라서 연구자는 사전지식과 기존 개념을 가지고 연구를 시작한다. 구성주의 근거이론은 연구에서 상대성을 인식하고 있으므로 연구행위의 구성에 대한 성찰성을 요구한다. 또한 가치의 상대성을 인식하고 있으므로, 객관주의적 근거이론과 달리 맥락을 고려한 사회적 현상의 해석적인 이해를 목표로 한다.

Charmaz에 따르면, 연구자는 참여자와의 상호작용 과정에서 형성된 데이터를 기반으로, 연구자 자신의 렌즈를 통해서 나타난 이론을 독자에게 드러내는 역할을 하는 사람이다. 이러한 점에서 구성주의 연구에서 이론이란 연구한 현상에 대한 연구자의 해석이라고 할 수 있다. 이전까지의 너무나 기계적이고 획일적인 Strauss와 Corbin의 근거이론

방법에 대한 비판이 나오게 되면서, 2010년대에 들어 Charmaz의 구성주의적 근거이론
을 기반으로 하면서 좀 더 유연하고, 연구자의 통찰이 기반이 된 연구들이 활발히 수행
되고 있다.

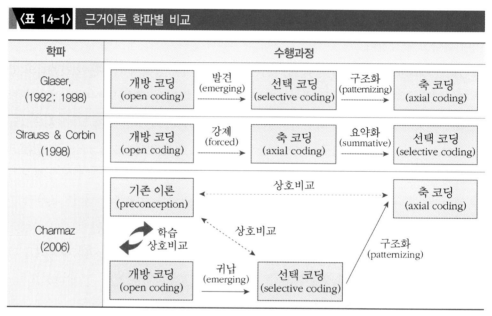

〈표 14-1〉 근거이론 학파별 비교

출처: 권향원(2016) 재구성.

2. 근거이론의 주요 원리

1) 이론적 민감성

이론적 민감성(theoretical sensitivity)은 다양한 형태의 자료로부터 생성되는 이론에 적
합한 요소들을 인식하고 포착하는 연구자의 통찰력이라고 할 수 있다. 즉, 수집된 자료
에서 미묘한 뉘앙스(nuances)와 단서(cues)가 암시하고 있는 의미나 포인트를 포착하는
능력 또는 통찰력으로, 연구과정에서 매우 중요한 연구자의 능력 가운데 하나이다. 이론
형성을 목적으로 하는 근거이론은 다른 어떤 연구방법보다도 자료로부터 추상화할 수
있는 통찰력이 요구된다. 즉, 연구자는 특정한 가설에 관한 생각이나 편견을 가지지 않

은 채 자료를 깊숙하게 분석함으로써 이론을 도출해 낼 수 있는 믿음과 능력 혹은 통찰력을 갖추고 있어야 한다.

이론적 민감성이 높을수록 분석과정에서 드러나는 이론을 빠르게 포착할 수 있고, 연속적으로 상호작용적 코딩과정을 진행할 수 있다. 즉, 이론적 민감성 능력은 이론형성을 위한 필수적인 부분이다. 이론적 민감성은 문헌이나 전문적 경험, 개인적인 경험, 분석과정 자체를 통해 얻을 수도 있으며, 연구과정 동안 발전해 나가기도 한다. Strauss와 Corbin(1998)에 의하면, 연구자는 이론적 민감성을 향상하기 위하여 한 걸음 물러서서 질문하고, 항시 회의적인 자세를 갖는 것이 중요하다고 지적하고 있다. 무엇보다 연구자는 자료에서 중요한 것을 살펴볼 수 있어야 하고, 연구절차를 충실히 따르며 의미를 부여할 수 있어야 한다.

2) 이론적 표집과 이론적 포화

이론적 표집(theoretical sampling)은 자료수집 과정에서 연구자가 자료를 수집하고 분석하는 동안 출현하는(emerging) 이론적 개념에 근거하면서 이루어지고, 이에 따라 연구자는 다음 자료수집 표본을 어디에서 찾을지를 결정하게 된다는 것을 의미한다.

연구자는 연구에 필요한 모든 데이터를 한꺼번에 수집하여 일괄적으로 분석하기보다는 최초 의도적 표집(purposeful sampling)에 따라 수집하고 분석한 결과를 바탕으로 이후에 수집할 데이터에 관한 사항을 결정하고, 데이터를 수집하고 분석한 후 다시 다음 데이터를 수집하고 분석하는 절차를 따르게 된다. 이와 같은 과정은 단순히 수집과 분석을 번갈아 수행하는 기계적인 반복행위가 아니라 출현하는 이론적 개념을 근거로 하여 정보를 분류하고 정리하여 연구자가 이론을 형성해 나가는 과정이라고 할 수 있다. 이때 연구자가 이제까지 수집하고 분석한 데이터로 충분하다고 판단하여 더 이상의 추가적인 데이터 수집이 필요하지 않다고 주관적으로 판단하는 상황에 이르게 되는데, 이를 이론적 포화(theoretical saturation)라고 부른다(유기웅, 정종원, 김영석, 김한별, 2018).

근거이론에서의 표집은 자료를 수집하고 분석하는 연구과정을 통해서 어떤 자료를 어디에서 수집해야 할지를 결정하는 유동적이고 불확실한 특징을 지닌다. 따라서 이론적 표집을 어느 시기에 멈추어야 할지는 연구자에 따라 다를 수 있다. 연구자가 사전에 이론적 포화도를 예상하기는 힘들며, 단지 연구가 종료된 시점에서 사례(개인) 혹은 집단의 수를 가늠할 수 있을 뿐이다. 따라서 근거이론을 활용하는 분석자는 핵심 범주를 발견하기 위해 특정 집단의 한 가지 사건에만 주목해서는 안 된다.

3) 지속적 비교

근거이론은 이론의 검증보다는 생성에 주안점을 둔다. 따라서 비구조화된 면접과 관찰을 통해 얻은 데이터를 토대로 잠정적 개념과 범주들을 만들어 내고, 그 개념과 범주들이 데이터를 잘 설명할 수 있는지를 확인하기 위해 자료를 재분석하는 과정을 끊임없이 수행한다. 그뿐만 아니라 연구자는 자료를 수집하면서 동시에 분석하고 다시 현장에 나가 추가 데이터를 수집하는 과정을 반복하게 된다. 포화 수준으로 데이터가 수집되면 연구참여자들로부터 얻은 각 데이터를 종합하여 전체의 틀에서 분석을 시행하게 된다. 이 과정에서 연구자는 지속적 비교(constant comparison)를 통해 귀납적으로 분석하여 주요 개념과 범주를 생성하고 명확히 하며 각 개념과 범주의 유사점과 차이점을 분석하기도 하며, 하나의 개념과 범주가 다른 개념이나 범주와 어떤 관련성을 가지는지 분석한다. 즉, 근거이론에서 지속적 비교는 데이터를 수집하고 분석하는 동안 연구자가 지속해서 현상, 개념, 범주를 비교하여 이론적 포화상태에 이르도록 하는 것을 의미한다.

4) 개방 코딩

개방 코딩(open coding)은 근거이론을 생성하기 위한 근거이론의 기초단계이다. 개방 코딩은 연구자가 인터뷰, 관찰, 각종 문서(필드 노트, 메모, 관찰 일지, 기타 연구와 관련된 모든 문서) 등의 자료를 바탕으로 밝히고자 하는 어떠한 현상에 대해 최초로 범주화(categories)시키는 초기 코딩과정이다. 개방 코딩의 목적은 자료로부터 특정한 개념(코드-하위범주-범주-핵심 범주)을 밝히고, 개념들의 속성과 차원을 발견해 나가는 분석 과정이다.

개방 코딩은 인터뷰의 녹취록이나 연구자가 작성한 현장 노트 등을 줄 단위(line by line)로 분석하는 것으로부터 시작한다. 즉, 인터뷰 녹취록을 한 줄 한 줄 자세히 검토하여 어떠한 현상에 대해 이를 대표할 수 있는 의미 덩어리로 명명한다.

그리고 나면 연구자는 줄 단위 분석에서 명명된 개념들을 연구목적에 적합하게 재단할 수 있는 상태로 만든다. 그러나 어떠한 현상에 개념을 부여하는 것만으로는 심층적인 분석이 이루어졌다고 할 수 없다. 따라서 연구자는 분석과정에서 자신의 생각, 느낌을 적어 놓은 일종의 분석, 연구자의 성찰, 분석적 성찰, 이론적 아이디어 노트를 메모형태로 작성한다.

연구자가 줄 단위 분석, 메모, 지속적 비교분석 과정을 거치면서 도출된 다수의 개념은 의미 있고 대표성 있는 범주로 묶고 명명하게 되는데, 이를 범주화라 한다. 각 범주는 현상을 나타내며 특정한 개념을 대표할 수 있는 보다 추상적인 개념을 말한다. 범주화는 녹취록 분석을 통해 도출된 개념들이 공통으로 지닌 성질들로 묶는 작업이다. 또는 지속적 비교분석을 통해 범주의 속성과 차원을 분석하는 과정에서 하위범주를 생성해 낼 수도 있다. 범주의 명칭은 주로 '개념'에서 표현된 용어를 바탕으로 더 추상적이며 범위가 넓고 대표성이 있는 용어로 하며, 연구와 관련한 문헌분석을 통해 얻은 추상적 개념을 사용하기도 한다.

메모 시 유의 사항(유기웅, 정종원, 김영석, 김한별, 2018)

- 메모에는 정해진 형식과 틀이 없지만, 주로 제목, 날짜, 페이지 번호, 자료수집 날짜, 참조 등이 포함된다.
- 관련 개념 및 범주를 대표하는 것으로 메모의 제목을 작성한다. 만약 다른 하위개념 및 범주와 관련이 있는 경우는 상호참조를 제목에 표기한다.
- 메모는 연구자가 이론을 개발하는 과정에서 사고를 정리하고 확장하는 데 도움을 주므로 형식에 지나치게 얽매이지 않도록 한다.
- 메모는 특정 시기에 작성한다기보다는 연구자가 어떤 것에 자극을 받아 생각이 떠오르는 즉시 메모한다.
- 메모는 긴 서술형으로 묘사할 필요는 없다. 오히려 연구자가 발견해 낸 중요한 사고나 개념을 기술하는 것이 더 중요하다.
- 메모에는 연구자가 분석하는 도중에 일어나는 범주의 포화(saturation) 시점을 기록하여 자료수집의 방향을 결정하도록 한다.
- 서로 다른 데이터인데도 메모들이 유사하다고 생각한다면 유사점과 차이점을 파악하여 개념들을 다시 비교하고 개념의 재구성이 일어나도록 한다.

---

5) 축 코딩

축 코딩(Axial Coding)은 개방 코딩을 통해 생성된 범주들의 관계성을 파악하기 위해 범주들을 특정한 구조적 틀에 맞게 연결하는 과정을 의미한다. 축 코딩 과정을 거침으로써 현상의 본질에 관해 더 정확하고 완벽한 설명을 할 수 있으며, 개방 코딩을 통해 나열되었던 범주들이 어떻게 구조적으로 서로 교차하고 연결되는가를 보여 줄 수 있다. 축 코딩에서는 개방 코딩에서 생성된 범주들을 하위범주와 연결시킨다는 의미에서 축(axial)이라는 용어를 사용하는데 이는 코딩작업이 하나의 범주(하나의 현상 또는 중심현상)의 축을 중심으로 속성과 차원의 수준에서 범주들을 연결시킨다는 데서 유래한 개념이다.

Strauss와 Corbin(1998)은 '코딩 패러다임(coding paradigm)'이라는 분석적 도구를 통해 중심현상을 둘러싼 구조 혹은 조건과 과정을 하나의 도식(diagram)으로 통합하여 현상을 개념화하였다. 그리고 도식적 틀을 통해 '누가, 언제, 어디서, 왜, 어떻게, 무엇을'에 관한 질문에 답함으로써 중심현상에 대한 보다 정교한 이해를 할 수 있게 도와준다. 패러다임은 인과적 조건, 맥락적 조건, 중재적 조건, 작용/상호작용, 그리고 결과로 구성되며, 이러한 요소들을 확인하고 묘사하는 과정이 축 코딩에서의 핵심 작업이다.

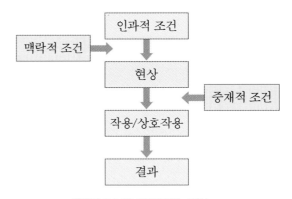

[그림 14-1] 패러다임 모형

첫째, 인과적 조건(causal conditions)은 어떤 현상이 발생하거나 그 현상에 영향을 미치는 사건이나 일을 일컫는다. 즉, 어떤 요인들이 중심현상을 발생시키는지에 관한 질문에 대답하는 범주이다. 중심현상은 '여기에서 무엇이 일어나고 있는가?'에 대한 대답이다. 즉, 분석영역에서 나타난 핵심적 행위와 상호작용, 정서 등 연구질문과 관련되어 반복적으로 나타나고 있는 현상을 말한다.

둘째, 맥락적(contextual) 조건은 어떤 현상에 영향을 미치는 상황이나 문제가 발생하도록 하는 특수한 구조적 조건들로 작용/상호작용 전략을 다루고, 조절하고, 수행하며, 어떤 특정한 현상에 대응하기 위하여 취해지는 구체적 조건이다. 즉, 사람들의 행위 및 상호작용, 감정이 반응해야 하는 상황 및 문제를 만들어 내는 조건을 말한다.

셋째, 중재적 조건(intervening conditions)은 중심현상에 영향을 주는 추가적 조건으로 행위 및 상호작용 전략에 영향을 준다. 무엇이 원인을 변화시키는가에 답하는 범주로 전략의 선택에 구체적인 영향을 주고 있는 조건이 된다. 즉, 중재적 조건은 어떤 현상에 속하는 보다 광범위한 구조적 상황으로 주어진 상황 또는 맥락적인 조건에서 취해진 작용/상호작용의 전략을 조정하거나 강요하도록 작용하는 것이다.

넷째, 작용/상호작용(actions/interactions)은 '누가' '어떻게'라는 질문에 답하는 개념적 방식으로서 특정한 조건에 놓여 있는 연구참여자들이 쟁점, 문제, 사건에 대처하는 전략과 일상적이고 습관적인 행위를 말한다. 작용/상호작용의 속성은 연속적, 자연적으로 발생하며, 목적성을 가지고 있고 목적 지향적이다. 또한 작용/상호작용이 실제로 일어났을 때 잘못 취해진 작용/상호작용도 똑같이 연구대상으로서 가치를 가지고 있다. 작용/상호작용을 통해 나타나는 결과는 항상 예측할 수 있거나 의도되지는 않는데 이러한 결과를 추적하는 것이 중요하다.

다섯째, 결과(consequences)는 행위자들의 행위 및 상호작용의 결과 혹은 어떤 사건에 대한 정서적 반응의 결과를 말한다. 결과는 실제적일 수도 있고 잠재적일 수도 있으며, 현재에 혹은 미래에 나타날 수도 있다.

축 코딩은 하나의 범주와 다른 하위범주들을 관련 짓는 과정으로서 몇 단계를 거친 귀납적이고 연역적인 방식을 동시에 가지는 복잡한 과정이라 할 수 있다. 이러한 과정은 패러다임 모델을 가지고 범주들에 좀 더 접근하여 발견하는 방식으로 진행되어 현상의 구체적인 차원화의 위치와 작용/상호작용이 가져온 결과를 발전시킨다. 축 코딩은 계속해서 각 범주의 부가적인 속성을 찾아내고 사건들의 위치를 기록하게 되는 것이다.

패러다임 모형에서 중심현상을 선정하는 기준

- 중심적이며 행태의 많은 부분을 설명할 수 있을 것
- 자료 속에서 지속적으로 발견될 것
- 핵심 범주는 다른 범주나 개념보다 포화에 더 오랜 시간이 걸릴 것
- 다른 범주들과 의미 있게 연결될 것
- 형식이론의 발전에 명료한 함의를 줄 것
- 다양하고 수정, 변경이 가능할 것

6) 선택 코딩

근거이론의 마지막 분석단계인 선택 코딩(Selective coding)은 앞서 살펴본 범주들을 최대한 정교하게 통합시키면서 더는 새로운 속성과 차원이 드러나지 않게 하는 이론적 포화상태(theoretical saturation)를 지향하는 과정이다. 즉, 선택 코딩은 모든 범주를 통합시키고 이론을 정교화해 나가는 과정이다. 선택 코딩에서 말하는 통합이란 연구자가 원자료(raw data)를 분석하는 과정에서 일어나게 되는 사고의 발전을 의미하며, 이러한 통합의 과정은 크게 핵심 범주의 선정, 이야기 윤곽 제시, 시각적 모형 제시 등의 방법을 통해 이루어지게 된다.

첫째, 핵심 범주(core category)는 도출된 모든 범주를 대표할 수 있는 가장 중심적이고 핵심적인 범주로 해당 연구를 관통할 수 있는 범주라고 할 수 있다. 핵심 범주는 다른 개념 및 범주들과 반드시 연관되어야 하며, 자료에 빈번히 등장하고 이론적 깊이와 설명적 힘이 있을 만큼의 추상성을 내포하고 있어야 한다. 이 단계에서 연구자는 핵심 범주를 독자들에게 제시하고 핵심 범주의 의미는 무엇인지, 어떻게 선정하게 되었는지를 생성되는 이론에 근거하여 통합적으로 기술해야 한다.

둘째, 이야기 윤곽(story line)은 개방 코딩과 축 코딩 등 그동안의 코딩 과정에서 언급되었던 개념과 범주 간의 관계를 통합적으로 기술하여 하나의 이야기로 형성하여 서술하는 것을 뜻한다. 근거이론에서 이야기 윤곽이란 '일종의 설명력을 지닌 통합적 이야기'로, 연구에서 발견된 핵심 현상을 서술적으로 묘사하여 독자들에게 이해를 촉진하는 기능 및 이론 생성을 위한 통합 도구의 기능을 하게 된다.

셋째, 시각적 모형(diagram)은 범주 간의 통합을 그림, 도식 등 시각적 모형으로 제시하여 이론적 모형을 구축하는 것을 말한다. 시각적 모형은 이론적 통합을 도와주는 하나의 기법으로서 텍스트로 서술된 추상적인 범주들을 추상적인 이미지로 재현하여 이론의 밀도, 복잡성, 통합성을 누가 봐도 알아보기 쉽게 충분히 설명하는 것이어야 한다.

3. 근거이론의 절차

Creswell(2014)은 다음과 같은 근거이론 수행 8단계를 제시하였다.

　1단계는 근거이론 방법이 연구주제와 연구문제의 답을 찾는 데 적합한 연구방법인지 결정하는 단계이다. 근거이론을 하나의 연구방법으로 사용하기 전에 연구자는 근거이론 방법의 개념과 특성에 유의하여 연구주제와 연구문제 해결을 위해 가장 적합한 연구방법이 근거이론인지를 판단해야 한다. 연구자는 근거이론이 어떠한 현상이나 사건을 통해 새로운 이론의 정립, 기존 이론의 수정, 과정에 대한 설명, 추상적인 구조 및 개념의 생성 및 발견 등의 목적에 적합한 연구방법이라는 것에 주의해야 한다. 즉, 근거이론은 연구자가 특정한 이론적 틀을 가지고 관심이 있는 현상의 실질적 이론을 개발하고자 할 때 적합하며, 여기에서 말하는 현상은 연구참여자가 타인 및 주변 환경과 어떠한 상호작용을 하고, 그것이 그들의 자의식에 어떠한 영향을 미치며, 왜 그러한가에 관해 관심이 있는 경우를 말한다.

　2단계는 연구과정 인식 단계이다. 연구자는 근거이론 방법을 통하여 어떠한 과정을 설명하기 때문에 연구의 초기 단계에서 근거이론 방법으로 연구할 예비과정을 설정하여 이를 검토하는 것이 좋다. 이러한 임시적인 과정은 연구를 본격적으로 수행하면서 변경될 수도 있다.

　3단계는 연구 승인과 접근에 관한 단계이다. 이 단계에서는 기관윤리심사위원회(Institutional Review Board: IRB) 및 연구자가 속한 기관에서 규정하고 있는 연구자윤리 사항 및 가이드라인에 의거하여 연구에 필요한 승인을 받는다. 연구목적, 수행방식, 연구참여자의 안전과 프라이버시 존중, 자료수집 후 원자료의 처리 등에 관한 사항이 포함된 연구 참여 동의서를 승인받은 후, 자료수집을 위해 관련자, 기관 등에 연락을 취하고 접근한다.

　4단계는 이론적 표집 단계로, 다양한 자료수집 방법을 통해 연구에 필요한 자료를 수집한다. 자료수집 방법으로 주로 사용되는 방법은 인터뷰이며, 연구자는 자료를 수집하는 과정에서 동시에 분석을 통해 나타나는 이론적 개념에 근거하여 이후의 자료수집 표본에 관해 결정하는 과정도 거친다. 자료수집 과정에서는 이론적 포화를 위해 지속적 비교분석을 거쳐 자료수집의 적정 수준을 결정한다. 연구의 초기 단계에서는 연구문제, 연구의 실질적 환경, 예비 연구결과, 문헌 분석결과, 연구자의 기존 경험 등을 토대로 초기 표본수집 대상이 선정되나, 표본의 대상은 원칙적으로 연구가 시작되기 이전에 결정하는 것이 아니라 연구를 수행하는 과정에서 결정한다는 점이 중요하다.

　5단계는 코딩 단계이다. 코딩작업은 자료를 수집하는 동안 실시하게 된다. 주로 수집된 자료를 해체하여 개념과 범주를 도출하는 개방 코딩을 가장 먼저 시행하게 되며, 생성된 범주들을 바탕으로 축 코딩을 통해 범주 간의 관계를 분석하게 된다. 의미 있는 연구결과를 얻는 데 필요한 범주의 새로운 속성과 차원의 표본을 추가로 수집해 나간다.

6단계는 선택 코딩 수행 및 이론 구축 단계로, 이 단계에서는 선택 코딩을 시행하여 이론을 생성한다. 여기에서는 핵심 범주(core category)를 선택하여 핵심 범주를 다른 범주들과 연관 짓고, 이들 간의 관련성을 확인하여 범주들을 연결하고 이론을 통합시킨다. 또한 '이야기 윤곽(story line)'을 만들어 개방 코딩과 축 코딩에서 생성된 모든 범주를 통합하는 하나의 이야기로 서술한다.

7단계는 생성된 이론 입증 단계로, 이 단계에서는 근거이론 방법으로 생성된 이론이 연구의 목적에 부합하고 연구참여자들에게 타당한지, 그리고 사건 및 현상에 관한 기술이 정확한지에 관하여 확인해 나간다. 개방 코딩 및 축 코딩 과정에서 생성된 개념 및 범주, 그리고 이론과 원자료를 비교하여 의미가 타당한지를 재검토하며 기존의 관련 문헌과 비교하여 이론의 타당성에 대하여 검토를 시행한다. 연구참여자 확인법(member check), 전문가 및 동료 검토 등의 기법을 활용하여 생성된 이론의 정당성 및 타당성을 확보할 수 있다.

8단계는 연구보고서 작성 단계이다. 근거이론 보고서만의 특정 양식이 있는 것은 아니므로, 연구자가 선호하는 방법으로 구성하여 작성하게 된다. 하지만 근거이론은 내러티브 연구나 생애사 연구 등 다른 질적 연구와 달리 연구내용 분석과 기술 측면에서 좀 더 객관적이고 과학적으로 기술한다. 때로는 다른 질적 연구방법과 달리 연구자가 제삼자가 되어 객관적인 입장에서 연구결과를 기술하기도 한다.

4. 근거이론의 장단점과 유의점

다른 질적 연구방법들이 연구대상에 대한 심층적인 이해와 기술을 목적으로, 사실의 발견이나 정확한 기술에 초점을 둔다면, 근거이론은 추상화, 즉 이론형성에 주요 목적을 두고 이를 위해 현장에서 얻은 질적 정보들을 개념화하는 과정에 초점을 둔다. 근거이론은 자료의 코딩을 통해 개념적이고 관계적인 구조의 완결성을 갖춘 이론의 형태로 도출된다. 그러나 근거이론의 특성상 연구자의 개별적 주관성이 개입된 개별적이고 독립적인 코딩 결과가 이론의 형태로 일반성과 타당성을 인정받는 데 한계가 있는 것 또한 사실이다.

1) 근거이론의 장점

첫째, 다른 질적 연구방법들은 연구대상에 대한 심층적인 기술(thick description)을 목적으로 하는 데 비해, 근거이론은 연구방법의 질적인 코딩을 통하여 간명성(simplicity)과 일반성(generality)을 갖춘 범위를 생성할 수 있다. 특히 질적 연구방법으로 생성된 이론모형은 코딩 과정에서 연구자 및 연구대상의 주관적인 개입으로 인한 연구결과에 신뢰성과 타당성의 문제가 제기되지만, 근거이론은 연구자와 연구대상 간의 끊임없는 상호작용을 통한 지속적인 수정, 보완을 거쳐 위의 문제점을 해결할 수 있다.

둘째, 근거이론은 실용주의와 상징적 상호주의를 포함한 인식론에 바탕을 두고 있다. 이러한 원리는 사회과학 분야에서 활용도가 높다. 근거이론은 문제 지향적이고, 맥락적인 민감도가 높은 이론을 유도하기 때문에 사회과학 분야에서 요구하는 사회문제 해결에 대한 현실 적용 가능성이 큰 시사점을 도출할 수 있다. 단, 유념할 사항은 이렇게 발생한 이론은 그 자체로 최종적이고 완결된 것이 아니며, 다른 사례 및 연구대상을 통한 검증 및 다른 자료 및 분석에 대한 지속적인 비교를 통해 수정, 보완되어야 한다는 점이다.

셋째, 근거이론은 여러 가지 주제에 대한 구체적인 아이디어 및 기법을 체계화할 수 있다. 이론적 특성은 근거이론 방법론을 통해 최종적으로 생성된 이론의 가치와 규범성을 가지고 있기 때문이다. 무엇보다 근거이론 방법론의 장점은 특히 태도와 행위에 있어서 미묘한 차이와 유연성을 확보할 수 있다는 것이다.

넷째, 근거이론은 명확한 절차와 기법을 지니고 있으므로, 질적 연구 논리와 양적 연구 논리를 병합할 수 있다. 그러므로 질적 및 양적 연구자들에게 매력적인 연구방법론이다. 여기에서 가장 중요한 요건 중 하나는 근거이론을 활용하는 연구자의 이론적 민감성이다. 연구자는 수집된 자료로부터 개념 생성과 개념들 사이의 관계 구축과 추상화를 위하여 끊임없이 이론적 민감성을 길러 나가야 한다.

2) 근거이론의 단점

첫째, 근거이론은 연구과정과 연구결과를 해석하는 과정에서 연구자의 주관성이 개입될 소지가 있다. 즉, 연구결과의 객관성이라는 측면에서 약점을 가지고 있다. 또한 연구자가 연구를 수행하는 과정에서 관찰자의 주관이 개입될 수 있고, 관찰이 부정확할 수 있으며 동일한 관찰결과를 두고 다양하게 해석할 소지가 있다는 문제 등도 존재한다. Strauss와 Corbin(1998)은 근거이론의 연구과정 혹은 연구결과의 일반화와 타당성을 위해 여러 연구자에 의해 연구가 진행되는 것이 바람직하다고 언급하고 있지만, 대부분의 연구물은 1인의 연구자만으로 진행되면서 주관적 측면이 개입될 수 있다는 한계점을 지닌다.

둘째, 근거이론은 자료로부터 발견된 개념들에 근거하여 실제 이론을 만드는 것을 목적으로 하고 있지만, 연구물 중에 실질적인 근거이론 제시가 미흡하며, 연구의 단계나 절차, 방법에 매몰되어 있다는 비판을 받고 있다. Glaser와 Strauss가 연구방법을 중심으로 분기된 이후 각각 발전하게 되면서 원저자 간에 이론적 논쟁이 나타났으며, 근거이론 2세대에 이르러서는 다양한 근거이론 방법이 발전하였다. 그런데도 국내에서는 주로 근거이론의 자료분석 절차를 명료하게 제시하고 있는 Strauss와 Corbin의 접근방법만을 적용하여 연구가 진행되고 있다(김인숙, 2011). 이로 인해 Strauss가 제시하고 있는 자료의 코딩과 분석 절차에 매몰되어 연구대상이 놓여 있는 환경적 맥락과 사회적 과정이 간과되고 있다고 비판받기도 한다(최귀순, 2005).

셋째, 근거이론을 활용하여 연구를 수행하는 데 필요한 가이드라인이 미진하여 연구자들이 혼란과 어려움을 겪는 경우가 있다(윤견수, 2013). 예를 들어, 박승민(2012)은 연구자들이 자칫 패러다임 요소에서 맥락(context)과 인과적 조건(casual conditions)의 혼동, 맥락과 중재적 조건(intervening conditions)의 혼동을 겪을 수 있음을 지적하고 있다. 근거이론 내부에는 학파에 따라 다양한 인식론과 유형과 버전을 동시에 가지고 있어 연구자들이 혼란스러울 수 있다는 것이다. 특히 Glaser와 Strauss가 자료분석의 절차를 둘러싸고 분기된 이후 더욱 혼란이 가중되었다. 그 결과, 연구자들은 비교적 접근하기 쉽고 구체적인 기법을 제시한 Strauss와 Corbin(1998)의 방법을 더 많이 채택하는 결과가 초래되었다.

3) 근거이론 연구 수행 시 유의할 점

첫째, 연구자는 먼저 자신이 연구하고자 하는 연구주제와 연구목적이 근거이론에 적합한지 고려해야 한다. 같은 질적 연구라 하더라도 현상학적 연구방법과 근거이론은 서로 지향점이 다르다. 현상학적 연구의 목적이 연구참여자의 의식에 비추어진 그대로 경험적 현상의 본질을 찾는 데 있다면, 근거이론은 살아 있는 현상을 설명하기 위하여 실제 자료 속에서 귀납적으로 이론을 개발하는 것이다. 근거이론은 자료 속에서 개념들을 발견하고, 개념 간의 관계를 발견하여 그 개념 간의 관계를 설명할 수 있는 가설 진술들을 만들고, 그 가설 진술들을 통합해서 실제 현상을 기술하고 설명할 수 있는 근거이론을 만들어 낸다. 이처럼 근거이론은 말 그대로 자료에 근거해서 이론을 귀납적으로 만들어 내는 질적 분석방법임을 유념해야 한다.

둘째, 연구자는 근거이론을 적용하는 과정에서 연구주제 선정, 면담질문, 문헌고찰, 그리고 분석과정에서 Strauss의 입장을 따를 것인지, Glaser의 입장을 따를 것인지, 아니면 Charmaz의 입장을 따를 것인지 등 자신의 연구방향을 정해야 한다. 그리고 연구자는 자신의 선입견이 연구현상으로부터 자료를 얻어 내는 데 방해가 되지 않도록 주의하며, 자료에서 주요 개념 틀이 자연스럽게 나타날 수 있도록 면담질문과 문헌고찰을 신중히 고려해야 한다. 또한 연구자는 자료에서 나타난 개념이 포화할 수 있도록 면담질문을 점점 구조화하며 자료를 수집해야 한다.

셋째, 융통성 있는 개념적 모형을 선택하여 이론적 코딩을 해야 한다. 국내에서 근거이론을 적용한 논문들은 Strauss와 Corbin(1998)이 제시한 축 코딩만을 주된 개념적 모형으로 사용해 왔는데, 축 코딩을 사용하더라도 자료에 맞게 사용할 수 있는 융통성을 가져야 한다. 또한 연구자료에서 나타난 개념 간의 관계를 잘 설명할 수 있는 이론적 코딩을 신중하게 선택하는 과정이 필요하다.

넷째, 근거이론을 적용하고자 하는 연구자는 다른 질적 연구와 마찬가지로 연구참여자를 포함한 연구현상에 대하여 진정한 관심을 가져야 한다. 연구자의 연구태도는 질적 연구의 전 과정에 영향을 미친다. 근거이론의 목적이 연구하고자 하는 실제 현상을 제대로 기술하고 설명할 수 있는 이론을 개발하는 것이므로, 연구자가 자료수집 및 분석과정에서 자신의 연구현상에 관심을 가지는 것은 그 자체가 자료수집의 민감성을 높이는 도구가 된다.

다섯째, 근거이론을 통한 가설검증과 이론을 형성하기 위해서는 인과적 추론이 필수적이다. 인과적 추론은 모든 현상에서 원인과 결과 사이에 구체적으로 다음의 조건이 갖추어졌을 때 달성될 수 있다. ① 일반적으로 연관성(association) 혹은 공변성(covariation), ② 시간적 우선성(temporal precedence), ③ 비허위성(non-spuriousness) 등이다. 먼저, 인과관계의 일차적 조건으로 원인과 결과 사이의 연관성이 확인되어야 한다. 원인과 결과는 공동으로 변화하여야 하는데, 즉 어느 한 변수가 발생하거나 변화할 때 다른 변수도 변화하는 것을 의미한다. 그리고 시간적 우선성은 원인이 결과보다 앞서야 한다는 것을 의미한다. 만약 두 변수의 변화가 동시에 발생하거나, 결과변수의 변화가 원인변수의 변화 이전에 나타난다면 인과관계라고 할 수 없다. 그리고 만약 원인변수와 결과변수의 관계에 영향을 미치는 허위변수(spurious variable)와 교란변수(confounding variable) 등 제3변수가 존재한다면, 두 변수가 인과관계라고 볼 수 없다. 이처럼 근거이론을 활용한 가설검증 혹은 이론형성 과정은 앞선 조건들을 반영해야 한다.

4) 근거이론의 평가 준거

Strauss와 Corbin(1998)은 연구과정과 경험적 근거에 대한 평가 준거를 제시하였으며, Creswell(2014)은 연구의 질을 평가하기 위한 평가 준거를 제시하였다.

(1) 근거이론의 연구과정에 관한 평가 준거

- 최초의 표본은 어떻게 선정되었는가?
- 최초의 표본은 무엇을 근거로 선택하였는가?
- 주요 범주로 어떤 것들이 출현하였는가?
- 주요 범주로 지목된 사건, 부수적인 사건, 행동에는 어떤 것들이 있었는가?
- 어떤 범주에 기초하여 이론적 표집이 진행되었는가?
- 어떠한 범주에 기초하여 자료수집을 하였는가? 그것이 범주들을 대표하는가?
- 범주들 사이의 개념적 관계와 관련된 가설에는 어떤 것들이 있는가? 가설이 형성되고 검증된 근거는 무엇인가?
- 가설이 자료를 설명하지 못하는 경우가 있었는가?
- 가설이 자료를 설명하지 못한다면, 그것을 어떻게 설명할 것인가? 그 결과, 가설은 새롭게 변경되었는가?
- 핵심 범주는 어떻게, 왜 선택되었는가? 핵심 범주의 선정 근거는 무엇인가?

(2) 근거이론의 연구결과 혹은 경험적 근거에 관한 평가 준거

• 근거이론의 연구결과에서 특정한 개념이 생성되었는가?

• 각각의 개념들은 서로 체계적으로 연결되었는가?

• 많은 개념적 연결이 존재하였는가? 즉, 범주들은 서로 잘 발전되었으며, 상호 간에 개념적인 밀도를 나타냈는가?

• 생성된 근거이론에서 범주의 속성과 차원의 변화를 충분히 포함하고 있는가?

• 생성된 근거이론에서 범주의 속성과 차원의 변화를 발견할 수 있는 조건들이 포함되어 있으며, 그것을 충분히 확인할 수 있는가?

• 생성된 근거이론에서 시간과 공간의 변화, 그리고 거시적 및 미시적 조건의 변화에 따른 연구참여자들의 행위, 상호작용, 전략의 변화, 즉 과정이 고려되었는가?

• 연구과정을 통해 생성된 이론에서 의미 있는 이론적 발견이 발생하였는가?

• 생성된 근거이론은 일반인과 해당 분야의 전문가들 모두에게 의미가 있으며, 특정 현상을 설명하고 예측하며, 새로운 연구방향을 제시하는가?

(3) 근거이론 연구의 질에 관한 평가 준거

• 생성된 범주들과 원자료 사이에 명확한 연관성과 적합성이 있는가?

• 연구를 통해 생성된 이론이 연구과정의 개념을 설명하는 데 유용한가?

• 연구를 통해 생성된 이론이 실제 문제와 기본적인 과정에 관한 설명을 제공하는가?

• 상황이 바뀌거나 추가 자료가 수집된다면 생성된 이론이 수정될 수 있는가?

• 중심범주 혹은 중심현상이 이론의 중심에 자세하게 나타나 있는가?

• 올바른 코딩 단계에 따라 이론이 구축되었는가?

• 연구자가 범주들을 상호 연관시키려고 하였는가?

• 연구자는 자료수집 과정에서 구체적인 개념적 이론을 구축할 만큼의 포화수준의 자료를 수집하였는가?

• 연구자는 연구의 타당성과 신뢰성을 높이기 위한 노력을 하였는가?

제15장 현상학적 연구

1. 현상학의 정의와 특성

1) 현상학의 정의

현상학은 인간의 체험을 있는 그대로 살펴보고, 그 체험을 바로 그 체험이게 만드는 본질적인 구성요소를 파악하여 이를 분명하게 기술하고, 이를 통해 체험의 본질을 탐구하는 연구방법이다. 현상학에서 '현상'이라는 용어는 어떤 객관적인 사물을 가리킴이 아니라 어떤 의식에 의한 경험의 대상이 의식 앞에 나타나는 구체적인 모습을 지적한다. 즉, 의식이나 그 의식의 물질적 대상만을 따로 가리키는 것이 아니라 의식의 물질적 혹은 비물질적 대상이 의식과의 관계에 의해 이루어지는 경험을 가리킨다. 현상학이 밝히고자 하는 의식과 대상의 관계, 즉 현상학에서 말하는 경험은 다른 경험과는 달리 모든 선입관이나 편견이 없는 경험을 의미한다. 현상학 연구는 하나의 개념이나 현상에 대한 여러 개인의 체험적 의미를 기술하며 현상학자들은 모든 연구참여자가 현상을 경험하면서 공통으로 갖게 된 것을 기술하는 데 초점을 둔다(Creswell, 2007). 즉, 인간의 체험을 살피고 그 체험 속에 존재하는 본질적인 요소나 구조를 밝히는 것이 현상학 연구의 목적이다.

현상학적 연구는 현상학을 그 기반으로 하고 있으나 단지 체험에 대한 철학적 논의를 전개해 나가는 것이 아니다. 현상학 연구는 태도와 방법론이지 철학 그 자체는 아니다. 현상학적 연구를 단지 '체험'을 탐구하는 연구 전통으로 보는 오해도 있다. 현상학적 연구가 체험을 그 탐구 주제로 하기는 하지만 그것만으로는 현상학적 연구라 부를 수 없다. 체험을 탐구하는 데도 여러 가지 방법이 있다. 객관적이고 수치화된 데이터를 분석할 수도 있고 이를 기반으로 하여 체험의 모습을 일반화하거나 실제의 사태를 단지 기술할 수도 있다. 하지만 현상학적 연구는 체험을 탐구하되 이를 실증적인 연구방법으로 접근하지 않는다. 오히려 체험과 그 체험 속의 의식 현상, 그리고 그 체험 속의 구체적인 본질들을 질적인 방법으로 접근하여 그 체험 깊숙이 숨어 있는 의미를 밝힌다. 이 때문에 현상학적 연구는 '무엇을 탐구하느냐'와 '어떻게 탐구하느냐'가 함께 고려되어야 하는 연구 전통이다. 현상학적 연구는 주관적인 내용만을 다룬다는 오해도 있다. 물론 현상학적 연구의 대상이 인간의 주관적인 '체험'에 대한 것이고 객관적인 데이터를 근간으로 하기보다는 참여자의 주관이 포함된 데이터를 기반으로 하지만 오로지 주관적인 체험의 의미만을 탐구하는 것이 아니다. 오히려 연구참여자의 체험에 대한 데이터를 기반으로 그 속의 본질적인 요소를 탐구함으로써 참여자의 '주관성'과 체험의 본질로서의 '객관성' 둘 다 균형 있게 다룬다.

질적 연구방법의 한 형태로서 현상학적 연구방법이 관심을 두는 현상은 바로 참여자의 경험이다. 참여자의 경험을 이해하고 해명한다는 점에 있어서 다른 질적 연구방법과 크게 다를 바가 없어 보이나, 현상학 연구의 가장 큰 특징은 참여자의 경험을 현상으로 간주한다는 점이다. 따라서 연구참여자는 의식의 지향에 따라 떠오르는 바를 직관적으로 응시하고 이야기할 수 있어야 하며, 연구자는 스스로가 가지고 있는 편견과 선이해를 보류함으로써 참여자가 드러내는 그대로의 자기 체험을 직관적으로 풀어낼 수 있어야 한다. 연구참여자의 '체험(lived experience in the life world)', 혹은 '주관적 경험의 본질(essence of subjective experience)'을 포착하기 위해 연구자는 체험을 올바로 파악하는 데 방해가 될 수 있는 잘못된 선입견을 제어해야 한다. 이때 판단중지와 환원 등과 같은 활동을 동원하게 된다.

2) 현상학적 연구의 특성

van Manen의(1990)은 현상학적 연구의 특성을 다음과 같이 설명하였다.

첫째, 현상학적 연구는 체험을 연구한다. 하지만 이때 말하는 체험은 우리가 개념화하고 범주화하고 혹은 반성하는 대로의 세계가 아니라 반성 이전의 경험, 즉 우리가 겪는 그대로의 세계를 의미한다.

둘째, 현상학적 연구는 의식에 나타나는 대로의 현상을 해명한다. 현상학의 연구대상이 되는 체험이란 우리의 의식에 드러나는 체험을 말하며 그러한 체험이 현실적이든, 상상의 것이든 우리의 의식에 드러나는 경험이라면 모두 현상학에서 관심의 대상이 될 수 있다.

셋째, 현상학적 연구 현상의 본질을 연구한다. 이때의 본질은 현상의 본질을 말한다. 본질이란 어떤 것을 바로 그것으로 만드는 것이며, 그것 없이 어떤 것을 바로 그것일 수 없게 하는 것이다.

넷째, 현상학적 연구는 연구자의 선입견과 기존 체험에서 벗어나 연구참여자의 체험을 있는 그대로 이해하려고 노력한다. 현상학적 연구는 다른 질적 연구방법론과 비교하여 연구자가 자신에게 주어진 세계를 끊임없이 다르게(새롭게) 보려는 노력과 연구참여자들의 연구현상과 관련한 실제 경험에 더 적극적으로 주의를 기울이려는 노력이 필요하다(이근호, 2007). 현상학적 연구는 통계적인 방법을 사용하여 일반화나 법칙을 수립하는 다른 사회과학과는 달리, 체험의 의미나 실존적 의미를 깊이 있고 풍부하게 기술하고 해석하는 데 초점을 맞춘다.

다섯째, 현상학적 연구는 현상에 관한 사회과학 연구방법이다. 현상학적 연구는 질문, 반성, 주의집중, 직관 등의 특별한 연구방법을 사용하는 체계적 연구이며 텍스트를 통해 체험 속에 구체화되어 있는 의미구조를 명확히 밝히려고 한다는 점에서 명시적이다. 그뿐만 아니라 연구자가 현상과의 대화적 관계를 발전시키고, 현상을 기술된 대로 정당화하기 위해 타인을 필요로 한다는 점에서 상호주관적인 특성을 내포한다.

현상학에 기초한 연구방법론은 두 가지 유형, 기술적(descriptive, eidetic) 연구와 해석학적(interpretive, hermeneutic) 연구가 있다(강성중, 2011). 기술적 연구는 Husserl의 철학을 따른 것이고, 해석학적 연구는 Heidegger의 철학을 수용한 것이다. 기술적 연구는 '사태 그 자체로'라는 표어와 같이 가능한 개념적 전제를 벗어던지고 의식에 나타난 것(현상)을 충실히 포착하고, 그 본질을 직관으로 파악, 기술하는 것이다. 이에 비해 해석학적 현상학은 실천현상학을 표방하며, Heidegger의 질문방식인 '인간의 상황을 해석하면서 진행되는' 방법론을 적용하여 원초적이고 즉각적인 체험을 연구대상으로 한다.

〈표 15-1〉 현상학적 연구방법

연구방법	기술적 연구	해석학적 연구
공통점	실증주의 한계 극복 주관적 관점으로 인간행동 해석	

현상학 기반	Husserl의 현상학	Heidegger의 현상학
연구방법	현상의 충실한 포착 직관에 의한 본질 기술	실천현상학 표방 원초적 · 즉각적 체험 기술

 ## 2. 현상학적 연구의 주요 원리

1) 지향성

지향성(intentionality)은 대상을 향한 자아의 의식적 관계를 말한다(이남인, 2004). 우리는 의식 활동을 할 때 항상 '무엇에 대한' 의식 활동을 한다. 다시 말해, 우리의 지각, 느낌, 사고는 반드시 어떠한 대상에 관한 것이다. '빛이 밝다'고 느끼지 '밝다'라고 느끼지 않는다. '누군가의 죽음에 슬퍼'하지 단지 '슬퍼하지' 않는다. 이처럼 우리의 의식은 항상 어떤 것을 향해 있다. 의식의 이러한 성질이 바로 '지향성'이다.

Husserl은 이를 위해 두 가지의 지향성에 주목하며 이를 통해 두 가지의 현상학을 발전시키게 되는데 그것은 현상학적 심리학과 초월론적 현상학이다(이남인, 2012). 현상학적 심리학은 다양한 유형의 심리 현상에 들어 있는 다양한 유형의 지향성의 본질적 구조를 탐구하는 것을 목표로 한다. 이에 비하여 초월론적 현상학은 지향성을 본질적 속성으로 하는 다양한 유형의 심리 현상이 지닌 대상 및 세계 구성적 기능 탐구를 목표로 한다. 현상학적 심리학에서 말하는 지향성은 우리의 의식과 대상이 관계를 맺고 있는 구조를 말하며 초월론적 현상학의 지향성은 우리의 의식이 우리의 내부에 그 대상이나 세계를 구성하는 구조를 말한다. 쉽게 말해 현상학적 심리학의 지향성은 우리의 의식이 대상을 지각, 기억, 예상하는 것과 같이 의식이 대상을 향하고 그것을 받아들이는 것에 대한 것이며, 초월론적 현상학의 지향성은 우리의 의식 내부에 그 대상이나 세계를 구성하는 것에 대한 지향성이다.

2) 체험

체험(lived experience)은 경험의 특수한 유형으로, 우리가 겪고 인식하는 대로의 경험을 말한다. 체험의 가장 기본적인 형식에는 직접적 · 전반성적 생활의식이 있다. 즉, 의식이기는 하지만 그것을 의식하지 못하는 형태로 주어진 의식이 있다. 이러한 체험은 그 순간에는 포착할 수 없고 지나간 후 단지 반성적으로만 포착할 수 있는 것이다. 따라서 체험의 의미는 항상 지나간 어떤 것에 대한 것이다. 이러한 체험은 현상학적 연구의 출발점이자 종착점이다. 현상학적 연구의 대상은 바로 이러한 체험이고 그 목적은 체험의 본질을 밝히는 것이다. 본질이란 그 어떤 대상들이 바로 그러한 의미를 지닌 대상들로 존재할 수 있도록 해 주는 그 무엇이다(van Manen, 1990). 예를 들어, 우리가 '의자'를 의자라고 의식할 수 있는 것은 '의자'라는 대상 속에 우리가 그것을 '의자'라고 부를 수 있는 본질이 내재하고 있기 때문이다. 만약 '의자'라는 대상 속에 그러한 본질이 내재하지 않는다면 우리는 그것을 더는 '의자'라고 부를 수 없다. 이렇게 '무엇'을 '무엇'일 수 있게 하는 것이 바로 본질이다. 따라서 현상학적 연구의 탐구대상이 되는 체험의 본질이란 바로 그 체험을 체험으로 부를 수 있게 만드는 무엇이라고 할 수 있다.

3) 환원, 판단중지, 괄호치기

환원(phenomenological reduction)은 어떠한 대상을 바라볼 때 우리의 판단에 영향을 미칠 수 있는 모든 선입견에 관해 판단을 보류하는 것을 말한다. 환원이란 연구자가 인식에 떠오르는 것을 받아들이고, 숙고하고, 상상하고, 집중하는 과정을 통해 연구현상에 대해 새로운 관점을 받아들이려는 노력으로 이해할 수 있다(Moustakas, 1994). 환원은 내가 기존에 경험한 세계를 완전히 무효화하는 인위적 조치가 아니라, 현상의 존재 타당성을 재확인하기 위해 내가 가진 선입견이나 검증이 안 된 가설로 왜곡된 현상의 상태를 잠시 괄호치려는(bracketing) 노력이다(김영필, 2002). 현상학에서 말하는 현상이란 인간의 의식에 의해 의미 지워진 존재이기 때문에, 선입견을 제거하기 위해서 인간의 의식 속에 존재하는 그 현상에 대한 모든 것을 지워 버리는 것은 불가능하다. 즉, 환원은 연구자의 '태도의 변경'으로 이해할 수 있다(이남인, 2014).

Husserl이 환원의 필요성을 주장한 이유는 우리의 선입견이 현상을 있는 그대로 보는 것을 방해하기 때문이다. 그의 논의에 따르면 그가 탐구하고자 했던 지향성의 본질을 밝히기 위해 우리는 모든 선입견을 벗어나 '사태 그 자체'로 귀환해야 한다. 하지만 우리가 선입견을 품고 사태를 바라보면 우리는 그것의 참모습을 확인할 수 없다. 우리가 그것의 참모습을 확인하기 위해서는 모든 선입견을 버리고 '사태 그 자체'로 돌아가 있는 그대로의 현상을 살펴봐야 한다. 그리고 이러한 '사태 그 자체'로 돌아가는 작업을 가능하게 해 주는 것이 바로 환원인 것이다(이남인, 2004).

van Manen은 이러한 환원과 관련하여 여러 가지 형태의 환원을 언급하고 있는데 그것은 각각 '직관적 환원(eidetic reduction)' '해석학적 환원(hermeneutic reduction)' '체험적 환원(heuristic reduction)' '방법론적 환원(methodological reducton)' '존재론적 환원(ontological reduction)' '현상학적 환원(phenomennological reduction)'이다(van Manen, 2017). '직관적 환원'은 우리가 가지고 있는 보편적이고 불변적이라고 생각하는 것을, '해석학적 환원'은 그것이 무엇이든 간에 모든 해석이나 설명을, '체험적 환원'은 우리가 당연하게 받아들이는 것들을, '방법론적 환원'은 정립된 모든 연구방법이나 절차를, '존재론적 환원'은 그것의 존재 자체를, '현상학적 환원'은 사실이라고 믿어지는 모든 이론과 이론적 의미를 환원의 대상으로 한다.

〈표 15-2〉 환원의 유형

환원의 유형	환원의 대상
직관적 환원(eidetic reduction)	보편적이고 불변적이라 생각되는 지식이나 관념
해석학적 환원(hermeneutic reduction)	대상과 관련된 해석이나 설명
체험적 환원(heuristic reduction)	우리가 당연히 받아들이는 것들
방법론적 환원(methodological reducton)	정립되어 있고, 고정돼 있다고 생각되는 연구방법이나 절차
존재론적 환원(ontological reduction)	존재 자체
현상학적 환원(phenomennological reduction)	사실이라고 믿어지는 모든 이론과 이론적 의미

출처: van Manen (2017).

현상학적 연구에서 연구자가 환원의 태도를 갖기 위해서는 본질직관(本質直觀)이 가능해야 한다. 본질직관이란 판단중지를 통해 감성이나 이성에 의한 추리가 아니라 직관을 통해서 본질을 파악하려는 특수한 노력이다. 에포케(epoche)는 Husserl이 가정으로부터의 해방, 판단중지의 개념을 나타내기 위해 사용한 그리스어로, 멀리 떨어뜨려 놓음 혹은 억누름을 뜻하는 말이다. 이는 우리말로 흔히 '판단중지'라고 일컫는데, 판단을 중지한다는 것의 의미는 말 그대로 그것에 긍정 혹은 부정과 같은 판단을 보류하는 것이다. 우리가 우리의 믿음에서 해방될 수 있는 유일한 길은 우리가 그러한 믿음에 대해 어떤 입장도 취하지 않으면서 그 믿음에 관해 판단을 보류하는 것이다. 연구참여자의 체험 본질에 더 다가가기 위해 현상학은 선입견과 이론적 견해를 배제한 채 연구참여자의 즉각적 경험 안에서 얻어질 수 있는 현상의 본질에 주목한다.

현상학적 연구는 인간의 삶 속에 존재하는 다양한 경험의 깊은 본질을 이해하기 위해서 현상에 대한 분류, 추상화, 이론화 등을 시도하지 않는다. 연구자는 연구하고자 하는 현상을 생생하게 묘사하고, 연구하고자 하는 대상의 본질을 밝힘으로써 연구를 읽는 독자들이 대상의 본질에 대한 다양한 견해를 갖는 것을 돕는다. 현상학적 연구를 수행하는 어려움은 참여자가 연구하고자 하는 현상에 대해서 조금 알고 있는 것이 아니라 이와 반대로 그들의 추측, 가정, 선이해 등을 통해서 연구의 대상이 되는 현상의 본성에 대하여 너무 많은 것을 알고 있다는 점이다(신경림, 2004).

현상학적 연구에서 에포케는 새로운 지식이나 경험 그 자체를 끌어내기 위한 준비로서 편애, 편견, 경향성을 배제하고 사물과 사건, 그리고 사람들을 의식으로 다시 들어가게 하여 그것들을 마치 처음 보는 것처럼 다시 보고 살피는 단계이다. 에포케를 통해 우리는 우리가 알고 있던, 그리고 믿고 있고 당연하게 받아들이던 선개념, 선지식, 선이해 등이 우리의 의식에 영향을 미치지 않도록 거리를 두어야 한다(Moustakas, 1994).

'괄호치기(bracketing)'는 이러한 판단중지를 위해 우리가 가진 모든 믿음을 괄호 안에 집어넣는 것을 말한다. 우리가 우리의 믿음에서 벗어나기 위해 할 수 있는 일은 우리의 그러한 믿음을 밝히고 그것을 괄호 속에 묶어 둠으로써 그것이 우리가 취할 수 있는 여타의 태도에 영향을 미치지 않도록 하는 것이다. 다시 말해, '괄호치기'는 이러한 괄호 안에 우리의 이해, 믿음, 편견, 가정, 전제, 이론 등을 명백하게 밝히는 것이며 이를 통해 우리는 주장을 해체하고 '열림(openness)'을 다시 찾음으로써 세계와의 직접적인 관계를 다시 회복하는 것이다. 단순히 잊어버리거나 무시하기보다 이렇게 그런 것들을 명백히 밝히고 그것들을 괄호 안에 넣는 과정을 통해 우리는 그것들과 거리를 유지할 수 있다(van Manen, 2017).

4) 이미지의 다양한 변화와 직관을 통한 본질 인식

'이미지의 다양한 변화(imaginative variation)'는 우리가 연구의 대상이 되는 체험의 다양한 모습을 다양한 방법으로 살펴보는 것을 말한다(이남인, 2004). '직관을 통한 본질 인식(awareness of essence through intuition)'은 이러한 이미지의 다양한 변화를 살펴보며 그 속에 있는 본질을 직관적으로 파악하는 과정을 말한다. 우리가 어떠한 현상의 본질을 찾는 데는 두 가지 어려움이 따른다. 첫째, 하나의 현상 안에 여러 가지 본질이 혼재해 있음으로써 생기는 어려움이다. 예를 들어, '의자'라는 현상 속에는 '앉을 수 있는 사물'이라는 본질 이외에 재질에 따른 속성과 색에 따른 속성이 혼재되어 있기에 하나의 '의자'에서 그것의 본질을 찾기 힘들다. 둘째, 하나의 현상에 들어 있는 본질은 그 현상 속에만 들어 있는 것이 아니라 그것과 유사한 다른 현상 속에도 들어 있다. 때문에 내 앞에 있는 현상만을 살펴보는 것으로는 그것이 다른 유사한 현상 속에서도 내재하여 있는지 확인할 수 없다. '의자'의 예에서, 우리 눈앞의 '의자'에 들어 있는 본질이 이와 유사한 다른 '의자' 속에도 들어 있을 것이라는 보장이 없는 것이다. 이런 어려움을 극복하기 위해 우리는 가능한 한 많은 '의자'를 살펴보며 그 대상들에 내재한 공통적인 본질을 밝혀야 하는데 이러한 일을 가능케 하는 것이 '자유변경'이다. 그리고 자유변경을 통해 산출된 수많은 '의자'의 이미지를 살피며 그 속에 공통으로 내재하여 있는 '의자'의 본질을 직관적으로 파악할 수 있게 되는 것이다.

이처럼 이미지의 다양한 변화란 관련된 틀(frame)의 다양한 이미지, 양극단과 반대되는 이미지, 서로 다른 관점에서의 접근, 다른 입장, 다른 역할, 다른 기능으로서의 이미지를 통해 도출 가능한 의미를 찾는 것이다. 이는 같은 현상을 여러 가지 관점이나 입장에서 바라보거나 현상이 나타나는 여러 가지 다른 모습들 속에서 공통으로 내재하여 있는 본질적인 구조를 찾는 작업이다(Moustakas, 1994). 다시 말해 이러한 작업은 동일한 의미를 가진 체험을 다양하게 살펴봄으로써 직관적으로 그 체험의 본질적인 요소들을 파악하는 것이다.

5) 의미와 본질의 통합

'의미와 본질의 통합(integration of meaning and essence)'은 현상학적 연구를 통해 체험을 분석한 후 그것을 글로 나타내는 것을 의미한다. 이는 현상학적 연구의 마지막 단계이자 근본적이고, 조직적이고, 구조적인 기술을 직관적으로 합성하여 전체로서의 체험 현상의 본질에 대한 통합된 진술을 도출하는 단계이다. Moustakas(1994)는 이러한 주요한 개념들이 현상학적 연구에서 순서에 따라 또는 순차적으로 나타날 수 있음을 강조한다.

〈표 15-3〉 Moustakas가 제시한 현상학적 연구방법			
에포케	현상학적 환원	이미지의 다양한 변화	의미와 본질의 합성
선개념, 선지식, 선이해 등에 대한 판단중지	객관적 사실과 의식작용을 있는 그대로 기술하는 작업의 반복	다양한 이미지들 속에 공통으로 내재하여 있는 본질적 구조를 찾는 작업	본질에 대한 통합 진술 도출

3. 현상학적 연구의 절차

　학자들이 말하는 전체적인 현상학적 연구의 절차는 학자들마다 약간의 차이가 있다.

　우선, Moustakas(1994)는 관련 자료에 대한 포괄적인 분석 이후 자료를 수집하기 전까지의 준비단계를 비교적 세부적으로 보여 주고 있는데, 이 속에는 공동연구자의 선정, 연구윤리의 확립, 인터뷰 가이드 작성 등이 포함되고 있다. 이는 그가 본격적인 자료수집에 들어가기에 앞서 철저한 준비를 강조하는 부분이라고 받아들여도 무리가 없을 것이다.

　둘째, van Manen(1994)은 교육학적 관계에 대한 강조와 연구가 진행되는 동안, 그리고 글을 쓰는 동안에 연구를 이끌어 가는 메타 인식의 중요성을 강조하고 있다. 이것은 교육과정 학자가 지녀야 할 관심과 글쓰기를 중요시하는 학자로서의 태도가 반영된 것이라 볼 수 있다.

　셋째, Creswell(2007)은 연구문제를 규명하기 위한 연구방법으로 현상학이 적절한지에 관한 판단이 먼저 이루어져야 함을 언급한다. 그리고 연구참여자에게 주어지는 질문의 형태, 분석의 주안점, 연구결과의 기술에서의 전략 등이 간략하게 언급되어 있다.

　이처럼 현상학적 연구의 절차는 학자마다 약간의 차이를 보이고 있으나 대개 '환원' 개념에 유념하여 ① 연구주제 설정, ② 판단중지와 괄호치기, ③ 자료수집, ④ 자료분석, ⑤ 글쓰기의 단계로 설명한다. 그러나 이는 고정불변의 것이라기보다는 연구자들이 현상학적 연구를 수행하는 데 참조할 수 있는 일련의 절차로 받아들이는 것이 적절할 것이다.

〈표 15-4〉	현상학적 연구 학자들이 제안하는 연구절차
학자	연구절차
Moustakas (1994)	① 사회적 의미와 자신의 자전적 의미와 가치에 뿌리를 둔 주제나 질문을 밝힌다. ② 관련된 전문적인 자료와 연구자료를 포괄적으로 살펴본다. ③ 합당한 공동연구자를 선정하기 위한 규준을 설정한다. ④ 공동연구자들에게 연구의 본질과 목적에 대해 교육하고 자료제공에 대한 동의의 획득, 비밀보장에 대한 확립, 연구자와 연구참여자의 의무와 연구윤리를 포함하는 합의를 끌어낸다. ⑤ 인터뷰 과정을 안내할 수 있는 질문과 주제를 발전시킨다. ⑥ 준비된 주제와 질문에 초점이 맞추어진 긴 시간 동안 이어지는 일대일 면담을 수행하고 이를 기록한다. ⑦ 텍스트화되고 구조화된 개인적인 기술과 혼합된 기술, 혼합되고 구조화된 기술을 분석하고 조직한다. 그리고 의미와 본질의 구조를 합성한다.
van Manen (1994)	① 우리의 진지한 관심을 불러일으키고 우리를 세계로 내보내는 현상으로 돌아간다. ② 경험을 개념화하기보다는 겪은 대로 탐구한다. ③ 현상을 특징짓는 본질적 주제에 대해 반성한다. ④ 글쓰기와 고쳐쓰기의 기술을 통해 현상을 기술한다. ⑤ 현상과 강력하고도 지향적인 교육학적 관계를 유지한다. ⑥ 부분과 전체를 고려함으로써 연구상황의 균형을 잡는다.

Creswell (2007)	① 연구자는 연구문제에 현상학을 사용하는 것이 가장 적합한 것인지를 결정한다.
	② 분노, 전문가주의, 저체중이 되는 것의 의미, 레슬링 선수가 되는 것의 의미와 같이 연구의 관심거리가 되는 현상을 확인한다.
	③ 연구자는 현상학의 광범위한 철학적 가정들을 인식하고 상술한다. 연구참여자들이 현상을 어떻게 바라보고 있는지 완전히 기술하기 위해 연구자는 그들 자신의 경험을 가능한 한 많이 괄호치기를 해야 한다.
	④ 자료는 현상을 경험해 온 개인들로부터 수집된다.
	⑤ 연구참여자들에게 다음과 같은 2개의 광범위하고 일반적인 질문을 한다.
	  a. 현상에 관하여 무엇을 경험하였는가?
	  b. 현상에 대한 경험에 전형적으로 영향을 준 맥락이나 상황은 무엇인가?
	⑥ 자료분석 과정에서 자료를 거쳐 가며 연구참여자들이 현상을 경험하는 방법에 대한 이해를 제공하는 '의미 있는 진술들'이나 문장, 인용문을 강조한다.
	⑦ 의미 있는 진술과 주제들은 연구참여자들이 경험한 것에 관한 기술을 작성하는 데 사용된다. 또한 그것들은 연구참여자들이 현상을 경험하는 방법에 영향을 미친 맥락이나 상황에 관한 기술, 이른바 상상적 변이 또는 구조적 기술을 작성하는 데 사용된다. 연구자는 자신의 경험과 그들의 경험에 영향을 미쳐 온 맥락과 상황에 대해 글을 써야 한다.
	⑧ 구조적 기술, 텍스트에 근거한 기술로부터 연구자는 본질적, 불변구조라고 부르는 현상의 '본질'을 제시하는 혼합적 기술을 작성하게 된다.

여기서는 전반적인 현상학적 연구의 절차를 살펴보기로 한다.

1) 연구준비

연구준비 단계에서는 연구목적과 연구주제의 선정, 연구를 위해 사용할 자료에 대한 숙고, 심층면접을 위한 질문을 만드는 작업 등이 이루어진다. 연구준비 단계는 연구자가 연구결과에 대한 막연한 전체 윤곽을 그려 보는 단계로, 연구준비 단계에서 드러나는 연구결과의 막연한 전체 윤곽을 구체적 연구결과로 탈바꿈하는 일이 해석학적 순환과정을 통해 일어난다.

현상학적 연구의 연구목적은 현상의 본질에 대한 탐구이다. 따라서 연구목적에는 주로 '기술' '경험' '의미' '본질' 등의 용어가 포함된다(Creswell, 2005). Moustakas (1994)에 의하면 현상학적 연구의 연구문제는 다음과 같은 특성이 있다. 첫째, 인간경험의 본질과 의미에 대한 깊이 있는 이해를 추구한다. 둘째, 인간의 행동과 경험에 대한 질적인 요소를 밝히고자 한다. 셋째, 연구자와 연구참여자의 전인격적인 참여와 개별적이고 열정적인 관여를 필요로 한다.

현상학적 연구가 적합한 연구문제의 예

- 40~50대 자발적 비혼 여성의 삶의 경험에 관한 의미와 본질은 무엇인가?
- 국제결혼 여성의 다문화가족 해체 경험의 본질과 의미, 그리고 경험의 구조는 무엇인가?
- 베이비붐 세대가 일의 중심에서 물러나 은퇴자로 살아가는 실존적 경험의 의미와 본질은 무엇인가?
- 노인돌봄서비스 사업 수행인력인 독거노인생활지원사의 노인 죽음 경험이 갖는 의미와 본질은 무엇인가?
- 취업모가 첫 자녀 양육 경험을 통해 체험하는 것은 어떠한 것들이며, 그것이 그들에게 주는 의미는 무엇인가?
- 중증 지적 장애 여성의 임신 · 출산 · 양육 경험은 어떠한가?
- 산업재해를 겪은 여성 이주노동자들의 삶은 어떠한가?
- 만성 알코올 중독자들이 경험한 회복의 과정과 내용은 어떠한가?

---

2) 문헌고찰

다른 질적 연구와 같이 현상학적 연구에서 문헌고찰은 연구 초기 단계에서부터 연구 마지막 단계까지 지속적으로 이루어진다. 연구 초기에는 연구대상이 되는 현상과 관련하여 어느 정도까지 기존의 연구물에 의해 연구되었는지를 확인하고, 어떠한 새로운 연구가 필요한지를 알기 위해 문헌고찰이 필요하다(신경림, 2004). 하지만 다른 연구방법과 달리 현상학적 연구에서는 자료의 수집과정이나 해석과정에 영향을 미칠 수 있는 그 이상의 문헌고찰은 환원의 과정을 실행하기 위해 자료분석 후 연구결과를 고찰하는 단계까지 보류해 두는 것이 바람직하다. 문헌고찰이 연구를 진행하는 데 편견 또는 선입견으로 작용할 수 있으므로 자료수집을 마치기 전까지 되도록 심층적 문헌고찰은 자제하는 것이 필요하다.

3) 연구참여자 선정

현상학적 연구에서는 적절성과 충분성의 원리에 따라 연구참여자를 선정한다(신경림, 2004). 적절성이란 연구에 대한 가장 좋은 정보를 제공해 줄 수 있는 참여자를 선택하는 것이고, 충분성이란 연구현상에 관하여 충분하고 풍부한 설명을 하기 위해 자료가 포화상태에 도달하도록 수집하는 것을 뜻한다. 현상학적 연구를 위해서는 연구하고자 하는 현상과 관련하여 풍부한 경험이 있으면서 자신들의 과거 경험에 대해 반추하고 성찰할 수 있는 참여자를 선정하는 것이 중요하다.

4) 자료수집

현상학적 연구에서는 인터뷰, 관찰, 체험을 직접 서술한 자료의 수집, 연구주제에 관한 문학작품의 수집 등 다양한 자료수집 방법이 존재한다(van Manen, 1994). 그중에서 가장 많이 사용되는 방법은 인터뷰 방법이다. 현상학적 연구에서 가장 중요한 것은 현상에 관한 연구참여자의 경험 진술을 얻는 것이다. 현상학적 연구에서는 연구하고자 하는 현상에 관한 연구참여자의 긴 인터뷰 내용이 연구의 데이터가 된다. 연구자는 인터뷰 전에 연구하고자 하는 현상과 관련된 연구참여자의 경험을 종합적으로 상기시킬 수 있는 일련의 인터뷰 질문들을 준비해 가지만, 연구참여자가 자신의 경험에 대한 긴 이야기를 기술하다 보면 준비한 질문들을 모두 하지 못하는 경우도 많이 발생한다. 따라서 현상학적 연구에서는 수집된 자료가 연구참여자와의 인터뷰를 통해 산출된 것인지, 그렇지 않으면 연구자의 해석을 통해 도출된 것인지를 구분하여 기술할 필요가 있다. 즉, 연구자는 의식적으로 자료의 출처를 연구참여자, 문헌고찰, 연구자의 인식 등으로 구분하여 기록해 두어야 한다.

5) 자료분석

수집된 자료를 분석하는 단계에서도 자료수집 단계에서처럼 현상학적 환원을 수행해야 한다. 즉, 심층면접을 통해 수집된 자료뿐 아니라, 신문 기사, 일기, 전기 등의 자료를 분석하기 위해서도 현상학적 환원이 이루어진다. 자료분석 단계에서의 해석은 심층면접을 통한 자료수집 단계에서 사용되는 해석과 동일하지 않다. 그 이유는 심층면접을 통한 자료수집 단계에서는 타인을 직접 대면하면서 해석이 이루어지는 데 비해, 자료분석 단계에서는 타인에 대한 직접적인 대면 없이 단지 인터뷰 자료, 신문 기사, 전기, 일기 등 문헌을 해석하기 때문이다. 현상학 자료분석 절차는 크게 ① 자료의 검토, ② 의미나 주제의 추출, ③ 의미나 주제 단위로 진술을 통합, ④ 의미나 주제 단위로 묶인 자료에 대한 성찰, ⑤ 의미나 주제에 대한 통합적인 구조적 진술의 구성으로 종합해 볼 수 있다.

구체적인 자료분석의 단계는 학자들마다 다소 차이가 있다(신경림, 공병혜, 2001). 예를 들어, van Kaam(1966)의 분석방법은 주제의 발생빈도를 확인하고 이에 따라 범주들의 순위를 매기고 있음을 확인할 수 있으며 관련성에 따라 표현을 제거하고 정확한 용어들로의 환원을 통해 주제들을 정화하고 있음을 확인할 수 있다. Giorgi(1970)의 분석방법에는 참여자들에 의한 유효성 확인 절차가 포함된다. 이는 분석단계에서 연구참여자의 확인을 통해 분석결과의 타당성을 확보하려는 노력으로 이해할 수 있다. 이에 비해 Colaizzi(1978)의 분석방법은 전체적인 내용 속에서 의미단위를 파악하기보다는 연구참여자의 구술로부터 '의미 있는 진술들'을 끌어내고, 이를 통해 의미 있는 주제를 도출하고 있음을 연구자 스스로 확인할 수 있게 된다. 그리고 이러한 분석절차가 결국 연구의 유효성을 확인하는 방법으로 간주되는 것이다.

〈표 15-5〉 현상학적 연구 학자들이 제안하는 분석절차

학자	분석절차
van Kaam (1966)	① 기술적인 표현의 목록을 만들고 치기 범주들로 묶으며, 발생빈도에 따라 범주들의 순위를 매긴다. ② 기술적인 표현을 좀 더 정확한 용어들로 환원한다. ③ 관련성이 없는 표현들이나 요인들을 제거한다. ④ 그 현상에 대한 가설적인 파악 내용을 공식화한다.

	⑤ 가설에 근거한 기술을 임의로 선택된 표본 사례들에 적용하고, 이러한 검사에 비추어 가설에 근거한 기술을 수정하며 그 이후의 표본들에 대해 재검사한다. ⑥ 기술한 내용을 확인한다.
Giorgi (1970)	① 녹음된 테이프를 들어보고, 전체적인 내용을 이해하기 위해 필사본을 읽는다. ② 각각의 필사본에 대해 직관적으로 파악하고 반성적으로 성찰한다. ③ 각각의 필사본 속에 있는 의미단위를 파악한다. ④ 필사본에 있는 각각의 의미단위와 관련된 진술들을 다시 묶고 재기술한다. ⑤ 주제들을 밝히기 위해서 모든 참여자 전반에 걸쳐서 각 의미에 관해 직관적으로 파악하고 반성적으로 성찰한다. ⑥ 각각의 불변의 주제를 명시하기 위해서 '전형적인 담화'를 작성한다. ⑦ 연구참여자들과 동료들을 통해 유효성을 확인한다. ⑧ 진술들을 종합한다.
Colaizzi (1978)	① 기술들을 읽는다. ② '의미 있는 진술들'을 끌어낸다. ③ 명확하게 밝힌 의미 있는 주제들을 범주화하며 묶는다. ④ 조사된 현상을 철저하게 기술한다. ⑤ 각각의 응답자가 제시한 철저한 기술의 유효성을 확인한다.

출처: 신경림, 공병혜(2001).

현상학적 연구에서 가장 많이 활용되고 있는 Giorgi(1970)의 자료분석 단계를 살펴보면 다음과 같다.

첫째, 자료를 검토하면서 총체적 의미를 파악한다. 수집된 자료들을 전체적으로 읽고 그 안에 포함된 의미들을 발견한다. 이때 연구자는 본인이 연구현상에 대해 가진 가정과 선이해에 대해 괄호를 치고, 개방적 태도로 수집된 자료를 읽는 것이 필요하다.

둘째, 수집된 자료를 연구주제에 맞추어 다양한 의미나 주제를 추출하여 범주화한다. 자료가 가진 전체적 의미를 파악하기 위해서는 먼저 부분적 의미들을 이해할 필요가 있다. 따라서 수집된 자료 중에서 연구주제와 관련된 연구참여자의 경험을 '의미단위(meaning unit)'로 구분하는 것이 필요하다.

셋째, 의미단위를 확인하여 의미나 주제 단위로 진술을 통합한다. 이전 단계에서 구분해 놓은 의미단위를 서로 비교하고 분석하면서 유사하거나 중복된 것은 삭제한다. 그리고 자료의 전체 의미를 고려해 가면서 범주화된 의미나 주제 단위의 진술들을 따로 묶어 여러 개의 의미 단위를 구성한다. 이 과정에서 개별 의미단위들 간의 관계를 밝히는 작업도 수행하여 의미단위를 확정한다.

넷째, 의미나 주제 단위로 묶인 자료를 성찰하여 그것의 의미를 밝힌다. 즉, 연구참여자가 사용한 구체적인 개념들을 연구참여자가 속한 학문 세계의 용어(적절한 학문 세계의 용어가 없으면 상식적 언어 활용)를 활용하여 이론적 범주들로 만든다. 이 단계에서는 먼저, '반성과 자유변경 과정'이 필요한데, 즉 연구참여자의 구체적 언어를 어떻게 하면 가장 일반적 상황에서 사용되는 언어로 바꿀 수 있을지 고민한다.

다섯째, 현상의 본질구조를 파악하기 위해 의미단위들을 구조로 통합하여 진술한다. 이를 위해 이전 단계에서 도출된 학문적 용어 또는 상식적 언어로 전환된 의미단위와 그 의미단위의 범주를 활용하여, 연구하고자 하는 현상의 본질이 드러날 수 있는 의미단위 범주 간의 관계를 포함하고 있는 일반적 구조를 기술한다. 여기서 주의해야 할 점은 현상학 연구의 최종 결과물로 밝혀지는 연구현상의 본질은 한두 문장으로 표현될 수 있는 것이 아니라는 점이다. 인간이 체험하는 본질의 구조는 시간적 · 공간적 · 관계적 복잡성을 포함하고 있으므로 대개 약 5페이지 분량 정도로 기술된다.

〈표 15-6〉 Giorgi(1970)가 제안한 자료분석 과정

자료의 검토
수집된 자료들을 전체적으로 읽고 그 안에 포함된 의미들을 발견한다.

의미나 주제의 추출
의미나 주제를 추출하여 그것을 범주화한다.

의미나 주제 단위로 진술을 통합
범주화된 의미나 주제 단위의 진술들을 따로 묶어 여러 개의 의미단위를 구성한다.

의미나 주제 단위로 묶인 자료에 대한 성찰
의미나 주제 단위로 묶인 각각의 의미단위에 대해 성찰하여 그것의 의미를 밝힌다.

의미나 주제에 대한 통합적인 구조적 진술의 구성
각각의 의미단위에 대해 성찰하여 그 의미나 주제에 대한 개념화를 한다.

6) 연구결과 도출 및 보고서 작성

자료를 분석하면서 연구결과를 도출하는 작업이 이루어진다. 연구자는 수집된 연구자료에 나타난 연구참여자의 체험과 관련된 여러 가지 내용을 하나의 통일적인 내용으로 체계화하고 종합하면서 연구결과를 도출한다. 이러한 통일적인 내용은 몇 개의 부분적인 내용으로 구성되어 있을 수 있고, 각각의 부분적인 내용은 다시 더 작은 부분적인 내용으로 구성되어 있을 수 있다. 이처럼 통일적인 내용을 구성하는 여러 차원의 부분적인 내용은 흔히 범주, 주제모음, 주제, 의미단위 등 여러 가지 이름으로 불리고 있다. 다양한 차원의 내용을 체계적으로 정리하면서 연구결과를 도출하기 위해서는 문헌해석의 방법을 사용한다. 연구결과가 도출되면 연구자는 연구보고서 작성을 시작한다. 연구보고서는 서론(연구의 필요성, 연구목적, 선행연구 검토), 연구의 절차와 방법(연구설계, 연구참여자, 자료수집, 자료분석, 윤리적 고려), 연구결과, 논의 및 결론 등으로 이루어진다.

 ## 4. 현상학적 연구의 장단점과 유의점

1) 현상학적 연구의 장점

첫째, 현상학적 연구는 연구참여자들의 주관적인 삶의 경험을 보다 정확하고 구체적으로 이해하는 데 유용하다. 따라서 사회과학, 특히 인간을 연구하는 학문에 적용할 가능성이 높다. 현상학은 인간경험의 본질이나 의미를 밝히는 데 목적이 있는데, 이러한 목적은 인간에 대한 전체적인 이해가 요구되는 인간을 연구하는 학문인 사회학, 사회복지학, 가족학, 심리학, 언론학, 상담학, 교육학 등의 가치와 잘 부합한다.

둘째, 현상학적 연구는 연구참여자의 삶의 체험에 집중하는 접근방법으로, 연구자는 체험의 의미와 본질의 구조를 이해하기 위하여 연구참여자의 관점에서 일상의 체험이 갖는 주관적 의미를 이해하고자 한다. 현상학적 연구는 인간 삶의 체험에 대한 의미를 파악하고, 여러 가지 상황적 맥락 속에서 인간의 체험에 대한 의미를 해석함으로써 그 체험을 이해하기 쉽게 만들기 위해 노력하는 것이다. 이러한 현상학적 연구의 시도는 결국 일상 경험의 본질과 의미를 심층적으로 이해할 수 있도록 하여 삶의 세계와 더 직접적으로 접촉하며 세계에 관한 통찰력을 기를 수 있도록 한다. 그러므로 현상학적 연구는 통합된 인간에 대한 특정한 삶의 체험을 파악하는 데 가치가 있으며, 인간을 연구하는 학문에서는 특정 삶의 체험에 대한 본질과 의미를 이해함으로써 인간의 세계에 대한 현상의 통찰을 가질 수 있도록 한다.

셋째, 현상학적 연구는 '지금 드러난 현상'에 집중함으로써 '현재(here and now)' 특정 대상이 느끼는 감정, 겪고 있는 상황, 지닌 생각, 가치관 등에 대한 현상을 파악한다. 따라서 같은 참여자를 대상으로 그에 대한 삶의 현상을 탐색하고 연구하더라도 매 순간 경험하고 느끼는 세계와 상황, 사건들이 다르므로, 이전과 다른 결과가 도출될 수 있다. 해당 주제에 관하여 다수 선행연구들이 수행되었다 하더라도 개별 연구들은 진행된 시점, 상황, 사회적 환경, 대상 등이 다르므로, 현상학적 연구는 연구참여자의 삶의 경험에 대한 본질과 의미를 파악하는 데 유용성이 있다.

2) 현상학적 연구의 단점

첫째, 연구자가 아무 선입견 없이 또는 이전에 습득한 지식을 모두 버리고 연구참여자들의 경험 세계로 들어가는 것은 쉽지 않다. 따라서 판단중지는 하나의 이념에 불과하고 실제로 우리의 삶은 선입견과 편견에 의해 지배받고 있기에 오히려 이런 선입견과 편견을 보다 약화하는 방법에 대한 구체적인 대안이 제시되는 것이 더 우선시되어야 한다는 견해도 있다. 그뿐만 아니라 이런 단계를 통해 얻어 낸 자료들을 분석하는 데서 과연 연구자의 주관적 견해를 철저하게 배제할 수 있을까 하는 점이다. 즉, 주제나 의미를 추출하는 작업 그 자체가 이미 연구자의 주관적 견해가 개입되는 것은 아닌가 하는 의구심을 떨칠 수 없다. 이런 문제 제기는 현상학이 지니는 태생적 한계와 관련이 있다.

둘째, Giorgi(1970)의 자료분석 방법은 국내에서 가장 많이 활용되고 있는 분석방법인데도 이를 활용하는 연구자들에 따라 조금씩 차이가 있다. 그뿐만 아니라 Giorgi의 자료분석 방법이 자료의 올바른 분석이나 해석을 보장해 주는 것도 아니다. 왜냐하면 앞서 말한 '의미단위로 파악한다'라든가, '주제를 결정한다'라는 내용에서 어떻게, 그리고 어떤 '의미단위' 및 어떤 '주제'를 결정할 것인지에 대한 문제는 여전히 연구자 자신에게 달려 있기 때문이다. 따라서 연구자가 어떠한 학자의 자료분석 방법을 활용하든지 간에 그 자료에 대한 해석은 연구자 자신의 능력에 달려 있다고 할 수 있다. 말하자면 연구자가 현상학적 연구방법을 활용하여 질적 연구를 수행하고자 할 때, 그 연구의 성공 여부는 바로 연구논리에 대한 이해 정도와 함께, 연구자가 수집된 자료를 분석하고 해석해 나갈 수 있는 통찰력을 얼마나 갖추었느냐에 달려 있다고 할 수 있다. 현상학적 연구에서는 어떠한 연구기법도 고정된 틀로 인식될 수 없으며, 연구자 자신이 연구문제에 대해 얼마나 어떻게 파악하고 분석하느냐에 따라 연구의 성패가 좌우된다. 따라서 현상학적 연구는 연구자의 현상학에 대한 충분한 이해, 곧 현상학에 대한 연구논리를 자신의 것으로 소화해 내는 능력이 필수이다. 어떠한 연구기법에 의존하여 자료를 수집하고 분석한다고 할지라도, 그보다 중요한 것은 연구자가 자료를 제대로 볼 수 있고 해석해 낼 수 있는 통찰력을 갖추어야 하는 것이다.

셋째, 현상학적 연구는 연구자가 연구대상자를 통해 드러나는 본질적인 현상(체험)을 밝혀내는 것이기 때문에, 연구현상에 대한 통찰력이 많지 않으면 연구를 수행하기 쉽지 않다. 그런데 이러한 연구현상에 대한 통찰력은 연구현상 간의 인과관계를 밝혀냄으로써 얻어지는 것이 아니라 연구현상을 전체로 이해함으로써 얻어지는 것이다. 즉, 질적 연구는 이러한 전체적인 틀 안에서 연구현상의 깊이(depth), 풍부함(richness), 복잡성(complexity) 등을 발견하는 방법이다. 따라서 현상학적 연구에서는 연구자가 연구대상자와 심층면접이나 인터뷰를 통해 자료를 수집하는 것과 함께 연구대상자의 전체적인 상황을 파악할 수 있는 다양한 시각과 방법이 함께 검토되어야만 한다. 그리고 이러한 연구자의 통찰력은 연구논리에 대한 충분한 이해를 전제로 하여, 단순히 고정된 연구 절차나 방법을 사용하는 것이 아니라 연구참여자에게 나타나는 다양한 현상을 연구자 자신의 삶과 결부시켜 그것을 분석하고 해석하는 힘이 무엇보다 중요하다.

3) 현상학적 연구 수행 시 유의할 점

현상학적 연구는 하나의 개념이나 현상에 대한 여러 개인의 체험이 갖는 의미와 본질을 기술하는 데 초점을 두고 있다. 따라서 현상학적 연구를 수행하고자 한다면 다음과 같은 점들을 반드시 염두에 두어야 한다고 Creswell은 강조한다.

- 연구자는 현상학의 철학적 가르침을 철저하게 따라야 한다.
- 연구참여자들은 현상(phenomenon)을 경험한 사람들로 주의 깊게 선택해야 한다.

- 연구자가 개인적 경험을 괄호치기하는 것은 어려울 수 있다.
- 연구자는 어떻게, 그리고 어떤 방법으로 자신의 개인적 경험을 연구에 도입할 것인지를 결정해야 한다.

　그런데 Creswell의 이러한 주장에도 불구하고 국내의 질적 연구자들이 현상학적 연구를 수행하면서 쉽게 간과하는 문제들은 크게 네 가지로 정리된다. 첫째, 연구자의 현상학에 대한 학문성과 기본 개념에 대한 이해 부족 문제, 둘째, 순수 현상학자들의 사상적 차이에 대한 인식 부족 문제, 셋째, 현상학과 해석학의 방법론적 차이에 대한 이해 부족 문제, 넷째, 자료의 수집과 분석에 있어서 외국학자의 현상학적 연구방법에 대한 이해 부족 문제 등이 그것이다.
　따라서 현상학적 연구를 수행할 때, 연구자는 연구논리에 대한 충분한 이해를 전제로 하여 단순히 고정된 연구절차나 방법을 사용하는 것이 아니라 연구대상자에게서 나타나는 다양한 현상을 연구자 자신의 삶과 결부시켜 그것의 본질을 분석하고 해석하는 통찰력이 필요하다.
　특히, 현장연구가 필수적인 질적 연구방법의 경우에, 연구자는 연구대상의 본질(현상)을 파악하기 위해 에포케(판단중지)를 시도한 다음에, 그 본질(사태)을 지향하는 태도 변경(환원)의 과정이 필수적이라고 할 수 있다. 하지만 연구자의 이러한 태도 변경 과정은 단시일에 진행되는 것이 아니다. 이런 점 때문에 Creswell을 비롯한 많은 질적 연구자들은 현상학을 활용한 질적 연구가 장기간의 참여와 면접시간이 필요하다고 주장했다. 그런데 국내의 관련 논문들에서는 이러한 점이 간과되어 있거나 생략된 경우가 많다. 설령 논문 중에는 이러한 내용이 포함되어 있다고 하더라도, 평균적으로 2~3회의 심층면접이나 인터뷰를 통해 연구대상의 본질적인 현상을 파악하였다고 서술하는 경우가 많다. 연구자가 2~3회의 면접으로 연구대상(피험자)의 본질을 파악하는 일은 결코 쉽지 않다. 따라서 연구자가 현상학적 연구를 수행할 때는 현상학적 연구논리에 대한 기본 이해를 전제로 하여 연구대상에 대한 장기간의 심층면접과 참여관찰이 필수적이다.
　이와 관련하여 Watts(2011)는 현상학적 연구분석 과정에서 연구자가 기본적으로 갖추어야 할 자세로 다음의 다섯 가지를 제시하였다.

- 기술된 상황 속에 감정 이입하며 몰입해야 한다.

- 각각의 경험 속에 천천히 몰입하여 그 속에 머물러야 한다.
- 경험된 상황을 확대하고 확장해 나가야 한다.
- 경험에 대해 세밀하게 탐구하며 자신의 믿음과 의도적인 관심을 도입하는 것에 대해 판단중지해야 한다.
- 객관성에서 벗어나 그들의 개인적이고 관계적인 경험 상황으로 돌아가야 한다.

4) 현상학적 연구의 평가 준거

Watts(2011)는 현상학적 연구를 평가하기 위한 준거로 다음을 제시하였다.

- 연구가 체험에 대한 질적 지식을 요구하는 의미 있는 주제나 연구문제에 관해 설명하고 있는가?
- 자료수집에 있어서 수집된 자료들이 연구의 대상이 되는 다양한 생활 세계의 현상들과 진실로, 그리고 충분히 연결되고 있는가?
- 관련된 데이터들이 참여자들의 경험과정과 의미에 대해 개념적으로 충실하게 묘사되었는지 성찰되었는가?
- 연구결과가 연구대상이 되는 현상의 본질, 모든 구성요소와 주제들 사이의 전체적이고 구조적인 관계 속에서 바로 그 본질을 개념적으로 명백히 밝히고 있는가?
- 모든 주장이 구체적인 증거를 통해 지지가 되고 나타나는가?
- 도출된 일반화의 수준과 종류들, 연구의 기술적 한계, 남겨진 이슈들과 질문들이 투명하고 명백한가?
- 그러한 직관적인 기술이 수집된 자료와 기술된 글, 생활 세계, 독자의 경험과 자유변경 모두에서 연구된 현상의 모든 예들의 진실을 나타내는가?
- 현상학적 연구결과들이 이론이나 실제적인 작품들에 어떻게 이바지할 수 있는가?

이남인(2019)은 현상학적 연구 심사자를 위한 평가 준거로 다음을 제시하였다.

- 연구의 철학적 배경, 연구방법 선정에 대한 철학적 입장이 제시되었는가?
- 연구주제에 관한 선행연구의 탐색이 충분하였는가?

- 자료수집, 자료분석, 자료수집 시 윤리적인 측면을 고려하였는가?
- 연구대상자 또는 정보제공자의 선정이 적절하였는가?
- 자료수집 방법은 적절하였는가?
- 자료수집 때 윤리적인 측면을 고려하였는가?
- 연구자의 훈련과 준비가 충분히 기술되었는가?
- 연구자의 선입견을 배제하기 위한 훈련과 준비가 충분히 기술되었는가?
- 자료수집과 분석과정이 순환적이었는가?
- 분석결과에 관한 내용의 타당성을 확인하기 위한 절차를 밟았는가?
- 연구결과에 관한 기술은 연구목적에 부합되게 적절하였는가?
- 찾고자 하는 현상(연구목적)에 대한 이해가 명확한가?
- 밝혀진 현상에 대한 논의가 적절한가?

제16장 문화기술지

    문화기술지(ethnography)는 인류학자들이 타 문화를 내부자적인 관점에서 연구하기 위해 시작된 질적 연구방법이다. 문화기술지는 19~20세기 초 인류학과 사회학에서 출발했으며, 다양한 질적 연구 중에서 가장 오래되고 가장 일반적인 개념으로 사용되고 있다. 문화기술지 연구는 소규모 사회집단을 대상으로 한 사례연구에서 시작되었으며, 그것은 인간행동에 대한 관찰과 그에 따른 설명으로 이루어져 있다(Goetz & LeCompte, 1984). 문화기술지 연구는 타 민족이나 종족 문화에 주로 관심을 가지던 인류학, 사회학을 넘어서 연구자가 속한 집단의 빈곤, 불평등, 소외계층, 다문화, 하위문화나 가족 등 다양한 집단의 문화에 대한 연구로 확장되었다. 최근에는 간호학, 경영학, 교육학 등 다양하고 많은 영역에서 질적 연구의 확산에 기여하고 있다.

    문화기술지는 구성주의 또는 해석주의 인식론에 바탕을 두고 있다. 세상의 질서가 초인간적인 어떤 힘이나 원리에 의해 선험적으로 결정되는 것이 아니라 사람들이 집단적 사고와 경험에 의해 구성되고 재구성된다는 관점을 가진다. 따라서 한 인간 집단이 어떤 질서 속에서 생활하고 있는지, 왜 그런 질서체계를 구성하게 되었는지를 이해할 수 있게 된다(조용환, 2008).

    따라서 타당하게 진행되어 질적으로 우수한 문화기술지 연구결과는 양적 연구에서 발견하기 어려운 새로운 사실들을 밝혀 주며, 다른 문화에 대한 심도 깊고 폭넓은 이해를 할 수 있게 한다. 다른 문화와 비교하고, 평가하는 것을 통해 연구주제에 대한 이해와 해석의 폭을 넓히고, 공통점과 차이점을 규명하는 것을 통해 이론화의 가능성도 추구할 수 있다.

    이 장에서는 문화기술지의 정의와 특성, 연구 유형, 연구의 수행절차, 그리고 문화기술지가 갖는 장단점과 유의점으로 구분하여 차례로 살펴본다.

1. 문화기술지의 정의와 특성

1) 문화기술지의 정의

문화기술지의 'ethnography'는 '사람들'을 뜻하는 그리스어 '$\ddot{\epsilon}\theta\nu o\varsigma$(ethnos)'와 '기록하다, 기술하다'를 의미하는 '$\gamma\rho\acute{a}\phi\omega$(grapho)'라는 두 단어가 합쳐진 말이다. 'ethnography'는 사람들의 삶의 방식과 문화적 배경에 대한 사회과학적인 기술로 정의된다(Patton, 2002; Punch, 2005). 문화기술지는 연구자가 공개적 또는 비공개적으로 연구의 대상이 되는 사람들의 삶 가운데에 일정한 시간 동안 참여하여 그들의 삶 속에서 어떠한 일들이 일어나는지, 그들이 무엇을 이야기하는지를 보여 줄 수 있는 자료를 수집하여 연구하는 연구방법이다(Hammersley & Atkinson, 1995). 상대적으로 오랜 시간 동안의 현장참여를 통한 자료수집, 연구설계에 있어서의 개방성, 연구수행에 있어서의 유동성과 같은 문화기술지가 갖는 특징적인 요소들을 적용하여 하나의 질적 연구를 수행하는 경우에 우리는 문화기술지적인 접근법을 사용했다고 할 수 있다(Punch, 2005).

문화기술지는 연구방법 또는 연구물들을 학문 영역에 따라서 민족기술지, 민속기술지, 기술민족학, 종족지학 등의 용어로 사용되기도 한다. 그러나 문화기술지 연구에서는 기본적으로 중요한 가정이 있다. 첫째, 인간의 행동은 의미에 기반을 두고 있다는 가정이다. 인간의 행동은 단순히 기계적으로 이루어지는 움직임이 아니라, 상황과 맥락에 따른 행위자의 해석을 포함한다는 것이다(Punch, 2005). 둘째, 상황과 맥락에 따른 해석을 기반으로 한 행동을 통해 인간 집단은 일정 시간이 지나면 그들의 상호작용 안에서 '문화'라고 불릴 수 있는 것들을 생산해 낸다는 가정이다. 이때 문화는 특정한 행동양식이나 신념들을 의미한다. 이런 행동방식과 신념들을 토대로 인간은 현상에 대한 인식의 기준, 행위에 대한 기준, 감정에 대한 기준, 행위의 목적과 방법에 대한 기준을 구성한다(Goodenough, 1971). 셋째, 잘 훈련되고 성찰적인 연구자들은 특정한 집단 안에서 역사적으로, 그리고 사회적으로 구성된 실재에 대해 집단 내부 구성원들과의 집중적이고도 경험적인 만남과 소통을 통해 부분적 혹은 잠정적인 시각을 형성할 수 있게 된다는 가정이다(우기웅, 정종원, 김영석, 김한별, 2021).

연구자는 앞의 가정을 바탕으로 문화공유집단(culture-sharing group)이 갖고 있는 가치, 행동, 신념, 언어의 공유되고 학습된 패턴을 기술하고 해석하는 연구설계를 하게 된

다(Harris, 1968). 즉, 문화기술지는 해당 연구의 최종 작성산물일 뿐만 아니라 문화공유
집단을 연구하는 하나의 방식이 된다(Agar, 1980). 문화기술지는 집단에 대한 장기간의
관찰을 하면서 연구자가 그 사람들의 일상생활에 몰입한(immersed) 참여관찰(participant
observation)을 통해 집단에 대한 장기간의 관찰을 하게 되며, 집단 참여자들을 관찰하거
나 면접을 하게 된다. 이를 통해 문화기술지 연구자는 주로 문화공유집단의 행동, 언어,
상호작용의 의미를 연구하게 된다(김영천, 2018).

2) 문화기술지의 특성

문화기술학적 방법에서 나타나는 일반적 특성은 다음과 같다(Wiersma, 1986).

첫째, 모든 현장연구가 문화기술지 연구는 아니지만, 문화기술지 연구는 현장에서 수
행된다는 점에서 현장연구적 접근이라고 할 수 있고, 자연적 상황에서 수행된다는 특성
을 가지고 있다. 이것은 '맥락화(contextualization)'의 개념으로 설명할 수 있다. 문화기술
지 연구는 자료가 수집된 상황에서만 그 자료의 해석이 가능한 '맥락적 연구'라는 것이다.

문화기술학자들은 문화와 사회적 맥락이라는 개념을 구분하여 사용하고 있는데, 문
화에 대한 기술이란 맥락 그 자체에 대한 설명이 아니라 사회적 맥락에서 일어나는 현상
에 대해 그 맥락에 속한 사람이 부여한 의미, 행위, 믿음 등을 기술하는 것이다. 반면 사
회적 맥락이란 연구하려는 사회의 맥락 그 자체에 대한 설명이다. 즉, 문화기술이란 맥
락을 정의하는 일이다. 예를 들어, 교육적 맥락을 문화기술학적으로 기술한다는 것은 교
육적 맥락 안에 내재해 있는 문화의 의미를 파악하여 기술하는 활동이다. 따라서 문화기
술지 연구는 이런 특성으로 인해 상황과 맥락에 아주 민감하다. 문화기술학적 연구는 연
구된 상황에 대해서는 정확하고 적합하게 서술한다는 점에서 아주 탁월하지만, 그 결과
를 일반화하는 것은 제한될 수밖에 없다.

둘째, 문화기술지 연구는 관찰하고자 하는 문화나 그 맥락에 따른 인간행동의 '질적인
본질'을 밝히고자 하는 특성을 지닌다. 연구자 자신의 가치체계를 첨가시키지 않고 연구
맥락을 참여자의 언어로 기술하는 것이다. 따라서 문화기술지 연구는 질적 · 현상학적
접근이라 할 수 있다. 여기서 현상학이란 현상을 연구하는 학문으로서, 어떤 행동을 단
순히 양적으로 분석하는 것이 아니라 주관적인 관점에서 보려는 것이다. 문화기술지 연
구는 맥락 안에서의 개인들의 행동이 무엇을 의미하는지를 이해하려고 노력한다는 점

에서 현상학적 연구와 유사하다고 볼 수 있다

셋째, 문화기술지 연구에서 자료수집은 연구가 초점을 맞추는 맥락에서 일어나는 상황을 관찰하는 것이므로 연구자의 역할이 매우 중요하다. 연구자는 관찰자로 공개되기도 하고, 위장된 역할을 수행하기도 한다. 연구자는 자신이 직접 연구현장에 참여하여 정보제공자로서의 역할도 수행하며, 가능한 한 집단 구성원들의 일상적인 행동을 방해하지 않으려고 노력해야 한다. 따라서 문화기술학적 연구에서는 정보제공자의 주관적인 내부자적 관점(emic view)과 연구자의 객관적인 외부자적 관점(etic view)을 통합시키는 일이 중요하다(이용숙, 1986).

넷째, 문화기술지 연구는 '전반적이고 일반적인 시각'을 가지고 자연적인 상황을 탐구하는 것이라 할 수 있다. 현상학적 연구에서처럼 행동의 주관적인 본질을 강조한다. 따라서 문화기술학적 연구는 자연적 상황에서 수행되며, 이런 상황은 사람이 해석하고, 사고하고, 행동하는 데 영향을 미친다는 가정을 기초로 한다. 그러므로 연구자는 개인의 시각에서 상황을 해석하려고 시도해야 한다. 그리고 연구자 자신 역시 참여자와 관찰자로서 상황에 포함된다.

특정한 집단이 공유하고 있는 문화적인 의미를 이해하는 것은 그들의 행동을 이해하는 것에 있어 매우 중요하다. 어떠한 집단이든지 그들만의 독특한 삶의 방식을 공유하고 있으며 외부에서 볼 때는 아무리 불합리하고, 비도덕적이며, 비정상적인 삶의 방식(예: 사이비 종교 집단이 공유하는 내부적인 규율이나 언어습관 등)이라 할지라도 내부적으로 보았을 때는 타당하고 의미 있는 것으로 여겨진다. 따라서 문화기술지를 수행하는 연구자의 과제는 이러한 의미를 발견해 내는 데 있다.

문화기술지 연구의 목적은 문화집단에 내재되어 있는 문화적인 요소들의 의미와 속성들이 인간행위와 의미생성에 어떠한 영향을 끼치는지에 초점을 두었다. 이후 바람직한 방향으로의 사회적, 문화적 변화를 이끌어 내는 수준까지 연구목적과 영역이 확장되어야 함을 주장하기도 하였다. 이들은 문화기술지를 수행하는 연구자들이 연구참여자의 의식과 행동을 중립적인 관점에서 바라보는 것이 아니라, 체계적이고도 비판적으로 그들의 인식 이면에 숨어 있는 구조적인 문제들을 드러내는 작업이 연구자에 의해서 수행되어야 한다고 주장한다(Anderson, 1989). 이러한 관점은 단순히 연구참여자를 바라보는 시각의 변화를 촉구하는 것뿐만 아니라 문화기술지 연구자들이 그동안 적용해 왔던 사회과학의 이론적 구성요소들에 대해서도 새로운 시각으로 바라봐야 함을 의미하기도 한다. 예를 들어,

사회학이나 인류학적 연구에서 분류를 위한 범주들로 사용되어 온 가정(family), 소유 (property), 만족(satisfaction), 정치적(political), 경제적 (economic) 등과 같은 용어들은 우리 가 속한 사회에 대한 분석적인 기술을 위해서 고안된 개념일 뿐만 아니라 그 자체로서 우리 자신들의 사회적 형태를 재생산하는 과정을 규정하는 요소로 보아야 한다고 주장한다.

2. 문화기술지의 유형

문화기술지에는 고해적 문화기술지, 생애사, 자문화기술지, 페미니스트 문화기술지, 문화기술적 소설, 사진과 비디오, 전자미디어에서 발견되는 시각적 문화기술지 등 여러 유형이 있다(Fetterman, 2010; Pink, 2001). 이 중에서 대표적인 두 가지 유형의 문화기술지 연구에 대해 소개하면 다음과 같다(김영천, 2018).

1) 실재론적 문화기술지

실재론적 문화기술지(realist ethnography)는 문화인류학에서 사용해 온 전통적 접근이 다. 실재론적 문화기술지는 연구되는 사람들을 향해 연구자가 취하고 있는 특정 자세를 반영한다(van Mamen, 1988). 실재론적 문화기술지는 상황에 대한 객관적인 이야기이며, 대체로 제삼자의 관점에서 작성되고, 현장에 있는 참여자들로부터 배운 정보들을 객관 적으로 보고하게 된다. 실재론적 문화기술지 연구자는 제삼자의 목소리로 연구에 대해 이야기하며 참여자들로부터 보거나 들은 것에 대해 보고한다. 개인적 편견, 정치적 목적 과 판단으로 오염되지 않은 측정 방식으로 객관적 자료들을 보고한다. 연구하고 있는 사 람들의 일상생활에 대한 통속적인 세부사항들을 제시할 수도 있다.

실재론적 문화기술지 연구에서는 문화를 기술하기 위한 표준 범주들을 사용한다(예: 가족생활, 의사소통망, 직장생활, 사회적 연계망, 지위체계 등). 문화기술지 연구자는 면밀하 게 편집한 인용문을 통해 연구참여자들의 관점을 만들어 내고 그 문화를 해석하고 제시 하는 방법에 대한 결정권을 가지고 있다.

2) 비판적 문화기술지

실재론적 문화기술지의 대안적 방법으로 최근 여러 학자가 비판적 문화기술지 접근을 하고 있다(Carspecken & Apple, 1992; Madison, 2005). 비판적 문화기술지 연구는 저자들이 사회에서 주변화된 집단들의 해방을 옹호한다. 이 접근은 권력, 명예, 특권, 권위 체계가 다른 계급, 인종, 성에 포함된 사람들을 주변화하는 데 기여하는 현 사회에 대한 반응을 포함한다. 비판적 연구자는 대체로 자신의 연구를 통해 불평등과 지배구조에 대항하여 말하려고 하는 정치적인 동기를 가진 사람들이다(Carspecken & Apple, 1992). 예를 들어, 비판적 문화기술지 연구자는 특정 학생들에게 특혜를 제공하는 학교나 소외집단의 욕구를 살피는 상담 실천에 대해 연구할 수 있다. 비판적 문화기술지의 주요 구성요소로는 가치 개입 지향, 더 많은 권위를 제공함으로써 사람들의 역량을 강화하기, 현상 유지에 도전하기, 권력과 통제에 대한 관심을 언급하기 등이 포함된다. 비판적 문화기술지 연구자는 권력, 역량강화, 불평등, 불공평, 지배구조, 억압, 헤게모니, 희생시키기 등의 이슈를 주로 연구한다.

3. 문화기술지의 절차

모든 질적 연구접근과 마찬가지로, 문화기술지에도 연구를 수행하는 단일한 방식은 없다. 그렇지만 보통의 문화기술지 연구를 수행하고자 할 때는 다음과 같은 단계를 따라 진행한다(김영천, 2018).

첫째, 문화기술지가 연구문제를 연구하기 위해 사용해야 할 가장 적합한 설계 형태인지 결정한다. 문화기술지는 문화공유집단이 작용하는 방법을 기술하고, 신념, 언어, 행동, 그리고 권력, 저항, 지배와 같이 집단이 직면한 문제들을 탐색하려 할 때 적합하다. 해당 집단이 주류에 포함되어 있지 않기 때문에 그 집단이 생활하는 방식을 실제로 알고 있는 문헌이 부족할 수도 있고, 사람들이 그 집단에 친숙하지 않을 수도 있으며, 그 집단의 생활방식이 너무 달라서 독자들이 그 집단을 동일시하지 못할 수도 있다.

둘째, 연구할 문화공유집단을 확인하고 위치를 알아낸다. 이 집단은 집단 구성원들이 오랜 기간 함께 살아왔던 집단이며, 그들이 공유하고 있는 언어, 행동 패턴, 태도들이 구별 가능한 유형으로 나타나게 된다. 또한 이 집단은 사회에 의해 주변으로 밀려났다. 문화기술지 연구자들은 이 집단과 이야기하고 관찰하면서 시간을 보내기 때문에, 연구자를 집단으로 이끌어 줄 한 명 이상의 사람들(문지기 또는 주요 정보제공자 또는 참여자)을 발견하기 위한 접근이 필요하다.

셋째, 집단에 대해 연구할 문화적 주제나 이슈 또는 이론들을 선택한다. 이러한 주제, 이슈, 이론들은 문화공유집단 연구를 위한 지향 틀을 제시한다. 그것은 또한 문화공유집단 분석에도 영향을 미친다. 주제에는 문화적응, 사회화, 학습, 인지, 지배구조, 불평등 또는 아동과 성인의 발달과 같은 것들이 포함될 수 있다. 문화기술지 연구자는 일상적인 상황에서 상호작용하는 사람들을 검토하고 생애주기, 사건, 문화적 주제와 같이 스며들어 있는 유형들을 구별하려 시도하는 것으로 연구를 시작한다(Hammersley & Atkinson, 1995; Fetterman, 2010). 문화는 집단 구성원들의 말과 행위로부터 추론되며 연구자에 의해 이 집단에 부여된다. 문화는 사람들이 하는 것(행동), 그들이 말하는 것(언어), 그들이 실제로 하는 것과 해야 하는 것 사이의 잠재적인 긴장, 인공물과 같이 그들이 만들고 사용하는 것을 포함한다(Spradley, 1980). 문화기술지 연구자들이 집단의 역사, 종교, 정치, 경제, 환경에 대한 총체적인 관점을 기술할 때 사회구조, 친족, 정치구조, 사회적 관계나 집단 구성원들 간의 기능과 같은 문화적 개념들이 기술될 수 있다(Fetterman, 2010).

넷째, 문화적 개념을 연구하기 위해 어떤 문화기술지 유형을 사용할지 결정한다. 집단이 작용하는 방법을 기술할 필요가 있고, 권력, 헤게모니와 같은 문제들을 폭로하고 특정 집단을 옹호하고자 할 때는 비판적 문화기술지를 사용해야 할 것이다. 예를 들어, 비판적 문화기술지 연구자들은 사회 내의 불평등이나 그 일부분을 언급하고, 옹호와 변화에 대한 요청을 위해 연구를 사용하며, 불평등, 지배구조, 억압, 역량강화와 같은 탐색 이슈를 구체화할 수 있다.

다섯째, 문화공유집단이 작용하고 생활하는 맥락에서 정보를 수집하는 것을 현장조사라고 부른다(Wolcott, 2008). 문화기술지에서 보통 필요로 하는 유형의 정보를 수집하는 일에는 연구현장으로 나아가기, 현장에 있는 사람들의 일상생활을 존중하기, 광범위한 다양한 재료를 수집하기 등이 포함된다. 존중, 호혜성, 자료의 소유자 결정 등의 현장 이슈들이 문화기술지에는 중요한 것이다. Hammersly와 Atkinson(1995)은 문화기술지 연구자가 접근권을 얻는 방법, 연구참여자들에 대한 보상이나 호혜성 등과 같은 현장

조사 문제에 민감해야 하며, 연구자 자신을 정직하게 소개하고 연구목적을 기술하는 것과 같은 윤리적 연구에 참여한다고 하였다. 문화기술지에서 사용하는 자료의 유형에는 관찰, 검사와 측정, 서베이, 면접, 내용분석, 유도(elicitation)방법, 시청각 방법, 공간배치, 네트워크연구 등이 포함된다(LeCompte & Schensul, 1999).

여섯째, 문화기술지 연구자는 수집한 많은 자료들을 활용하여, 문화공유집단에 대한 기술, 집단으로부터 드러난 주제들, 전반적인 해석 등을 위해 자료를 분석한다. 연구자는 오랜 기간에 걸쳐 단일 사건이나 여러 가지 행동 또는 집단에 초점을 두면서 문화공유집단에 대한 상세한 기술들을 모으는 것으로 시작한다. 문화기술지 연구자는 문화공유집단이 작용하고 생활하는 방식을 알려 주는 유형이나 주제들에 대한 주제분석으로 이동하며, "체계가 작용하는 방식에 대한 전반적인 그림"으로 끝을 맺는다(Fetterman, 2010).

일곱째, 문화기술지 연구자는 이러한 분석의 최종 산물로서 규칙이나 유형의 임시체계를 구성한다. 최종 결과물은 연구자의 관점(외부자 관점)뿐만 아니라 연구참여자의 관점(내부자 관점)을 통합하는 것으로서 집단에 대한 총체적인 문화적 묘사라 할 수 있다. 이를 통해 집단의 욕구를 옹호하거나 다루기 위해 사회에 변화를 제안할 수도 있다. 그 결과로, 독자들은 연구참여자와 연구자의 해석 모두의 관점에서 문화공유집단에 대해 학습하게 된다(김영찬, 2018).

문화기술지의 절차를 구체적으로 살펴보면 다음과 같다(이정빈, 2018).

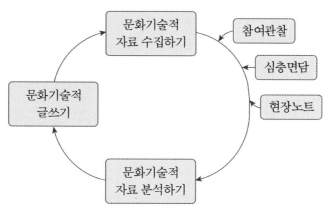

[그림 16-1] 문화기술지의 절차

1) 문화기술적 자료 수집하기

연구자는 연구문제와 연구주제가 정해지면 그에 맞는 연구문제에 답을 얻을 수 있는 연구방법은 무엇인지, 연구참여자를 누구로 할 것인지를 정해야 한다. 만약 문화기술지 연구방법이 자신의 연구문제를 해결하는 데 가장 적합하다면, 현지에 머물면서 참여관찰을 할 수 있는지 먼저 고려해야 한다.

따라서 문화기술지 연구자는 현지인과 친밀한 관계를 오랫동안(예: 1년 이상) 유지할 수 있어야 한다. 또한 연구자가 속한 사회문화와는 다른 문화를 존중할 수 있어야 한다. 문화기술지 연구자는 자신의 문화와 다른 문화를 가진 사람들과 자연스럽게 어울리면서 참여관찰과 심층면담을 통해 자료를 수집해야 하기 때문이다(이정빈, 2018).

문화기술지 연구의 자료수집은 참여관찰, 심층면담, 인공물 사진, 문서, 영상물, 문화적 가공물 등의 방법을 활용한다. 인공물은 각종 문서나 기록물, 메모, 사진, 편지, 작품, 그림, 물품, 이야기, 자서전, 글을 포함하여 사람이 만든 모든 가공물을 가리킨다.

(1) 참여관찰

참여관찰은 연구자가 연구참여자의 삶의 현장에 함께 참여하는 것이다. 이때 관찰자는 참여는 하지만, 연구참여자의 삶과 거리를 유지하면서 연구참여자의 생활양식이나 행동 등을 자세히 살피고 파악한다. 참여관찰은 관찰시기에 따라 관찰의 초점을 달리한다. 연구자가 처음 현장에 들어갔을 때는 무엇을 관찰해야 하는지, 중요한 것이 무엇인지 명확하게 알지 못할 수도 있다. 따라서 연구자는 관찰하기 전에 무엇을 관찰할 것인지에 대해 주변 환경, 대인관계 양식, 대화 패턴, 가치 등과 같은 범위를 정하고 시작해야 한다. 초기에는 기술관찰로 시작해서, 초점을 좁혀 점차 집중관찰로 전환하고, 다시 초점을 더 좁혀 선별관찰로 옮겨 간다.

먼저, 관찰대상의 전체적 측면을 포괄적으로 관찰하는 기술관찰로 시작해서, 연구자가 특별히 관심이 가는 주제를 발견하면, 초점을 좁혀 그것에 대해 집중적으로 관찰하는 집중관찰로 옮겨 가야 한다. 그리고 더 자세하게 알기 위해 초점을 더욱 좁혀 선별관찰로 관찰해야 한다.

관찰의 초점은 점점 더 선택적이고 좁혀지지만, 기술관찰과 집중관찰도 연구가 끝날 때까지 병행해야 한다. 참여관찰은 문화기술지 연구의 타당성을 평가하는 데 중요한 요소가 된다. 참여관찰이 중요한 문화기술지 연구에서 현장노트는 매우 중요한 자료이다. 그러므로 연구자는 자신의 현장노트를 어떻게 정리하고 활용할지에 대해 전략을 잘 짜야 한다. 현장노트에 기록할 때, 연구자는 연구참여자의 일상 언어인지, 연구자의 언어인지를 명확히 구분하여 정확하게 기록하고, 되도록이면 연구참여자의 말을 그대로 충실하게 기록하여야 한다.

- 기술관찰: 기술관찰은 관찰하고자 하는 대상 또는 내용에 대해 전체적인 모습을 대략적으로 파악하는 것이다. 따라서 연구의 초기에 연구현장 또는 연구참여자에 대해 거의 알지 못할 때 '여기서 어떤 일이 벌어지고 있는가?' '그것은 어떤 의미인가?'와 같은 일반적인 질문들이 포함된다. 기술관찰은 공간, 행위자, 활동, 물건, 행동, 사건, 시간, 감정, 추적 등 사회적 상황에 대해 전체적으로 파악할 수 있는 대윤곽 관찰로 시작해서 점차 작은 단위의 행동을 상세하게 기록하는 소윤곽 관찰로 진행한다.
- 집중관찰: 집중관찰은 기술관찰을 통해 얻은 자료를 토대로 문화적 영역을 분석한 후 의미 있는 영역을 선택하여 집중적으로 관찰하는 것이다. 문화적 영역은 개인적 관심, 이론적 관심, 연구참여자의 제언, 전략적 차원을 고려하여 선정한다. 집중관찰은 구조적 질문을 근거로 진행한다. 구조적 질문은 총괄용어와 함께, 한 영역의 의미적 관계를 활용하여 묻는다.
- 선별관찰: 선별관찰은 문화적 의미구조를 찾는 과정에서 이루어진다. 집중관찰에서 의미 있는 영역이 해결되었을 때, 이를 분류하고 분석하여 범주들을 나눈 후 집중적으로 선별관찰을 시작한다. 선별관찰은 각 영역의 범주 간의 유사점과 차이점을 발견하고 확인하기 위해 초점을 좁혀서 관찰하는 것이다. 선별관찰은 대조질문을 근거로 시작한다.

(2) 심층면담

문화기술지의 주된 자료수집 방법은 참여관찰과 심층면담이다. 연구참여자들은 대개 설문지 방식에 익숙해져 있기 때문에 연구자는 연구참여자에게 연구의 목적과 연구참여자의 역할에 대해 잘 설명하고 안내해 주어야 한다. 연구자는 연구참여자에게 연구참여와 면담내용의 녹음에 대해 허락을 받는다. 심층면담을 하기 위해서는 연구자의 문화적 관점을 내려놓고 연구참여자의 문화적 관점에서 접근해야 한다.

　문화기술지 면담을 할 때는 비구조화 면담 또는 반구조화 면담 형식으로 개인면담과 포커스 그룹면담을 활용할 수 있다. 또한 문화기술지 연구자는 현장에 오래 머물기 때문에 연구참여자를 만날 때마다 비공식적인 면담을 할 수 있다. 문화기술지 면담에서는 질문을 많이 사용한다. 연구자는 한 문화공유집단이 공유하는 규칙, 소통방식, 특정 용어 등을 이해하기 위해 질문을 많이 해야 한다. 이때 질문에는 기술적 질문, 구조적 질문, 대조적 질문이 있다.

① 기술적 질문

　기술적 질문은 전체적인 맥락이나 윤곽을 파악하기 위한 질문이다. "～에 대해 이야기해 주시겠어요?"와 같은 형식으로 질문한다. 기술적 질문은 연구의 전 과정에서 많이 사용되며, 대윤곽 질문과 소윤곽 질문, 예시질문, 경험질문, 현지인(원주민 등) 언어에 대한 질문이 있다.

- 대윤곽 질문: 전체적인 맥락을 파악하기 위해 연구참여자의 사건, 배경 등에 대해 일반적인 이야기를 요청하는 것이다.
- 소윤곽 질문: 대윤곽 질문을 통해 나온 정보 중 구체적으로 탐색할 필요가 있다고 판단되는 내용에 대해 더 자세하게 이야기를 요청하는 것이다.
- 예시질문: 언급된 내용에 대해 예를 들어서 이야기해 달라고 요청하는 것이다.
- 경험질문: 실제로 경험한 것에 대해 이야기해 달라고 요청하는 것이다. 연구자는 이러한 질문을 통해 연구참여자의 경험에 대해 깊이 이해할 수 있다.
- 현지인 언어에 대한 질문: 연구참여자의 문화에서 일상적으로 사용하는 용어에 대해 의미를 확인하는 질문이다. 어느 집단이든 그 집단 구성원끼리 소통되는 용어 또는 은어가 있게 마련이다. 연구자는 그것이 무엇을 의미하는지 파악하는 것이 중요하다.

② 구조적 질문

　구조적 질문은 연구참여자가 무엇을 알고 있으며, 아는 것을 어떻게 구성하는지 파악하기 위한 질문이다. 구조적 질문에는 확인질문, 표제어 질문, 포함용어 질문 등이 있다.

- 확인질문: 연구자가 잠정적으로 이해한 것에 대해 연구참여자에게 확인하는 것이다. 예를 들어, "이런 의미로 판단되는데 그게 맞습니까?"와 같은 형식으로 질문한다.
- 표제어 질문: 연구참여자가 표현하는 말에 무엇이 포함되는지 확인하는 것이다. "그것은 무엇입니까?" 또는 "그것에는 어떤 것이 있습니까?"와 같은 형식으로 질문한다. 예를 들어, "그런 사람은 싫어요."라고 했을 때 "그런 사람은 어떤 사람들입니까?"와 같은 것이다. 표제어는 제목이나 어떤 뜻을 가진 단어, 표현을 의미한다.
- 포함용어 질문: 연구참여자가 언급한 용어들을 살펴보고 그것이 유사한 맥락에 포함되는지 확인하는 것이다. 예를 들어, "약속을 안 지키고 협조를 안 하는 것은 그 사람에 대해 불편한 마음을 표현하는 방식인가요?" 와 같은 형식으로 질문한다.

③ 대조적 질문

대조적 질문은 연구자가 연구참여자의 상황, 사건 등의 의미를 명확히 이해하기 위한 목적으로, 확인하고자 할 때 사용한다. 이것은 한 문화적 영역 내에서 소통되는 개념, 범주를 더 깊이 이해하기 위해 각각의 개념적 특징을 찾아내는 데 도움이 된다. 대조적 질문에는 대조 확인질문, 지시적 대조질문, 이원 대조질문, 순위 매기기 질문이 있다.

- 대조 확인질문: 2개의 용어 사이 또는 두 영역 사이에서 차이를 발견한 후 그에 대해 연구참여자에게 설명하고 확인하는 질문이다.
- 지시적 대조질문: 연구참여자가 한 말이 지니고 있는 의미를 파악한 후, 그 의미와 대조를 이루는 것은 어떤 것인지 알기 위한 질문이다. 예를 들어, 시댁에 가고 싶지 않다고 했을 때 "시댁에 가고 싶지 않아도 가는 사람은 누구인가요?"와 같이 질문한다.
- 이원 대조질문: 2개의 용어 또는 영역 간의 차이에 대해 설명해 달라고 요청하는 질문이다. 예를 들어, "A와 B의 차이는 뭔가요?"와 같이 질문한다.
- 순위 매기기 질문: 특정한 속성에 따라 순위를 매겨 달라고 요청하는 질문이다. 가장 의미 있었던 것, 가장 힘들었던 것 등에 대해 순위를 매기게 한다. 예를 들어, "가장 의미 있었던 것에 대해 순위를 매긴다면 어떻게 할 수 있을까요?"와 같이 질문한다.

(3) 현장노트

장기간의 참여관찰이 필요한 문화기술지 연구에서 현장노트는 매우 중요한 자료원이 된다. 따라서 연구자는 현장 노트를 어떻게 기록하고, 무엇을 중심으로 작성할 것인지를 생각해야 한다. 현장노트는 연구자가 선호하는 방식으로 하는 것이 좋다. 목차별로 기록할 수도 있고 연구참여자별로 기초할 수도 있다. 연구자가 현장노트에 연구참여자에 대한 관찰내용 또는 연구자의 감정과 느낀 점, 생성된 질문거리, 연구자의 해석 등을 촘촘하게 기록해 놓으면 분석할 때 유용하다.

2) 문화기술적 자료 분석하기

문화기술지의 자료분석에서는 모든 문화기술지 연구자가 합의하는 분석 틀은 없다. 문화기술지 연구에서 자료분석은 자료를 모두 수집한 다음에 분석이 이루어지는 것이 아니라 참여관찰과 현장노트에 기록을 하는 과정에서 자료의 분석과 해석이 이루어지기도 한다. 연구자가 참여관찰과 현장노트를 정리하면서 질문거리를 발견하게 되고, 거기에 대해 다시 자료를 수집하고, 또 기록을 하면서 점점 더 깊은 분석으로 이어진다.

여러 학자가 문화기술지 분석방법을 다양하게 제시하고 있지만, 학자들이 제시한 분석절차가 절대적인 것은 아니다. 문화기술지 연구자는 기존의 분석절차를 참고하여 자신의 연구주제나 연구목적에 맞게 응용하면 된다.

일반적으로 문화기술지 연구의 분석방법으로 스프래들리 자료분석 방법(spradley, 1980)이 많이 적용되고 있다. 스프래들리 자료분석 방법은 크게 영역분석, 분류분석, 성분분석, 주제분석의 과정을 제안한다. 스프래들리의 문화기술지 분석과정은 다음과 같다.

- 모든 질적 연구에서 자료분석은 수집한 모든 자료를 텍스트화하는 것에서 시작한다. 영역분석 단계는 자료를 반복해서 읽으면서 문화적 의미단위를 찾아내는 것이다. 연구자는 필사한 자료와 현장노트를 비교하면서 문화적 의미단위에 표시하거나 줄을 친다. 자료를 분석하다 보면 반드시 반복적으로 나타나는 주제가 있다. 따라서 연구자는 반복적으로 나타나는 문화적 주제에 주목해야 한다.
- 다음은 분류분석 단계이다. 분류분석은 영역분석을 통해 발견한 문화적 패턴과 영역을 서로 비교하면서 유사한 주제끼리 분류하고 조직하는 것이다.

- 성분분석은 분류분석을 통해 분류된 속성에 따라 더 체계적으로 범주화하는 것이다.
- 주제분석은 자료에서 반복적으로 나타나는 문화적 주제들이 서로 어떤 관련성을 맺고 있는지를 확인하고, 더 큰 문화적 주제로 통합하는 것이다. 연구자는 이런 과정을 수없이 반복하면서 유기적으로 검토하고 다듬어야 한다.

다른 질적 연구의 분석방법과 마찬가지로 문화기술지의 분석과정도 기본적으로 코딩하기, 문화적 주제 발견, 범주화, 다시 현장으로 들어가기의 순환과정을 거친다.

3) 문화기술적 글쓰기

질적 연구에서 글쓰기는 연구의 마지막 단계에서 이루어지는 것이 아니라 연구의 과정에서 이루어지는 순환과정 중 하나의 과정이다. 현장에서 자료를 수집하는 과정에서도 분석과 해석을 하게 되고 이러한 자료들은 글쓰기와 연결된다. 연구자는 자신의 연구결과를 효과적으로 전달하기 위해 어떤 방식으로 무엇을 중심으로 하고 무엇을 배경으로 할 것인지를 구상해야 한다.

문화기술지 연구의 글쓰기는 연구참여자들의 상황을 상세하게 반영해야 한다. 무엇보다 중요한 것은 연구참여자들의 공유된 생활양식의 의미에 대해 풍부하고 심층적으로 기술하는 것이다. 때로는 연구자가 분석한 결과를 토대로 글을 쓰는 과정에서도 의문점이나 불확실하게 느껴지는 부분이 생길 수 있다. 이럴 경우 연구자는 다시 현장으로 들어가서 연구참여자에게 질문하고, 그에 대해 답을 얻거나 확인하면서 연구를 수정하고 글쓰기를 완성해 가야 한다.

 ## 4. 문화기술지의 장단점과 유의점

문화기술지의 장점과 단점, 그리고 연구에서 유념해야 할 몇 가지 유의사항을 차례로 제시하면 다음과 같다.

1) 문화기술지의 장점

첫째, 문화기술지 연구는 어떤 집단이나 사람들의 행동 패턴에 대한 의미를 사회문화적인 맥락에서 이해하고자 할 때 유용하다.

둘째, 기존의 주류와는 다른 어떤 문화를 소유하고 있는 집단에 대해 알고 싶을 때 유용한 접근이다.

셋째, 내부자적인 관점을 통해 현장에서 실제 관찰을 통해 연구를 진행함으로써 관찰을 하지 않으면 발견하기 어려운 현장의 실제 정보를 제공한다는 점에서 유용하다.

넷째, 참여관찰과 면접, 순환적 자료분석 절차를 통해 다른 연구방법에 비해 심층적인 정보를 제공할 수 있다는 장점이 있다.

2) 문화기술지의 단점

첫째, 타당한 방법과 절차를 따라 제대로 진행하지 못한 문화기술지 연구는 연구자의 선입견이 반영되어 제시됨으로써, 실제 연구참여자들의 의식과 행위 및 소통양식의 의미를 이해하지 못하고 기술될 수 있기 때문에 수필이나 다름없는 결과를 제시할 수 있다.

둘째, 장기간의 연구기간이 필요할 가능성이 높다. 수개월 이상의 현장참여와 자료 분석 기간이 필요하다.

셋째, 특정 사회와 문화적 맥락에 초점을 맞춘 연구결과들은 그 결과를 일반화하여 적용하기에 한계를 가질 수 있다.

넷째, 문화기술지 연구는 개인보다는 집단의 공유된 문화(의식, 관습, 규칙)를 이해하는 데 관심을 둔다. 따라서 개인 내적인 속성에 대한 부분을 간과할 수 있다는 단점이 있다.

3) 문화기술지의 유의점

첫째, 연구의 주된 관심사에 대한 연구자들의 믿음이 연구결과에 있어서 문화적 요소들이 가지는 일상생활에서의 영향력이나 인과관계성을 과대평가할 경향성이 있다는 점을 인식하고 연구에 임해야 한다.

둘째, 문화기술지 연구를 수행하면서 대상이 되는 집단과 사회에서 경험한 모든 것을 그들의 입장에서 완벽하게 이해했을 것이라고 가정하면서 문화기술지를 해석하지 않도록 유의해야 한다. 연구결과에는 연구자의 의도하지 않은 편견과 자의성이 개입할 수 있다는 점과 사회와 문화가 변화하듯이 문화기술지에 담긴 연구자의 해석과 관점도 항상 변화할 수 있음을 인정하는 자세가 연구자나 독자 모두에게 필요하다(Genzuk, 2003).

셋째, 문화기술지에서 가장 중요한 연구도구는 연구자 자신으로, 이는 문제의 선정, 관찰, 해석 등의 연구과정에서 연구자 자신이 가장 기본적이고 신뢰할 만한 연구도구로 활용된다는 것을 의미한다. 이를 위하여 연구자는 개인적 편견을 제거하고 개방성을 획득하기 위하여 노력해야 하며 꾸준히 자기성찰을 해야 한다(이희봉 역, 1989).

제17장　사례연구

　사례연구(case study)는 대표적인 질적 연구 중 하나로, 특정한 현상을 구체적으로 정의하고 탐색하고 기술하여 사례를 이해하고, 그러한 사례를 기반으로 다양한 현상을 이해하기 위한 정보를 구축하는 방식이다. 현실에서 쉽게 접할 수 있는 현상을 연구대상으로 선정하여 일상경험과도 직접적으로 관련되어 있기 때문에 다양한 학문 분야에서 현상을 이해하고 새로운 이론을 구축하기 위해 활발히 활용되고 있는 연구방법이기도 하다. 예를 들어, 교육 분야에서는 학교조직, 교육과정, 교육프로그램 평가, 학생들의 활동에 대한 이해와 심층분석 등을 주제로 사례연구가 진행되기도 하며, 경영학에서는 다양한 기업의 사례를 통해 의사결정 과정의 합리성, 효율성을 높이기 위한 대안을 도출하기도 한다.

　'사례'의 범위 내에서 구체적인 내용을 탐구하는 것이기 때문에 어떤 현상에 대해 깊이 있고 종합적인 이해가 가능해져 통찰을 얻을 수 있다. 특히 양적 연구를 통해 검증하기에 어려운 복합적이고 얽혀 있는 관계의 구조를 보다 깊이 있게 파악할 수도 있고, 새로운 현상과 관계의 발견을 통해 양적 연구로 확대되는 기반이 되기도 한다. 보다 깊이 있게 사례연구가 진행되기 위해서는 다양한 자료의 수집과 분석이 필수적인데, 이 과정에서 연구자의 전문성과 통찰력이 중요하게 작용한다.

　이 장에서는 사례연구의 개념과 특성, 유형을 통해 사례연구의 필요성과 중요성을 이해하고 사례연구의 수행절차 및 장단점, 유의점을 살펴보고 사례연구의 설계와 활용에 대해 정리해 본다.

1. 사례연구의 정의와 특성

1) 사례연구의 정의

사례에 대한 연구는 그동안 다양한 분야에서 활용되어 왔다. 그러나 연구방법론적 (methodological) 관점에서 사례연구가 주목을 받은 것은 질적 연구방법이 발전하고 그 영향력이 확대된 1980년대 이후이며 이즈음 Stake, Yin, Merriam 등이 연구방법으로서 사례연구에 관한 저술을 출간하였다.

사례 연구는 심리학, 법학, 의학, 경영학, 교육학 등 다양한 분야에서 오래전부터 활용되어 연구자들이나 대중에게 익숙한 방법이다. 그러나 고유한 연구방법으로서 주목을 받기 시작한 것은 질적 연구방법 중에서도 최근의 일이다. 따라서 사례연구의 개념이나 본질에 대해 아직도 연구자들 사이에 혼란이 있다. Merriam(2009)은 사례연구라는 용어는 실험, 설문조사, 역사연구로 분명히 구분되지 않는 모든 연구를 포괄하는 범주(catch-all category)로 간주되거나, 다른 질적 연구방법 용어들과 상호교환적으로 사용되고 있다고 하였다.

사례연구를 체계화하고 있는 주요 학자들의 노력으로 특정한 연구방법으로서 사례연구의 정체성은 현재 어느 정도 인정되고 있다. 그러나 사례연구의 가장 핵심적인 특성이 연구를 수행하는 과정(process)에 있는지, 연구대상(unit of study)에 있는지에 대한 견해의 차이가 여전히 존재하고 있다.

사례연구를 정의하는 데 있어서 연구대상에 더 초점을 맞출 것인지, 연구과정에 더 초점을 맞출 것인지에 따라 사례연구를 주장하는 주요 학자들의 견해에 차이가 있지만, 이는 어느 것을 보다 더 핵심적인 특성으로 볼 것인지의 문제이며, 두 측면 모두 사례연구의 특징을 나타내고 사례연구를 이해하는 데 기여한다고 할 수 있다(Merriam, 2009).

사례연구의 본질을 이해하는 데 있어서 어느 측면이 더 핵심적이고 중요한가를 선택하여야 한다면, 어떤 연구가 사례연구인지 아닌지를 결정하는 것은 그 연구가 '특정한 사례'를 연구하는지 아닌지에 달려 있다고 할 수 있다.

Punch(2005)는 "사례연구란 단독의 또는 작은 수의 사례들에 대한 매우 구체적인 연구이며, 적절하다고 판단되는 모든 방법이 동원되는 연구"이다. Punch(2005)는 사례연구를 구체적인 연구의 방법(method)이라기보다는 하나의 전략(strategy)으로 보았다. Merriam

(1998)은 "질적인 사례연구는 하나의 사건, 현상 혹은 사회적인 단위에 대한 집중적이고 전체적인 설명과 분석"이라고 하였다.

　사례연구에 대한 다양한 학자들의 정의는 〈표 17-1〉에 제시되어 있다. 사례연구는 광범위한 개념들을 포함하고 있기 때문에 사례연구의 범주 속에는 이질적인 이론적 배경을 취하는 질적 연구들이 포함될 수 있다. 예를 들어, 구체적인 연구물에 대해 문화기술지적 사례연구, 현상학적 사례연구와 같은 형태가 가능하다. 이와 같이 연구방법론 또는 연구수행의 전략으로서의 사례연구를 정의함에 있어 많은 학자가 사례연구가 지니는 여러 가지 측면에 대한 서로 다른 강조점과 해석을 바탕으로 하고 있음을 알 수 있다. 사례연구는 앞서 말한 것과 같이 다양한 속성을 모두 포함하고 있는 것이 사실이며, 어느 부분에 초점을 두느냐에 따라서 사례연구에 대한 개인적인 정의는 달라질 수 있다. 따라서 중요한 것은 연구자와 독자 스스로가 사례연구가 갖는 다양한 특성을 이해하고 이를 통해 자신만의 언어로 사례연구에 대한 정의를 내리는 것이라고 할 수 있다.

〈표 17-1〉 사례연구의 다양한 정의

구분	사례연구 정의
연구주제	• Schramm(1971): 사례연구의 핵심은 하나의 의사결정이나 일련의 의사결정이 왜 일어났으며, 그것이 어떻게 실행되어 어떠한 결과를 가져왔는지를 조명하고자 하는 연구이다. • Stake(1995): 사례연구란 단일한 사례가 특정한 상황 속에서 갖는 복잡성과 특수성을 포함하는 행위에 대한 이해를 위한 연구이다.
전략과 방법	• Punch(2005): 사례연구란 단독의 혹은 작은 수의 사례들에 대한 매우 구체적인 연구이며, 적절하다고 판단되는 모든 방법이 동원되는 연구이다. • Yin(2003): 사례연구는 관심의 대상이 되는 요소들이 가능한 자료의 수집처보다 많은 상황에서 자료의 다양성을 보장하는 형태로 자료수집이 이루어지고 이론에 기반하여 자료의 수집과 분석이 영향을 받는 연구이다.
연구산출물	• Merriam(1998): 질적인 사례연구는 개별적인 사건, 현상 또는 사회적 단일체에 대한 집중적이고 전체적인 기술과 분석이다. • Wolcott(1992): 사례연구는 현장을 중심으로 수행된 연구물의 최종 산출물이다.

출처: 유기웅, 정종원, 김영석, 김한별(2018).

2) 사례연구의 특성

사례연구에 있어서 가장 중요한 부분은 '사례(case)'를 어떻게 개념화할 것인가이다 (Merriam, 1998). Miles와 Huberman(1994)은 사례를 정의함에 있어 "제한된 맥락 안에서 일어나는 현상"이라고 설명하였다. Stake(1995)는 "사례란 구체적이고, 복잡하며, 현재 진행형의 것"으로 정의하였다. 사례는 특정한 인물, 집단일 수도 있고, 조직이나 기관일 수 있으며, 어떠한 프로그램이나 사회적인 현상일 수 있다. 또한 사회과학 분야에 있어서의 연구대상, 즉 사례로 전환될 수 있는 단위들을 더욱 구체적으로 개인, 개인이 지닌 속성, 행위와 상호작용, 행위를 통해 산출된 인공물, 행위가 일어나는 환경, 사건, 집단의 산출물의 여섯 가지로 나누기도 하였다(Brewer & Hunter, 1989). 이러한 부분이 사례연구의 가장 큰 특성이 될 수 있다.

(1) 연구대상으로서의 사례가 갖는 특성

- 제한성: 연구자의 관심을 끄는 사람, 집단, 프로그램, 현상 등은 모두 사례의 범주에 속할 수 있다. 사람, 집단, 프로그램, 현상 등 사례연구의 대상이 되기 위해서는 중요한 단서가 필요하다. 즉, 연구의 대상으로서 사례는 경계성이라는 제한성을 가져야 한다는 점이다(Merriam, 1998; Punch, 2005; Stake, 1995). 경계(boundary)를 지닌다는 것은 연구의 대상이 되는 사례가 주변의 사례들과는 여러 가지 이유로 구분이 가능함을 뜻한다. 연구의 대상이 되는 사례와 그렇지 않은 사례를 구분해 주는 요인들에는 여러 가지가 있을 수 있다.
- 맥락성: 사례연구는 현상을 이해하는 데 있어서 맥락을 제외하고는 충분한 이해가 불가능한 상황에 적합한 연구이다(Yin, 1994). 이러한 맥락성은 제한성과는 상충되는 개념으로 이해된다. 대부분의 경우 사례와 이를 둘러싸고 있는 맥락의 경계는 불분명하다(Punch, 2005). 따라서 연구자는 사례 자체와 맥락의 경계선을 가능한 한 명확하게 규정해야 하고 이에 대해서 자세하게 서술할 필요가 있다.
- 구체성: 사례연구는 해당되는 사례에 대한 일반적이고 전체적인 정보를 제공하는 것을 목적으로 수행되는 것이 아니다(Hays, 2004). 대신 사례가 내포하고 있는 구체적인 현상, 문제 등에 초점을 맞추어 실시되어야 한다는 점에서 연구의 대상이 되는 사례는 다른 사례와 구별이 되는 구체적인 정보를 포함하고 이를 연구자가 발견할

수 있어야 한다.

- 복잡성: 사례연구는 양적인 연구에서는 제한적으로 설명되었던 현상의 복잡다단한 요인들과 이들 간의 관계성, 그리고 이러한 상호작용을 통해 일어나는 현상에 대한 이해를 얻기 위해 수행된다. 사례가 갖는 복잡한 특성 때문에 다른 연구방법을 통해서는 쉽게 접근할 수 없었던 새로운 연구의 영역이나 문제들이 사례연구를 통해 드러나고, 이를 통해 후속연구에 도움이 될 수 있는 개념적인 설명들을 제공한다는 점은 사회과학 분야에 있어서 사례연구가 갖는 큰 장점 중 하나이다(Punch, 2005).

2. 사례연구의 유형

　사례연구는 해당 사례가 한 개인이나 여러 사람들, 집단, 전체 프로그램, 활동 등을 포함하는가와 같은 경계를 가진 어떤 체계의 규모에 따라 구분된다. 또한 몇몇 학자들은 사례연구를 사례의 규모나 수, 연구의 목적에 따라 몇 가지 유형으로 분류하기도 한다. 사례연구는 연구목적에 따라 설명적, 기술적, 탐색적 사례연구로 유형을 나누었으며, 또한 사례연구 설계를 사례의 수(단일, 다중)와 분석단위(단일, 복합)에 따라 네 가지 유형으로 제시된다. Stake(1995)는 사례연구의 목적에 따라 본질적 사례연구, 도구적 사례연구를 제시하였고 도구적 사례연구는 다시 사례의 수에 따라 단일 사례연구, 집합적 사례연구로 유형을 나누었다. 이 장에서는 질적 접근의 사례연구의 유형으로 Stake(1995)의 분류에 대해 살펴보도록 하겠다.

　첫째, 본질적 사례 연구(intrinsic case study)이다. 본질적 사례연구는 특정한 사례 자체에 대한 본질적인 관심으로 인해 이루어지는 사례연구이다. 즉 연구자가 특정한 아동, 교사, 프로그램 등을 온전히 잘 이해하기 위한 목적으로 연구를 수행하는 것이다. 이 경우 사례는 선정되는 것이 아니라 주어지게 된다. 예를 들어, 교사가 왕따를 당하는 반 학생을 연구하기로 하거나, 연구자가 특정한 시민단체에 강한 호기심을 느껴 연구하는 경우, 또는 평가자가 하나의 프로그램을 평가하여야 할 책임이 있는 경우가 이에 해당한다. 본질적 사례연구는 내러티브연구의 초점을 닮았지만, 사례를 상세히 기술하는 사례연구의 분석절차는 여전히 유효한 맥락 또는 주변 환경 안에 맞춰져 있다.

　둘째, 도구적 사례연구(instrumental case study)이다. 도구적 사례연구는 사례에 의해 사례연구를 수행하는 것이 아니라 어떤 문제나 쟁점에 대한 통찰을 얻거나 일반화를 수정하기 위한 목적으로 사례연구를 수행하는 것이다. 즉, 다른 어떤 것의 이해를 높이기 위해 사례를 활용하는 것이다. 이 경우에도 사례와 그 맥락들은 깊이 있게 연구되지만 이는 외적인 관심을 추구하는 데 도움을 주기 때문이다. 하지만 본질적 사례연구와 도구적 사례연구를 명확히 구분하는 기준은 없으며, 서로 결합되는 부분이 있을 수 있다.

셋째, 집합적 사례연구(collective case study)이다. 집합적 사례연구는 확장된 도구적 사례연구라고 할 수 있다. 어떤 현상이나 일반적인 조건(condition)을 탐구하기 위해 여러 개의 사례들을 결합하여 연구를 수행하는 것으로, 예를 들어 자유학기제의 성공 요인을 알아보기 위해 몇 개의 학교들을 사례로 선정하는 경우이다.

3. 사례연구의 절차

사례연구를 수행할 때는 여러 가지 절차들을 활용할 수 있다(Meniam, 1998; Stake, 1995; Yin, 2003). 여기에서는 사례연구 수행에 대한 Stake(1995)와 Yin(2003)의 접근을 소개한다.

첫째, 연구자는 사례연구 접근이 연구문제에 적합한지 결정한다. 사례연구는 연구자가 분명하게 확인할 수 있는 경계를 가진 사례를 갖고 있고, 사례들에 대한 깊은 이해나 여러 사례들에 대한 비교를 하고자 할 때 좋은 접근이다.

둘째, 연구자는 사례나 사례들을 확인해야 한다. 이러한 사례들에는 한 개인, 여러 사람, 프로그램, 사건, 활동이 포함될 수 있다. 사례연구를 수행하는 데 있어서 연구자들은 우선 어떤 유형의 사례연구가 가장 가망이 있고 유용한지 고려하는 것이 좋다. 사례는 단일한 사례일 수도 있고 집합적 사례일 수도 있으며, 다중 현장일 수도 있고 현장 내에서 이루어질 수도 있으며, 단일한 사례 또는 하나의 이슈(본질적, 도구적)에 초점을 맞출 수 있다(Stake, 1995; Yin, 2003). 어떤 사례를 연구할 것인가를 선택하는 데 있어서 의도적 표본추출을 위한 일련의 가능성들을 이용할 수 있다. 연구자가 그려 보고 싶은 문제나 과정, 사건 등에 대한 다른 관점을 보여 주는 사례 또는 평범한 사례들, 접근할 수 있는 사례들, 그 외에 독특한 사례들을 선택할 수도 있다.

셋째, 사례연구의 자료수집은 대체로 광범위하며, 관찰, 면접, 문서, 시청각 자료와 같은 다양한 정보원들을 활용한다. Yin(2003)은 문서, 기록물, 면접, 직접 관찰, 참여관찰, 물리적 인공물 등 수집해야 할 여섯 가지 정보 유형들을 추천하고 있다.

넷째, 이러한 자료들의 분석 유형은 사례 전체에 대한 총체적 분석(holistic analysis) 또는 사례의 구체적인 측면에 대한 삽입된 분석(embedded analysis)일 수 있다(Yin, 2009). 이러한 자료수집을 통해 사례에 대한 상세한 기술(description)이 나타나며, 연구자는 사례의 역사, 사건의 연대기, 사례의 활동에 대한 매일의 묘사와 같은 측면들을 상세히 기술한다. 이러한 기술 이후에, 연구자는 사례를 넘어 일반화하려는 것이 아니라 사례의 복잡성을 이해하기 위해 소수의 주요 이슈들(또는 주제분석)에 초점을 맞출 수 있다. 각 사례 내에서 이슈들을 확인하고 나서 사례들을 초월하는 공통적인 주제들을 찾기 위한 분석전략을 사용할 수도 있다(Yin, 2003). 이러한 분석은 사례의 맥락 또는 사례가 스스로를 나타내는 상황 속에서 풍부해진다. 여러 사례들이 선택되었을 때, 전형적인 형식은 먼저 각 사례에 대한 상세한 기술과 그 사례 내의 주제들을 제시하고, 사례들에 걸쳐 있는 주제를 분석하며, 사례들의 의미에 대한 주장이나 해석을 하는 것이다.

다섯째, 마지막 해석 단계에서 연구자는 사례의 의미를 보고하게 되는데, 그 의미는 사례의 이슈에 대해 알게 된 것에서 나온 것일 수도 있고, 비일상적인 상황에 대한 학습에서 올 수도 있다. 이 단계에서는 사례를 통해 배운 교훈들을 보고한다(Lincoln & Guba, 1985).

양적 접근법을 포함하는 Yin의 사례연구를 제외한 질적 사례연구는 일반적인 질적 조사방법의 특성을 공유하고 있다. 따라서 자료수집은 관찰과 면담을 위주로 진행되며, 자료의 분석도 범주, 패턴, 주제를 도출하는 귀납적 방법을 활용하게 된다. 다른 질적 조사방법과 차별되는 점은 사례를 선정하는 것과 사례의 복잡성, 맥락과의 상호작용 및 관련성 등을 면밀히 파악, 분석하여 보다 심층적이고 복합적인 연구문제(쟁점)를 도출한다는 점이다. Stake(1995)의 견해를 중심으로 사례연구를 수행하는 절차를 살펴보면 다음과 같다. 이러한 절차는 순차적으로 이루어지거나 단계가 명확히 구분되는 것은 아니다. 연구문제의 진술은 연구의 마지막까지 계속되며, 보고서의 작성은 예비적인 관찰 단계에서부터 시작된다.

1) 사례의 선정

사례연구는 사례를 선정하는 것에서 출발한다. 사례를 선정하고 이를 경계 짓는 것은 사례연구를 수행하고자 하는 연구자에게 큰 도전이다. 어떤 사례를 선정할지는 연구자에게 중요하고도 어려운 과제이다. 이러한 사례의 선정은 특히 도구적 또는 집합적 사례연구에서의 문제이다. 특정한 사례 자체에 대한 관심으로 인해 이루어지는 본질적 사례연구에서는 사례가 주어지기 때문이다.

어떤 문제나 쟁점에 대한 통찰을 얻거나 일반화를 수정하기 위한 목적으로 수행되는 도구적 또는 집합적 사례연구에서 사례는 다음과 같이 선정될 수 있다. 사례 선정의 가장 핵심적이고 우선적인 기준은 우리가 배울 수 있는 것을 최대화하는 것(to maximize what we can learn)이다(Stake, 1995). 즉, 연구자가 이해하고자 하는 문제나 쟁점에 대해 가장 많은 정보나 통찰을 얻을 수 있는 사례를 선정하여야 한다. 아울러 사례에 대한 접근성, 정보원 파악의 용이성, 연구참여자의 호의성 등을 포괄적으로 고려하여 결정된다.

2) 연구문제의 진술

쟁점은 사례가 가진 갈등, 어려움, 문제점 등을 의미하며, 사례연구를 수행하는 데 있어서 연구문제로서의 역할을 한다. 이는 어떤 정보를 구하는 질문이나 일반적이고 포괄적인 연구문제와는 구별되는 것으로 여러 맥락과 얽혀 있는 복잡한 사례를 이해하는 데 핵심적 요소이다.

쟁점은 다음과 같이 진술될 수 있다. 연구자는 사례연구 초기에 사례의 쟁점을 찾아내게 된다. 연구자는 연구에 대해 협상을 진행할 때, 연구자가 사례를 처음 방문할 때, 또는 사례에 대한 문헌이나 경험으로부터 10개에서 20개 정도의 예비 쟁점 목록을 작성한 후 이를 점차 몇 개의 쟁점으로 간추리게 된다. 이러한 쟁점은 연구자로부터 나온 것으로 Stake는 이를 에틱(etic, 문화일반적) 쟁점이라고 칭한다. 에틱 쟁점은 연구가 진행되면서 점차 사례에 속한 사람들의 쟁점인 에믹(emic, 문화내부적) 쟁점으로 진화하게 된다.

3) 자료의 수집

사례연구는 일반적인 질적 연구에서 활용하는 자료, 예를 들어 관찰, 면접, 문서, 시청각 자료 등을 광범위하게 활용한다. 사례연구의 목적은 여러 맥락과 복잡하게 얽혀 있는 사례에 대해 쟁점을 중심으로 이해하는 것이며, 연구자는 이러한 목적에 부합하는 가능한 한 다양한 자료를 수집하고자 한다. 특히 사례연구자는 사례의 일반적인 특성보다는 특수성에 더 초점을 맞추어야 하기 때문에 사례의 활동(activity)과 기능(function), 사례의 역사적 배경과 물리적 환경, 경제적·정치적·법적·미학적 맥락, 사례에 대해 알려 주는 정보제공자(infomants)에 관한 자료를 수집한다.

4) 자료의 분석

사례연구의 자료분석 방법은 자료수집과 마찬가지로 질적 연구의 일반적인 방법 및 절차를 따른다. 즉, 전체적으로 자료를 검토한 후 자료 중 일정 부분을 선정하여 이를 잘 표현하는 코드를 부여하는 코딩 과정을 거쳐, 범주, 주제, 패턴 등을 추출하는 방식을 따른다.

다른 질적 연구방법과 구별될 수 있는 사례연구가 갖는 자료 분석의 특징을 말한다면, 사례연구는 특정 사례에 대한 집중적이고 종합적인 묘사와 분석을 요구하기 때문에 자료의 양이 다른 방식보다 더 방대할 수 있으며, 따라서 사례연구에서는 자료의 관리가 더욱 중요하다.

4. 사례연구의 장단점과 유의점

다른 연구방법과 마찬가지로 질적 사례연구 또한 나름대로 장점과 단점을 지닌다. 사례연구의 장단점과 함께 연구에서 유념해야 할 몇 가지 유의사항을 제시하면 다음과 같다.

1) 사례연구의 장점

첫째, 사례연구는 특정한 사례에 대한 깊이 있는 이해를 하는 데 가장 강력한 연구방법이다. 사례연구에서 연구자는 선정된 사례의 특수성과 복잡성을 현재 맥락 안에서 심층적으로 이해하고자 사례 자체에 집중한다. 이러한 연구 초점의 구체성을 통해 사례연구는 사례의 실제적인 문제해결에도 매우 유용한 연구방법이 된다.

둘째, 사례연구는 현장의 지식 기반(knowledge base)을 확장하는 데 중요한 역할을 하게 된다. 사례연구는 실제 삶의 상황에서 현상에 대한 풍부하고 총합적인 설명을 제공하게 되며, 이는 현상에 대한 통찰을 제공하고 현상의 의미를 명확히 함으로써 현상에 대한 독자들의 경험을 확장시키게 된다. 이러한 통찰은 후속 연구들이 구조화되는 데 기여하는 잠정적 가정들(tentative hypotheses)로 해석됨으로써 지식 기반을 확장하게 되는 것이다. 이러한 장점으로 인해 사례연구는 특히 교육 개혁, 프로그램의 평가, 정책 제언 등에 매우 유용한 것으로 입증 되었다.

셋째, 사례연구는 자연주의적 일반화(naturalistic generalization)에 효과적이다. 사례연구는 사례에 대한 풍부하고 세밀한 묘사를 통해 질적 이해의 핵심인 경험적 지식(experiential knowledge)을 생산하고 전달함으로써 독자들이 간접 경험을 하게 되고, 이는 어느 정도 실제적 경험과 마찬가지로 앎과 이해의 가장 기본적인 과정을 촉진하게 된다(Stake, 2008).

2) 사례연구의 단점

첫째, 시간과 재원의 문제이다. 연구자는 사례의 모든 것을 이해할 수는 없다. 연구자는 사례연구를 수행하는 데 있어서 주어진 시간과 재원의 한계로 인해 사례의 어떤 부분에 초점을 맞추어야 할지 전략적 결정을 하며, 이를 위해 쟁점의 진술은 매우 중요한 역할을 하게 된다(박도순 외, 2020).

둘째, 사례 선정의 어려움을 들 수 있다. 즉, 연구자가 자신의 사례를 규정하여야 하는 것이 사례연구를 수행하는 데 있어서 하나의 도전이다. 연구자가 어떤 것을 사례로 선정할지, 사례의 수는 몇 개로 할지, 사례와 맥락을 어떻게 경계 지을지 등을 결정하는 것은 매우 중요하고도 어려운 작업이다.

3) 사례연구의 유의점(유기웅, 정종원, 김영석, 김한별, 2021)

첫째, 좋은 사례연구는 중요성을 확보해야 한다. 좋은 사례연구의 공통적인 특징은 우선 연구의 대상이 되는 개별 혹은 복수의 사례가 일반적인 관심의 대상이 되고 있거나, 범상치 않은 속성을 지닌다는 것이다. 아울러 사례가 국가적으로, 이론적으로, 정책적으로, 혹은 현실적으로 중요한 문제를 내포하고 있다. 기존의 연구를 통해서 탐색되지 않았던 주제에 대한 연구가 가능한 사례나, 이론적인 논쟁의 대상이 될 수 있는 사례를 연구대상으로 삼을 수 있다면 연구의 중요성을 확보하는 데 큰 도움이 될 수 있다. 이러한 사례를 발견할 수 있는 연구자의 눈은 관련 연구 성과물에 대한 집중적인 검토를 통해서 형성될 수 있다.

둘째, 좋은 사례연구는 완전해야 한다. 사례연구의 완전성에 대한 기술적인 정의를 내리는 일은 매우 어렵다. 그럼에도 불구하고 완전성을 이루는 세 가지 특징적인 요소를 확인할 수 있다. 그 요소는 다음과 같다.

- 완전한 사례는 경계성을 갖는다. 사례연구를 통해 연구의 대상과 대상을 둘러싼 맥락에 대한 뚜렷한 경계선이 자연스럽게 형성되어야 한다. 이러한 경계선을 형성하기 위해서 연구자는 논증을 하거나 관련된 증거를 제시하는 방법을 활용할 수 있다.
- 완전한 사례연구는 증거수집의 완전성을 포함해야 한다. 좋은 사례연구는 연구자가 연구의 상황이 허용하는 모든 방법을 동원하여 집중적으로 자료를 수집하였다는 사실을 자연스럽게 보여 준다. 현실적으로 사례와 관련된 모든 자료를 수집하는 것은 불가능하다. 이러한 점에서 자료와 증거수집의 완전성은 연구자가 제시하고 있는 설명과 논리를 뒷받침할 수 있는 충분한 자료가 수집되어 분석되었음을 보여 주는 것을 의미한다.
- 인위적인 요소의 배재를 통한 완전성이다. 계획된 연구수행의 기간이 끝났기 때문에 또는 가용한 자료가 더 이상 확인되지 않기 때문에 완료되는 사례연구는 완전하지 못하다. 좋은 사례연구, 완전한 사례연구를 위해서는 이와 같은 연구의 제한점을 극복할 수 있는 연구설계와 연구자의 경험이 요구된다.

셋째, 좋은 사례연구는 대안적인 관점을 포함해야 한다. 좋은 사례연구는 자료의 분석과 결과의 도출과정에 있어서 가능한 한 다양한 관점을 허용하는 것이다. 이러한 대안적인 관점들은 다른 이론이나 문화적인 관점에 대한 검토를 통해서 얻어질 수 있다.

넷째, 좋은 사례연구는 풍부한 증거자료를 제시해야 한다. 좋은 사례연구는 효과적으로 관련된 중요자료와 증거를 나타내 준다. 이를 통해 사례연구를 읽는 독자들이 개인적으로 결과에 대한 해석을 형성하도록 도와준다. 수집된 많은 증거자료 가운데 어떠한 자료를 제시할 것인가에 대한 연구자의 판단이 연구자의 선입관이나 가치관이 개입되어야 한다는 것을 의미하지는 않는다.

다섯째, 좋은 사례연구는 독자들을 끌어들이는 힘이 있어야 한다. 좋은 사례연구는 연구결과의 보고형태가 어떠하든지 간에 독자들을 끌어들이는 힘을 가져야 한다. 같은 내용이더라도 어떠한 문체를 사용하여 보고되었는가, 얼마나 독자들의 주의를 환기시키는 요소들을 갖추었는가에 따라서 연구자의 의도가 효과적으로 전달될 수도 있고 그렇지 않을 수도 있다.

강문숙, 김석우(2012). 내러티브 스토리텔링의 교육적 효용성에 대한 학습자 인식 연구. 사고개발, 8(2), 83-106.

강성중(2011). 인터랙션 디자인의 철학적 기반으로서 현상학 연구. 한국디자인문화학회지, 17(2), 1-11.

고려대학교부설행동과학연구소 편(1998). 심리척도핸드북. 서울: 학지사.

고려대학교부설행동과학연구소 편(1999). 심리척도핸드북 Ⅱ. 서울: 학지사.

서울대학교교육연구소 편(1994). 교육학용어사전. 서울: 도서출판하우.

권향원(2016). 근거이론의 수행 방법에 대한 이해. 한국정책과학학회보, 20(2), 181-216.

권향원, 최도림(2011). 근거이론적 방법의 이론화 논리에 대한 이해: 한국행정학의 비맥락성과 방법론적 편향성 문제를 중심으로. 한국행정학보, 45(1), 275-302.

길병휘 외(2001). 교육연구의 질적 접근. 서울: 교육과학사.

김석우(1997). 교육연구법. 서울: 학지사.

김석우, 원효현, 김경수, 김윤용, 구경호, 장재혁(2021). 교육평가의 이론과 실제. 서울: 학지사.

김석우, 최태진(2011). 교육연구방법론. 서울: 학지사.

김석우, 최태진, 박상욱(2015). 교육연구방법론 2판. 서울: 학지사.

김순은(1999). Q 방법론의 이론적 배경과 비판적 고찰. 정책분석평가학회보, 9(2), 201-216.

김영천(2018). 질적연구방법론 2: Methods. 서울: 아카데미프레스.

김영필(2002). 철학 상담학의 정립을 위한 하나의 제안: 현상학적 심리치료. 철학논총, 28, 145-162.

김인숙(2011). 근거이론의 분기: Glaser와 Strauss의 차이를 중심으로. 사회복지연구, 42(2), 351-379.

김인숙(2012). 근거이론 담론과 사회복지 지식형성: 그 지형과 의미. 비판사회정책, (34), 77-128.

김재은(1984). 교육 사회 심리 연구방법. 서울: 교육과학사.

김종서(1995). 교육연구의 방법. 서울: 배영사.

김종훈(2005). 진로태도 유형화를 통한 조리과 학생들의 군집별 내재적 심리 특성 연구. 경기대학교 대학원. 박사학위논문.

김헌수, 원유미(2000). Q 방법론. 서울: 교육과학사.

김호권(1963). 연구문제의 발견과 설정. 오천석 외. 교육연구. 서울: 현대교육총서출판사.

김흥규(1992). 주관성 연구를 위한 Q 방법론의 이해. 간호학논문집-서울대학교, 6(1), 1-12.

김흥규(1996). Q 방법론의 유용성 연구. 주관성 연구, 1, 15-33.

김흥규(2007). Q 표본의 특성연구: 특성, 종류, 준비과정. 주관성 연구, (14), 19-39.

박도순(1995). 교육연구방법론. 서울: 문음사.

박도순, 권재기, 김정민, 남현우, 양길석, 원효헌, 이원석, 조지민(2020). 교육연구방법론(제3판). 서울: 교육과학사.

박선영(2019). 내러티브 탐구를 통한 베트남 결혼이주여성의 정체성 연구. 상명여자대학교 대학원, 박사학위논문.

박순영(1993). Q 방법론의 과학정신탐구. 한양대 언론문화연구소.

박승민(2012). 상담학 분야의 질적연구 경향 분석-국내 학술지 논문을 중심으로. 상담학연구, 13(2), 953-977.

박정아, 문영주(2019). 진로진학상담 슈퍼비전 경험에 대한 질적 사례연구. 상담학연구: 사례 및 실제, 4(1), 1-22.

서울대학교교육연구소(1994). 교육학 용어사전. 서울: 하우.

서울대학교 사범대학 교육연구소(1991). 한국교육심리검사총람. 서울: 프레스빌.

서현주, 김수영(2018). What is Scoping Review?. J Health Tech Assess, 6(1), 16-21.

성태제(1995). 현대 기초통계학의 이해와 적용. 서울: 양서원.

성태제, 시기자(2006). 연구방법론. 서울: 학지사.

성태제(2020). 교육연구방법의 이해. 서울: 학지사.

신경림(2004). 질적 연구 방법론. 서울: 이화여자대학출판문화원.

신경림, 공병혜(2001). 현상학적 연구. 서울: 현문사.

신석기, 박해진, 최태진, 이영학, 김대양(1995). 교육연구방법론. 부산: 교육심리평가연구실.

양호정(2000). Q-기법을 적용한 성격진단검사의 타당화 연구. 숙명여자대학교 대학원. 석사학위논문.

오성삼(2002). 메타분석의 이론과 실제. 서울: 건국대학교 출판부.

유기웅, 정종원, 김영석, 김한별(2018). 질적 연구방법의 이해(제2판). 서울: 박영사.

윤견수(2013). 경험의 의미와 질적 연구의 연구과정: 근거이론에 대한 사례를 중심으로. 한국정책과학학회보, 17(2), 163-200.

이근호(2007). 질적 연구 방법론으로서의 현상학-독특성과 보편성 사이의 변증법적 탐구 양식. 교육인류학연구, 10(2), 41-64.

이남인(2004). 현상학과 해석학. 서울: 서울대학교 출판부.

이남인(2012). 현상학적 환원과 현상학의 미래: 현상학적 환원의 현상학을 위한 하나의 기여. 현상학과 현대철학, 54, 89-121.

이남인(2014). 현상학과 질적 연구. 서울: 한길사.

이남인(2019). 현상학 연구 심사자를 위한 현상학과 질적연구. 질적연구, 20(1), 1-14.

이도희, 이동규(2007). 질적 연구 방법론을 활용한 비영리회계 인식의 가설 발견적 접근. 회계와 정책연구, 12(1), 281-308.

이도희(2017). 전산회계연구에서의 질적연구방법론 Q의 활용 방안. 전산회계연구, 15(1), 1-24.

이동성, 김영천(2012). 질적 연구방법으로서 근거이론의 철학적 배경과 방법론적 특성에 대한 고찰. 열린교육연구, 20(2), 1-26.

이명선(2009). 근거이론 방법의 철학적 배경: 상징적 상호작용론. 대한질적연구학회 학술대회 자료집, 8, 3-14.

이상신(2020). 작은학교 무학년제 교과 융합형 협동학습 수업실행 연구. 학습자중심교과교육연구, 20(2), 1277-1306.

이용숙(1986). 교육연구에 있어서 인류학적 연구방법의 적용. 영구방법론 연수자료. 한국교육개발원.

이정환, 박은혜(1995). 교사들을 위한 유아관찰 워크북. 서울: 한국어린이육영회.

이정빈(2018). 질적 연구방법과 상담심리학. 서울: 학지사.

이종각(1995). 교육인류학의 탐색. 서울: 하우기획출판.

이종성(1988). 일반화가능도 이론. 서울: 연세대학교 출판부.

이종성(2001). 델파이방법. 경기: 교육과학사.

이종승(1989). 교육연구법. 서울: 배영사.

이해춘(1993). 인성 특성의 분류를 위한 Q-기법적 분석. 원광대학교 대학원. 박사학위논문.

이희봉 역(1989). 참여관찰방법. 서울: 대한교과서주식회사.

이희연(2009). 국민기초생활보장제도 수급가구의 사회적 배제 경험에 관한 문화기술지 연구. 사회보장연구, 25(1), 281-315.

장명선(2021). 임상간호사의 심미적 간호 경험에 대한 현상학적 연구. 서울대학교 대학원. 박사학위논문.

정상원, 김영천(2014). 질적 연구에서의 현상학적 글쓰기의 전략과 방법의 탐구. 교육문화연구, 20(4), 5-42.

정용교(2001). 문화기술지의 의의와 교육적 함의. 초등교육연구논총, 17(2), 331-356. 대구교육대학교.

정진일(2003). 철학개론. 서울: 박영사.

조명옥, 최영희(2000). 문화간호연구: 이론과 실제. 서울: 현문사.

조용기(2001). 질적 연구의 성격. 교육인류학연구, 4(1), 157-168.

조용욱 외(2001). 자연과학사. 서울: 형설출판사.

조용환(1999). 질적 연구. 서울: 교육과학사.

조용환(2008). 질적연구의 원리와 기법. 한국무용학회연차대회. 2. 19-37

조용환(2015). 현장연구와 실행연구. 교육인류학연구. 18(4), 1-49.

진보영(1976). 현장교육연구법. 서울: 배영사.

차배근(2004). 사회과학연구방법. 서울: 세영사.

최귀순(2005). Strauss와 Glaser의 근거이론방법론 비교. 정신간호학회지. 14(1), 82-90.

최성호, 정정훈, 정상원(2016). 질적 내용분석의 개념과 절차. 질적탐구. 2(1), 127-155.

최정호(2014). 근거이론을 통한 노인장기요양 실천현장의 사례관리 수행과정 경험에 관한 연구.
영남대학교 대학원. 박사학위논문.

한국심리학회 편(1988). 실험심리 연구법 총론: 가설검정. 설계. 실험 및 분석. 서울: 성원사.

황상민, 최윤식(2010). 주관성에 대한 심리학적 탐색: 인간의 마음을 객관화하는 연구법. 주관성 연
구, (21), 5-18.

황성동(2015). R을 이용한 메타분석. 서울: 학지사.

황정규(1998). 학교학습과 교육평가. 서울: 교육과학사.

Abrami, P. C., Cohen, P. A., & d'Apollonia, S. (1988). Implementation problems in meta-analysis.
Review of Educational Research, 58(2), 151-179.

Agar, N. (1980). Getting Better Qualitu Stuff: Methodologuca; Competition in an interdisciplinary
Niche. *Urban Life, 9*(1), 34-50.

American Educational Research Association, American Psychological Association, & National
Council on Measurement in Education (1999). Standards for educational and psychological
testing. American Educational Research Association.

American Psychological Association (2008). *Publication Manual of the American Psychological
Association* (6th ed.). Washington: American Psychological Association.

Anderson, C. A. (1981). Temperature and Aggression: Ubiquitous Effects of Heat on Occurrence
of Human Violence. *Psychological Bulletin, 106*(1), 74-96.

Arksey, H. & O'Malley, L. (2005). Scoping studies: towards a methodological framework.
International Journal of Social Research Methodology, 8, 19-32.

Aslam & Emmanuel (2010). Formulation a researchable question: A critical step for facilitating
good clinical research.

Atkinson, P., & Hammersley, M. (1994). Ethnography and participant observation. In Denzin,
N. K. & Lincoln, Y. S. (Eds.), *Handbook of Qualitative Research* (pp. 248-261). Thousand

Oaks, CA: Sage.

Berelson, B., & Salter, P. J. (1946). Majority and minority Americans: an analysis of magazine fiction. *Public Opinion Quarterly, 10*(2), 168-190.

Beyne, J. (2010). *Meta-Analysis: An Introductory Overview.* In Cochrane and Campbell Joint Colloquium in Keystone, CO.

Blumer, H. (1969). *Symbolic Interactionism: Perspective and Method.* Englewood Cliffs, NJ: Prentice Hall.

Bogdan, R., & Biklen, S. K. (1992). *Qualitative Research for Education: An Introduction to Theory and Methods.* Boston: Allyn and Bacon.

Borenstein, M., Cooper, H., Hedges, L., & Valentine, J. (2009). Effect sizes for continuous data. *The Handbook of Research Synthesis and Meta-Analysis, 2,* 221-235.

Borenstein, M., Hedges, L. V., Higgins, J. P., & Rothstein, H. R. (2021). *Introduction to Meta-analysis.* John Wiley & Sons.

Borg, W. R., Gall, M. D., & Gall, J. P. (1996). *Educational Research: An Introduction* (6th ed.). New York: Longman.

Brewer, J., & Hunter, A. (1989). *Multimethod Research: A Synthesis of Styles.* Newbury Park, CA: Sage.

Brown, S. R., & Ellithorp, J. D. (1970). Emotional experiences in political groups: The case of the McCarthy phenomenon. *American Political Science Review, 64*(2), 349-366.

Brown, S. R. (1980). *Political Subjectivity: Applications of Q methodology in Political Science.* Yale University Press.

Brown, P. (1990). The concept of hope; Implications for care of the critically ill. *Critical Care Nurse, 9*(5), 97-105.

Brown, S. R. (1972). Fundamental incommensurablility between objectivity and subjectivity. *Science, Psychology, and Communication, Qualitative Health Research, 6*(4), 561-567.

Brown, S. R. (1986). "The Subjective side of enterprise: organizational dimensions and decision structures," Fifth Policy Sciences Summer Institute and Association for Public Policy Analysis and Management, University of Texas at Austin, October 30-November 1.

Brown, S. R. (1990). Q methodology and communication: theory and applications. *Electronic Journal of Communication, Vol. 1*(September).

Brown, S. R. (1993a). Q methodology and quantum theory: analogies and realities. *Unpublished Working Paper,* Kent State University.

Brown, S. R. (1993b). A primer on Q methodology. *Operant Subjectivity, 16,* 91-138.

Brown, S. R. (1995). "Q methodology as the foundation for a science of subjectivity," the 11th International Conference of the International Society for the Scientific Study of Subjectivity, College of Medicine, University of Illinois, Chicago, October, 12–14.

Brown, S. R. (1996). Q methodology and qualitative research. *Qualitative Health Research, 6*(4), 561–567.

Brown, S. R. (1998). The history and principles of Q methodology in psychology and the social science, Unpublished Working Paper, Department of Political Science, Kent State University, Kent, Ohio.

Burgess, R. G. (1984). *In the Field: An Introduction to Field Research.* Boston: George Allen & Unwin.

Busha, C. H., & Harter, S. P. (1980). Research methods in librarianship: techniques and interpretation (No. 020 B88).

Campbell, D. T., & Fiske, D. W. (1959). Convergent and discriminant validation by the multitrait-multimethod matrix. *Psychological Bulletin, 56,* 81–105.

Campbell, D. T., & Stanley, J. C. (1963). *Experimental and quasi-experimental design for research.* Chicago: Rand and McNally.

Carspecken, P., & Apple, M. (1992). Critical Qualitative Research. In M. Le Compet, W. Millroy, & J Preissley(Eds.), *Handbook of Critical Research in education.* Sna Diego: Academic.

Cassell, C. and Johnson, P. (2006). Action research: explaining the diversity, *Human Relations, 59*(6), 783–814.

Clandinin, D., & Connelly, F. (2004). *Narrative Inquiry.* 소경희 역(2007). 내러티브 탐구. 경기: 교육과학사.

Clarke, A. E., & Friese, C. (2007). Grounded theorizing using situational analysis. In Bryant, A. & Charmaz, K (Eds.), *The Sage Handbook of Grounded Theory.* London: Sage.

Clarke, A. E. (2009). From grounded theory to situational analysis: What's new? why? how? In Morse, J. M. et al. (Eds.), *Developing Grounded Theory: The Second Generation.* Walnut Creek, California: Left Coast Press Inc.

Cochran-Smith, M., & Lytle, S. (1993). *Inside/Outside: Teacher Research and Knowledge.* New York: Teachers College Press.

Colaizzi, P. F. (1978). Psychological research as the phenomenologist views it. in Ronald S. Valle & Mark King (Eds.), *Existential-Phenomenological Alternatives for Psychology.* Oxford University Press. p. 6.

Collins, C. (2003). *Collins Coubuild Advanced Learner's English Dictionary with CD.* London:

Collins Cobuild Publishers.

Corbin, J. M., & Strauss, A. L. (2008). *Basics of Qualitative Research: Techniques and Procedures for Developing Grounded Theory* (3rd ed.). Los Angeles: Sage.

Creswell, J. W. (1994). *Research Design: Qualitaive and Quantitative Approaches.* Thousand Oaks, CA: Sage.

Creswell, J. W. (2005). *Educational Research: Planning, Conducting, and Evaluating Quantitative and Qualitative Research.* Upper Saddle River, NJ: Merrill, Prentice-Hall.

Creswell, J. W. (2007). Five qualitative approaches to inquiry. *Qualitative Inquiry and Research Design: Choosing among Five Approaches, 2*, 53−80.

Creswell, J. W. (2012). *Educational Research* (4th ed.). Boston, MA: Pearson Education.

Creswell, J. W. (2014). *Qualitative, Quantitative and Mixed Methods Approaches.* Sage.

Crocker, L., & Algina, J. (1986). *Introduction to Classical and Modern Test Theory.* New York: Holt, Rinehart and Winston.

Cronbach, L. J. (1963). Evaluation for course improvement. *Teachers College Record, 64*, 672−683.

Cronbach, L. J. (1970). *Essentials of Psychological Testing* (3rd ed.). New York: Harper and Row.

Cyphert, F. R., & Gantm W. L. (1970). *The Delphi: Technique: A Tool for Collecting.*

Dennis, K. E., & Goldberg, A. P. (1996). Weight control self-efficacy types and transitions affect weight-loss outcomes in obese women. *Addictive Behaviours, 21*(1), 103−116.

Daudt, H., Mossel, C. & Scott, S. J. (2013). Enhancing the scoping study methodology: a large, inter-professional team's experience with Arksey and O'Malley's framework. *BMC Medical Research Methodology*, 13−48.

Denzin, N. (1984). *The Research Act.* Englewood Cliffs, NJ: Prentice-Hall.

Ellingsen, I. T., Storksen, I., & Stephens, P. (2010). Q methodology in social work research. *International Journal of Social Research Methodology, 13*(5), 395−409.

Farrimond, H., Joffe, H., & Stenner, P. (2010). A Q-methodological study of smoking identities. *Psychology & Health, 25*(8), 979−998.

Fetterman, D. M. (2010). *Ethnography: Step-by Step Guide* (3rd ed.). CA: Sage.

Fraenkel, J. R., & Wallen, N. E. (1996). *How to Design and Evaluated Research* (3rd ed.). New York: McGraw-Hill.

Frank, L. K. (1939). Projective methods for the study of personality. *The journal of Psychology, 8*(2), 389−413.

Frank L. Schmidt & John Hunter (2004). *Journal of Personality and Social Psychology, 86*(1), 162–173.

Fred, N. K. (1964). *Foundations of Behavioral Research*. 고홍화, 김현수, 백영승 역(1989). 사회 · 행동과학 연구방법의 기초. 서울: 성원사.

Gall, J. P., Gall, M. D., & Borg, R. (1999). *Applying Educational Research: A Practical Guide*. New York: Longman.

Gallagher, K., & Porock, D. (2010). The use of interviews in Q methodology card content analysis. *Nursing Research, 59*(4), 295–300.

Garfinkel, H. (1967). *Studies in Ethnomethodology*. Englewood Cliffs, NJ: Prentice-Hall.

Gay, L. R., & Airasian, P. (2000). *Educational Research: Competencies for Analysis and Application* (6th ed.). Upper Saddle River, NJ: Merrill, Prentice-Hall.

Gay, L. R. (1996). *Educational Research: Competencies for Analysis and Application* (5th ed.). Upper Saddle River, NJ: Merrill, Prentice-Hall.

Geertz, C. (1988). *Works and Lives: The Anthropologist as Author*. Stanford: Stanford University Press.

Genzuk, M. (2003). A Synthesis of Ethnographic Research. Center for Multilingual, Multicultural Research (Ed.). *Center for Multilingual, Multicultural Research*. Rossier School of Education. University of Southern California. Los Angeles.

Girogi, A. (1970). Toward phenomenologically based research in psychology. *Journal of Phenomenological Psychology, 1*(1), 75–98.

Glaser, B. G., & Strauss, A. L. (1967). *The Discovery of Grounded Theory: Strategies for Qualitative Research*. 이병식, 박상욱, 김사훈 역(2011). 근거이론의 발견: 질적 연구 전략. 서울: 학지사.

Glaser, B. G. (1978). *Theoretical Sensitivity: Advances in the Methodology of Grounded Theory*. Mill Valley, CA: Sociology Press.

Glass, G. V. (1976). Primary, secondary, and meta-analysis of research. *Educational Researcher, 5*, 3–8.

Goetz, J. P., & Le Compte, M. D. (1984). *Ethnography and qualitative design in educational research*. New York: Academic.

Gold, R. L. (1969). Roles in sociological field observation. In G. J. McCall, and J. L. Simmons (Eds.), *Issues in Participant Observation* (pp. 30–39). Reading, MA: Addison-Wesley.

Good, C. V. (1959). *Dictionary of Education*. New York: McGraw-Hill.

Goodenough, W. (1971). *Culture, Language, and Society*. Reading, Mass: Addison-Wesley.

Goodwin, W. L., & Goodwin, L. D. (1996). *Understanding Quantitative and Qualitative Research in Early Childhood Education.* New York: Teachers College Press.

Gordon, T. J., & Helmer, O. (1964). *Report on a Long-Range Forcasting Study.* CA: The RAND.

Grbich, G. (1999). *Qualitative Research in Health: An Introduction.* Thousand Oaks. CA: Sage Publications.

Grbich, C. (2012). *Qualitative Data Analysis: an introduction.* CA: Sage Publications.

Grisso, T., Baldwin, E., Blanck, P. D., Rotheram-Borus, M. J., Schooler, N. R., & Thompson, T. (1991). Standards in research: APA's mechanisms for monitoring the challenges. *American Psychologist, 46*, 758−766.

Gronlund, N. E., & Linn, R. L. (1990). *Measurement and Evaluation in Teaching* (6th ed.). New York: Macmillan.

Guba, E. G., & Lincoln, Y. S. (2000). Epistemological and methodological bases of naturalistic inquiry. In D.L. Stufflebeam, G. F. Madaus, & T. Kellaghan (Eds.), *Evaluation Models*, (pp. 363−381). Boston: Kluwer Academic.

Hammersley, M., & Atkinson, D. (1995). *Ethnography: Principles in Practice.* London: Routledge.

Harari, N. Y. (2017). *Homo Deus.* Vintage Books.

Harvey, L., & Myers, M. D. (1995). Scholarship and practice: the contribution of ethnographic research methods to bridging the gap. *Information Technology & People, 8*(3), 7.

Harris, B. (1968). A Technology of Social Progress. *American Behavioral Scientist, 11*(6), 7−10.

Hay, P. A. (2004). Case Study Research. In K. deMarrais & S. D. Lapan (Eds.), *Foundatons for Research: Methods of Inquiry in Education and the Social Sciences.* 217−234. Mahwar, NJ: Lawrence Erlbaum.

Hedges, L., & Olkin, I. (1985). *Statistical Methods for Meta-analysis.* Toronto, ON: Academic Press Inc.

Higgins, J. P., Thompson, S. G., Deeks, J. J., & Altman, D. G. (2003). Measuring inconsistency in meta-analyses. *Bmj, 327*(7414), 557−560.

Holsti, O. R. (1969). *Content Analysis for the Social Sciences and Humanities.* Reading, MA: Addison-Wesley.

Isaac, S. L., & Michael, W. B. (1995). *Handbook in Research and Evaluation: A Collection of Principles, Methods, and Strategies Useful in the Planning, Design, and Evaluation of Studies in Education and the Behavioral sciences.* California: EdITS.

Jacob, E. (1998). Clarifying qualitative research: A focus on traditions. *Educational Researcher, 17*(1), 16−24.

Jackson, G. (1980). Methods for integrative reviews. *Review of Educational Research, 50*, 438–484.

Johnson, B., & Christensen, L. (2000). *Educational Research: Quantitative and Qualitative Approaches.* MA: Allyn & Bacon.

Johnson, R. M. (1970). Q analysis of large samples. *Journal of Marketing Research, 12*, 104–105.

Kinsey, D., & Taylor, R. W. (1982). Some meanings of political cartoons. *Operant Subjectivity, 5*(3), 107–114.

Kerlinger, F. N. (1964). *Foundations of Behavioral Research.* NY: Holt, Rinehart Winston.

Kerlinger, F. N. (1986). *Foundation of Behavioral Research* (3rd ed.). New York: Holt, Rinehart and Winston.

Kerlinger, F. N. (1986). *Foundations of Behavioral Research.* NY: CBS College Publishing.

Kerlinger, F. N., & Howard, B. L. (1999). *Foundation of Behavioral Research.* New York: Rinehart and Winston.

Krippendorff, K. (1980). *Content Analysis: An Introduction to Its Methodology.* Newbury Park, CA: Sage.

Krippendorff, K. (2004). *Content Analysis: An Introduction to Its Methodology.* Beverly Hills, CA: Sage.

Krippendorff, K. (1980). Validity in content analysis. In E. Mochmann (Ed.), *Computerstrategien die Kommunikationsanalyse* (pp. 69–112). Frankfurt, Germany: Campus.

Krueger, R. A. (1988). *Focus Groups: A Practical Guide for Applied Research.* Newbury Park, CA: Sage.

Kuder, G. F., & Richardson, M. W. (1937). The theory of the estimation of test reliability. *Psychometrika, 2*, 151–160.

Laing, R. D., Phillipson, H., & Lee, A. R. (1966). *Interpersonal Perception: A Theory and A Method of Research.* Springer.

Lawshe, C. H. (1975). A quantitative approach to content validity. *Personnel Psychology, 28*, 563–575.

LeCompte, M. D., & Schensul, J. J. (1999). *Analyzing & Interpreting Ethnogaphic Data.* New York: Altamira.

Likert, R. (1932). A technique for the measurement of attitudes. *Archives of Psychology, 140*, 44–53.

Linstone, H. A., & Turoff, M. (1975). *The Delphi Method: Technique and Application.* Mass: Addison-Wesley.

Loncoln, Y. S., & Guba, E. G. (1985). *Naturalistic Inquiry.* Beverly Hills, CA: Sage.

Lipsey, M. W., & Wilson, D. B. (1993). The efficacy of psychological, educational, and behavioral treatment: confirmation from meta-analysis. *American Psychologist, 48*(12), 1181.

Madison, D. S. (2005). *Critical Ethnography: methods, Ethics, and Performance.* Thousand Oaks, CA: Sage.

Marshall, C., & Rossman, G. B. (2009). *Designing Qualitative Research* (5th ed.). Singapore: Sage.

Mayring, P. (2000). Qualitative content analysis. Forum qualitative sozialforschung/forum. *Qualitative Social Research, 1*(2). Available from http://www.qualitative-research.net/fqs-texte/2-00/2-00mayring-e.htm.

Mayring, P., Huber, G. L., Gürtler, L., & Kiegelmann, M. (2007). *Mixed Methodology in Psychological Research.* Brill.

Massey, A. (1998). The way we do things around here: the culture of ethnography. *Paper Presented at the Ethnography and Education Conference.* Oxford University Department of Educational Studies, 7−8 September.

Merriam, S. B. (2009). *Qualitative Research: A Guide to Design and Implementation.* CA: Jossye-Bass.

Merriam. S. B. (1998). *Qualitative Research and Case Study Applications in Education.* San Francisco, CA: Jossey-Bass.

McCutcheon, G., & Jung, B. (1990). Alternative perspectives on action research. *Theory into Practice, 34*(3), 144−150

Merriam, S. B. (1998). *Qualitative Research and Case Study Applications in Education.* San Francisco: Jossey-Bass Publishers.

Merriam, S. B. (2009). *Qualitative Research: A Guide to Design and Implementation.* San Francisco: Joyey-Bass Publishers.

Miles, M., & Huberman, M. (1994). *Qualitative Data Analysis: An Expanded Source Book* (2nd ed.). Thousand Oaks, CA: Sage.

Militello, M., & Benham, M. K. P. (2010). "Sorting Out" collective leadership: How Q-methodology can be used to evaluate leadership development. *Leadership Quarterly, 21*(4): 620−632.

Morgan, D. L. (1988). *Focus Groups as Qualitative Research.* Newbury Park, CA: Sage.

Morse, J. M. et al.(2009). *Developing Grounded theory: The Second Generation.* Walnut Creek, California: Left Coast Press Inc.

Moustakas, C. (1994). *Phenomenological Research Methods.* Thousand Oaks, CA: Sage.

Myers, M. D. (1999). Investigating information systems with ethnographic research. *Communications of the Associations for Information System, 2,* 1−20.

Osgood, C., Suci, G., & Tannenbaum, P. (1957). *The Measurement of Meaning.* Urbana: University of Illinois Press.

Oswald, D. L., & Harvey, R. D. (2003). A Q-methodological study of women's subjective perspectives on mathematics. *Sex Roles, 49*(3−4), 134−142.

Patton, M. Q. (1990). *Qualitative Evaluation and Research Methods* (2nd ed.). Newbury Park, CA: Sage.

Patton, M. Q. (2002). *Qualitative Research and Evaluation Methods* (3rd ed.). Thousand Oaks, CA: Sage.

Pease, D., Boger, R., Melby, J. N., Pfaff, J., & Wolins, L. (1989). Reliability of the Q-sort inventory of parenting behaviors. *Educational and Psychological Measurement, 49*(1), 11−17.

Pink, S. (2001). *Doing Ethnography: Images, Media and Represntation in Research.* London: Sage.

Poole, C., & Greenland, S. (1999). Random-effects meta-analyses are not always conservative. *American Journal of Epidemiology, 150*(5), 469−475.

Punch, k. (2005). *Introduction to Social Research: Quantitative and Qualitative Approaches* (2nd ed.). London: Sage.

Reason, P., & Bradbury, H.(Eds.) (2001). *Handbook of Action Reaserch.* London: SAGE Publication.

Richardson, K. M., & Rothstein, H. R. (2008). Effects of occupational stress management intervention programs: a meta-analysis. *Journal of Occupational Health Psychology, 13*(1), 69.

Rist, R. C. (1980). Blitzkrieg ethnography: transformation of a methodology into a movement. *Educational Researcher, 9*(2), 8−10.

Schramm, W. (1997). *Notes on Case Studies for Innstructional Projects.* Working Paper for Academy of Educational Development, Washington D.C.

Sell, D. K., & Brown, S. R. (1984). Q methodology as a bridge between qualitative and quantitative research: Application to the analysis of attitude change in foreign study program participants. In J. L. Vacca & H. A. Johnson (Eds.), *Qualitative Research in Education,* Graduate School of Education Monograph Series, 78−87.

Siren, S. R. (2003). The relationship between socioeconomic status and school outcomes: metaAnalytic review of research 1990−2000. Doctoral Dissertation. Boston College.

Spradley, J. P. (1980). *Participant Observation*. 이희봉 역(1989). 문화탐구를 위한참여관찰방법. 서울: 학지사.

Spearman, C. (1910). Coefficient of correlation calculated from data. *British Journal of Psychology, 3*, 221−295.

Spindler, G. (1982). *Doing the Ethnography of Schooling: Educational Anthropology in Action*. New York: Holt, Rinehart & Winston.

Spindler, G., & Spindler, L. (1992). Cultural process and ethnography: an anthropological perspective. In LeCompte, M., Millroy, W., & Preissle, J. (Eds.), *The Handbook of Qualitative Research in Education* (pp. 53−92). San Diego, CA: Academic Press.

Srtauss, A. L.(1993). *Continual Permutations of Action*. Hawthorne, NY: Aldine de Gruyter.

Stake, R. E. (1981). Case Study methodology: An Epistomological Advocacy in W. Welsh(Ed.), *Case Study Methodology in Educational Evaluation*. Minneapolis: Minnesota Research and Evaluation Center.

Stake, R. E. (1995). *The Art of Case Research*. Newbury Park, CA: Sage.

Stake, R. E. (2008). Qualitative Case Studies. In Nik, Danzin & Y. S. Loncoln (Eds.), Strategies of Qualitative Inquiry (3rd ed.). 119−149. Thousand Oaks, CA: Sage.

Standards for Educational and Psychological Testing (1999). *Standards for Educational and Psychological Testing*. Washington, DC: American Psychological Association.

Stemler, S. (2001). An overview of content analysis. *Practical Assessment, Research & Evaluation, 7*(17).

Stempel, G. H. (2003). *Mass Communication Research and Theory*. Boston, MA: Ally & Bacon.

Stephenson, W. (1953a). The study of behavior: Q-technique and its methodology, Chicago: The University of Chicago. In Brown, S. R. (1995). Q Methodology as the Foundation for a Science of Subjectivity, the 11th International Conference of the International Society for the Scientific Study of Subjectivity, College of Medicine, University of Illinois, Chicago, October, 12−14.

Stephenson, W. (1953b). The study of behavior: Q-technique and its methodology. Chicago: The University of Chicago. In S. R. Brown, (1998). The history and principles of Q methodology in psychology and the social sciences," Unpublished Working Paper, Department of Political Science, Kent State University, Kent, Ohio.

Stephenson, W. (1953c). The study of behavior: Q-technique and its methodology. Chicago:

The University of Chicago. 재인용 김흥규 (1992). 주관성(Subjectivity) 연구를 위한 Q 방법론의 이해. 간호학논문집, 6(1), 1-11.

Stephenson, W. (1982). Q-methodology, interbehavioral psychology, and quantum theory. *The Psychological Record, 32*(2), 235.

Stephenson, W. (1986). Protoconcursus: the concourse theory of communication. *Operant Subjectivity, 9*, 37-58. In Brown, S. R. (1993). A Primer on Q Methodology. *Operant Subjectivity, 16*, 91-138.

Strauss, A., & Juliet, C. (1990). *Basics of Qualitative Research: Grounded Theory Procedures and Techniques.* Newbury Park, CA: Sage.

Strauss, A. L., & Corbin, J. M. (1990). *Basics of Qualitative Research: Grounded Theory Procedures and Techniques.* Newbury Park, CA: Sage.

Strauss, A. L., & Corbin, J. M. (1998). *Basics of Qualitative Research: Techniques and Procedures for Developing Grounded Theory* (2nd ed.). 신경림 역(2001). 근거이론의 단계. 서울: 현문사.

Strauss, A. L. (1987). *Qualitative Analysis for Social Scientists.* New York: Cambridge University Press.

Suppasarn, P., & Adams, R. C. (1984). Some discrete views of televised violence: implications for media policy. *Operant Subjectivity.*

Tellis, W. (1997a). Introduction to case study. *The Qualitative Report, 3*(2).

Tellis, W. (1997b). Application of a case study methodology. *The Qualitative Report, 3*(2). Available from http://www.nova.edu/ssss/QR/QR3-3/tellis2.html.

Tesch, R. (1990). *Qualitative Research: Analysis Types and Software Tools.* Bristol, PA: The Falmer Press.

Torraco, R. J. (2005). Writing integrative literature reviews: guidelines and examples. *Human Resource Development Review 4*(3), 356-376.

Tuckman, B. W. (1988). *Conducting Educational Research* (3rd ed.). New York: Macmillan.

Tutty, L. M., Rothery, M. A., & Grinnell, R. M. (1996). *Qualitative Research for Social Workers.* Boston: Allyn & Bacon.

van Kaam, A. (1966). Application of the phenomenological method. In A. van kaam, existential foundations of psychology.

van Manen, M. (1990). Beyond assumptions: Shifting the limits of action research. *Theory into Practice, 29*(3), 152-157.

van Manen, M. (1994). Pedagogy, virtue, and narrative identity in teaching. *Curriculum Inquiry,*

24(2), 135−170.

van Manen, M. (2017). *But Is it Phenomenology. 27*(6), 775−779.

Van Mamen, J. (1988). *Tales of The Field: On Writing Ethnography* (2nd ed.). Chicago: The University of Chicago Press.

Watts, J. (2011). A phenomenological perspective on the unconscious. *Psycho-analytic Psychotherapy in South Africa, 19*(1), 24−45.

Wax, M. L. (1991). The etics of research in American Indian communities. *American Indian Quarterly, 15*, 431−456.

Weatherman, R., & Swenson, K. (1974). *Delphi Technique Futurism in Education: Methodologies.* 97−114. Berkeley, CA: Mccutchan.

Weaver, W. T. (1972). *Delphi, A Critical Review, A Research Report.* Syracuse Univ. Research Corp. & Educational Policy Research Center.

Weber, R. P. (1990). *Basic Content Analysis* (2nd ed.). Newbury Park, CA: Sage.

Whittemore, R. & Knafl, K. (2005). The integrative review: updated methodology. *Journal of Advanced Nursing, 52*(5), 546‒553.

Wiersma, W. (1986). *Research Methods in Education: An Introduction* (4th ed.). Boston: Allyn and Bacon.

Wiggins, R. C., & Cochrane, C. C. (1979). The autoactivation of rabbit Hageman factor. *The Journal of Experimental Medicine, 150*(5), 1122−1133.

Witkin, B. R., & Altschuld, J. W. (1995). *Planning and Conducting Needs Assessments.* CA: Sage.

Wolcott, H. (1987). On ethnographic intent. In G. Spindler and L. Spindler (Eds.), *Interpretive Ethnography of Education: At Home and Abroad* (pp. 37−57). London: Lawrence Erlbaum Associates.

Wolcott, H. F. (1992). *Posturing in Qualitative Inquiry, The Handbook of Qualitive Research in Education.* New York: Academic.

Wolf. F. (1986). *Meta-Analysis: Quantitative Methods for Research Synthesis.* Beverly Hills, CA: Sage.

Yin, R. (1993). *Applications of Case Study Research.* Newbury Park, CA: Sage.

Yin, R. (1994). *Case Study Research: Design and Methods* (2nd ed.). Thousand Oaks, CA: Sage.

Yin, R. (2003). *Case Study Reseach: Design and Method* (3rd ed.). Thousand Oaks, CA: Sage.

Zuber-Skerritt, O. (1996). Introduction: new directions in action research. In O. Zuber-Skerrtt (Ed.), *New Direction in Action Research* (pp. 3−9). London: The Falmer Press.

찾아보기

내용

김석우(Kim Suk-Woo)
고려대학교 사범대학 교육학과 졸업
미국 UCLA 대학원 교육학과 석사 및 철학박사
현 부산대학교 사범대학 교육학과 교수

구경호(Koo Kyungho)
부산대학교 대학원 교육학과 석사 및 교육학박사
현 경상남도교육청 교육정책연구소 책임연구원

문영주(Moon Youngjoo)
부산대학교 사회복지학과 졸업
이화여자대학교 일반대학원 사회복지학과 문학석사
서울대학교 일반대학원 사회복지학과 사회복지학박사
현 동아대학교 사회복지학과 부교수, 사회복지대학원 책임교수

유희정(Yu Heejung)
부산대학교 심리학과 졸업
부산대학교 대학원 교육학과 석사 및 교육학박사
현 부산가톨릭대학교 사회복지상담심리학과 교수

이승배(Lee Seungbae)
부산대학교 사범대학 수학교육학과 졸업
부산대학교 대학원 교육학과 석사 및 교육학박사
현 부산광역시교육청 교육정책연구소 연구원

장재혁(Chang Jaehyuck)
고려대학교 사회학과 및 영어교육학과 졸업
부산대학교 대학원 교육학과 석사 및 교육학박사
현 부산대학교 교육학과 강사

한 권으로 끝내는
교육 & 사회과학 연구방법론
Mastering Research Methods for Educational & Social Science

2022년 3월 15일 1판 1쇄 인쇄
2022년 3월 25일 1판 1쇄 발행

지은이 • 김석우 · 구경호 · 문영주 · 유희정 · 이승배 · 장재혁
펴낸이 • 김진환
펴낸곳 • (주) **학지사**

04031 서울특별시 마포구 양화로 15길 20 마인드월드빌딩
대표전화 • 02)330-5114   팩스 • 02)324-2345
등록번호 • 제313-2006-000265호

홈페이지 • http://www.hakjisa.co.kr
페이스북 • https://www.facebook.com/hakjisabook

ISBN 978-89-997-2631-6   93370

정가 20,000원

출판 · 교육 · 미디어기업 **학지사**
간호보건의학출판 **학지사메디컬** www.hakjisamd.co.kr
심리검사연구소 **인싸이트** www.inpsyt.co.kr
학술논문서비스 **뉴논문** www.newnonmun.com
교육연수원 **카운피아** www.counpia.com